AF545809

Ulrich Dorn

Panoramafotografie

Das große Praxisbuch

BILDNER

Verlag: BILDNER Verlag GmbH
Bahnhofstraße 8
94032 Passau
http://www.bildner-verlag.de
info@bildner-verlag.de

ISBN: 978-3-8328-0445-9

Lektorat: Anja Schmid

Layout und Gestaltung: Nelli Ferderer

Autor: Ulrich Dorn

Herausgeber: Christian Bildner

Druck: FINIDR s.r.o., Lípová 1965, 73701 Český Těšín, Tschechische Republik

Fotos auf dem Cover:

Vorderseite: ©Kavalenkava - stock.adobe.com

Rückseite: Ulrich Dorn

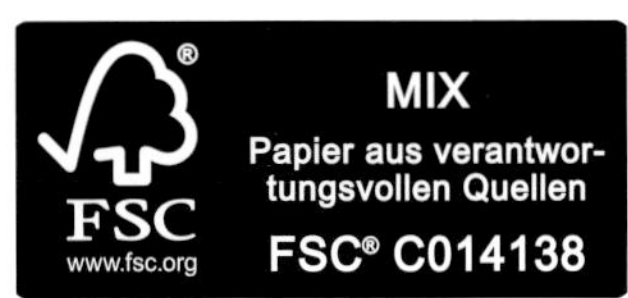

Wichtige Hinweise

Alle Angaben in diesem Buch wurden vom Autor mit größter Sorgfalt erarbeitet bzw. zusammengestellt und unter Einschaltung wirksamer Kontrollmaßnahmen reproduziert. Trotzdem sind Fehler nicht ganz auszuschließen. Der Verlag und der Autor sehen sich deshalb gezwungen, darauf hinzuweisen, dass sie weder eine Garantie noch die juristische Verantwortung oder irgendeine Haftung für Folgen, die auf fehlerhafte Angaben zurückgehen, übernehmen können. Für die Mitteilung etwaiger Fehler sind Verlag und Autor jederzeit dankbar. Internetadressen oder Versionsnummern stellenden bei Redaktionsschluss verfügbaren Informationsstand dar. Verlag und Autor übernehmen keinerlei Verantwortung oder Haftung für Veränderungen, die sich aus nicht von ihnen zu vertretenden Umständen ergeben. Evtl. beigefügte oder zum Download angebotene Dateien und Informationen dienen ausschließlich der nicht gewerblichen Nutzung. Eine gewerbliche Nutzung ist nur mit Zustimmung des Lizenzinhabers möglich.

Die meisten Produktbezeichnungen von Hard- und Software sowie Firmennamen und Firmenlogos, die in diesem Werk genannt werden, sind in der Regel gleichzeitig auch eingetragene Warenzeichen und sollten als solche betrachtet werden. Der Verlag folgt bei den Produktbezeichnungen im Wesentlichen den Schreibweisen der Hersteller.

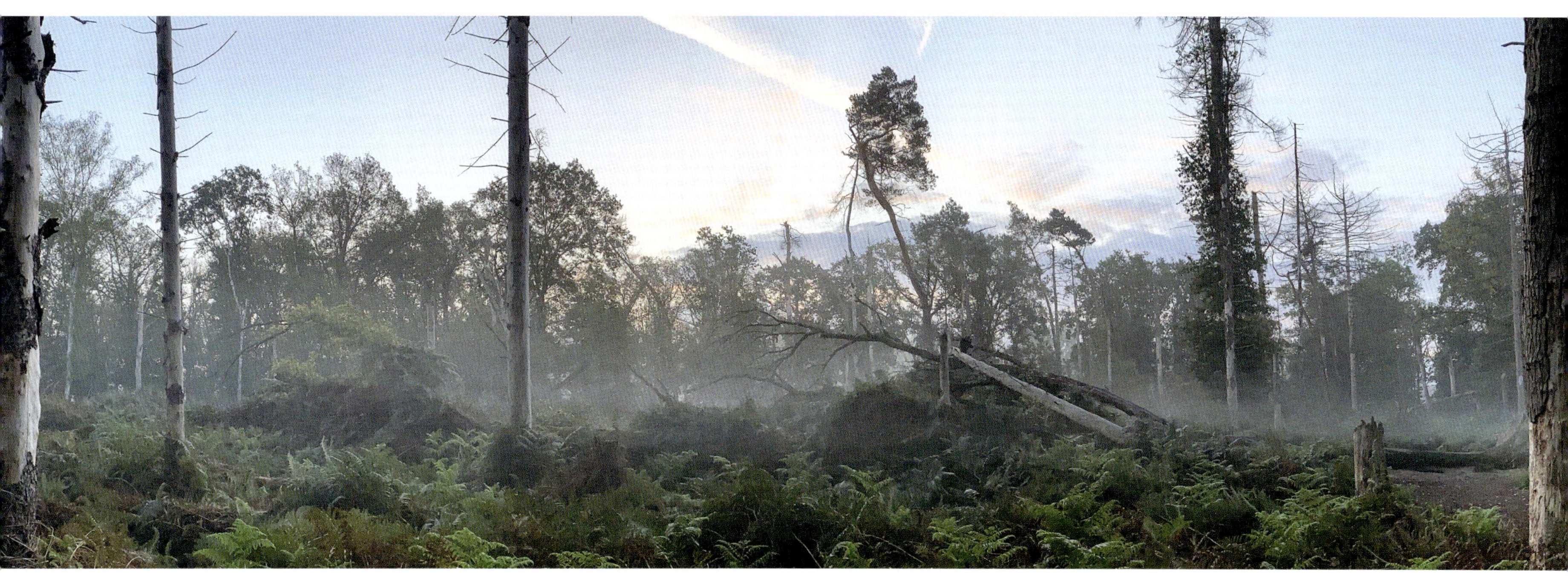

„Man muß sich beeilen, wenn man etwas sehen will, alles verschwindet.“

Paul Cezanne

INHALT

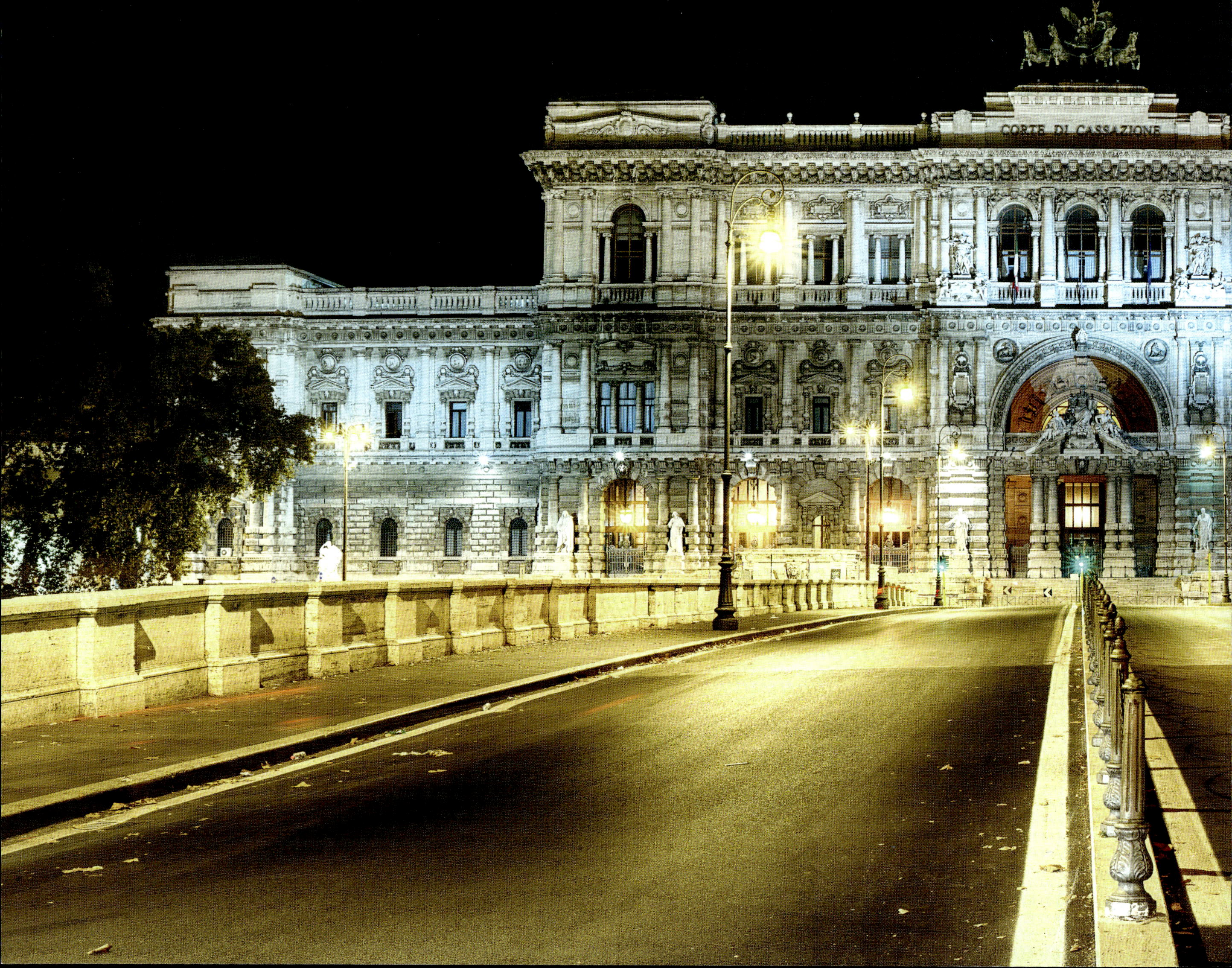
CORTE DI CASSAZIONE

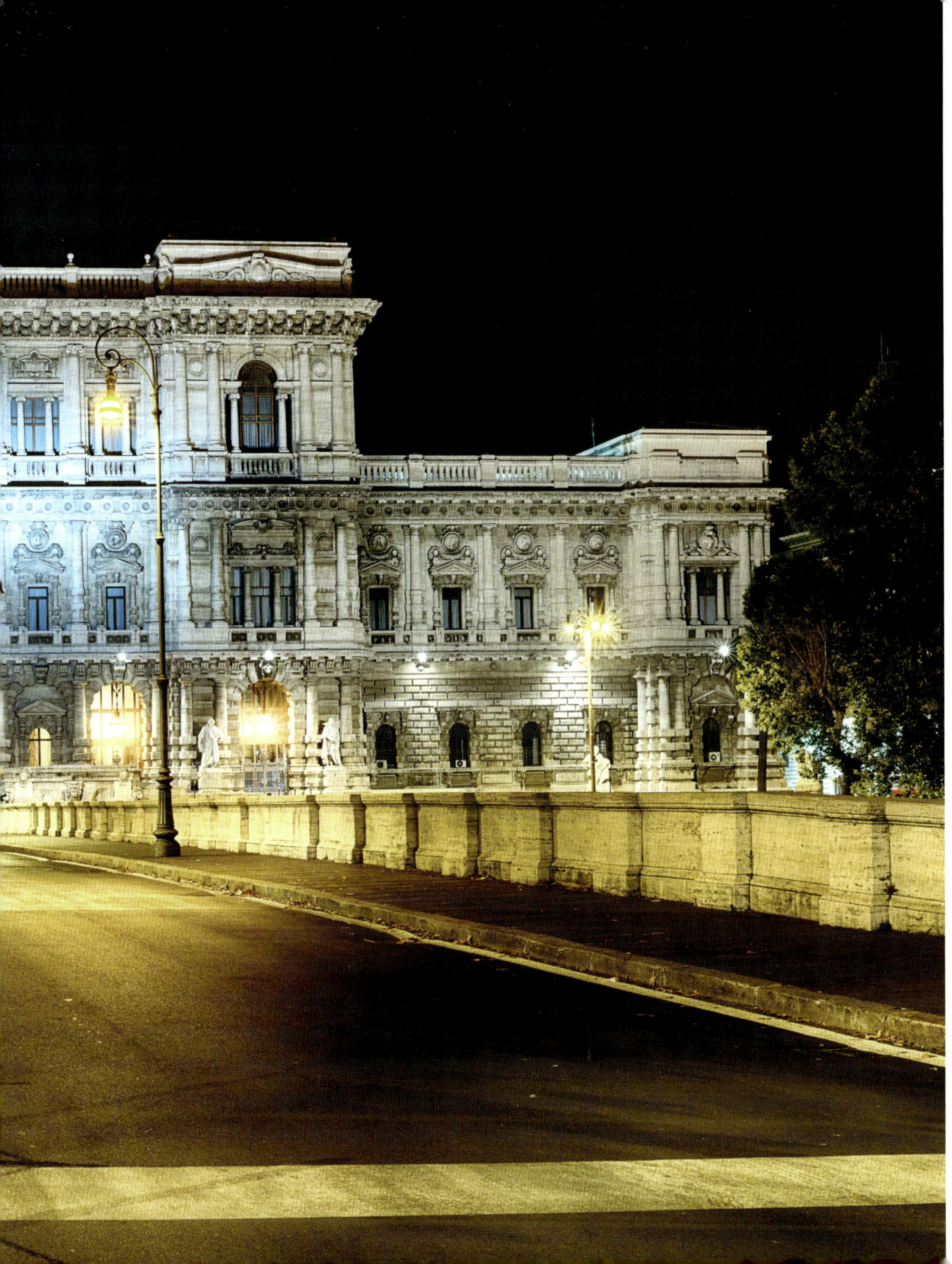

KAPITEL 1

Panoramatypen

Lernen Sie zu Beginn die verschiedenen Panoramatypen kennen, erfahren Sie, wodurch sie sich unterscheiden und was Sie bei der Erstellung grundlegend beachten müssen. Danach leite ich über zum Thema Ausrüstung und Objektive, und zwar speziell ausgerichtet auf die Panoramafotografie.

Pseudopanorama

Zunächst stelle ich Ihnen die verschiedenen Panoramatypen vor. Ich beginne mit dem sogenannten One-Shot-Panorama, auch als Pseudopanorama bezeichnet. Ein solches Panorama wird aus einem normalen Foto gewonnen, indem dieses oben und unten abgeschnitten wird. Dadurch erhalten Sie einen Breitbildeffekt, der vermuten lässt, dass es sich um ein Panorama handelt. Der Betrachter, der nicht weiß, wie die Aufnahme entstanden ist, kann ein One-Shot-Panorama nur schwer von einem normalen Panorama unterscheiden. Schauen Sie genau hin: Das rechte Bild ist aus dem linken herausgeschnitten, und es hat die Wirkung eines Panoramas.

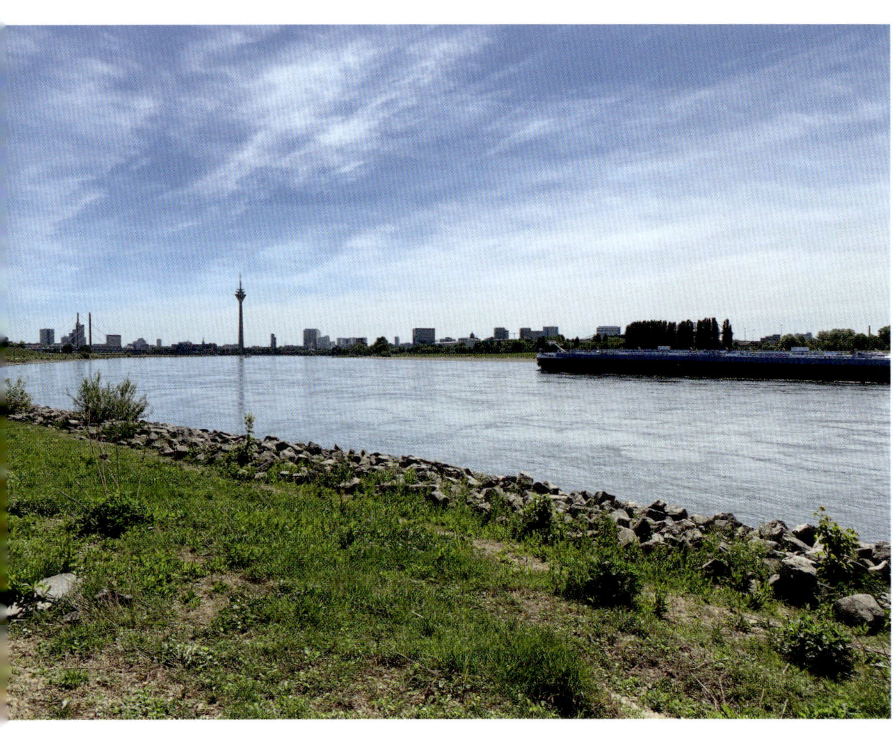

Das Original.

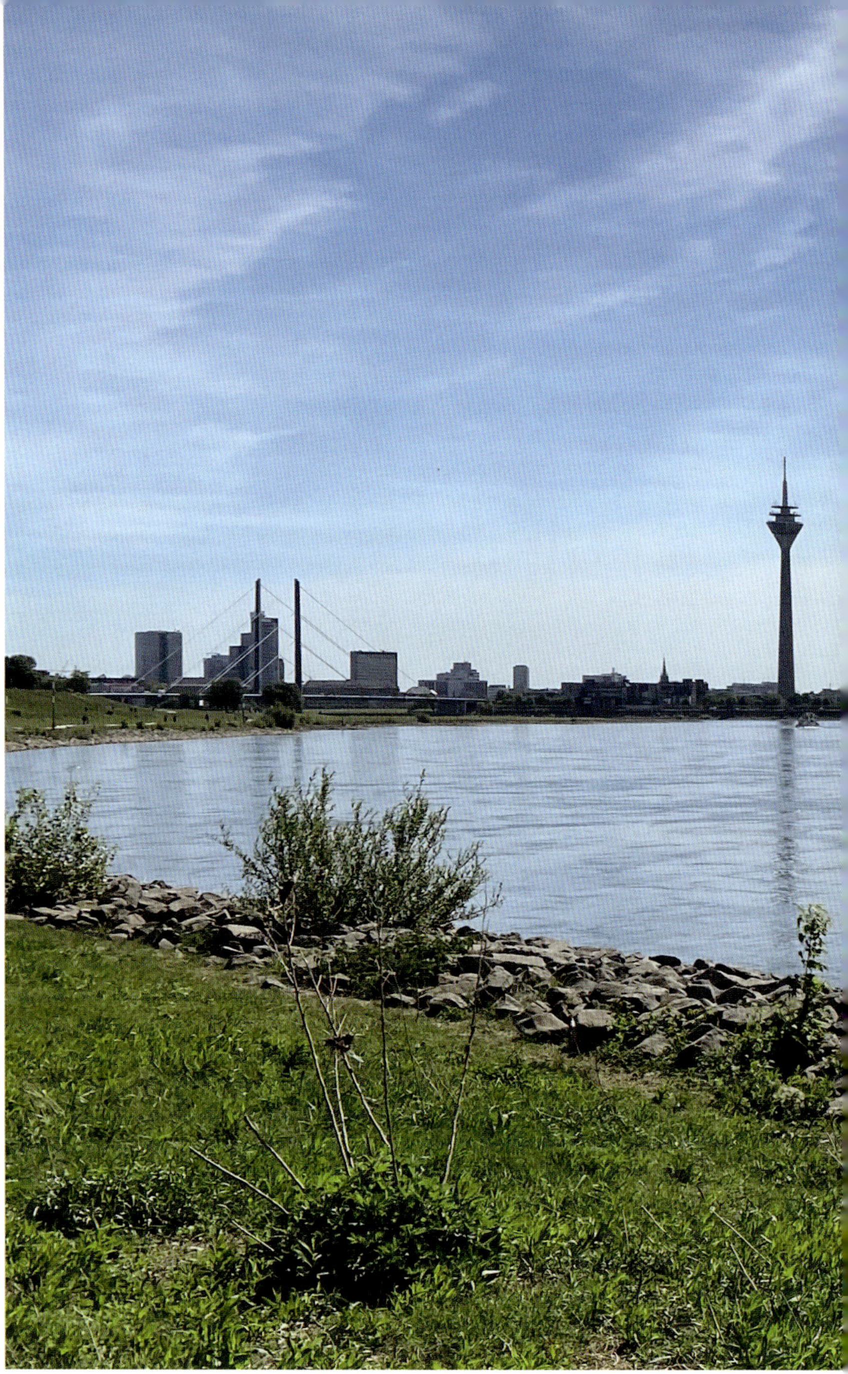

Nach dem Beschnitt. Bei der Qualität der heutigen Bildsensoren ist es durchaus möglich, auf diese Art und Weise ansprechende Panoramen zu erstellen.

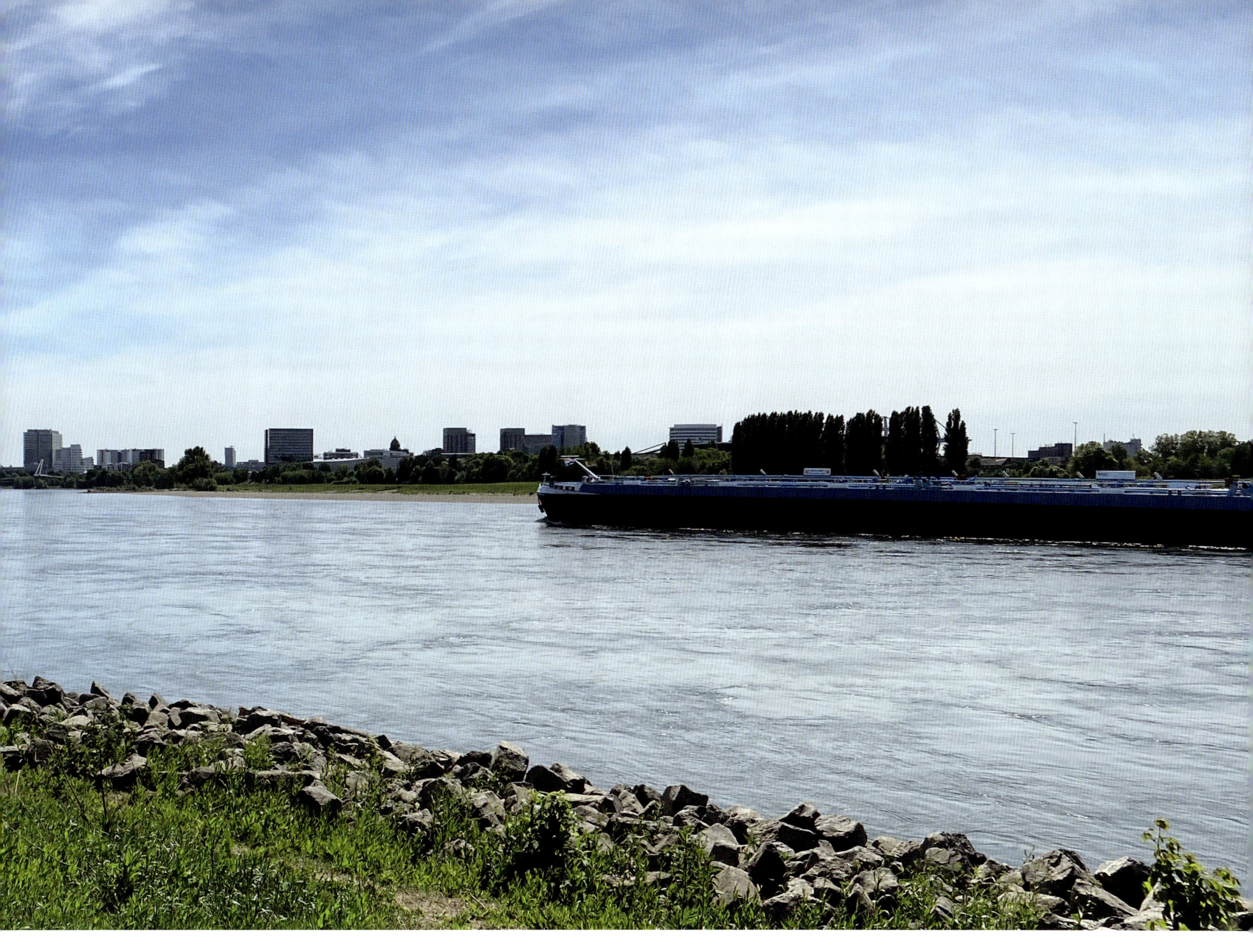

Einreihiges Panorama

Das nächste Panorama wird als einreihiges Panorama bezeichnet, hin und wieder liest man auch Multipicture-Panorama. Dieser Typ besteht aus mehreren Einzelbildern, die über eine horizontale Linie aufgenommen werden. Durch diese Technik können Sie Panoramabilder mit extrem hoher Auflösung erstellen.

Besonders wichtig dabei ist eine ausreichende Überlappung der einzelnen Aufnahmen. Sie sollte bei etwa 30 % liegen. Die Überlappung benötigt das Stitching-Programm, um genug Kontrollpunkte zu finden und zu setzen. Nur so können die Bilder miteinander verknüpft werden. Dafür gibt es

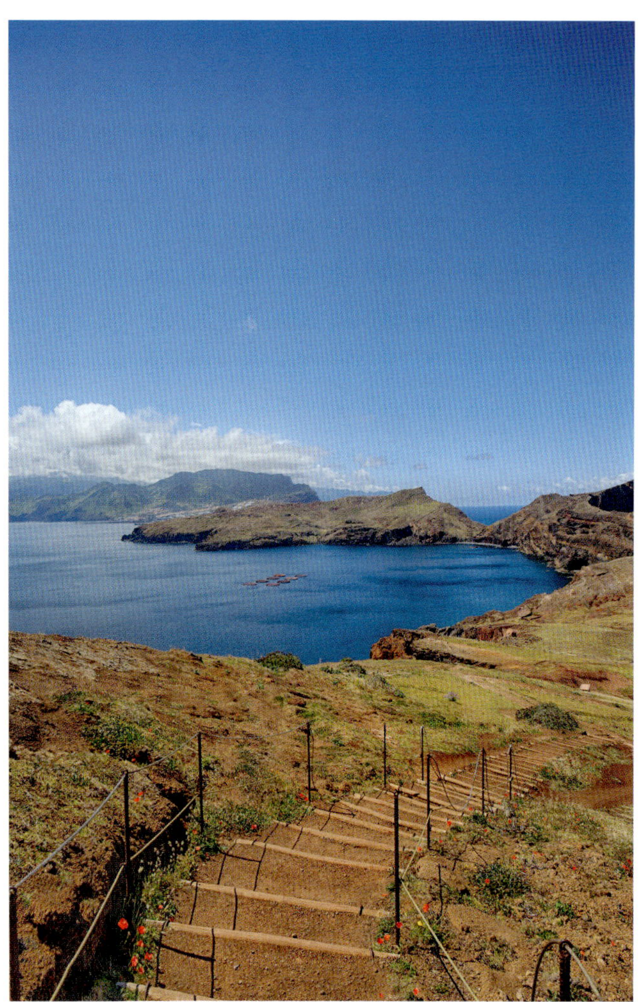

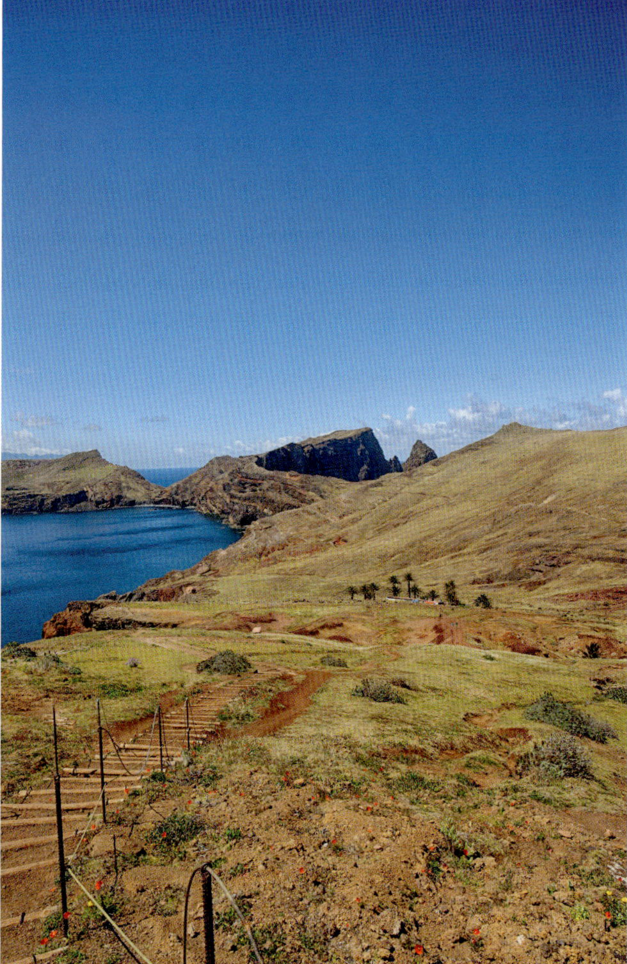

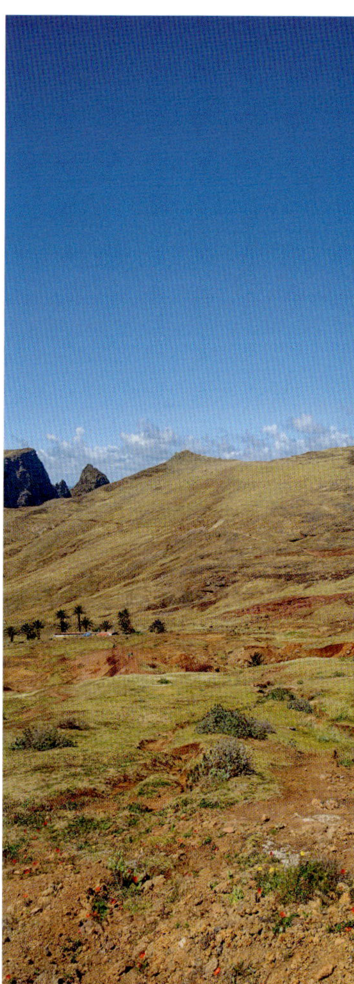

im Handel spezielle Panoramaköpfe, bei denen Sie die unterschiedlichen Drehwinkel in Stufen einstellen können. Wer diese Investition scheut, kann sich eines ganz einfachen, aber genialen Tricks bedienen: der manuellen Überlappung.

Die Überlappung der Einzelbilder sollte 30 % betragen.

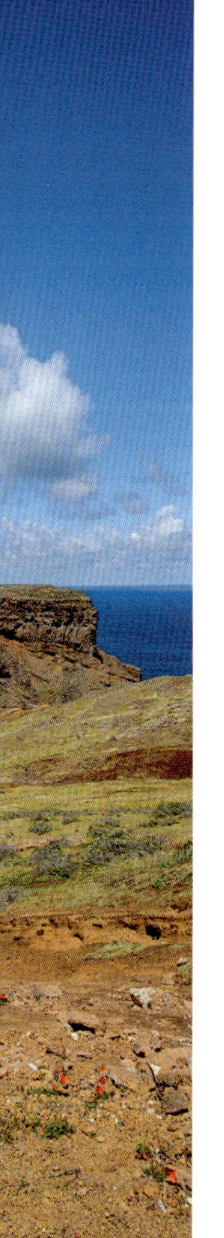

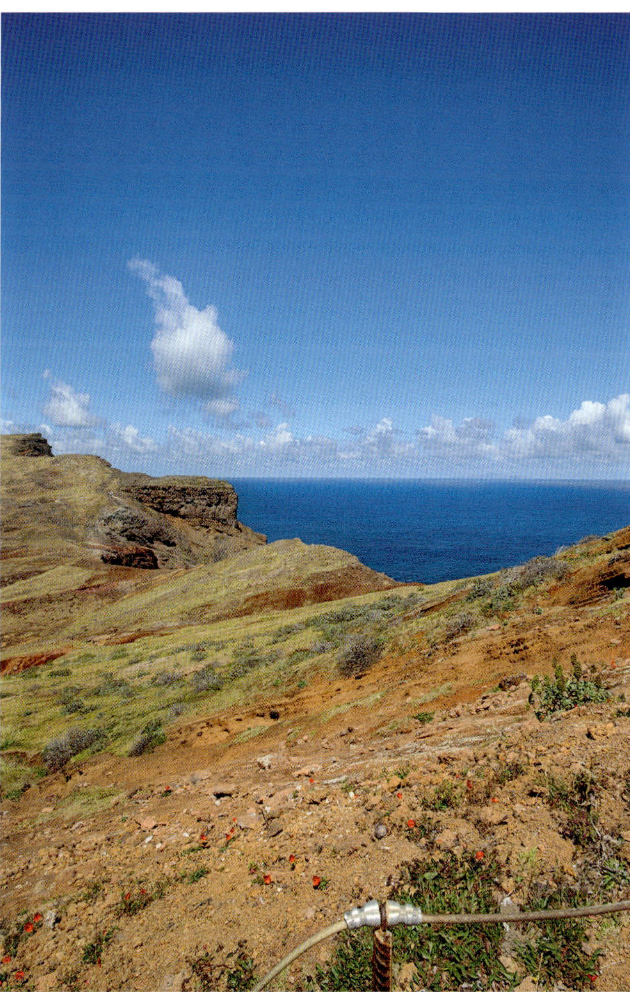

MANUELLE ÜBERLAPPUNG

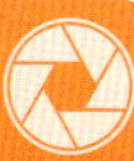

Benutzen Sie die Markierungen Ihrer Mattscheibe. Betrachten Sie die beiden Markierungen links und rechts als Fixpunkte. Merken Sie sich einfach das Motiv hinter Fixpunkt B und schwenken dann die Kamera nach links, bis derselbe Motivbereich hinter Fixpunkt A liegt.

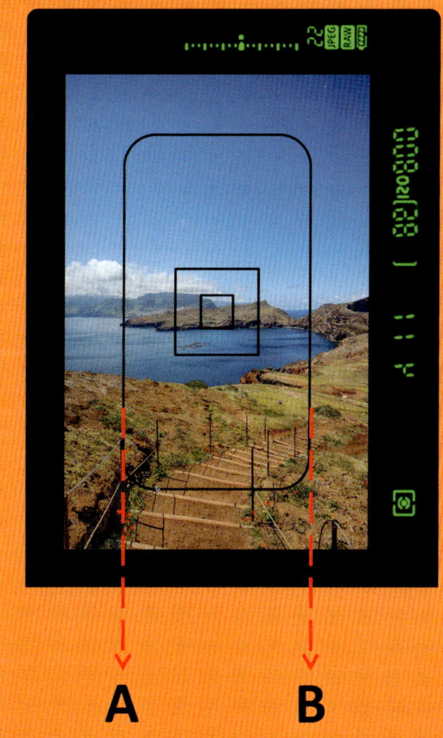

Auf diese Weise haben Sie grundsätzlich eine ausreichende und gleichmäßige Überlappung Ihrer Bilder und müssen gar nicht viel nachdenken.

Mit und ohne Nodalpunktadapter

Stellen Sie sich vor, Sie sind im Urlaub und möchten ein Panorama aufnehmen. Wenn es sich z. B. um Landschaften handelt, die weiter als 15 bis 30 Meter vom Fotografen entfernt sind, können Sie ohne Nodalpunktadapter und aus der Hand fotografieren. Die Stitching-Programme, die ich Ihnen vorstelle, können damit zum größten Teil sehr gut umgehen. Sogar HDR-Panoramen sind mittlerweile aus der Hand möglich. Bei 360-Grad-Panoramen, sphärischen Panoramen und mehrreihigen Panoramen ist ein Nodalpunktadapter jedoch sinnvoll bzw. unabdingbar.

Anzahl der Einzelbilder

Wie groß Ihr Panorama letztlich wird, bestimmen Sie durch die Anzahl der Aufnahmen. Abhängig vom verwendeten Objektiv, werden die Einzelbilder beim Stitchen aber mehr oder weniger perspektivisch verzerrt. Je nachdem, mit welchem Programm Sie arbeiten, können Sie nach dem Stitchen an den Rundungen der Einzelbilder die perspektivische Veränderung erkennen. Mithilfe unterschiedlicher Stitching-Methoden können Sie die Perspektive individuell anpassen.

Ich empfehle Ihnen, die Einzelbilder immer hochkant zu fotografieren. So erreichen Sie einen größeren Bildwinkel in der Vertikalen. Weiterhin ist es von Vorteil, die Bilder von links nach rechts zu fotografieren. Nach diesem Muster arbeitet auch die Stitching-Software. Nach dem Stitchen geht das Bild in die Bildbearbeitung. Diese, zusammen mit dem Finetuning, wird als Letztes am fertigen Panorama durchgeführt. Das soll aber kein Gesetz sein, denn bei HDR-Panoramen ergibt es auch Sinn, es anders zu machen.

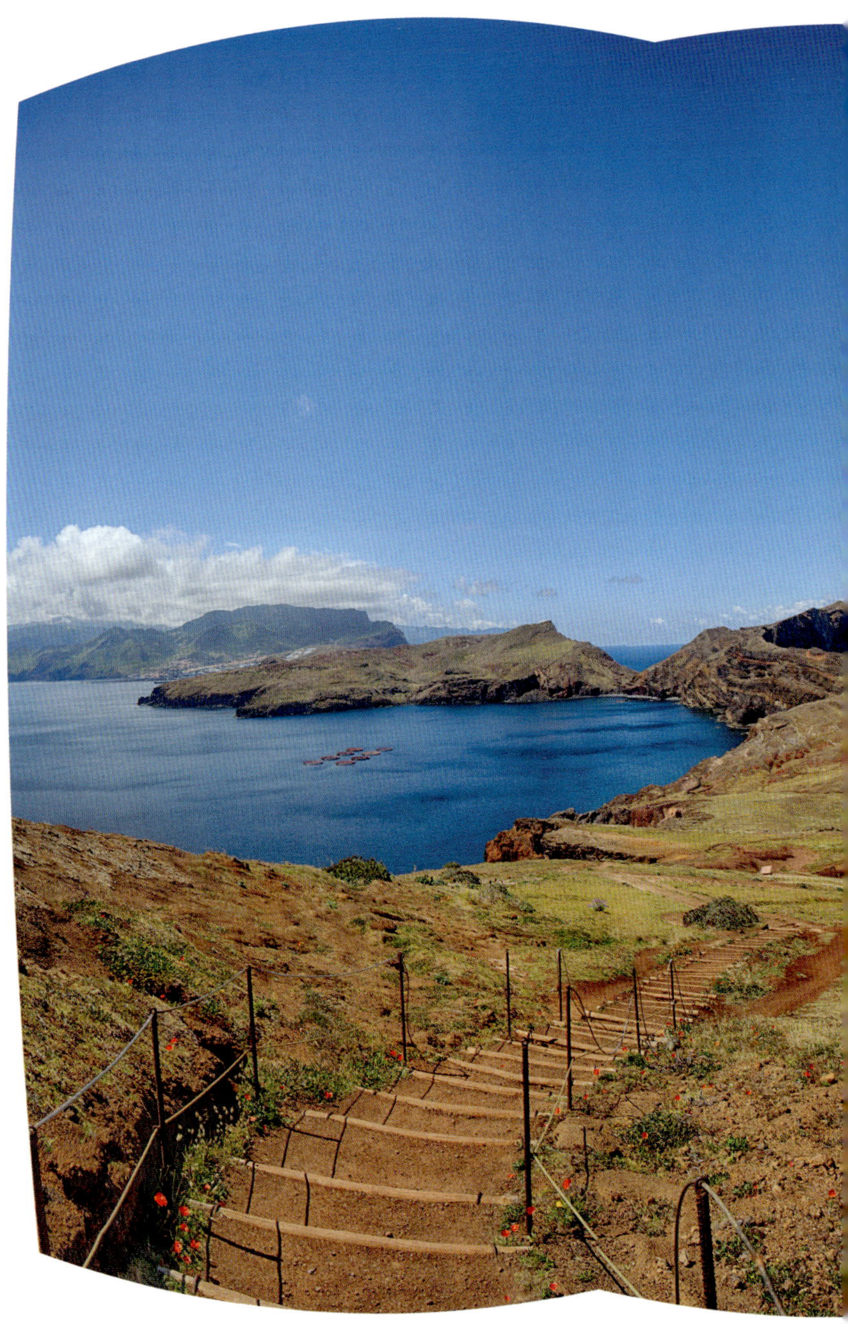

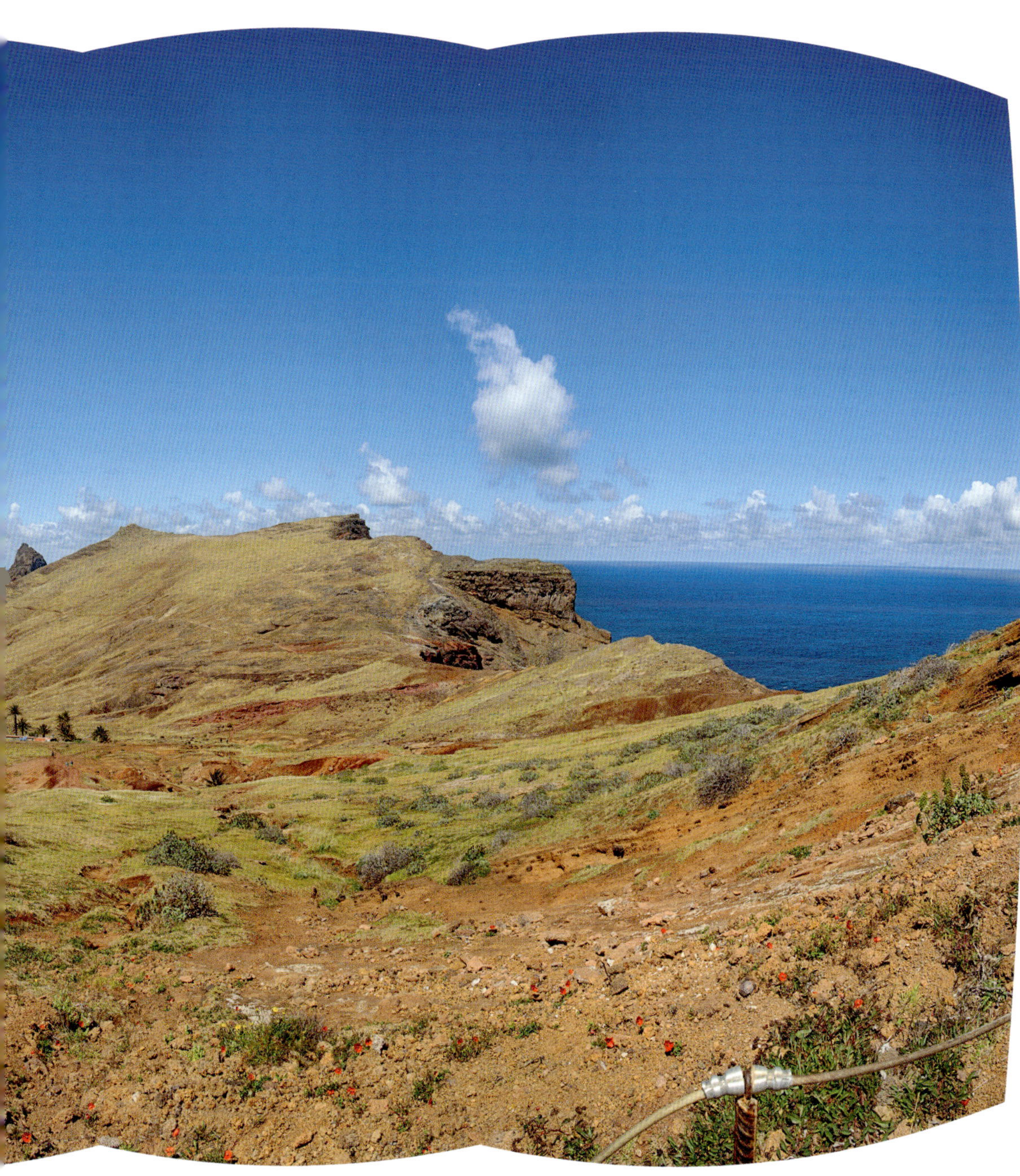

Ausgabe nach dem Stitching-Prozess.

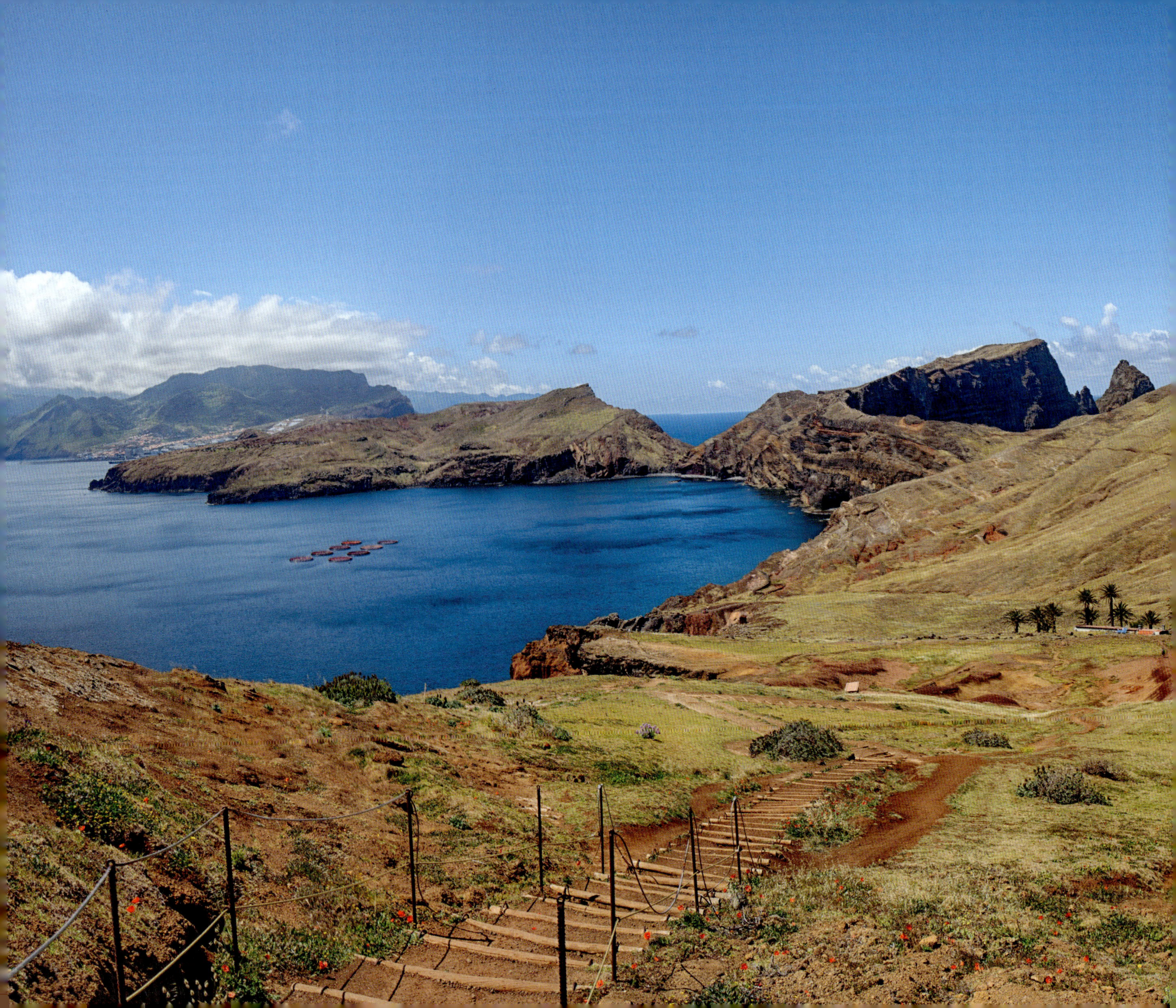

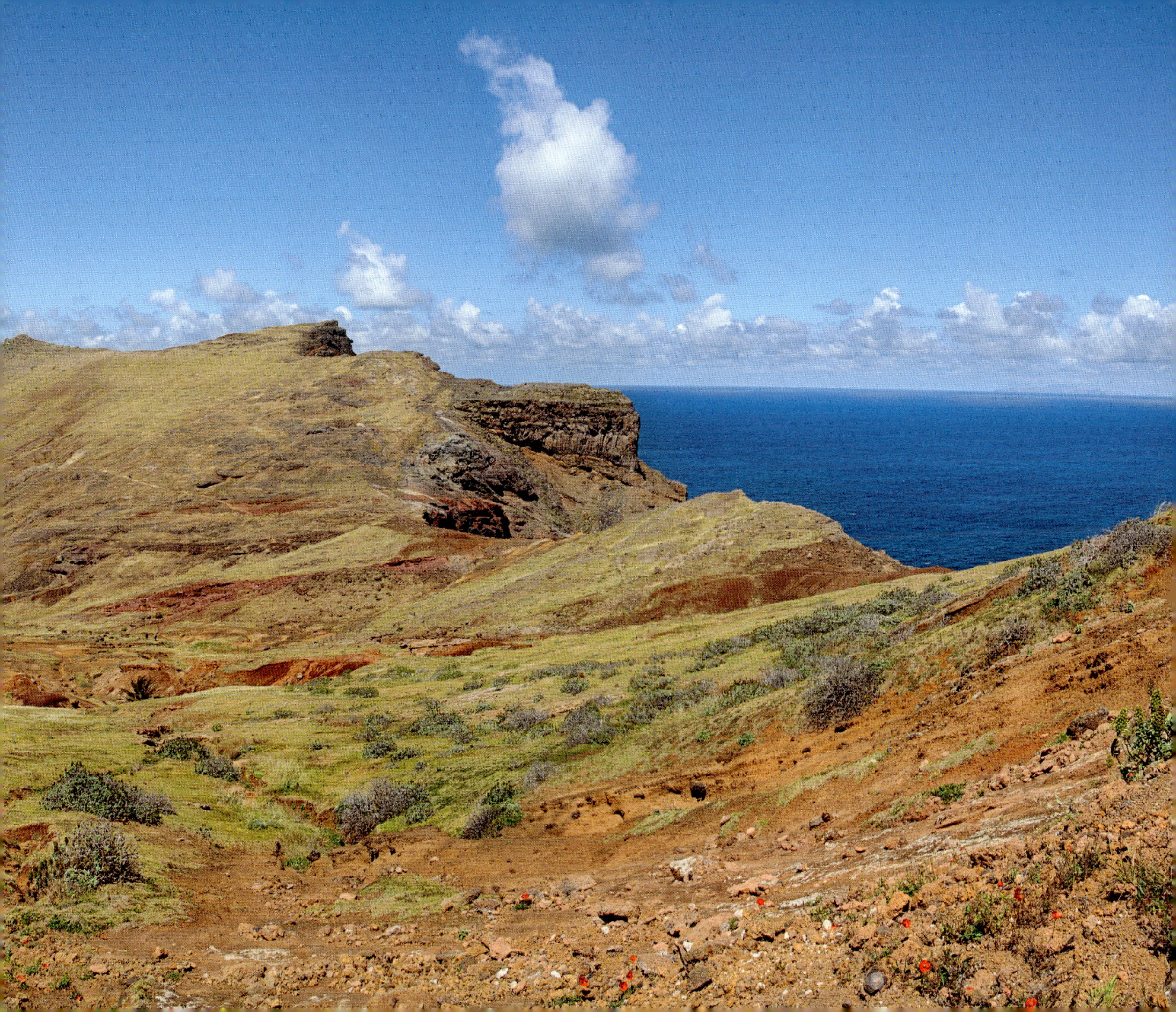

Mehrreihiges Panorama

Die nächste Steigerung eines Panoramas ist das mehrreihige Panorama. Dieser Typ wird hin und wieder auch als „planares Panorama" bezeichnet. Der Unterschied liegt darin, dass mehrere Reihen übereinander aufgenommen werden. Bei diesem Typ wäre es im Prinzip egal, ob Sie die Kamera hochkant oder im Querformat einsetzen. Sie sollten aber bedenken, dass Sie im Querformat an den Rändern der Bilder immer stärkere Verzeichnungen (Objektivfehler) haben als im Hochformat. Die Anzahl der Reihen und die Anzahl der Bilder nebeneinander bestimmen die Größe des Gesamtbilds.

Das folgende Bild zeigt die Europäische Zentralbank in Frankfurt am Main. Es besteht aus zwei Reihen mit je fünf Aufnahmen. Die Einzelbilder für dieses Panorama habe ich aus der Hand ohne Nodalpunktadapter aufgenommen. Das ist möglich, wenn das Motiv weit genug entfernt ist, erfordert aber etwas Übung.

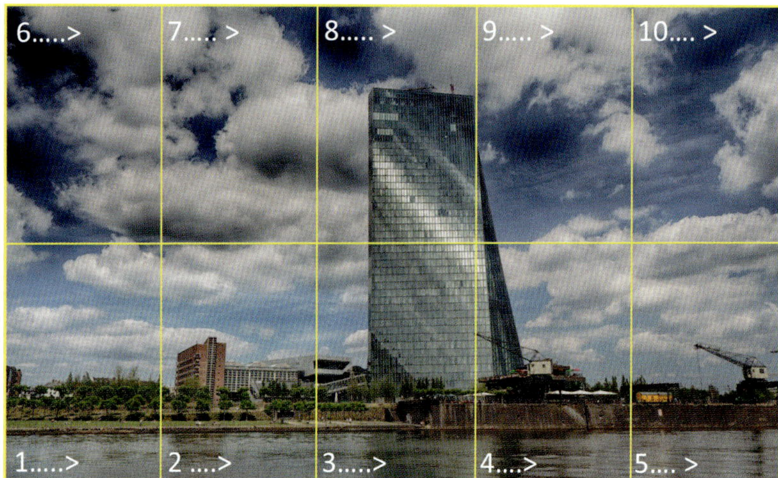

Grafik der Aufnahmereihenfolge.

Damit Sie Ihren Workflow immer im Griff haben, sollten Sie die Bilder in der Reihenfolge fotografieren, wie ich es auf dem Bild markiert habe. Sie beginnen unten von links nach rechts und setzen die zweite Reihe von links nach rechts darauf. Sollten Sie eine weitere Reihe obendrauf setzen, beginnen Sie wieder links und gehen nach dem gleichen Schema vor.

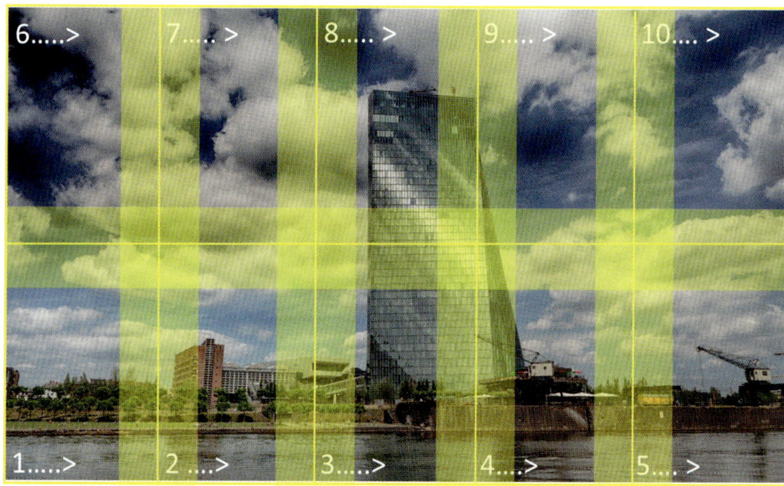

Grafik der Überlappungsbereiche eines mehrreihigen Panoramas.

Die Überlappung der Bilder muss bei einem mehrreihigen Panorama nicht nur horizontal, sondern auch vertikal erfolgen. Zum besseren Verständnis habe ich in der Grafik die notwendigen Überlappungsbereiche der Einzelbilder farbig markiert.

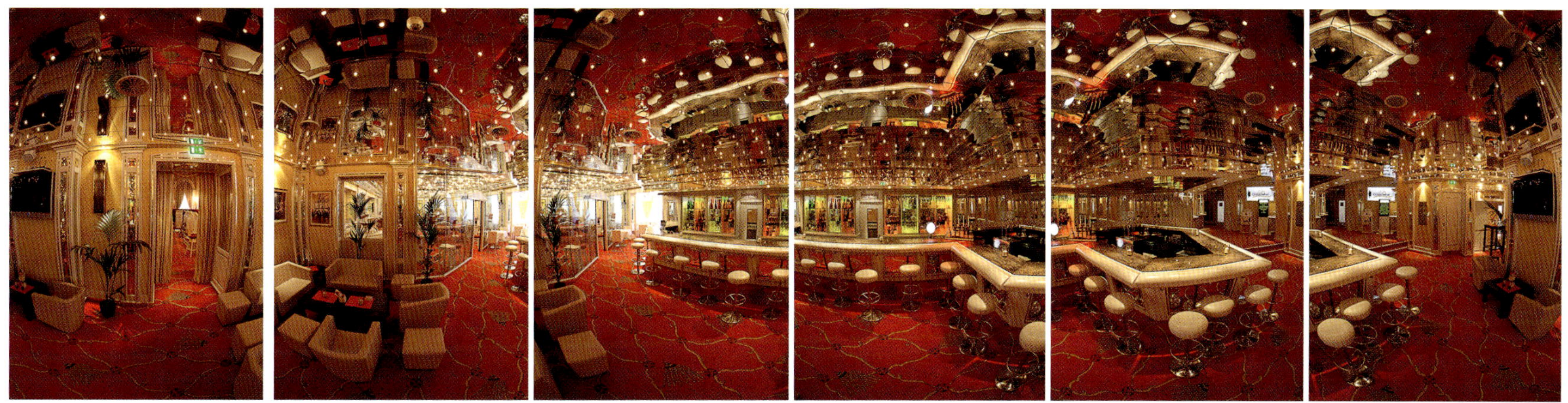

360-Grad-Panorama

Als nächsten Panoramatyp betrachten wir das 360-Grad-Panorama. Es wird auch als zylindrisches Panorama bezeichnet. Stellen Sie sich vor, Sie stehen in der Mitte eines Raums. Drehen Sie sich ein Mal um die eigene Achse und fotografieren Sie alles ab, was Sie bei einer 360-Grad-Drehung sehen können.

Parallaxenverschiebung

Unter Parallaxenverschiebung versteht man die Verschiebung zwischen Vordergrund und Hintergrund. In wenigen Fällen habe ich es schon hinbekommen, ein 360-Grad-Panorama aus der Hand zu fotografieren. Wird das Panorama für eine virtuelle Tour, eine QuickTime-Animation oder für eine Flashanimation verwendet, kommen Sie um einen Nodalpunktadapter nicht herum.

Bei 360-Grad-Panoramen gelten die gleichen Grundregeln, die Sie bereits kennengelernt haben. Was dazukommt, ist ein Nodalpunktadapter. Je nachdem, für welche Verwendung das 360-Grad-Panorama aufgenommen wird, ist es erforderlich, mit einem Nodalpunktadapter zu arbeiten.

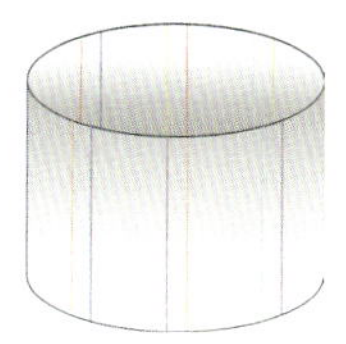

Wie die zylindrische Grafik verdeutlichen soll, muss auch hier genug Überlappung vorhanden sein. Weiterhin sollten Sie sich eine Markierung merken, an der Sie beginnen. Am Ende fotografieren Sie über die Markierung hinaus, um sicherzustellen, dass Ihnen keine Motivbereiche fehlen.

3-D- oder Kugelpanorama

Kommen wir zur Königsdisziplin in der Panoramafotografie: zum Kugelpanorama, auch sphärisches Panorama genannt. Fügen Sie dem zylindrischen Panorama noch ein sogenanntes Zenitbild (der Punkt des Himmels, der sich genau über dem Stativ befindet) und ein Nadirbild (der Punkt genau unter dem Stativ) hinzu, können Sie daraus ein sphärisches Panorama erstellen. Auch dabei ist ein Nodalpunktadapter unabdingbar. Diese Panoramen sind der Grundbaustein für virtuelle Touren.

Der Betrachter ist nach der Animation dieses Panoramas in der Lage, sich in jedem Bereich des Raums zu bewegen. Mit einer guten Software können Sie sogar mehrere Panoramen miteinander verbinden. So kann der Betrachter sich durch ganze Gebäude bewegen.

Equirectangulare Darstellung eines sphärischen Panoramas.

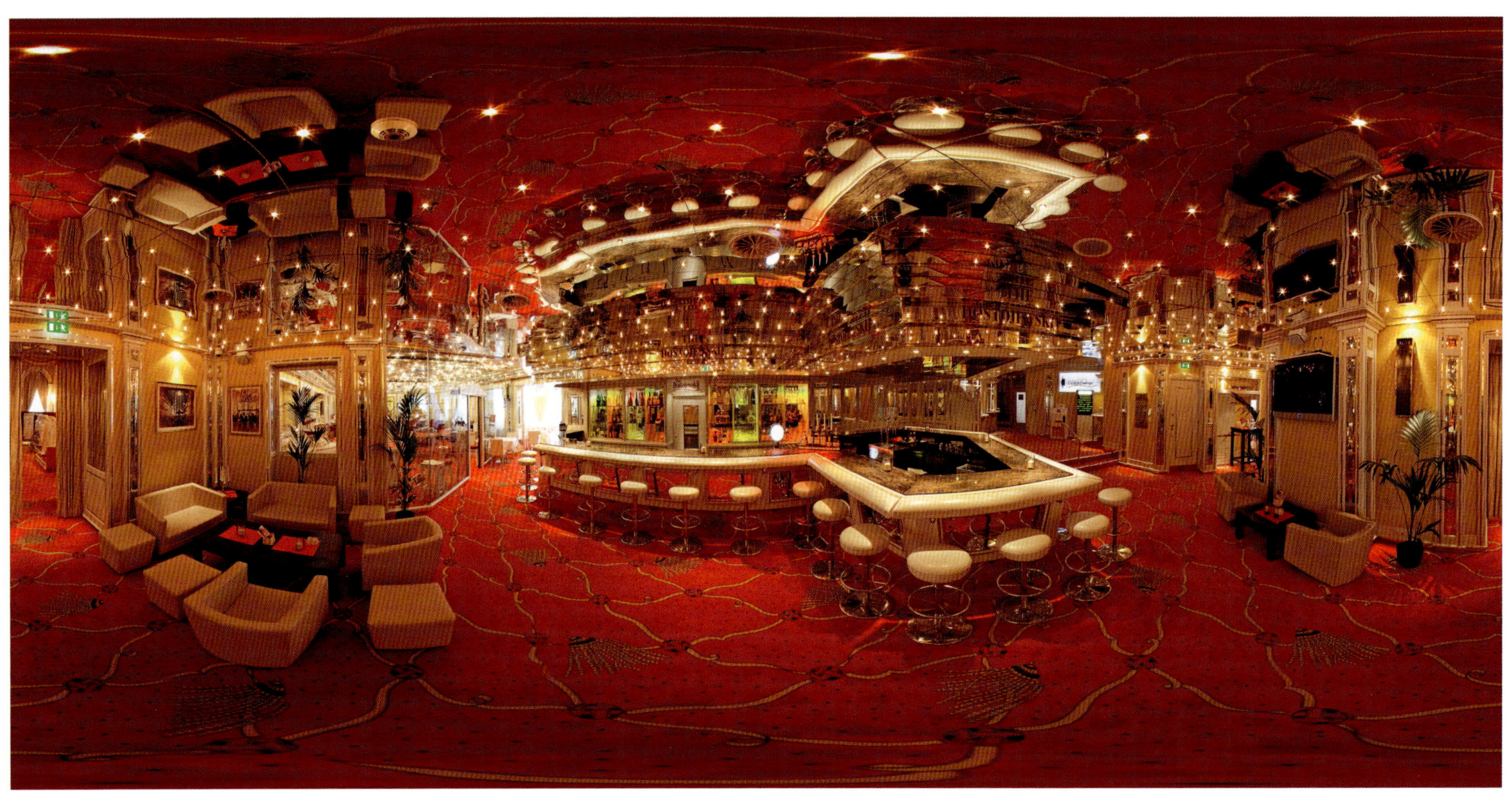

Equirectangulare Darstellung

Sieht man ein sphärisches Panorama als zweidimensionales Bild, wirkt es erst einmal etwas verwirrend, weil es zu den Rändern hin eine sehr große perspektivische Verschiebung gibt. Eine solche Darstellung nennt man auch equirectangulare Darstellung. Viele Betrachter können mit solch einem Bild zunächst gar nichts anfangen.

Zenit
Mathematischer Horizont
Bildhorizont
Nadir

Schematische Darstellung von Nadir und Zenit.

Ich empfehle Ihnen, sphärische Panoramen mit 180-Grad-Fisheye-Objektiven zu fotografieren. Mit diesen Objektiven benötigen Sie nur drei bis vier Aufnahmen, um den gesamten Raum abzulichten. So ersparen Sie sich das aufwendige Nadir- und Zenitbild. Ihre Objektivwahl richten Sie danach aus, welchen Panoramatyp Sie fotografieren wollen. In Kapitel 6, „Sphärisches Panorama fotografieren“, wird genau beschrieben, wie Sie ein solches Panorama fotografieren und bearbeiten.

NADIR UND ZENIT

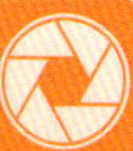

Unter Nadirbild versteht man das Bild, das senkrecht nach unten fotografiert wird. Dazu muss eine spezielle Vorrichtung gebaut werden, da sich an dieser Position erst einmal der Panoramaadapter und das Stativ befinden. Unter Zenitbild versteht man das Foto, das vertikal nach oben in den Himmel oder an die Decke fotografiert wird.

Sphärisches Panorama animieren

Um ein sphärisches Panorama zu animieren, bedient man sich eines genialen Tricks. Die Programme machen aus dem Panorama ein sogenanntes kubisches Panorama.

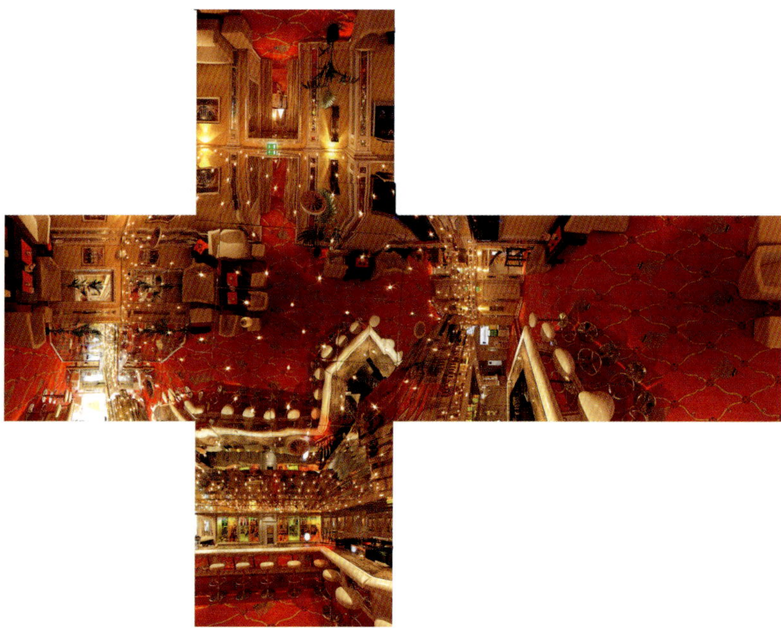

Das kubische Panorama ist dem sphärischen Panorama sehr ähnlich, nur die Darstellungsform wird verändert. Die Panoramasoftware zerlegt die equirectangulare Darstellung in sechs Würfelflächen.

Die Projektion umfasst vertikal 180 Grad und horizontal 360 Grad. Wenn das Panorama mittels Software animiert wird, hat es den Anschein, als befände man sich innerhalb eines Würfels.

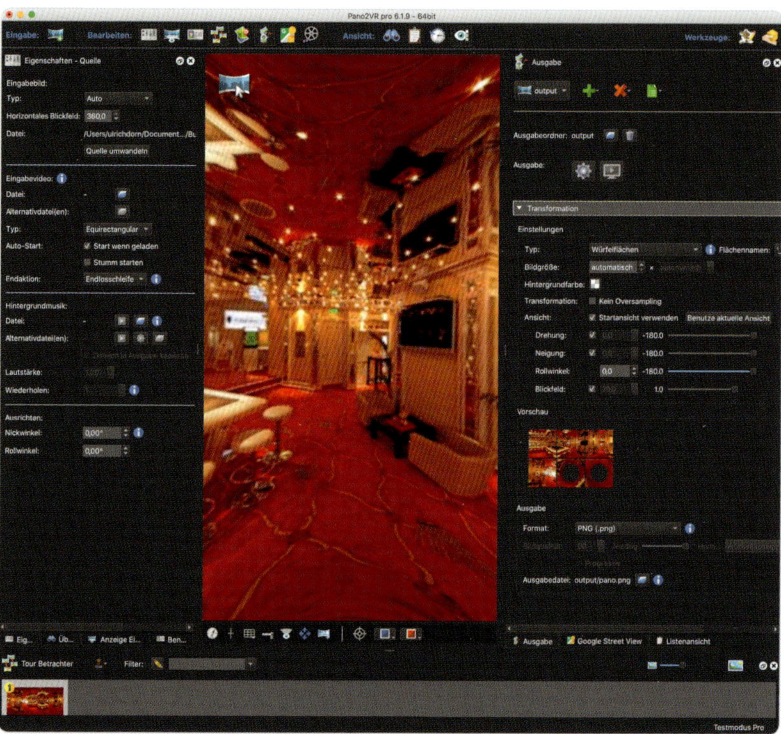

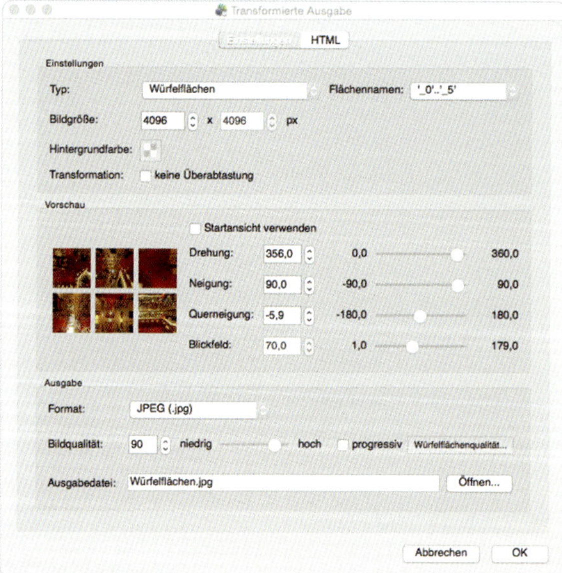

Panoramen mit Pano2VR, Version 6.1.9 – 64bit, in die verschiedenen Darstellungsformen transformieren.

Mit der Panoramasoftware Pano2VR können Sie z. B. aus einem equirectangularen oder kubischen Panorama mit wenigen Klicks und sehr einfach über die Funktion *Transformieren* weitere, immer wieder interessante Darstellungsformen erzeugen. Die Software bietet dazu zahllose Kombinationen von Schiebereglern an, die endlos viele Variationen zulassen. Achten Sie darauf, die Bildgröße manuell anzupassen. Ich empfehle Ihnen, immer die Originalgröße des Panoramas im linken Fenster abzulesen und sie als *Bildgröße* im rechten Fenster einzutragen.

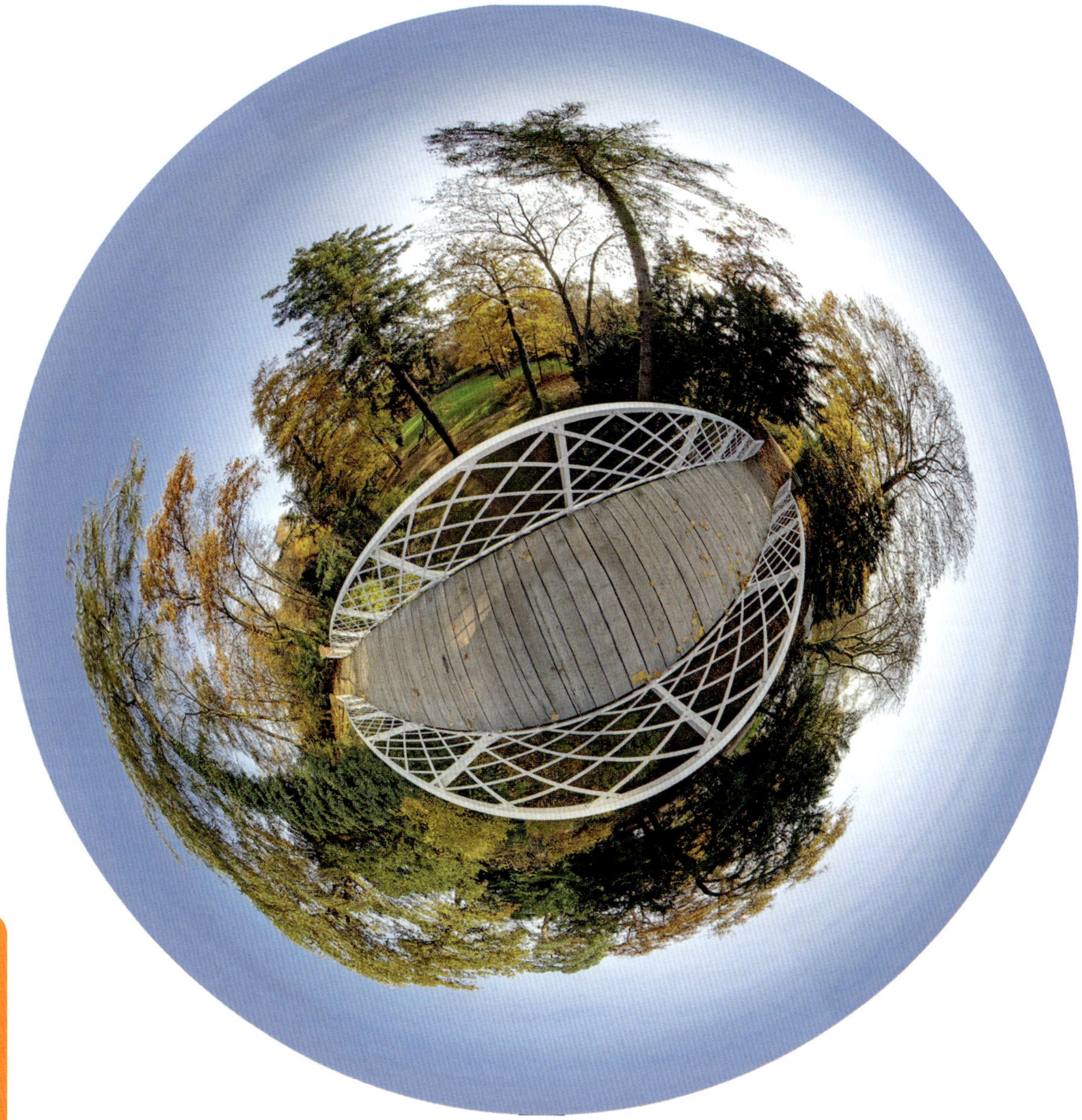

LITTLE PLANET

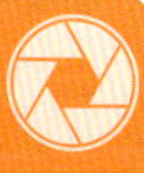

Das Beispiel der Spielkugel wird auch als „Kleine Welten“ oder „Little Planet“ bezeichnet. Mit dieser Funktion können Sie aus Landschaftspanoramen sehr interessante Miniaturwelten erschaffen. Solche faszinierenden Fotos haben Sie sicher schon öfter gesehen und sich gefragt, wie man so etwas erstellt.

Little Planet.

Hier sehen Sie weitere Darstellungsbeispiele, die Sie durch die Funktion *Transformieren* erstellen können.

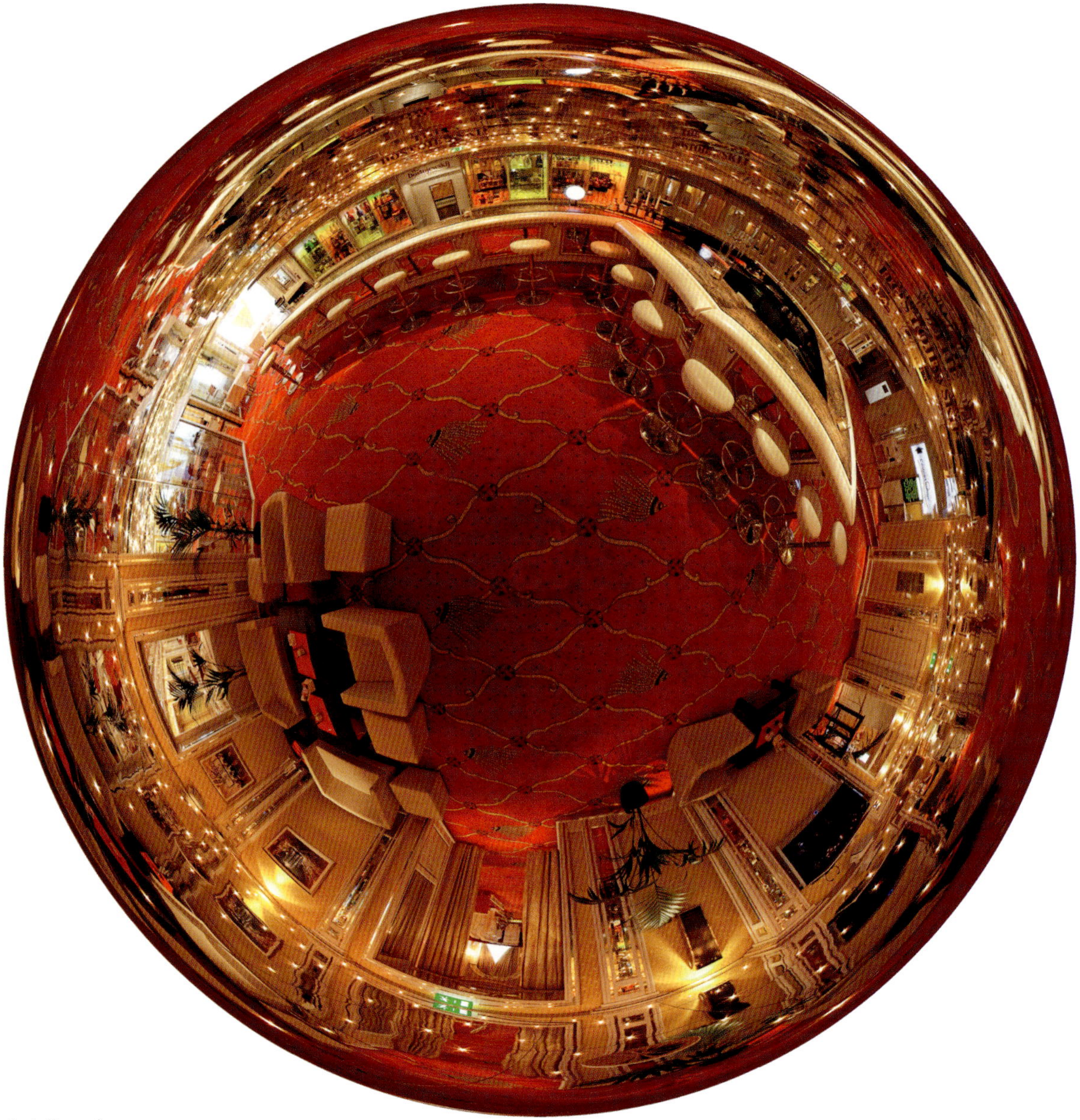

Spielkugel.

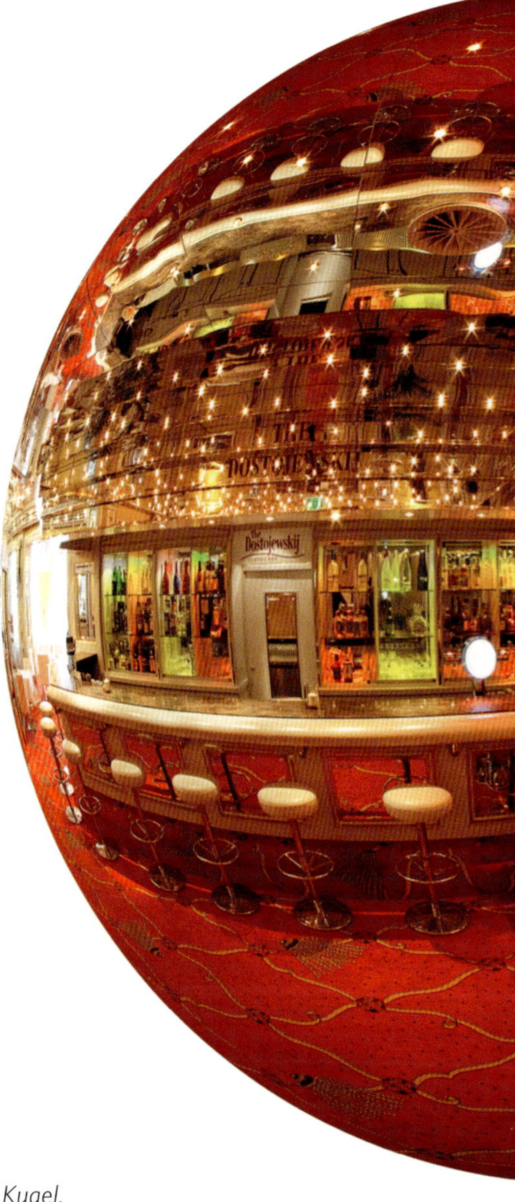

Kugel.

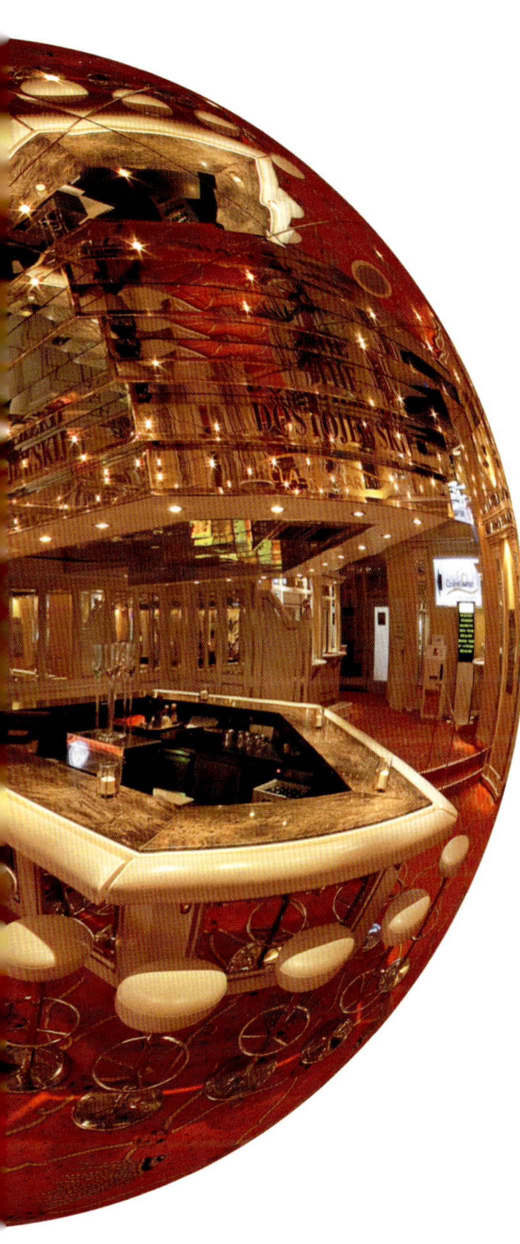

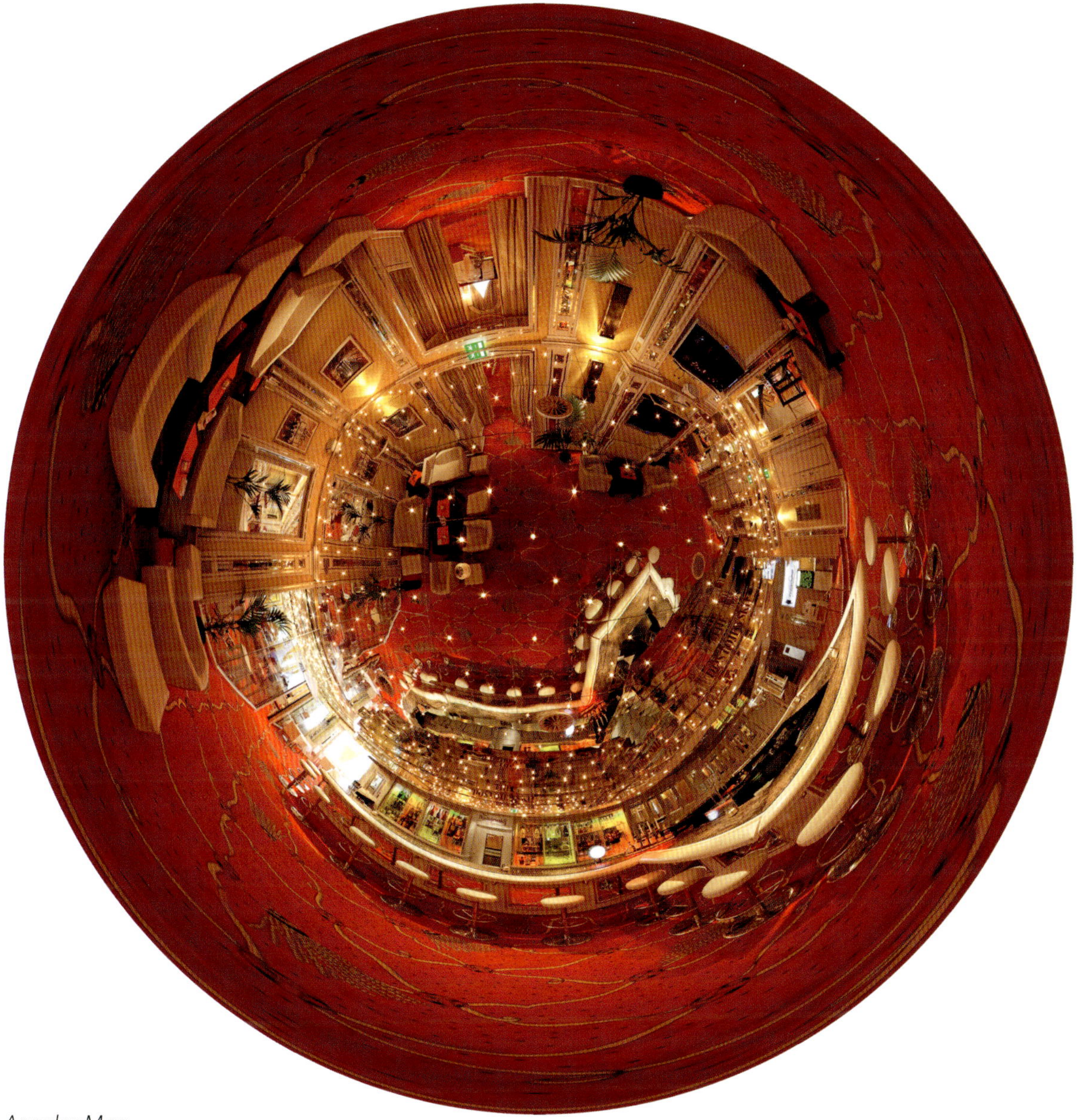

Angular Map.

Gigapixelpanorama

Ein Gigapixelpanorama ist ein Panorama, bei dem Sie extrem weit in das Bild hineinzoomen können. Um ein solches Bild zu fotografieren, verwenden Sie am besten einen elektronischen Panoramakopf. Sie benötigen eine sehr große Anzahl von Einzelbildern mit hoher Auflösung. Das erreichen Sie mit einem Objektiv, das eine große Brennweite hat. Anders als bei allen anderen Panoramen, bei denen mit Weitwinkelobjektiven fotografiert wird, verwenden Sie für ein Gigapixelpanorama ein Objektiv mit einer großen Brennweite. Der Bildwinkel ist dadurch viel kleiner, aber die Auflösung und die Bildqualität der Details steigen natürlich stark an. Die Aufnahmezeit eines solchen Panoramas ist beträchtlich.

Durch das Stitchen der vielen Einzelbilder erreichen Sie später eine sehr hohe Bildqualität, aber auch eine entsprechende Bildgröße. Es gibt im Internet bereits zahlreiche sehr interessante Beispiele für solche Panoramen. Der Betrachter kann sich stundenlang in einem solchen Bild aufhalten.

To-go-Panorama

Um mit der Zeit zu gehen, möchte ich auch kurz auf eine sehr interessante App eingehen, mit der Sie Panoramen über Ihr Handy erstellen können. Es ist wirklich erstaunlich, was solche Apps bzw. die Kameras moderner Handys mittlerweile leisten.

360 Panorama ist eine dieser Apps, fast schon ein Must-have für jedes iOS-Gerät. Innerhalb dieser App ist eine 3-D-Kugel abgebildet, die Sie mit Fotos füllen können: Einfach auf *Start* drücken, das Handy nach dem Gittermuster der Kugel bewegen, und die App fotografiert den Raum Stück für Stück selbstständig ab.

Das Einzige, was Sie tun müssen, ist, sich mit dem Handy langsam zu drehen und gezielt das aufzunehmen, was fotografiert werden soll. Danach auf *Fertig* drücken, und das Panorama wird automatisch erstellt.

Es stehen verschiedene Aufnahmemodi zur Auswahl. Auch die Ausgabefunktionen lassen keine Wünsche offen. Der User kann ein eigenes Konto erstellen oder sich über Facebook anmelden und seine Ergebnisse gleich online präsentieren. Dazu müssen Sie dem Programm allerdings die Erlaubnis erteilen. Wenn Sie möchten, können Sie Ihr Profilbild von Facebook automatisch übernehmen. Ist das alles eingestellt, postet *360 Panorama* in Ihrem Namen die freigegebenen Panoramen auf Facebook. Die Internetadresse, unter der Sie Ihre Panoramen ansehen können, wird Ihnen nach dem erfolgreichen Einrichten angezeigt. Alternativ können Sie das fertige Panorama per E-Mail versenden oder in Ihrem Fotoalbum speichern. Man darf gespannt sein, wann diese Technik in die ersten Kameras einzieht.

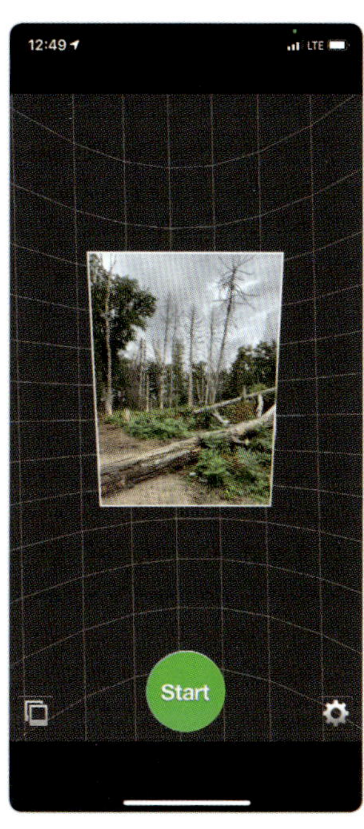

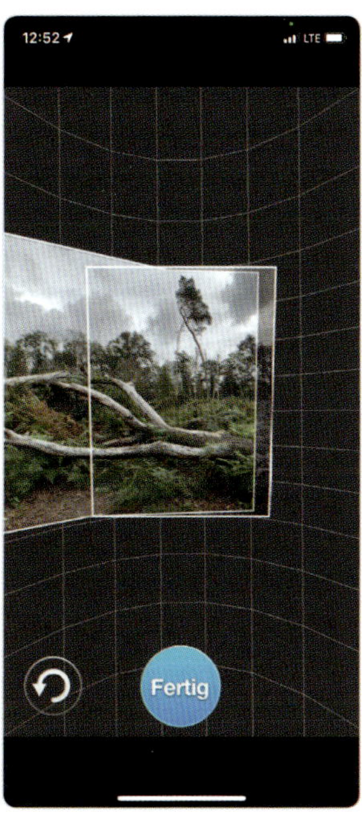

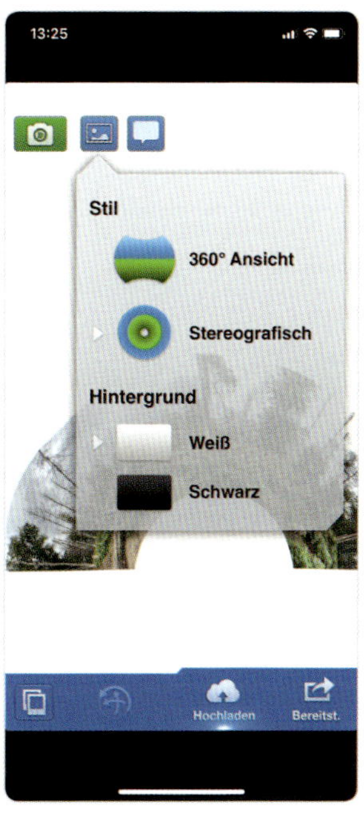

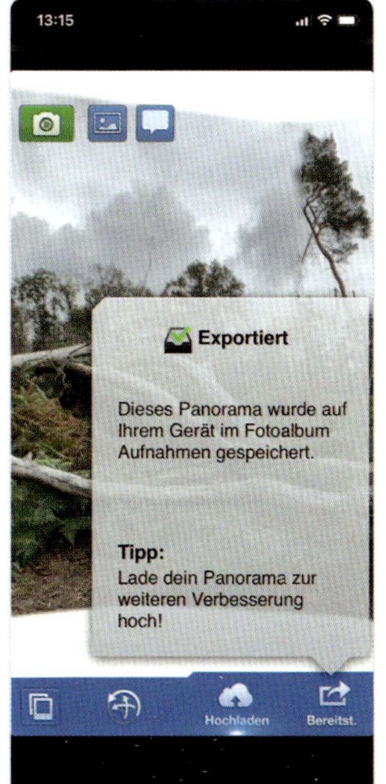

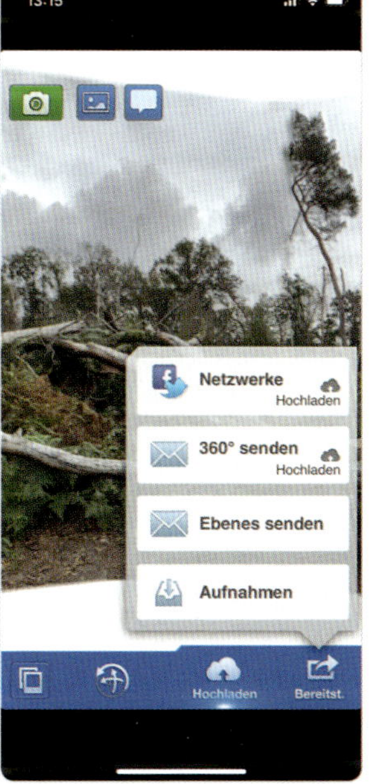

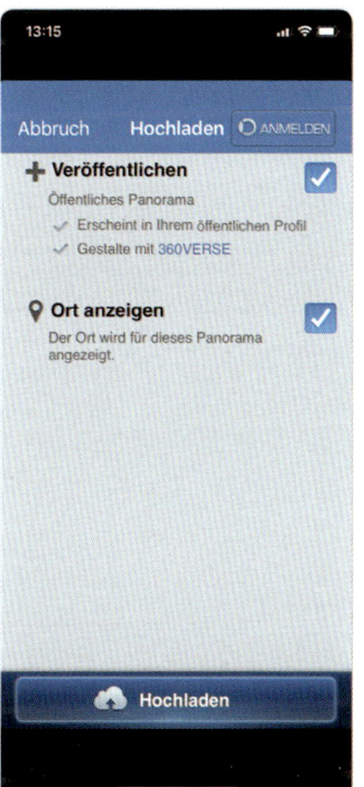

Damit haben Sie die wichtigsten Panoramatypen kennengelernt, und wir können uns im nächsten Kapitel dem Thema Ausrüstung und Objektive, bezogen auf die Panoramafotografie, zuwenden.

Ablauf einer Panoramabilderstellung mit der 360 Panorama-App.

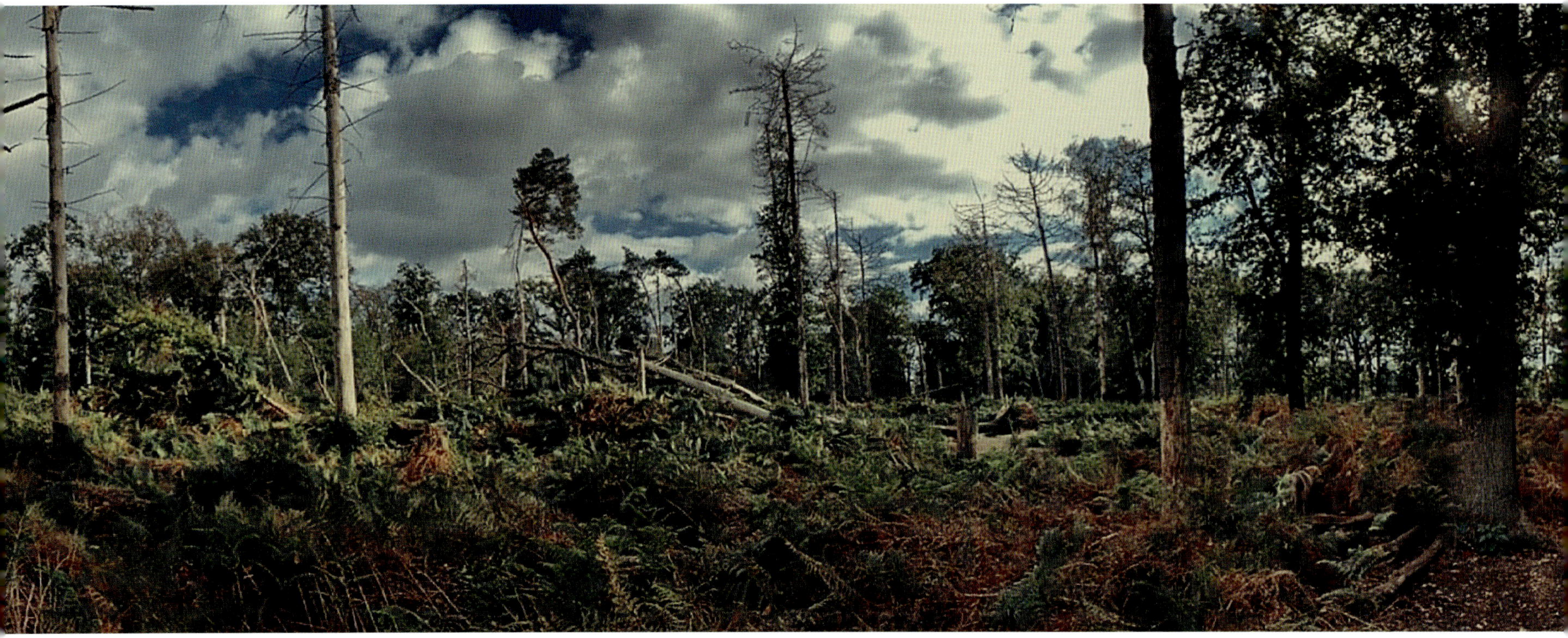

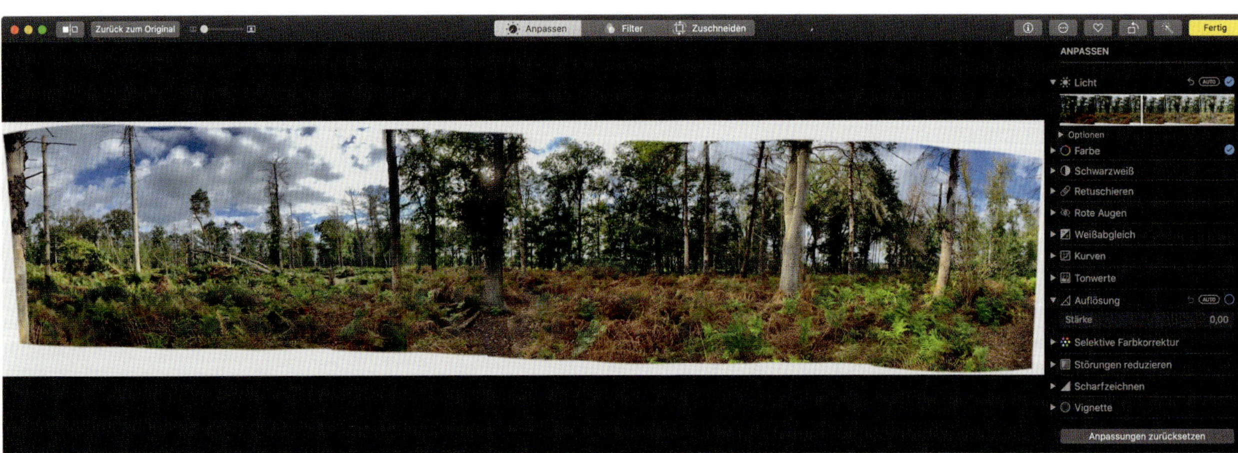

Das unbearbeitete Panorama aus dem iPhone 11 Pro.

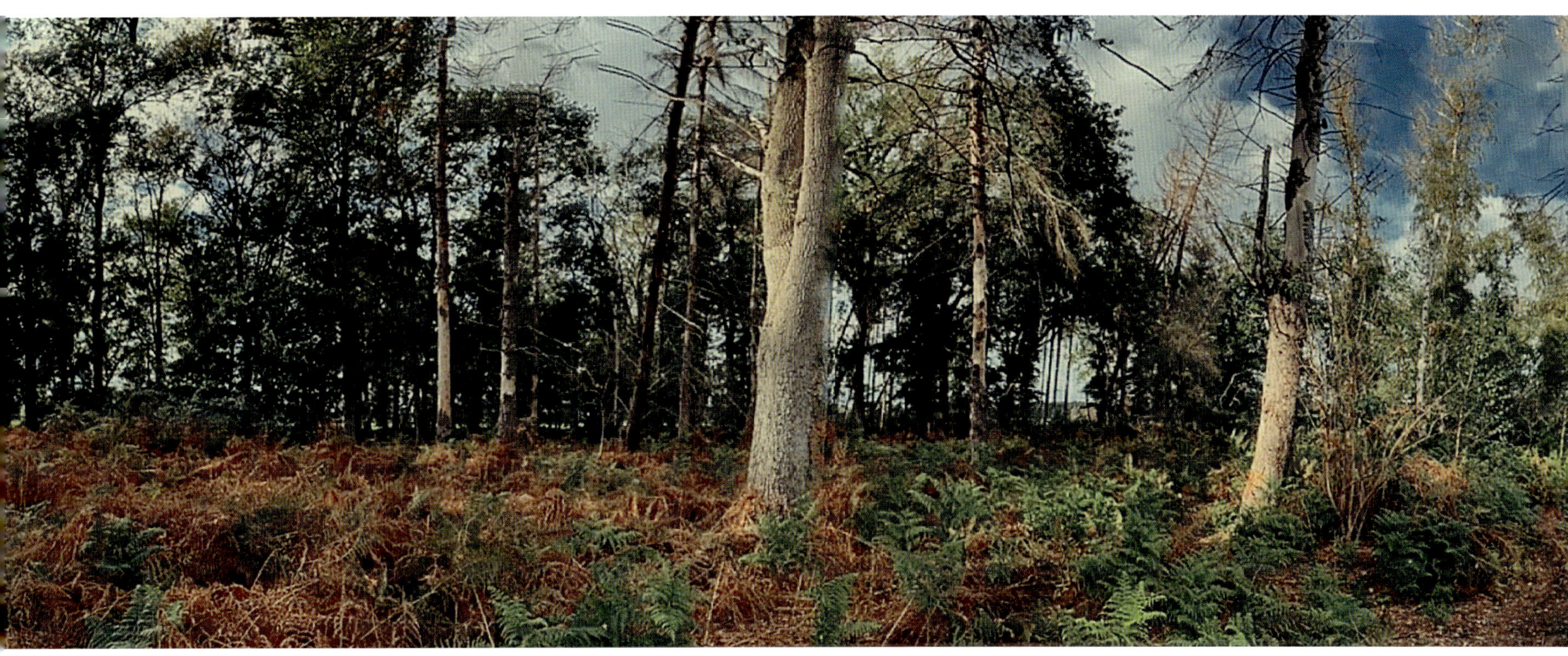

Das mit der Apple Fotos-App bearbeitete und zugeschnittene Panoramabild.

HDR-Panorama

Kommen wir zur letzten Darstellungsform von Panoramabildern, dem HDR-Panorama. Um den Dynamikumfang von Panoramabildern zu optimieren, also zu vergrößern, bedient man sich der HDR-Technik (*High Dynamic Range*). Unter Dynamikumfang versteht man die Anzahl der Helligkeitswerte für die drei Grundfarben Rot, Grün und Blau in einem Bild. Die meisten Panoramafotografen entwickeln sich sehr schnell in dieser Technik weiter, um noch schönere Panoramen zu erstellen.

Sie fotografieren jedes einzelne Bild des Panoramas in drei Belichtungsstufen. Danach entwickeln Sie die entstandenen Aufnahmen zu einem HDR-Bild weiter. Die Bilder werden so miteinander verbunden, dass überstrahlte helle wie auch abgesoffene dunklere Bereiche wieder Zeichnung bekommen. Im nächsten Arbeitsschritt werden die Einzelbilder zu einem HDR-Panorama zusammengestitcht. Durch die Kombination dieser Techniken entstehen imposante HDR-Panoramen, die an die Sehfähigkeit des menschlichen Auges herankommen. Die Kamerasensoren der heutigen Zeit können diesen Helligkeitsumfang mit einer Aufnahme nicht aufzeichnen. Mittlerweile gibt es aber die ersten Kameras, die bereits eine HDR-Verarbeitung integriert haben.

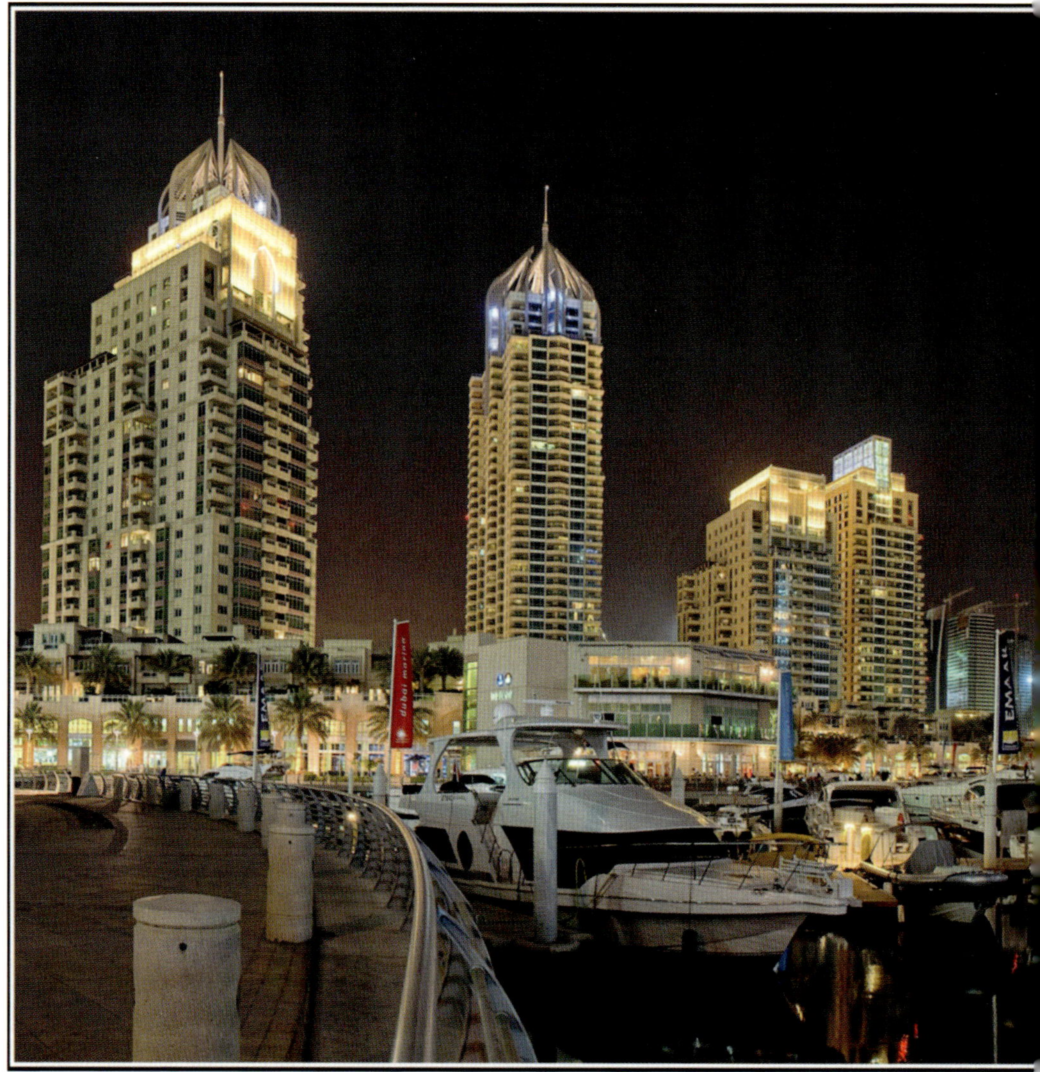

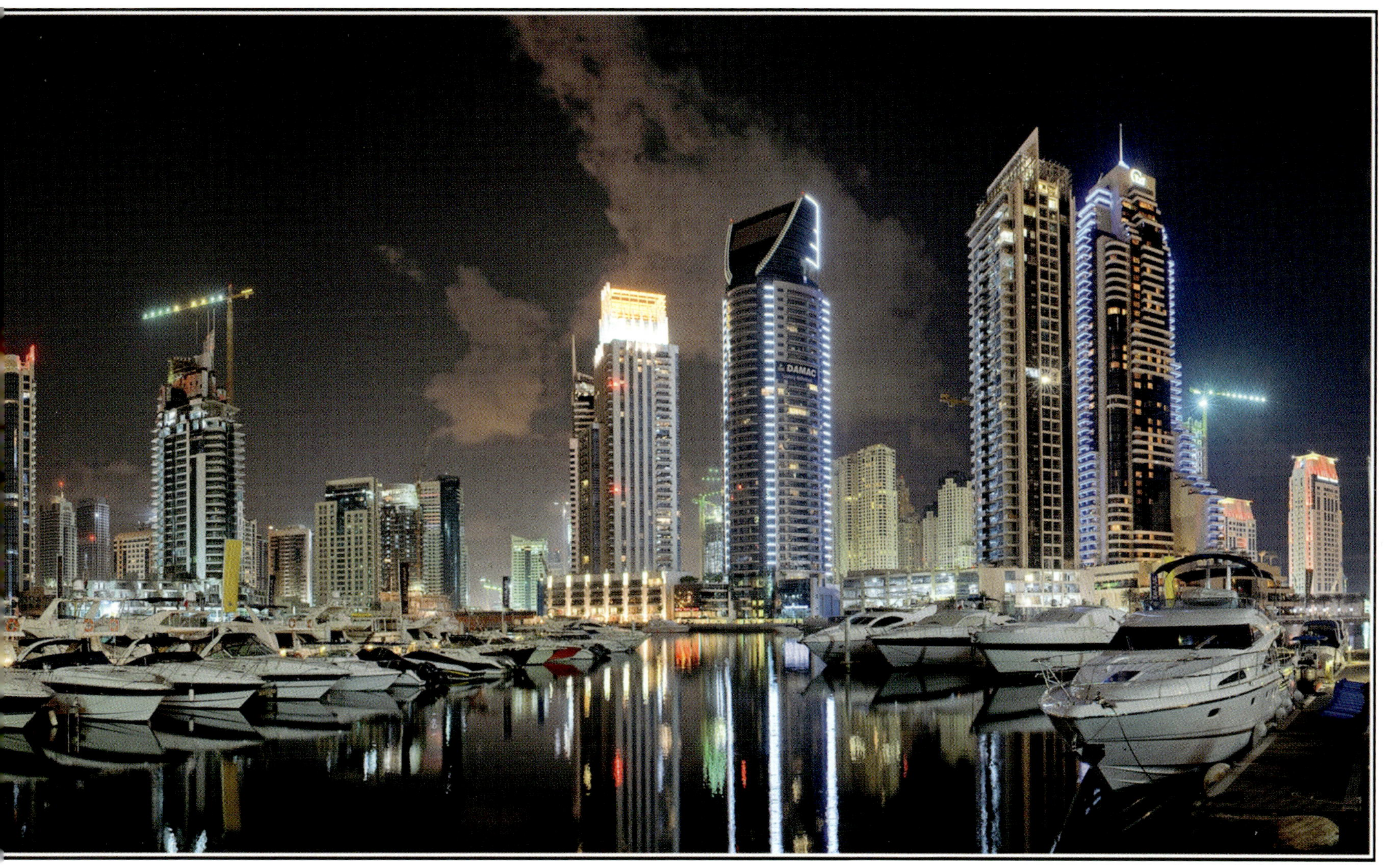

HDR-Nachtpanorama – Dubai Marina.

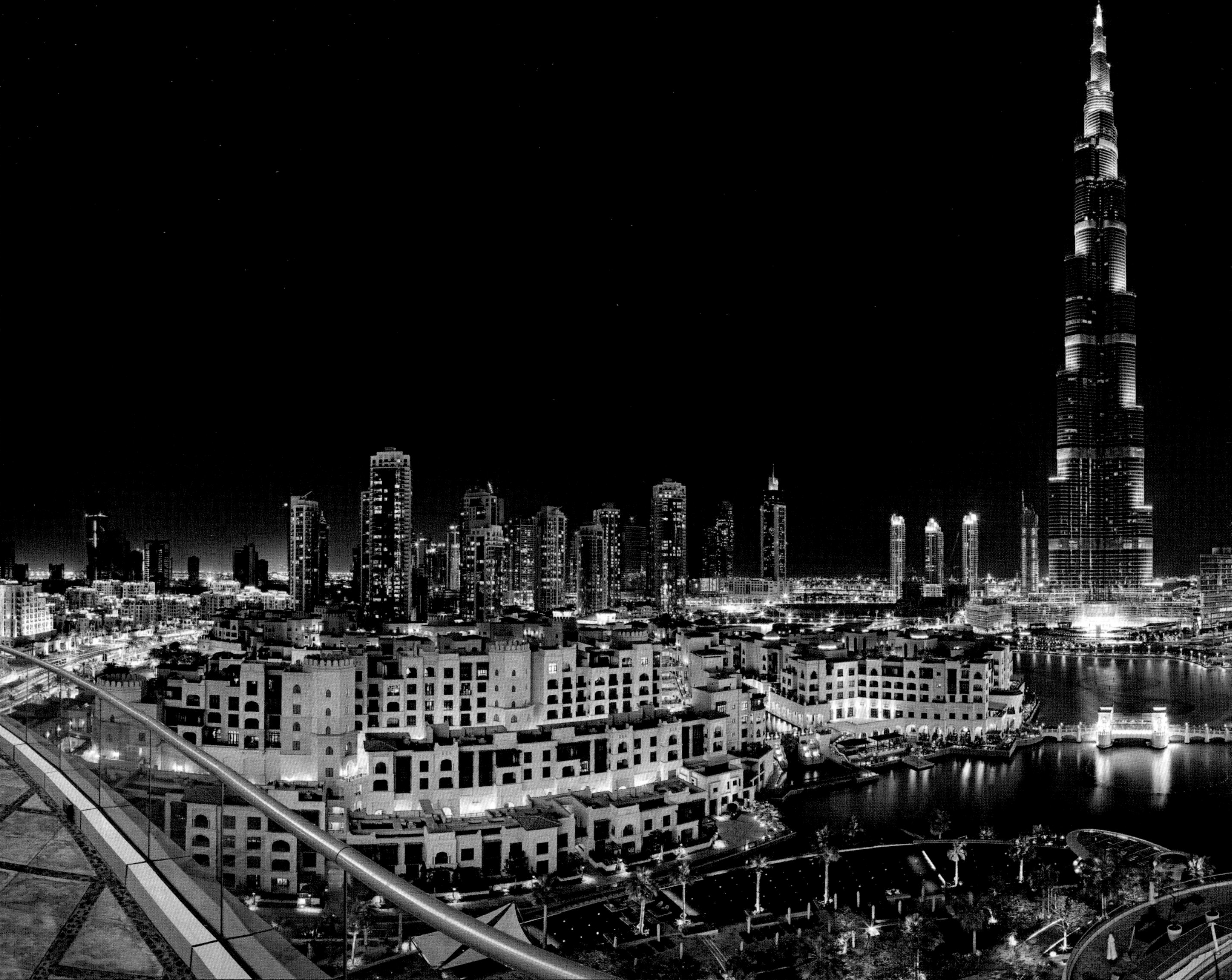

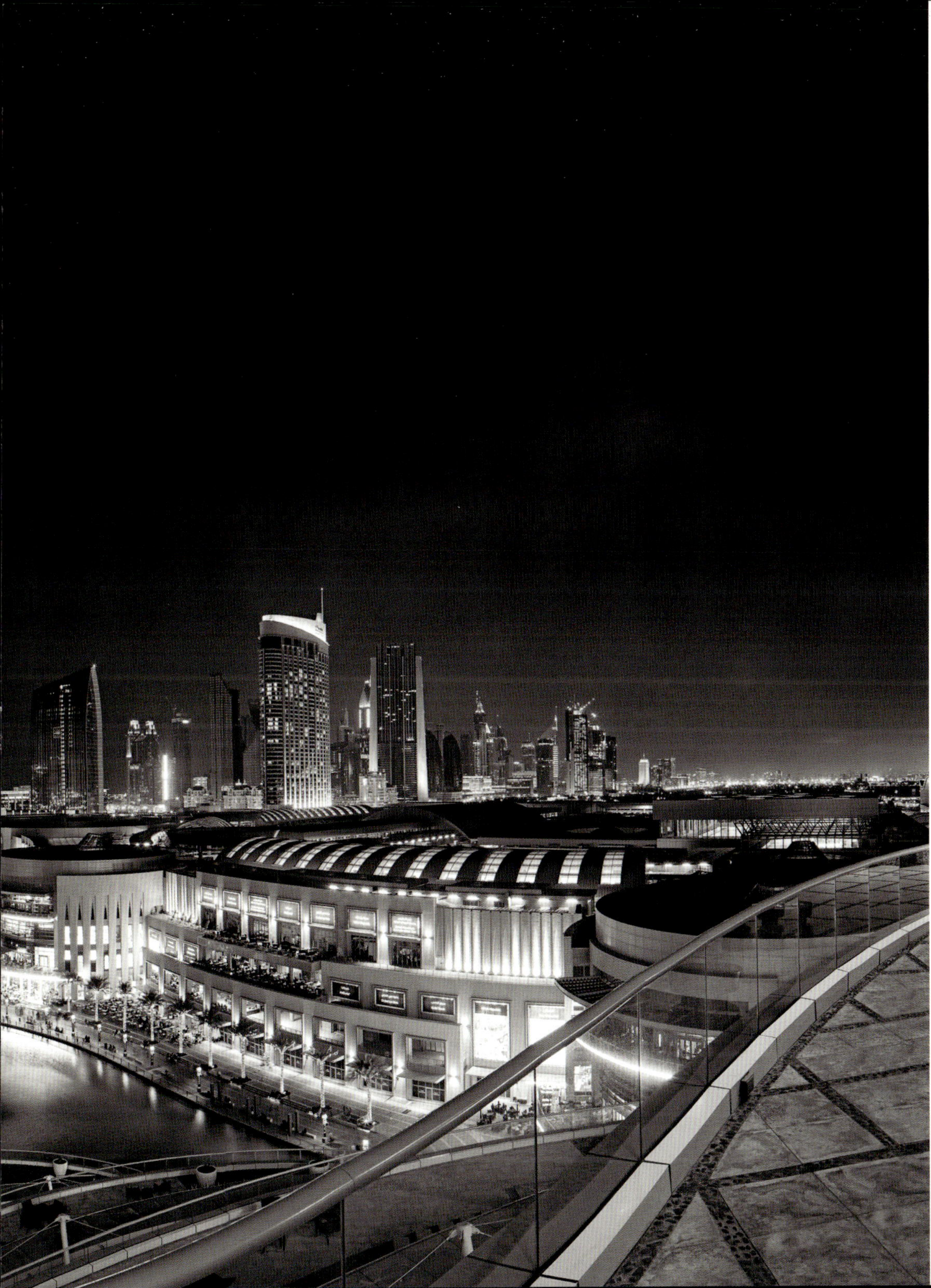

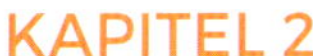

KAPITEL 2

Equipment

An dieser Stelle möchte ich Sie mit der Ausrüstung, die für eine erfolgreiche Panoramafotografie erforderlich ist, vertraut machen. Es gibt mittlerweile einen sehr großen Markt an Ausrüstern, aus diesem Grund beschränke ich mich auf Systeme, mit denen ich selbst erfolgreich arbeite. Je nachdem, wie tief Sie in die Panoramafotografie einsteigen möchten, vor allem aber abhängig davon, welchen Typ Sie herstellen wollen, benötigen Sie unterschiedliches Equipment.

In diesem Kapitel habe ich für Sie einige sinnvolle Ausrüstungsgegenstände den jeweiligen Verwendungszwecken zugeordnet. Darüber hinaus erfahren Sie alles über auftretende Objektivfehler und wie Sie sie erkennen und beseitigen können. Ich stelle Ihnen eine Auswahl der Software vor, die ich Ihnen für Ihren Workflow empfehlen würde.

Stativ und Panoramaadapter

Der erste wichtige Ausrüstungsgegenstand ist ein geeignetes Stativ. Achten Sie immer darauf, dass Ihr Stativ exakt im Wasser steht und ausgerichtet ist. Das ist eine Grundregel erfolgreicher Panoramafotografie.

Kriterien bei der Auswahl eines Stativs:

- Geringes Gewicht, aber doch stabil.
- Leicht zu handelnde Einstellungsmöglichkeiten.
- Wasserwaage.
- Nivelliervorrichtung.
- Packmaße.

Kriterien bei der Auswahl eines Panoramaadapters:

- Eine integrierte Wasserwaage zum exakten Ausrichten Ihres Aufbaus. Alternativ bedienen Sie sich einer Aufsteckwasserwaage.
- Eine Nivelliervorrichtung, die benötigt wird, wenn ein Stativ aufgrund eines ungünstigen Untergrunds nicht gerade steht. Alternativ können Sie auch eine separate Nivelliervorrichtung zwischen Stativ und Panoramaadapter verwenden.
- Einen Panoramadrehteller mit vorgefertigten Stopps, um das System in gleichen Winkelschritten mit genügend Überlappung um die Achse zu drehen.

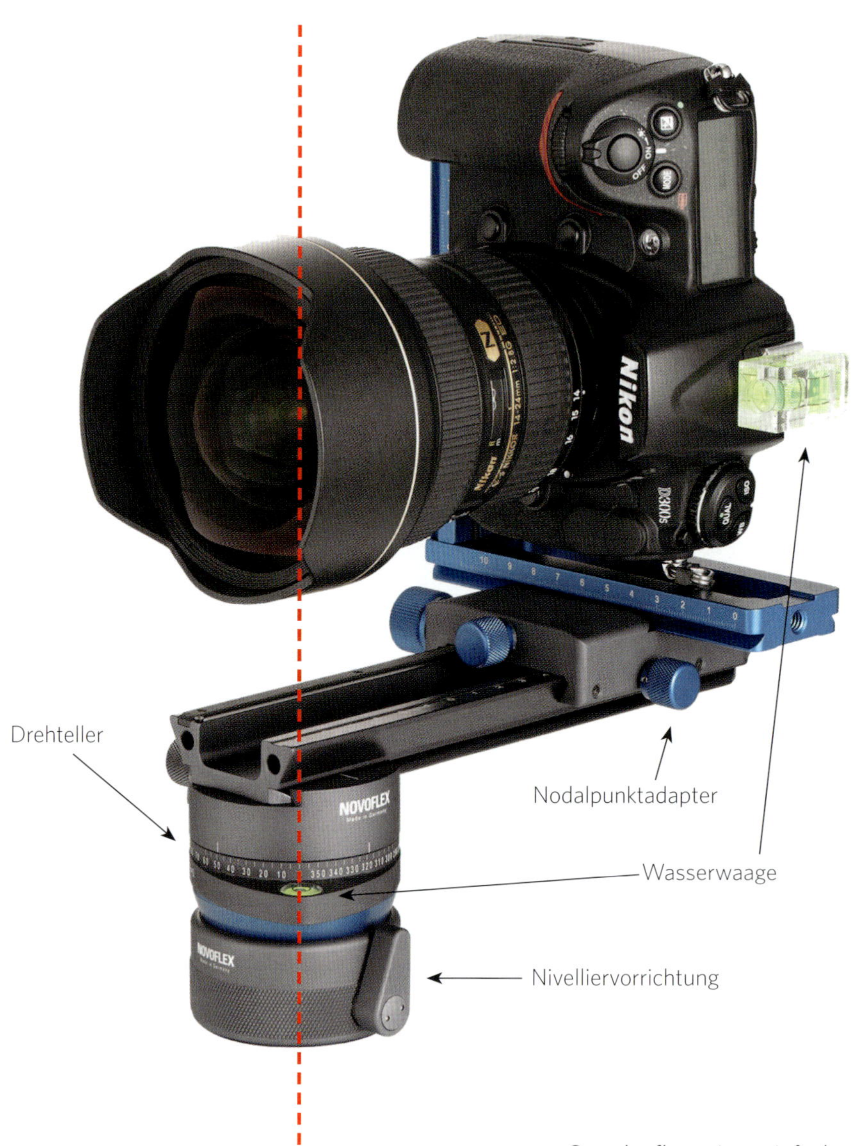

Grundaufbau eines einfachen Panoramaadapters für einreihige oder 360-Grad-Panoramen.

Achten Sie bei der Auswahl Ihres Panoramadrehtellers auf eine sinnvolle Unterteilung der Rastnasen. Diese werden meistens in Gradzahlen angegeben, manchmal aber auch in Aufnahmen pro 360-Grad-Drehung. Ihr Panoramaadapter sollte nicht zu groß bzw. zu schwer sein. Damit Sie den sogenannten No-Parallaxe Point wirklich präzise einstellen können, müssen Sie Ihre Kamera in zwei Richtungen leicht verstellen können. Auch bei der Kameraaufnahme und den Verstellmechanismen gibt es große Unterschiede in der Haptik – also der Bedienbarkeit und Fühlbarkeit.

WORAUF ES ANKOMMT

Worauf kommt es an, wenn man seine Ausrüstung aussucht? Ich empfehle Ihnen, die Qualität, die Haptik und die Praxistauglichkeit über den Preis zu stellen – umso mehr Spaß haben Sie später beim Fotografieren. Grundsätzlich gilt, dass Sie einfache Panoramen, bei denen das Motiv weiter als ca. 15 Meter von Ihnen entfernt ist, auch ohne Panoramaadapter fotografieren können. Bei allen anderen Panoramatypen, die ich Ihnen vorgestellt habe, benötigen Sie unterschiedliches Equipment.

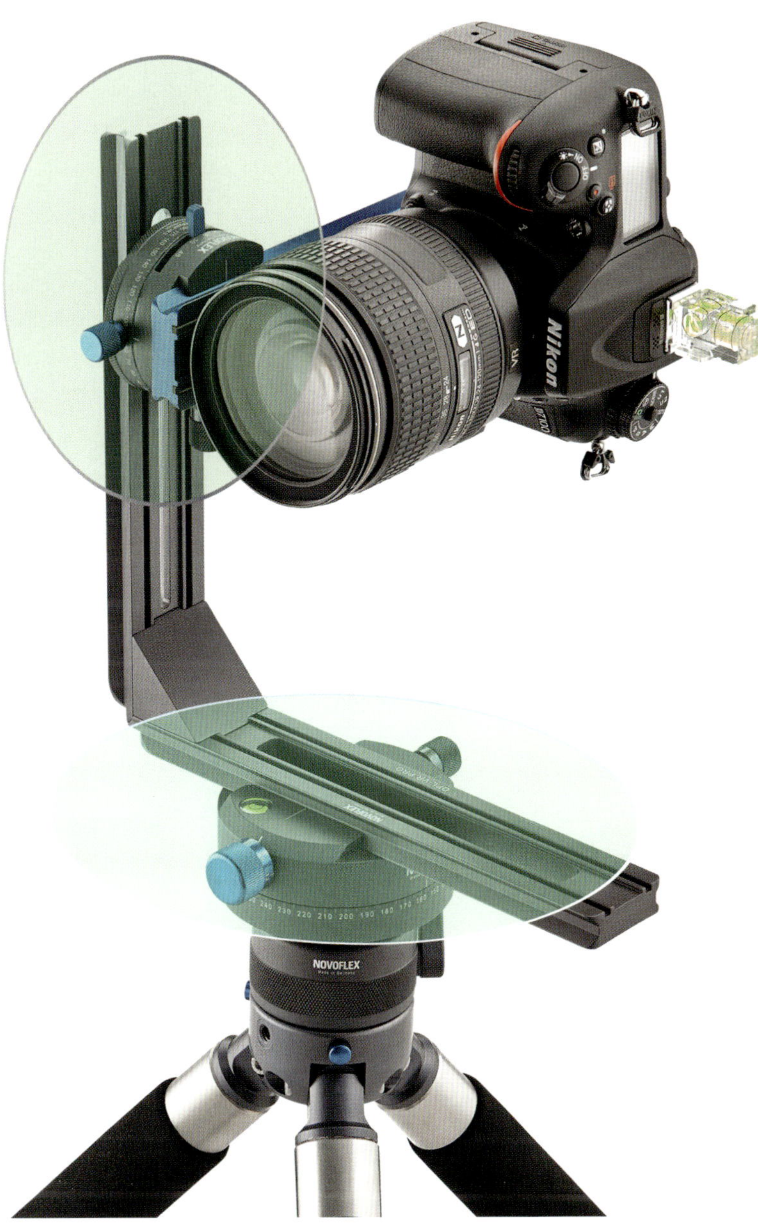

Ziel ist es, dass der No-Parallaxe Point exakt im Drehpunkt des Stativs gedreht wird. Wenn Sie mehrreihige oder sphärische Panoramen fotografieren möchten, benötigen Sie einen mehrzeiligen Panoramakopf. Bei einem solchen Panoramakopf können Sie Ihr System nicht nur horizontal, sondern auch vertikal um den No-Parallaxe Point drehen.

Der Nodalpunkt

Der Nodalpunkt ist der Dreh- und Angelpunkt eines Panoramabilds. Der Nodalpunkt ist, besser gesagt, das perspektivische Zentrum eines Objektivs, um den man drehen muss, um ein Bild ohne Parallaxenverschiebung zu erzeugen. Wenn der Nodalpunkt richtig eingestellt ist, kommt es beim Schwenken der Kamera nicht zu Parallaxenfehlern. Unter Parallaxenfehler versteht man, dass sich beim Drehen der Kamera Verschiebungen zwischen Vordergrund und Hintergrund ergeben. Lange Jahre war der Begriff Nodalpunkt in aller Munde, mittlerweile sagt man, dass der richtige Punkt, um den es geht, die Eintrittspupille des Objektivs ist. Man nennt diesen Punkt auch No-Parallaxe Point. Alle Begriffe bezeichnen das Gleiche.

Parallaxenverschiebung und Wirkung

Um die Parallaxenverschiebung zu verstehen, strecken Sie Ihren Daumen mit gestrecktem Arm nach vorne aus und fixieren einen Punkt am Horizont. Schließen Sie ein Auge und bewegen Sie Ihren Kopf hin und her. Sie werden feststellen, dass sich der Horizont gegenüber dem Daumen nach links bzw. nach rechts verschiebt. Das kommt dadurch, dass sich Ihr Auge nicht im Drehpunkt des Kopfs befindet.

Sie können auch den zweiten Daumen an den inneren Ellenbogen legen und die beiden Positionen der Daumen beobachten. Die Daumen wechseln ihre Position zueinander. Das Gleiche passiert beim Schwenken eines Objektivs zwischen Vordergrund und Hintergrund, wenn es nicht um den Nodalpunkt gedreht wird.

Machen Sie die gleiche Übung noch einmal, aber schwenken Sie nicht den Kopf, sondern bewegen Sie nur das Auge hin und her. Sie werden feststellen, dass der Horizont bzw. die Daumen keine Verschiebung zum Vordergrund mehr aufweisen, denn das menschliche Auge befindet sich im optischen Drehpunkt (No-Parallaxe Point).

Verwendet man eine Serie von Einzelbildern, ist es sehr schwer bis unmöglich, die Bilder zu einem brauchbaren Panorama zusammenzufügen. Der Nodalpunkt wird von der Zusammensetzung der Linsen und somit von der Brennweite, aber auch von der eingestellten Blende bestimmt.

No-Parallaxe Point finden und einstellen

Ich erkläre Ihnen nun Schritt für Schritt, wie Sie den No-Parallaxe Point an einem Objektiv finden und einstellen können, und zwar anhand des neuen Panoramaadapters VR Slim von Novoflex. Es ist ein Panoramakopf, den Sie zusammenklappen können – sehr gut konzipiert, handlich im Gepäck und Ergebnis jahrelanger Erfahrungen in der Panoramafotografie.

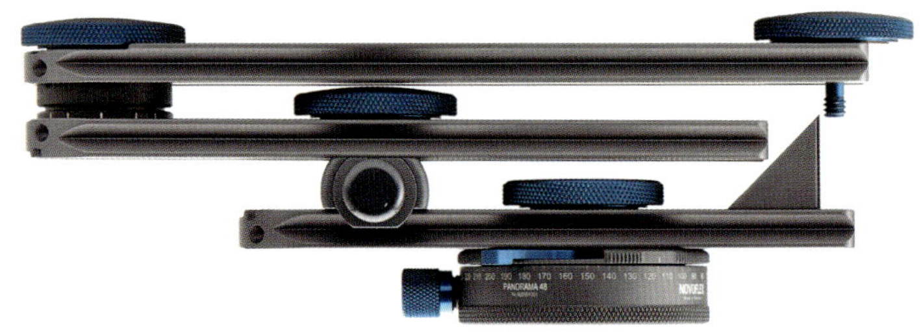

Der Panoramaadapter VR Slim von Novoflex.

Lösen Sie die blaue Verschlussschraube und verstellen Sie den Nodalpunktadapter so weit nach links oder rechts, bis sich der Autofokuspunkt Ihrer Kamera mit dem Mittelpunkt der Wasserwaage deckt.

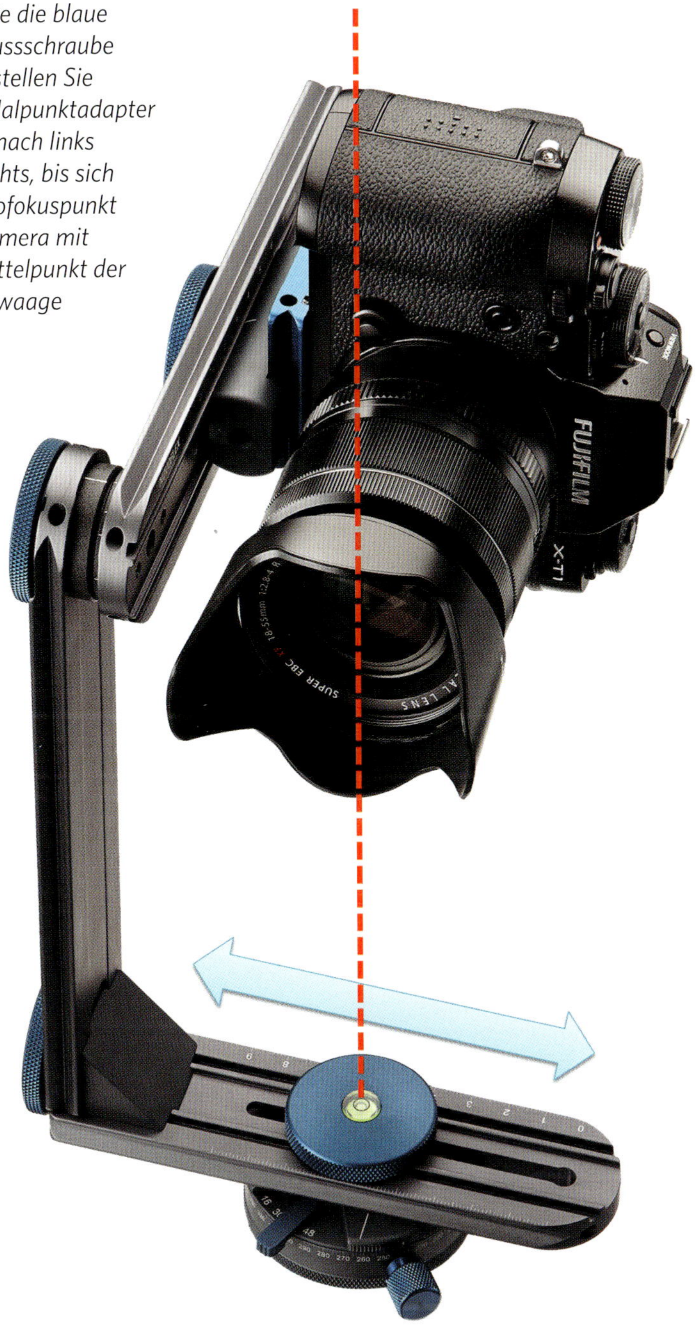

1 **Mittelpunkt des Objektivs** – Im ersten Schritt stellen wir den Linsenmittelpunkt des Objektivs genau auf den Drehpunkt des Stativs ein. Der Mittelpunkt des Objektivs ist kameraabhängig und muss daher pro Kamera nur einmal eingestellt werden. Der Linsenmittelpunkt entspricht dem Nodalpunkt (Eintrittspupille/No-Parallaxe Point). Dieser Punkt des Objektivs muss sich exakt in der verlängerten Drehachse des Stativs befinden.

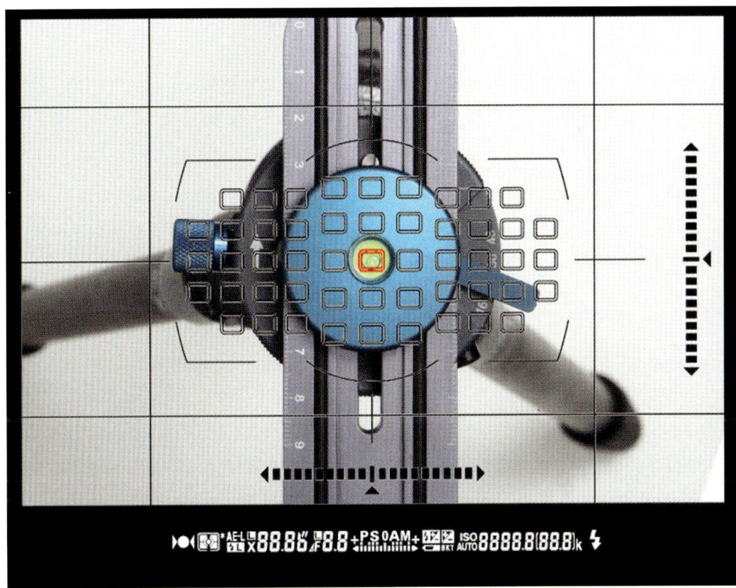

Um den Mittelpunkt einzustellen, drehen Sie die Kamera senkrecht nach oben und schauen durch den Sucher auf die Wasserwaage des Adapters.

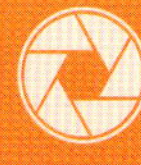

NO-PARALLAXE POINT UND BRENNWEITE

Der No-Parallaxe Point muss für jede Brennweite separat eingestellt werden. Wählen Sie die Blende, mit der Sie später auch arbeiten werden. Es ist also von Vorteil, für die Panoramafotografie Festbrennweiten zu verwenden.

2 **Eintrittspupille ermitteln** – Im zweiten Schritt stellen wir den eigentlichen Nodalpunkt ein. Grundsätzlich ist der Nodalpunkt brennweitenabhängig und muss für jedes Objektiv separat eingestellt werden. Daher empfehle ich Ihnen, für die Panoramafotografie Festbrennweiten einzusetzen. Sollten Sie ein Zoomobjektiv verwenden, stellen Sie den Nodalpunkt z. B. auf die Anschläge ein bzw. merken sich die eingestellte Brennweite. Den Nodalpunkt des Objektivs stellen Sie ein, indem Sie die Kamera vor- bzw. zurückverschieben.

3 **Nodalpunkt finden** – Um den Nodalpunkt zu finden, müssen Sie Probeaufnahmen machen. Dabei wird die Kamera über den oberen Schlitten vor- bzw. zurückbewegt. Wie ich bereits erwähnte, ist es eigentlich die Eintrittspupille, die sich genau in dem roten Kreuz der Abbildung in Höhe der Drehachse des Stativs und der Drehachse des seitlichen Arms drehen muss. Der Name Nodalpunkt hat sich aber irgendwie in den letzten Jahren etabliert.

Es folgt der Versuch, diesen Punkt, der in Wirklichkeit virtuell ist, auf einem Foto darzustellen. Auf der nebenstehenden Grafik etwa ist es der rote Punkt in der Mitte des Objektivs. Im Kasten auf der rechten Seite können Sie ungefähr erkennen, wo sich die Eintrittspupille befindet.

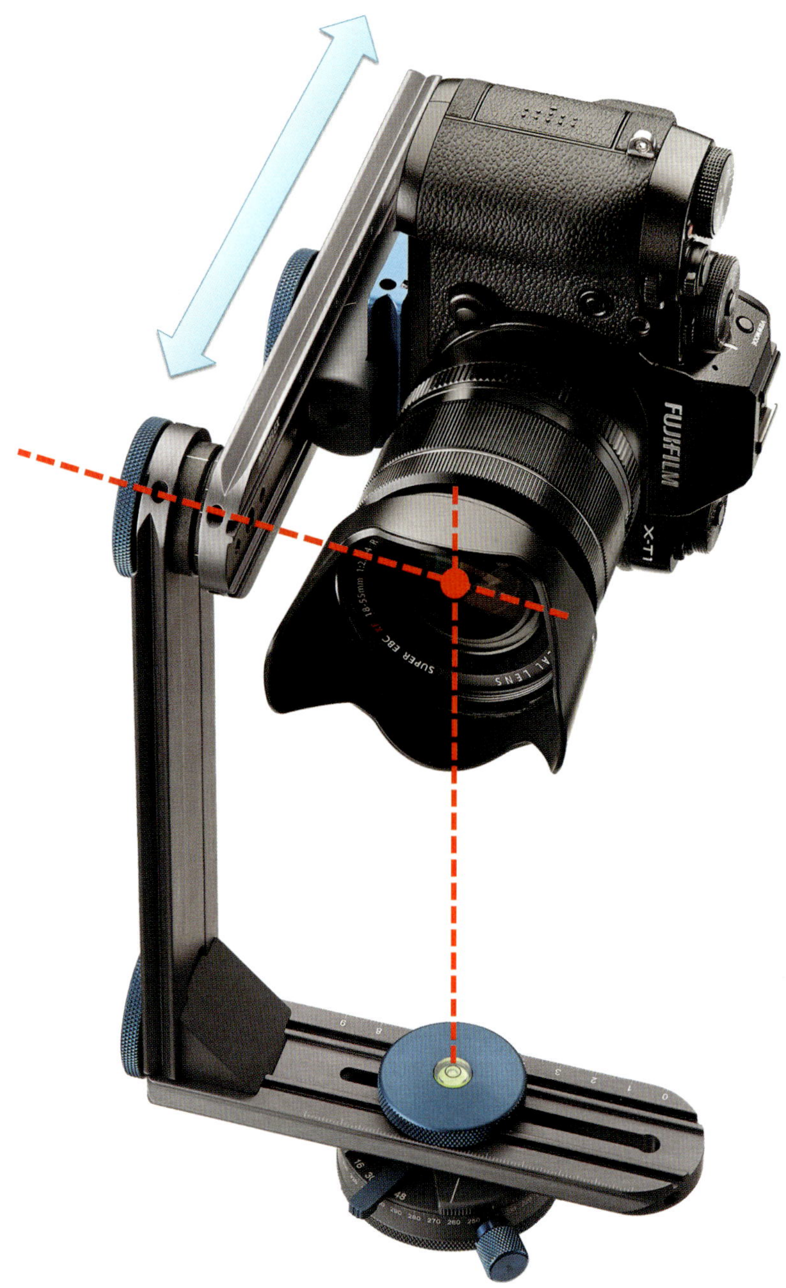

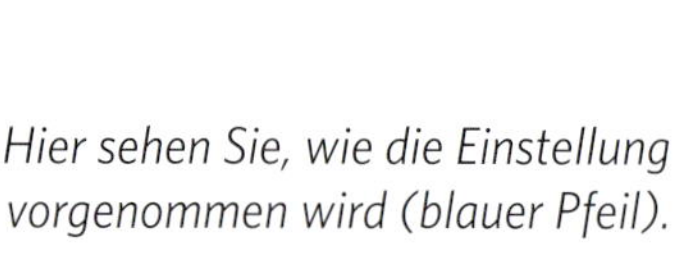

Hier sehen Sie, wie die Einstellung vorgenommen wird (blauer Pfeil).

Exakte Textaufnahmen

Sie sollten sich für diese Einstellung so viel Zeit wie möglich nehmen. Je exakter Sie arbeiten, desto mehr Freude wird Ihnen die Panoramafotografie machen. Um die Einstellung zu finden, suchen Sie sich einen geeigneten Platz, um die Testaufnahmen zu fotografieren. Am besten wäre z. B. ein Fensterrahmen mit einer sauberen, geraden, vertikalen Linie am Rahmen und einer weiteren vertikalen Darstellung am Horizont.

Abstände ermitteln

Legen Sie sich eine Tabelle mit drei Spalten an. Vergrößern Sie die Ansicht im Kameradisplay auf 100 %, um die Abstände genau ablesen zu können. Übertragen Sie die Abstände beider Bilder einfach auf ein Stück Papier und tragen Sie sie auch in die Tabelle ein. Übertragen Sie die jeweilige Position der Einstellschiene des Nodalpunktadapters in die Tabelle. Verstellen Sie nun Ihren Adapter um 1 mm nach vorne bzw. hinten und machen Sie zwei weitere Testbilder. Und noch zwei Bilder müssen Sie aufnehmen: eines, auf dem sich die beiden Messpunkte rechts befinden, und eines, auf dem die beiden Messpunkte links sind. Übertragen Sie die Abstände wieder in Ihre Tabelle.

MASS DER EINSTELLSCHIENE	NUMMER DES BILDERPAARS	ABSTAND
140 mm	34/35	stimmt nicht
139 mm	36/37	stimmt
138 mm	38/39	stimmt nicht

Werden die Abstände auf beiden Bildern kleiner, verstellen Sie in die richtige Richtung. Werden die Abstände größer, müssen Sie in die andere Richtung weiter verstellen. Das wiederholen Sie so lange, bis Sie keine Abstände mehr feststellen. Dann ist der Nodalpunkt gefunden.

Zur Kontrolle würde ich Ihnen empfehlen, noch zwei weitere Bilder zu machen. Sehr schnell macht man bei dieser Arbeit Konzentrationsfehler. Werden die Abstände dann wieder größer, können Sie sich zu 100 % darauf verlassen, dass der Nodalpunkt passt. Notieren Sie sich die Einstellwerte zur jeweiligen Brennweite auf einem Notizzettel. Fertigen Sie sich einen Aufkleber mit einem Präger an und kleben Sie ihn direkt auf die Schiene Ihres Nodalpunktadapters. Jetzt kann nichts mehr schiefgehen. Das machen Sie mit allen Objektiven, die Sie für Ihre Panoramafotografie einsetzen wollen.

Geeignete Objektive

Ein sehr wichtiges Kriterium für ein Panorama ist die Wahl das Objektiv. Dabei kommt es besonders auf den Bildwinkel an. Da man in der Panoramafotografie im Hochformat fotografiert, spiegelt der Bildwinkel die darstellbare Höhe des Panoramas wider. Letztlich möchte der Fotograf nicht nur in der Breite einen großen Winkel abbilden, sondern die, Bildaussage auch über die Höhe des Bilds unterstützen. Ein weiterer Betrachtungspunkt ist die Anzahl der Aufnahmen: Je größer der Bildwinkel, desto weniger Bilder benötigt man für das Ergebnis. Jedes weitere Bild bedeutet Mehrarbeit am Computer. Ein Fotograf möchte in der Regel so wenig Zeit wie möglich vor dem Computer verbringen.

Die Qualität eines Bilds in den Details ist wiederum größer, wenn die Brennweite größer ist. Es gilt, einen Kompromiss zu finden, der davon abhängt, welche Panoramen Sie fotografieren wollen und für welchen Verwendungszweck sie gedacht sind. Darum gehe ich zunächst auf einige Grundlagen ein, die Sie kennen sollten, bevor Sie Ihr Objektiv auswählen.

Lichtstärke und optische Leistung

Die Lichtstärke eines Objektivs gibt an, wie viel Licht auf dem Weg durch das Objektiv verloren geht. Die Lichtstärke wird bei der größten Blendenöffnung ermittelt und ist auf dem Objektiv abzulesen. Je kleiner der Wert, desto mehr Licht kann hindurch – und desto hochwertiger ist das Objektiv. Das wirkt sich natürlich direkt auf die mögliche Zeit-Blende-Kombination aus.

Brennweite und Cropfaktor

Die Brennweite ist der Abstand vom Sensor zur fokussierenden Linse, er wird in Millimetern angegeben. Auf den Gehäusen der meisten Spiegelreflexkameras finden Sie eine Markierung, die Ihnen die Position des Sensors zeigt. Verändern Sie die Brennweite eines Zoomobjektivs, dann verändern Sie auch die Lage der Eintrittspupille. Aus diesem Grund empfehle ich Ihnen, bei der Panoramafotografie mit Festbrennweiten zu fotografieren.

- Je größer die Brennweite eines Objektivs, desto kleiner ist der Bildwinkel.
- Je größer die Brennweite eines Objektivs, desto geringer ist die Schärfentiefe bei offener Blende.
- Je kleiner die Brennweite eines Objektivs, desto größer ist die Verzeichnung.

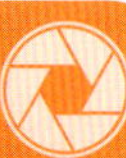

DAMIT ALLES PASST

Wenn Sie mit 180-Grad-Objektiven fotografieren und die Bilder in einem Stitching-Programm zu einem Panorama und dann weiter zu einem virtuellen Bild verarbeitet haben, können Sie mit einem einfachen Trick herausfinden, ob Sie exakt gearbeitet haben. Betrachten Sie den Nadirbereich. Werden die sichtbaren Überreste des Stativs und des Nodalpunktadapters sauber und ohne Kanten auf die 360 Grad verteilt, passt alles.

BESTE OPTISCHE LEISTUNG

Die beste optische Leistung hat ein Objektiv meist zwei bis drei Blendenstufen über der angegebenen Lichtstärke.

Um das besser zu verstehen, setzen wir in unsere virtuelle Kamera an derselben Position einen kleineren Sensor ein. Das virtuelle Objektiv, also die Brennweite, bleibt gleich. Für unseren Versuch nehmen wir einen kleineren APS-C-Sensor mit der Größe 28 × 18,7 mm und einer Diagonalen von 38 mm.

Die folgende Grafik zeigt, dass sich der kleinere Sensor direkt auf den darstellbaren Bildwinkel auswirkt. Die Bereiche außerhalb des kleineren Sensors werden praktisch nicht erfasst. Das Bild, das mit einem Vollformatsensor erfasst werden könnte, wird beschnitten. Beschneiden heißt im Englischen „to crop". Daher wird das Verhältnis zwischen Vollformatsensor und kleinerem Sensor als Cropfaktor bezeichnet.

Tierfotografen, die gern mit langen Brennweiten arbeiten, freuen sich über den Formatfaktor, auch Cropfaktor genannt. Die Brennweite wird mit dem Format- bzw. Cropfaktor multipliziert, das heißt, wenn Sie z. B. ein 100-mm-Zoomobjektiv nutzen und mit einer Kamera mit einem Cropfaktor von 1,3 fotografieren, ergibt das eine tatsächliche Brennweite von 130 mm. Aber Sie wissen jetzt, dass das nur ein Beschneiden ist und den Anschein eines größeren Bildwinkels erweckt. In der Panoramafotografie wirkt sich ein Cropfaktor eher negativ aus, da Ihnen bei Fisheye-Objektiven zum Beispiel Bildelemente fehlen.

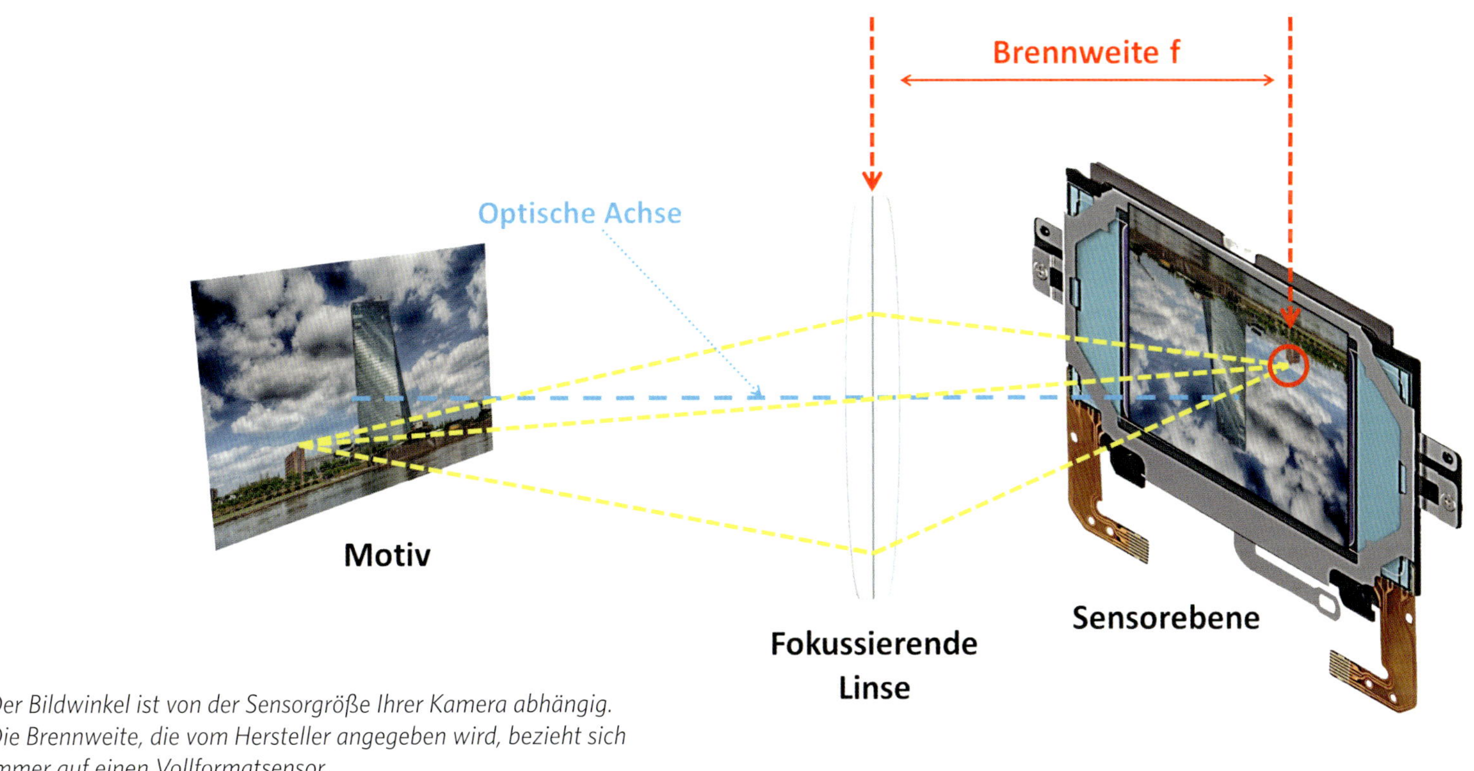

Der Bildwinkel ist von der Sensorgröße Ihrer Kamera abhängig. Die Brennweite, die vom Hersteller angegeben wird, bezieht sich immer auf einen Vollformatsensor.

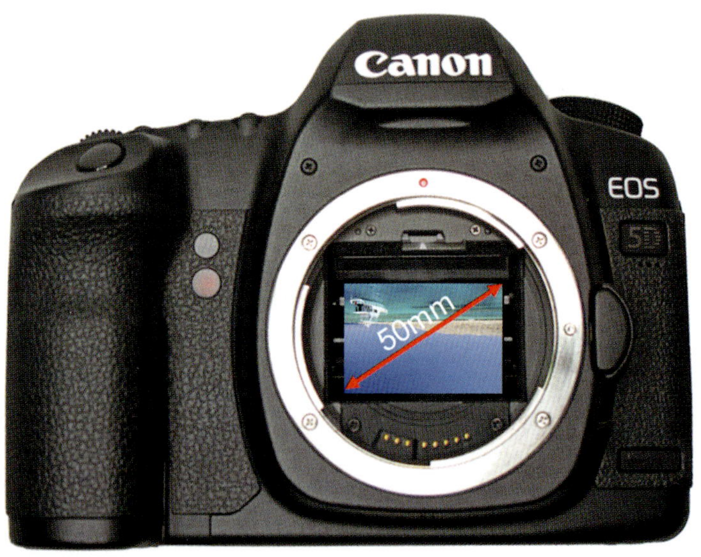

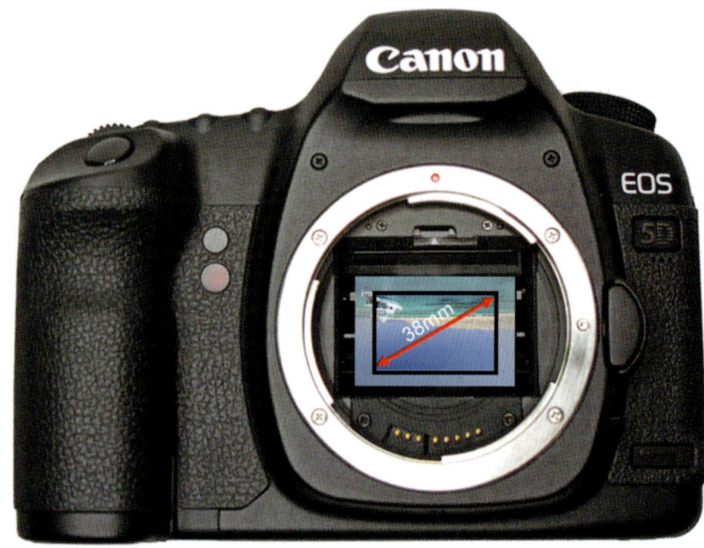

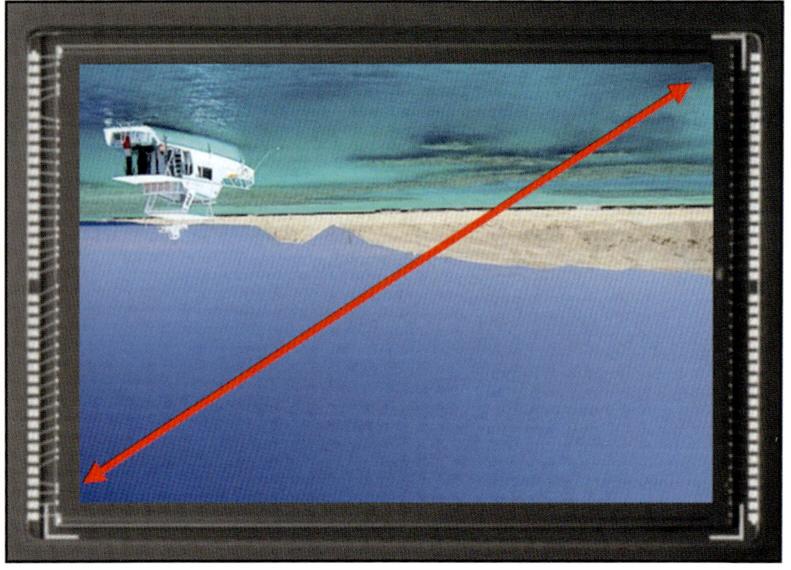

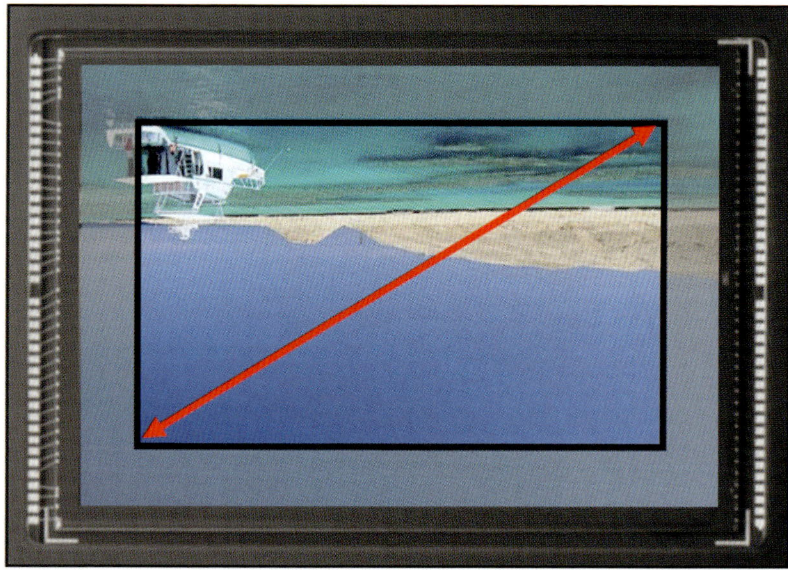

Ein Vollformatsensor hat die Maße 36 × 24 mm und eine Diagonale von 50 mm. Man spricht auch vom klassischen Kleinbildformat. Verwenden Sie eine Vollformatkamera, entsprechen die Brennweite und der Bildwinkel den Herstellerangaben. Wenn Sie mit einer Kamera fotografieren, die einen kleineren Sensor hat, verändert sich in Abhängigkeit vom Cropfaktors auch der Bildwinkel.

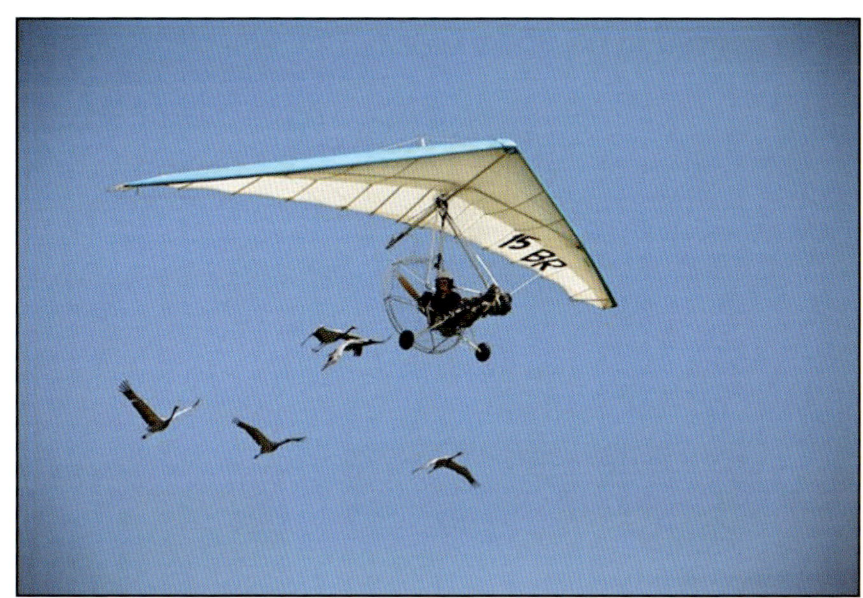

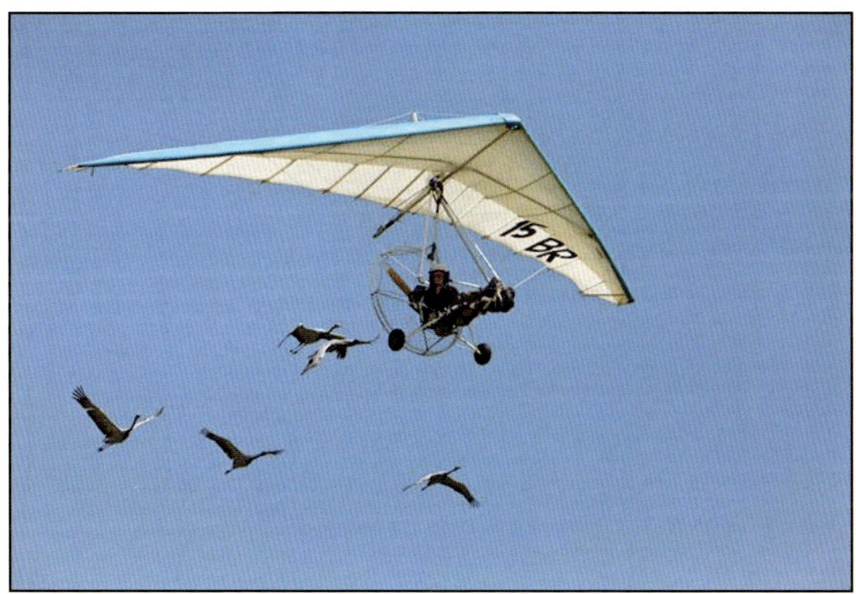

Das obere Bild ist mit einem Vollformatsensor fotografiert, das rechte mit einem APS-C-Sensor (Cropfaktor 1,4).

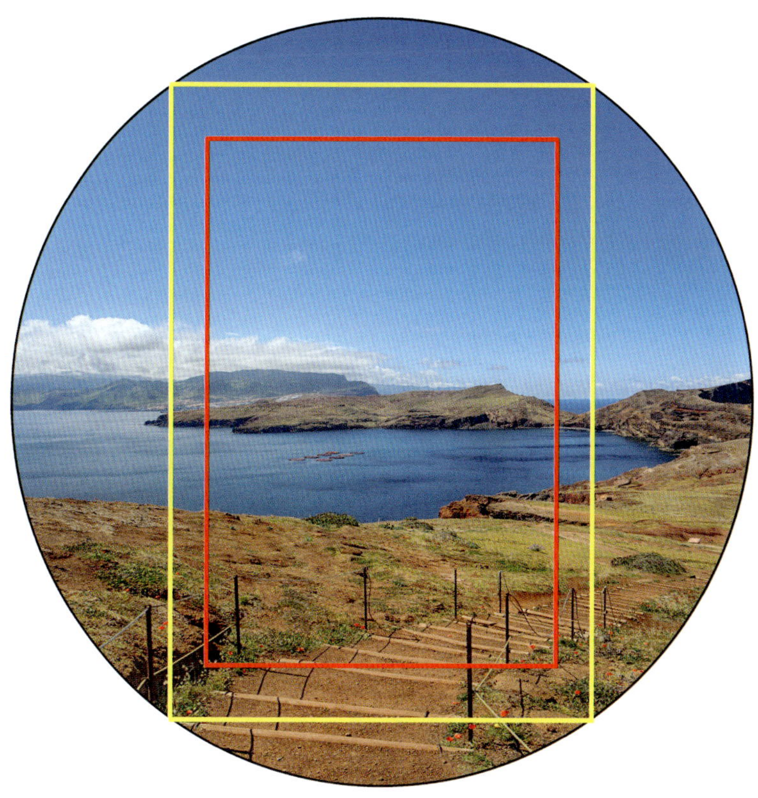

Der Vollformatsensor, in der Grafik als gelbes Rechteck dargestellt, reicht an den Kanten sehr nahe an die Randbereiche des Bildkreises heran. Konstruktionsbedingt kommt dort weniger Licht an, was zu der Abschattung (Vignettierung) führt, die Sie später auf dem Bild sehen können.

Ein weiterer Nachteil von Vollformatkameras ist die Vignettierung. Als Vignettierung bezeichnet man in der Fotografie eine Abschattung der Randbereiche. Das Wort „Vignette" stammt aus dem Französischen und steht für eine Randverzeichnung. Vergleichen Sie die beiden Bilder links. Das obere Bild ist mit einem Vollformatsensor fotografiert, das untere mit einem APS-C-Sensor (Cropfaktor 1,3). Sie sehen im oberen Bild deutlich die Randabschattungen. Ein Objektiv und die darin enthaltenen Linsenkombinationen sind rund, daher wird auch ein rundes Bild auf den Sensor projiziert. Man bezeichnet das als Bildkreis.

Sie wissen jetzt, dass der Sensor einer Cropfaktor-Kamera kleiner ist. In der Grafik links habe ich den kleineren Sensor rot dargestellt. Im gesamten Erfassungsbereich des Sensors herrscht die gleiche Lichtverteilung. Aus diesem Grund tritt die Vignettierung nur bei Vollformatkameras auf. Halten wir dazu fest: Die Systeme untereinander nehmen sich nichts, je nach Anwendung ergeben sich Vor- und Nachteile.

Auswirkung des Cropfaktors

Um die Auswirkung des Cropfaktors bei gleichem Objektiv bildlich darzustellen, habe ich mit einer Reihe von Standardobjektiven je eine Vergleichsserie angestellt. Ich beginne mit den sogenannten Fisheye-Objektiven. Sie sehen von links nach rechts im Vergleich, wie sich dasselbe Objektiv bei den unterschiedlichen Cropfaktoren auf den darstellbaren Bildwinkel auswirkt.

Vollformatsensor

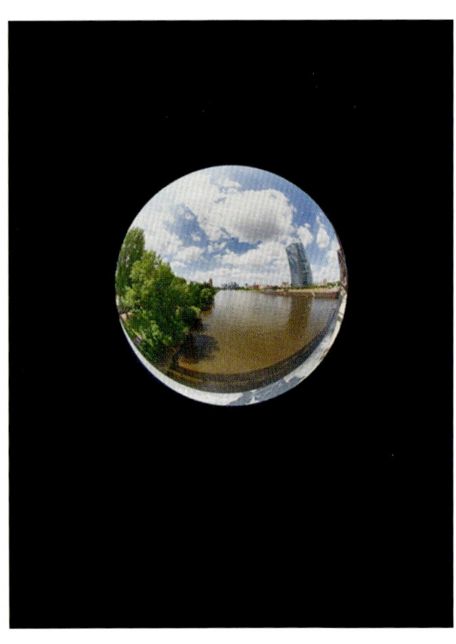

Cropfaktor 1,3

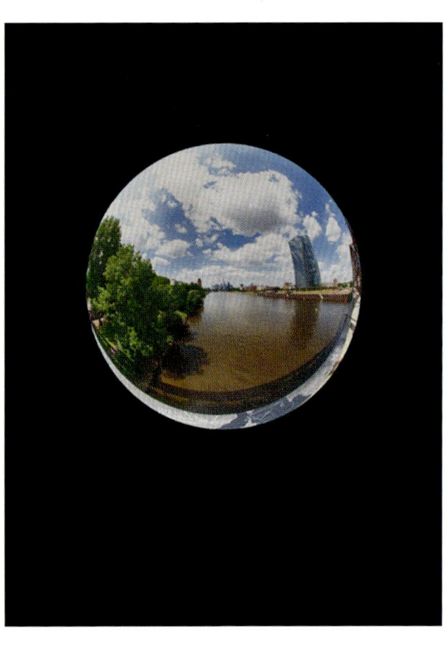

Cropfaktor 1,5

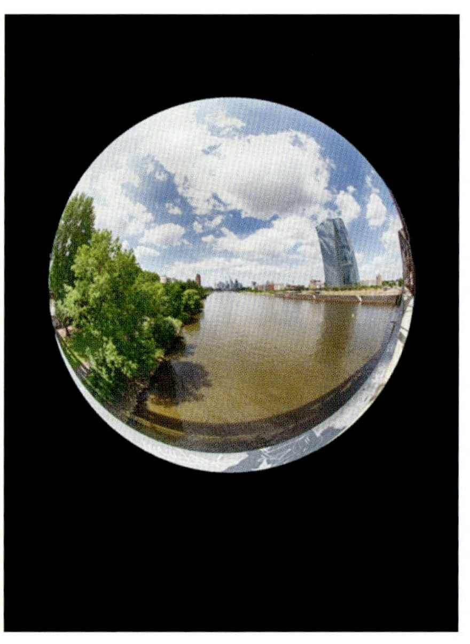

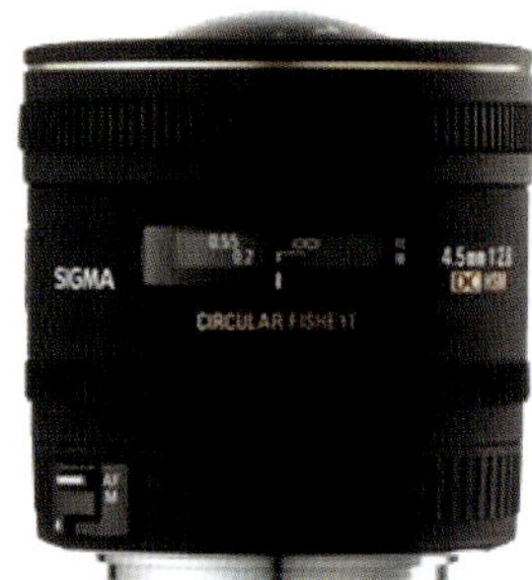

Dieses 4,5-mm-Objektiv hat einen diagonalen Bildwinkel von 180 Grad.

DIAGONALER BILDWINKEL

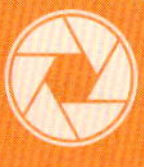

Der diagonale Bildwinkel wird immer vom Hersteller angegeben. Über den diagonalen Bildwinkel können Sie auch den horizontalen Bildwinkel ermitteln. Sie benötigen diesen, wenn Sie herausfinden wollen, um wie viel Grad Sie Ihren Drehadapter pro Bild weiterdrehen müssen.

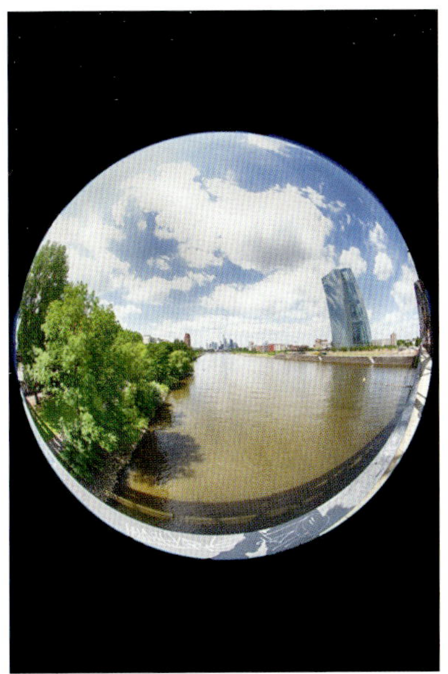

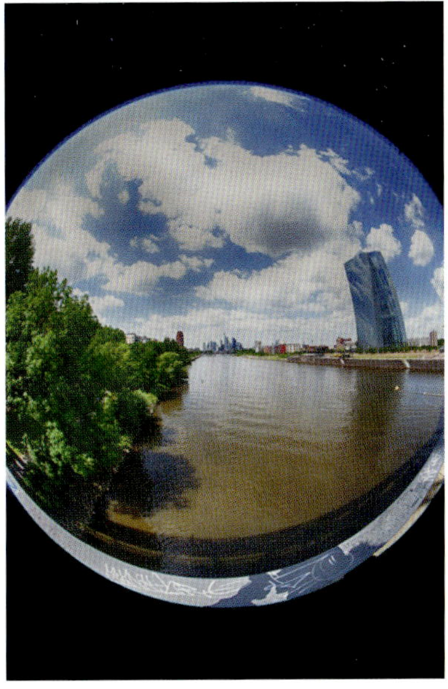

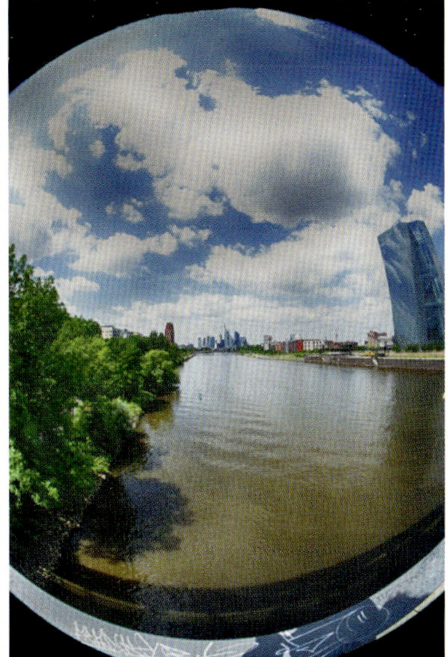

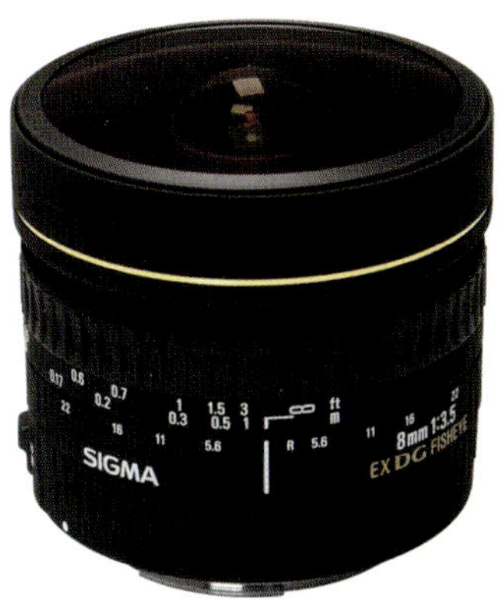

Dieses 8-mm-Objektiv hat einen diagonalen Bildwinkel von 180 Grad.

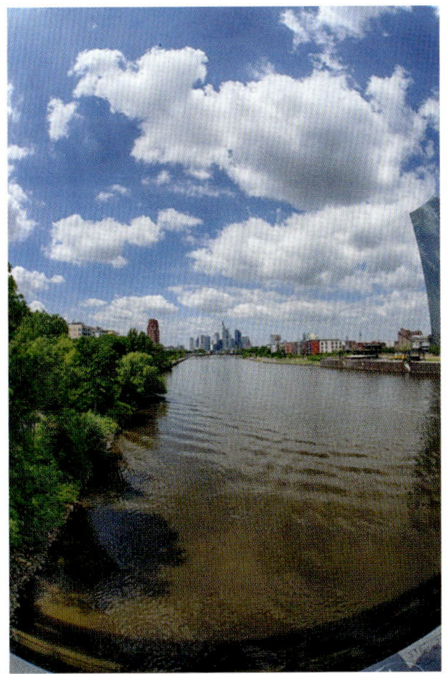

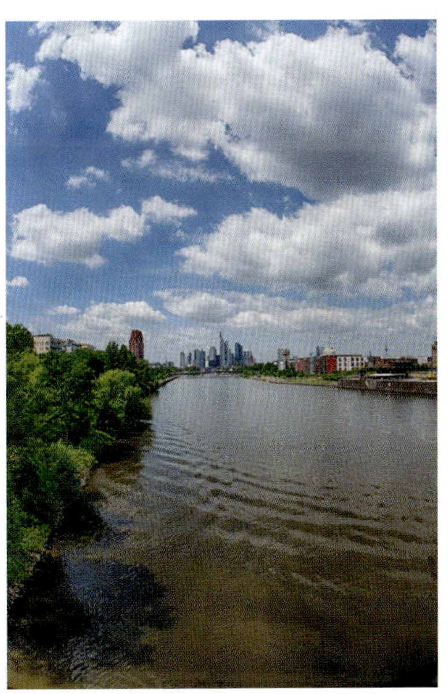

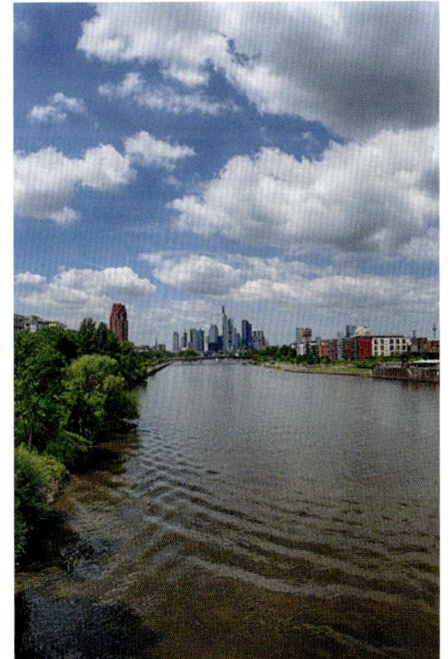

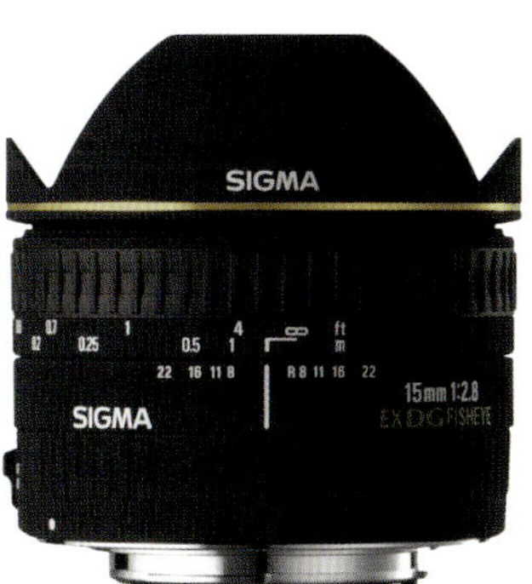

Dieses 15-mm-Objektiv hat einen diagonalen Bildwinkel von 180 Grad.

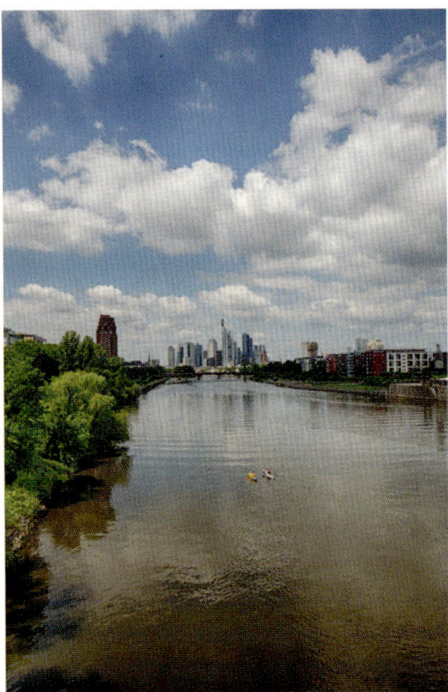
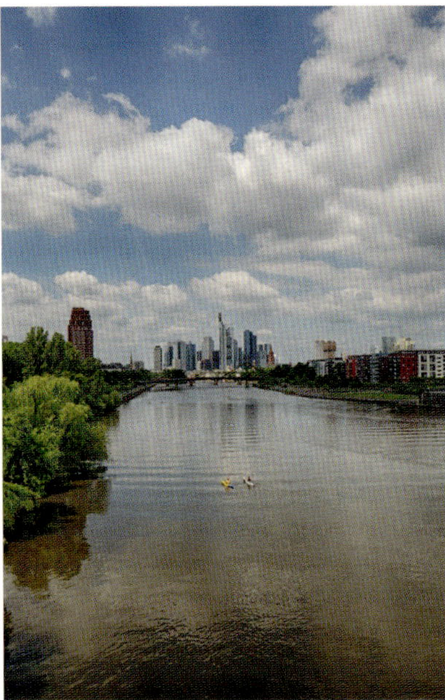
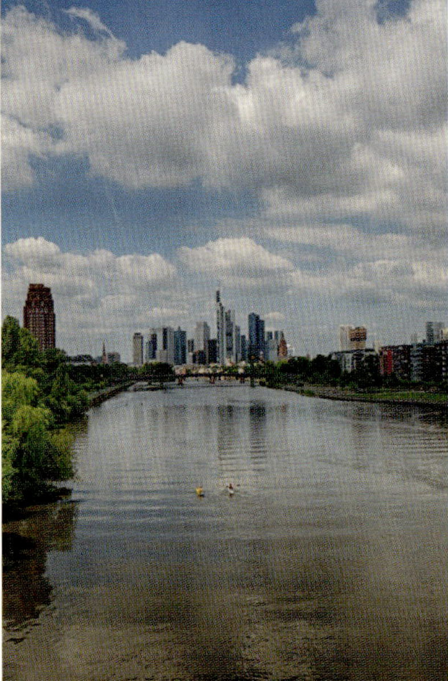
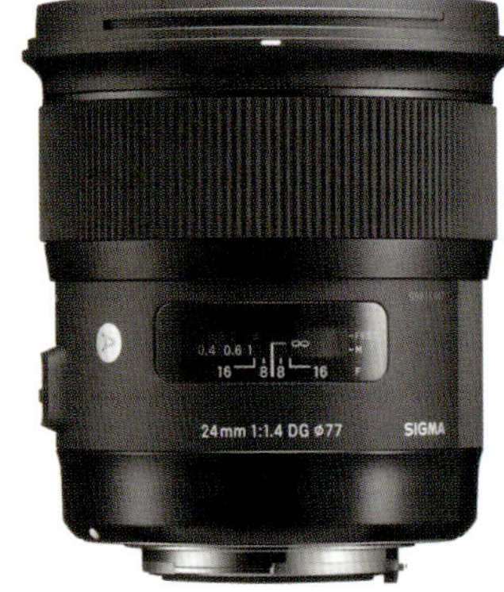

Dieses 24-mm-Objektiv hat einen diagonalen Bildwinkel von 4,1 Grad.

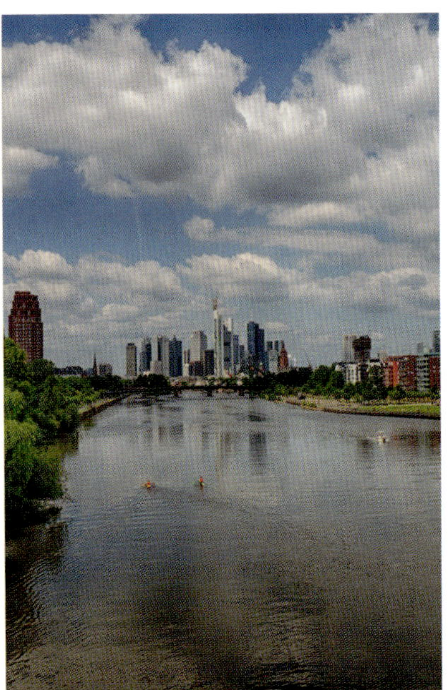
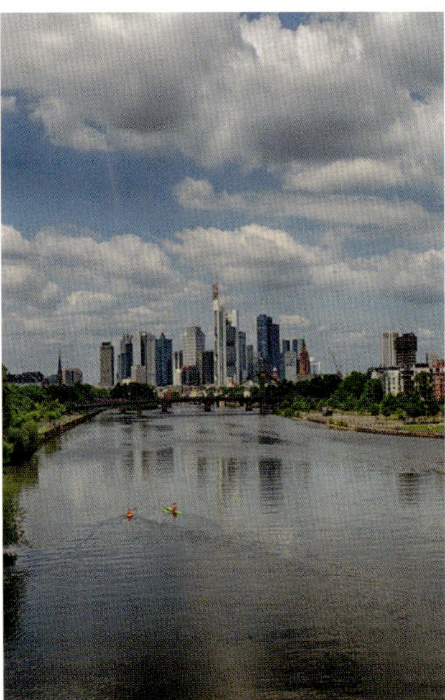
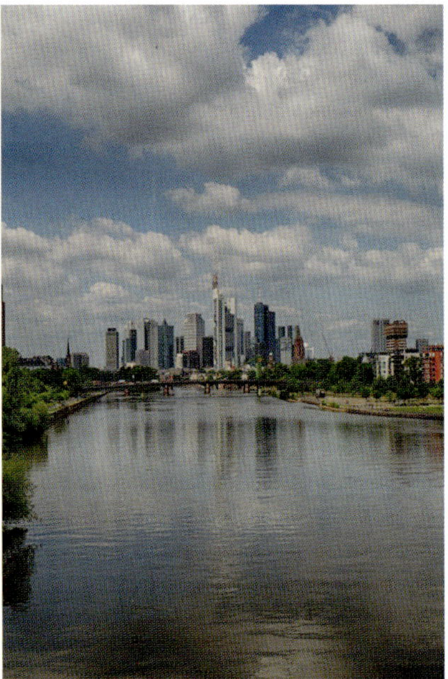
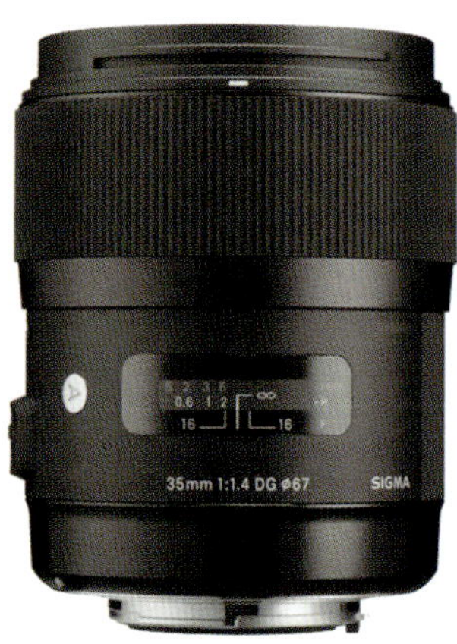

Dieses 35-mm-Objektiv hat einen diagonalen Bildwinkel von 63,4 Grad.

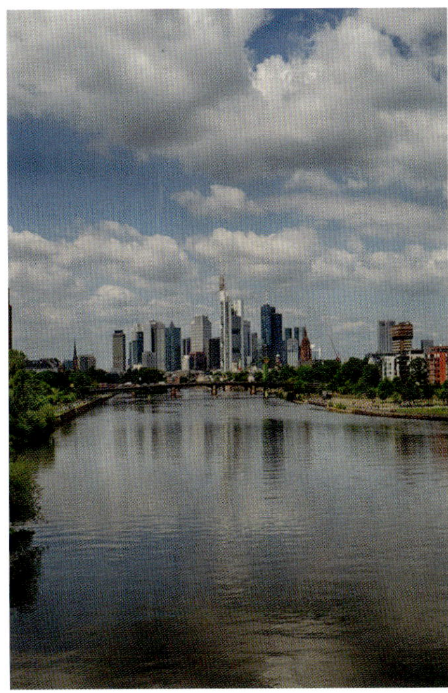

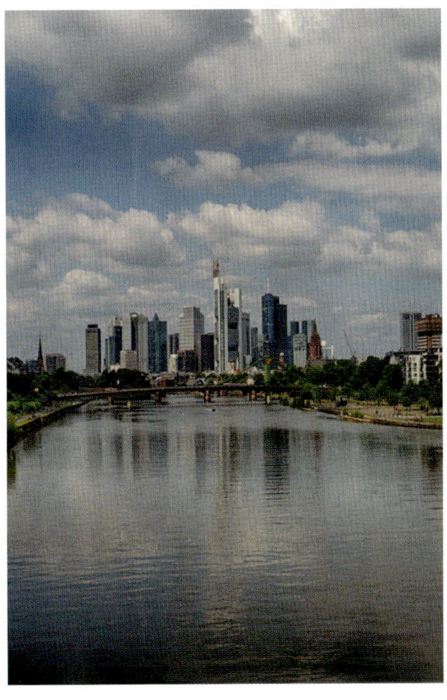

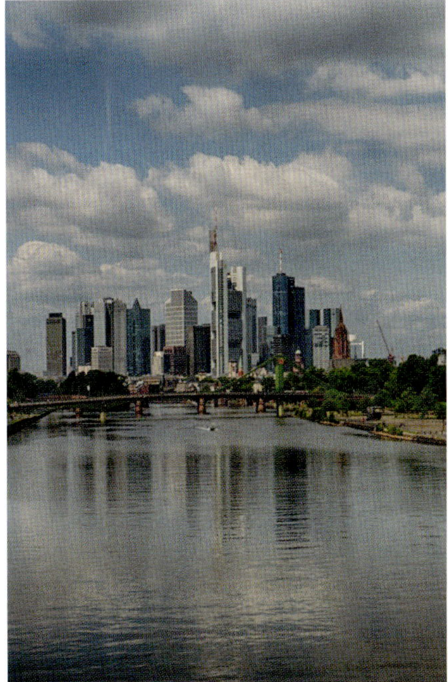

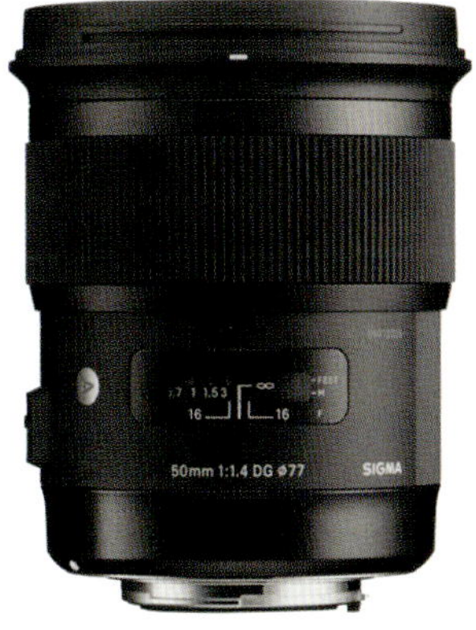

Dieses 50-mm-Objektiv hat einen diagonalen Bildwinkel von 46,8 Grad.

Sie erkennen sicher deutlich: Je größer der Cropfaktor, desto kleiner ist der Bildwinkel. Beachten Sie das bei der Zusammenstellung Ihrer Ausrüstung. Fisheye-Objektive sind die richtige Wahl für sphärische Panoramen, wenn Sie z. B. eine virtuelle Tour im Internet veröffentlichen wollen. Rein rechnerisch würden drei Aufnahmen ausreichen, um den kompletten Raum abzubilden. Aus meiner Praxis heraus empfehle ich Ihnen, vier Aufnahmen als Workflow zu setzen. Fotografieren Sie alle 90 Grad eine Aufnahme.

Diese Übersicht soll Ihnen bei der Wahl Ihrer Objektive helfen und Ihnen einen Überblick darüber verschaffen, wie sich die Theorie im Bild tatsächlich auswirkt.

OBJEKTIV UND SCHÄRFENTIEFE

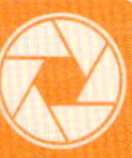

Der Effekt der Schärfentiefe hängt sehr stark vom verwendeten Objektiv ab. Bei einem Zoomobjektiv haben Sie bei offener Blende eine weit größere Unschärfe als bei einem Weitwinkel- oder Fisheye-Objektiv.

Für solche Fisheye-Objektive gibt es spezielle Panoramaadapter. Sie benötigen dazu keinen zusätzlichen vertikal verstellbaren Arm, weil diese Objektive je nach Cropfaktor einen 180-Grad-Bildwinkel abbilden können.

Spot oder mittenbetont

Achten Sie darauf, die Belichtungsmessung beim Ausmessen der Lichtverhältnisse am Aufnahmeort auf Spot- oder mittenbetonte Messung einzustellen. Wenn Sie die Integralmessung wählen, wird Ihre Belichtungszeit zu lang, da zu viele schwarze Bereiche zu sehen sind, weil Ihre Kamera diese schwarzen Bereiche als Bildanteile behandelt. Näheres dazu finden Sie im Kapitel „Belichtung und Belichtungsmessung".

Die einfachste und schnellste Methode, ein Kugelpanorama zu erstellen, bietet zum Beispiel das VR-System SLANT von Novoflex, das speziell für die Verwendung auf einem Einbein- oder Hochstativ konzipiert wurde. Der Begriff „Slant" bedeutet Neigung oder Schräge. Um den verfügbaren Bildwinkel des Fisheye-Objektivs optimal auszunutzen, wird die Kamera um 60 Grad gegenüber der Horizontalen und zusätzlich um bis zu 15 Grad vertikal (individuell einstellbar) nach oben geneigt montiert, sodass auf die Aufnahme des Zenits verzichtet werden kann.

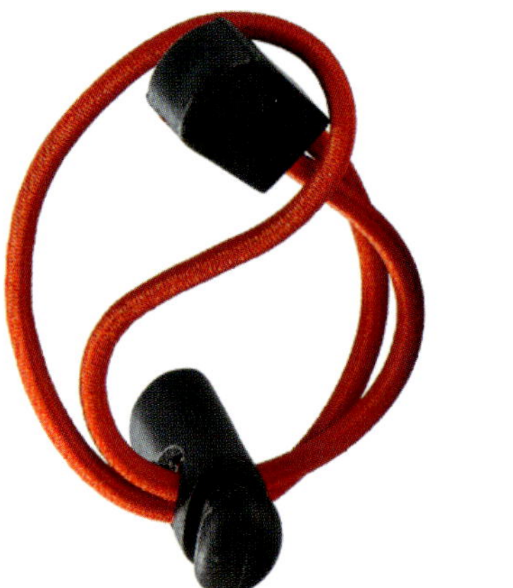

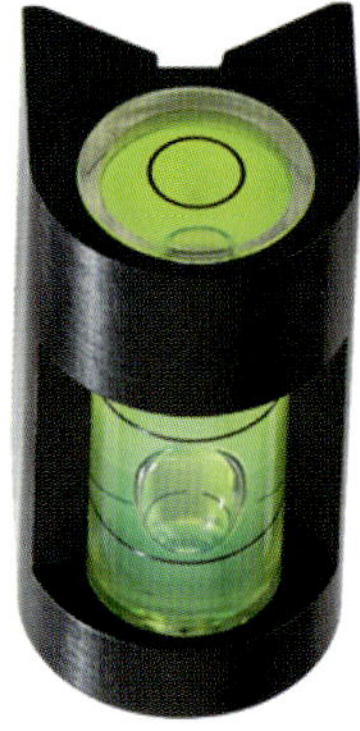

Zur Optimierung Ihres Systems können Sie direkt an Ihrem Einbein zusätzlich eine Wasserwaage befestigen.

Das Fotografieren mit einem Einbeinstativ hat viele Vorteile. Der Aufwand, das Gewicht und die Kosten halten sich in Grenzen. Sie können den Standpunkt schnell ändern, stören kaum jemanden und verursachen kein großes Aufsehen. Dieses System zusammen mit einem 8-mm-Fisheye von Sigma eignet sich sehr gut für die Reise- und Reportagefotografie.

Auswirkung der Blende

Die Blende befindet sich im Strahlengang innerhalb des Objektivs und bestimmt den Öffnungsquerschnitt für die Lichtstrahlen, die durch das Objektiv in die Kamera gelangen. Die Wahl der richtigen Blende ist ein Werkzeug für Ihre Bildgestaltung. Die Blende steht im direkten Zusammenhang mit der Schärfentiefe eines Bilds. Abhängig davon, welche Art von Panoramen Sie fotografieren wollen, müssen Sie eine passende Blende wählen.

Je nach eingestellter Blende kommt mehr oder weniger Licht durch das Objektiv hindurch. Die Blende wird durch die Blendenzahl f bestimmt. Je kleiner die Blendenzahl f, desto größer ist die Blendenöffnung, und desto mehr Licht gelangt auf den Sensor. Öffnet man die Blende um eine Blendenstufe (z. B. von f/3.2 auf f/2.8), kommt doppelt so viel Licht durch wie vorher. Objektive werden durch die größtmögliche Blendenöffnung definiert. Je kleiner diese Zahl, desto hochwertiger, aber auch teurer ist ein Objektiv. Die beiden folgenden Bilder habe ich mit unterschiedlichen Blenden fotografiert, um die Auswirkung der Blende auf das fertige Bild sichtbar zu machen.

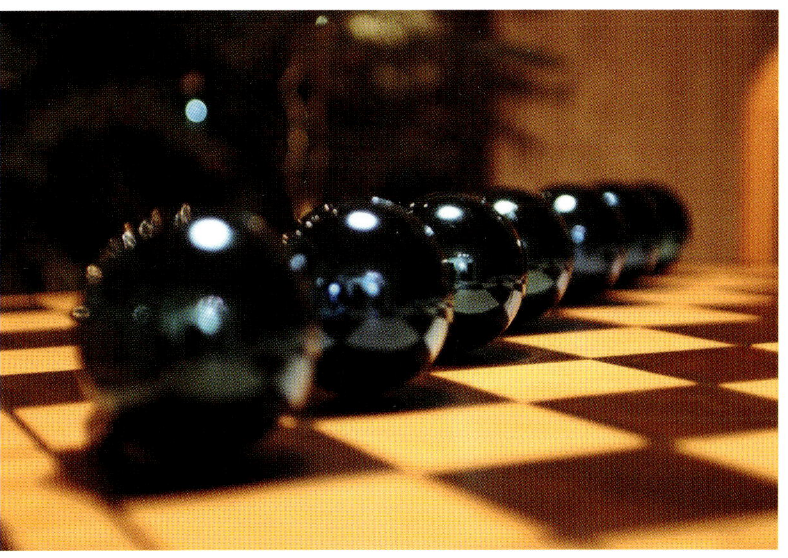

Aufgenommen mit Blende f/2.8.

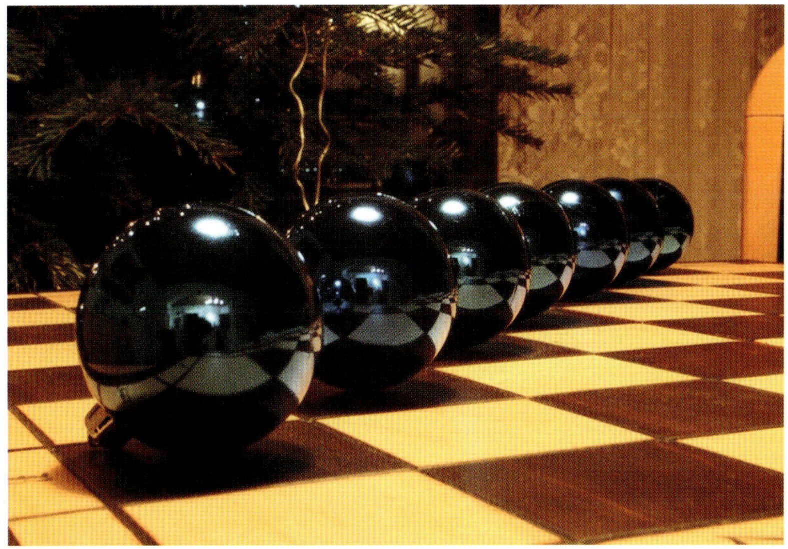

Aufgenommen mit Blende f/22.

Das obere Bild wurde mit Blende f/2.8 fotografiert. Das heißt, die Blende war weit geöffnet. Sie können deutlich erkennen, dass die Schärfe auf der dritten Kugel liegt. Die zweite und die vierte Kugel weisen bereits eine geringe Unschärfe auf. Ich habe den Fokus bewusst auf die dritte Kugel gelegt, um die Breite der Schärfentiefe darzustellen. Es folgt der Grundsatz:

Je kleiner die Blendenzahl f, desto geringer ist die Schärfentiefe.

Das zweite Bild habe ich mit Blende f/22 fotografiert. Sie erkennen deutlich, dass die Schärfentiefe weit größer ist. Das Bild ist über alle Kugeln und sogar darüber hinaus scharf. Es ergibt sich folgender Grundsatz:

Je größer die Blendenzahl f, desto größer ist die Schärfentiefe.

Schärfentiefe kontrollieren

Für die sofortige Kontrolle der Schärfentiefe am Aufnahmeort haben viele Spiegelreflexkameras eine Abblendtaste. Sobald Sie diese Taste an der Kamera betätigen, wird die Blende im Objektiv so weit angesteuert, wie es der vorgewählten Blendeneinstellung entspricht. Das führt zwar dazu, dass bei hohen Blendenzahlen das Bild im Sucher dunkler wird, weil eben weniger Licht einfällt, der Nutzen ist aber, dass Sie live sehen können, wie sich die Schärfentiefe auf Ihr Bild auswirkt.

Schauen Sie in der Bedienungsanleitung Ihrer Kamera nach, ob diese über eine Abblendtaste, manchmal auch Schärfentiefekontrolltaste genannt, verfügt. Wenn ja, machen Sie es sich zur Gewohnheit, diese tolle Kontrollmöglichkeit für Ihre Bildgestaltung zu nutzen. Wenn Sie eine hohe Blendenzahl eingestellt haben, wird das Bild im Sucher natürlich etwas dunkler. Wundern Sie sich nicht darüber, das ist völlig normal. Das müssen Sie dann durch eine längere Verschlusszeit ausgleichen.

Blendeneinstellung und Wirkung

Mit der folgenden Praxisübung wird Ihnen die Auswirkung der Blendeneinstellung auf die Bildwirkung deutlich. Stellen Sie Ihre Kamera auf den Modus *Zeitautomatik* (A/Av) ein. Bei der Zeitautomatik wählt der Fotograf die Blende nach gewünschter Bildgestaltung/Schärfentiefe aus, und die Kamera ermittelt die dazu passende Verschlusszeit automatisch.

Wählen Sie ein Motiv, das Sie mit der ganzen Blendenreihe Ihres Objektivs einmal fotografieren. Danach werten Sie an Ihrem Computer die Ergebnisse aus. Mit solchen Übungen bekommen Sie Ihr gesamtes System besser in den Griff. Ihre Bilderserie sollte in etwa so aussehen wie meine, die ich Ihnen hier als kleines Studium mit beigelegt habe.

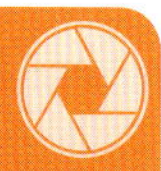

DURCHGEHEND SCHARF MIT BLENDE 2.8

Wenn die Oberfläche Ihres Kamerasensors genau parallel zu Ihrem Motiv ausgerichtet ist, können Sie natürlich auch mit Blende 2.8 gestochen scharfe Bilder über die gesamte Fläche machen. Achten Sie also in der Praxis darauf, dieses Wissen anzuwenden. Sie wollen z. B. eine Gruppe im 360-Grad-Panorama fotografieren, den Hintergrund aber so unscharf wie möglich gestalten. Dann wählen Sie die kleinstmögliche Blendenzahl und achten auf exakte Parallelität zwischen den Gesichtern der Gruppe und dem Sensor der Kamera. Dementsprechend müssen Sie Ihr Stativ aufbauen. Abstand und Höhe zu allen Gesichtern müssen annähernd gleich sein. Das Ergebnis wird Sie begeistern, da die Personen dann richtig aus dem Panorama herausragen, weil sie vom Hintergrund abgesetzt werden.

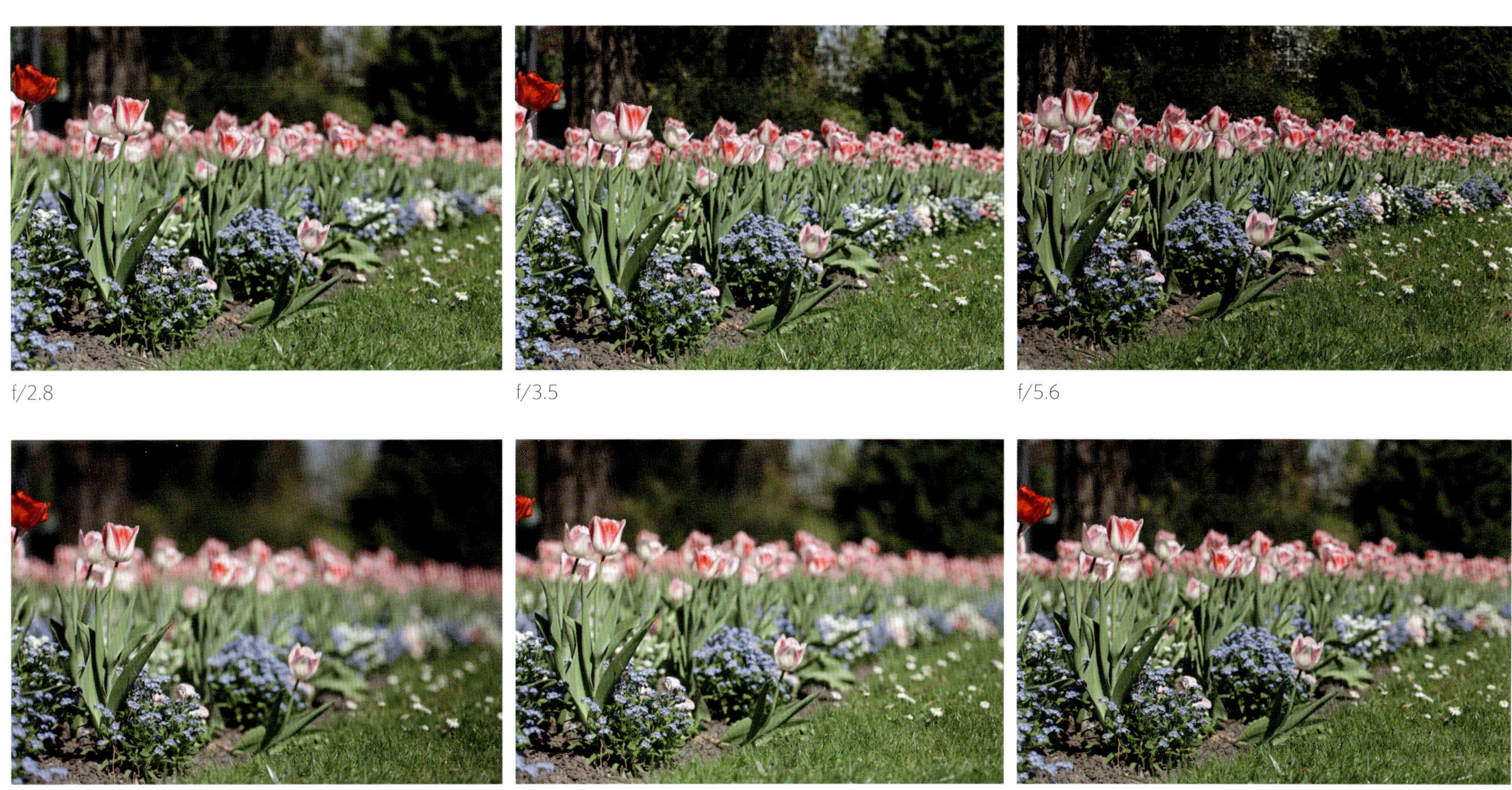
f/2.8 f/3.5 f/5.6 f/8 f/11 f/14

Es wäre sinnvoll, eine solche Übung mit einem Zoom und mit einem Weitwinkelobjektiv durchzuführen. So werden Ihnen die Unterschiede und Eigenschaften Ihrer Ausrüstung deutlich.

Richtige Belichtung

In diesem Abschnitt zeige ich Ihnen einige Methoden, wie Sie ein Panorama richtig belichten. Als Erstes aber lernen Sie einige wichtige Grundlagen zur Belichtung kennen. Für Ihr besseres Verständnis habe ich mir eine Übung ausgedacht. Nehmen Sie Ihre Kamera und machen Sie live mit. Die Belichtung wird über den Verschluss reguliert, der sich zwischen dem Spiegel und dem Sensor befindet. Je größer bzw. länger die Belichtungszeit ist, desto breiter wird der Verschluss geöffnet. Der Verschluss besteht aus zwei Vorhängen, die unabhängig voneinander bewegt werden können, um einen Schlitz zu öffnen. Der entstehende Schlitz wird von oben nach unten über den Sensor bewegt, um diesen zu belichten.

Die Lichtstrahlen gehen durch das Objektiv, durch die Blende hindurch und treffen auf den Spiegel. Dort werden sie nach oben zum Pentaprisma umgelenkt, das die Strahlen wiederum zum Okular weiterreflektiert. Beim Auslösen klappt der Spiegel nach oben, und die Lichtstrahlen können über den Verschluss auf den Sensor treffen. Die Belichtungsmessung erfolgt bei den meisten Kameras oben im Bereich des Pentaprismas. Lichtstrahlen, die von hinten über das Okular in die Kamera eindringen, können unter Umständen zum Verfälschen der Belichtungsmessung führen. Aus diesem Grund können Sie bei vielen Kameras das Okular manuell schließen bzw. eine Abdeckung aufstecken.

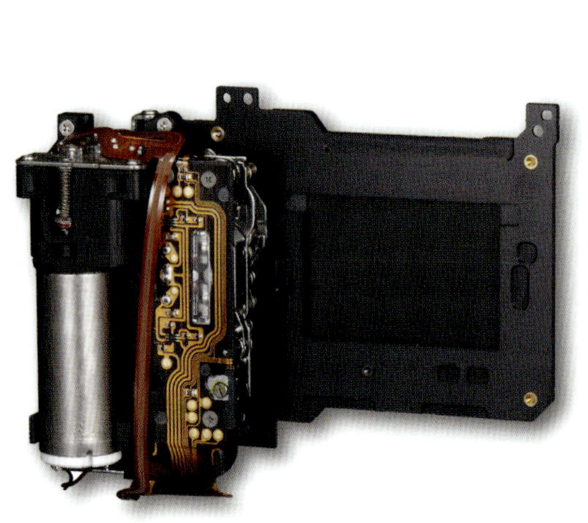

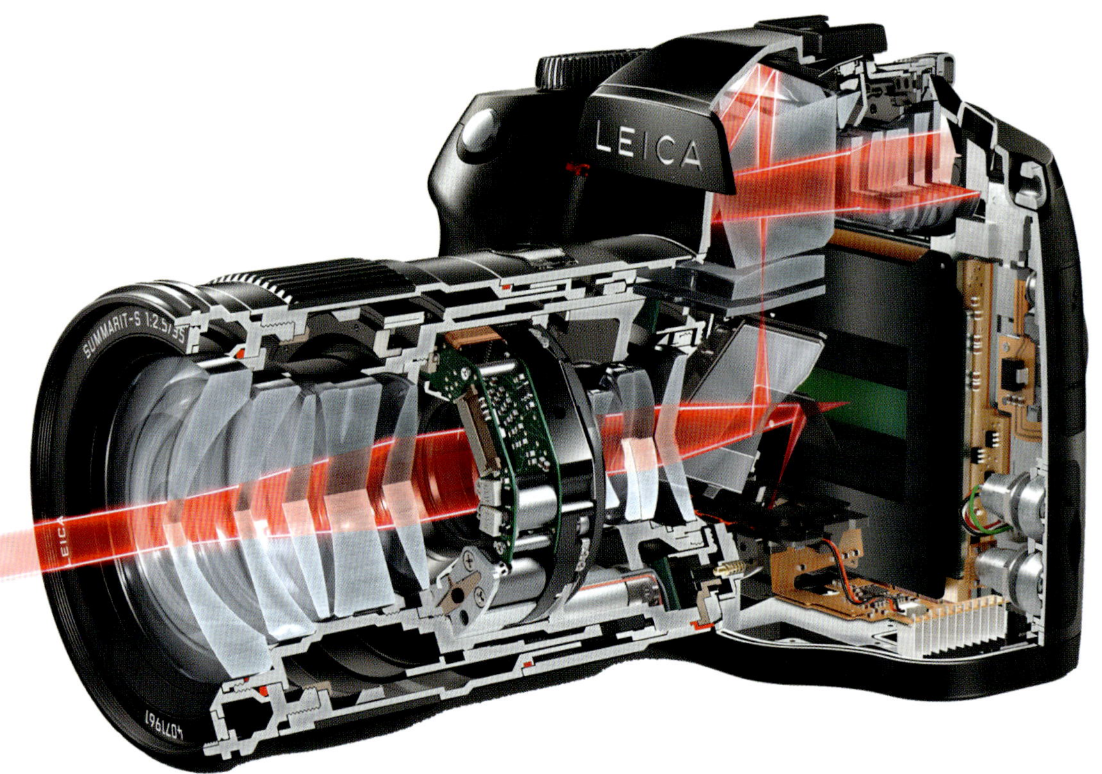

Strahlengang des Lichts durch eine Spiegelreflexkamera.

Praxisübung Belichtung

Fotografieren Sie bitte die drei folgenden Seiten formatfüllend ab. Ich habe für diese ganz bewusst die Farben Weiß, Schwarz und das mittlere Grau, das einer Graukarte entspricht, gewählt. Stellen Sie dazu Ihre Kamera auf den Automatikmodus ein. Achten Sie darauf, dass Sie wirklich formatfüllend fotografieren. Die Fokussierung spielt bei dieser Übung keine Rolle. Es dreht sich erst einmal alles nur um die richtige Belichtung.

Wenn Sie die Übung umgesetzt haben, betrachten Sie Ihre drei Ergebnisbilder. Sie sollten etwa so aussehen wie meine drei Abbildungen.

- **Warum können wir keine eindeutigen Helligkeitswerte bzw. die Farben Schwarz, Weiß oder Grau erkennen?**
- **Was steckt dahinter?**

Die Belichtungsmessung Ihrer Kamera vergleicht das gemessene Licht der drei Farben mit dem Grauwert, der in der Kamera gespeichert ist, und legt daraufhin einen Mittelwert fest. Da wir bei diesen Motiven nur eine Farbe haben, sehen alle drei Bilder annähernd gleich aus.

Es gibt für jedes Motiv nur eine optimale Belichtung. Um herauszufinden, welche das ist, können Sie am Aufnahmeort unter identischen Lichtbedingungen eine Belichtungsmessung auf eine Graukarte durchführen. Dazu stellen Sie die gleiche Blende ein, die Sie auch für die Aufnahme, gewählt nach Ihrer Bildgestaltung, verwenden möchten. Dann messen Sie mit dem Belichtungsmesser Ihrer Kamera die Zeit. So können Sie die optimale Grundbelichtung ermitteln.

Aber wie hängt das alles zusammen? Schauen wir uns eine Grafik zu diesem Thema an.

Ja, Sie sehen richtig. Die drei Bilder sehen annähernd gleich aus. Das Weiß, das Grau und das Schwarz der eigentlichen Seiten sind nicht zu sehen. Vielmehr ist es ein undefinierbares Gemisch, das annähernd gleich aussieht.

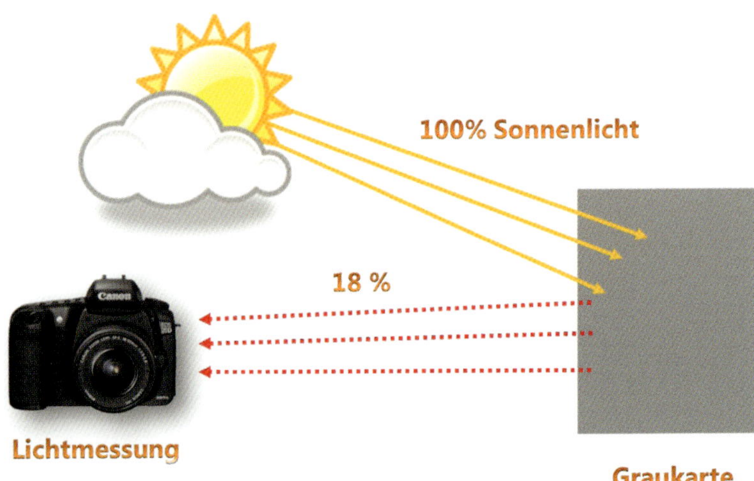

Die Lichtstrahlen der Sonne treffen auf ein Motiv. Je nachdem, wie die Oberfläche bzw. die Farbe des Motivs beschaffen ist, werden die Lichtstrahlen unterschiedlich stark reflektiert. Eine handelsübliche Graukarte hat eine Remission von 18 %. Das bedeutet, wenn 100 Lichtstrahlen auf der Graukarte auftreffen, werden 18 reflektiert. Man nennt diese Reflexion der Lichtstrahlen Remission. Der Rest wird von der Karte bzw. Oberfläche geschluckt. Der Belichtungsmesser Ihrer Kamera ist auf das mittlere Grau geeicht.

Belichtungsmessung auf eine Graukarte

Um die optimale Belichtung eines Motivs zu ermitteln, führt man eine Belichtungsmessung auf eine Graukarte durch.

1. Die Graukarte muss so positioniert werden, dass sie in identischer Weise wie das Motiv vom Licht bestrahlt werden kann.
2. Um die richtige Zeit zu ermitteln, müssen Sie wissen, mit welcher Blende Sie fotografieren wollen. Diese Blende stellen Sie ein.
3. Danach stellen Sie Ihre Kamera auf die Zeitautomatik (A/AV) ein und messen mit der Belichtungsmessung Ihrer Kamera die Zeit aus.
4. Wenn Sie die Zeit ermittelt haben, stellen Sie Zeit und Blende im Modus *Manuell* an Ihrer Kamera ein.

Ich empfehle Ihnen, die Übung mit den drei Seiten jetzt noch einmal mit diesem Wissen zu wiederholen. Verwenden Sie die graue Seite als Graukarte zum Messen.

1. Wählen Sie eine offene Blende, z. B. f/2.8, und messen Sie im Modus *Zeitautomatik* die Zeit aus.
2. Wählen Sie dann den manuellen Modus und übertragen Sie Zeit und Blende.
3. Fotografieren Sie nun erneut die drei Farbflächen formatfüllend ab.

Sie werden feststellen: Jetzt passt es.

In der Panoramafotografie stellt sich die richtige Belichtung etwas schwieriger dar. Sie fotografieren meist einen ganzen Horizont. Auf der einen Seite haben Sie die Sonne, auf der anderen Seite Schatten. Auch beim Nachtpanorama haben Sie unterschiedlichste Lichtverhältnisse. Aus diesem Grund benötigen Sie eine Methode, die Ihnen die mittlere Belichtungszeit für Ihre ganze Serie zeigt, oder Sie gehen gleich in die HDR-Fotografie.

Um die mittlere Belichtungszeit bei unterschiedlichen Panoramen zu ermitteln, sollten Sie sich mit den Belichtungsmessmethoden Ihrer Kamera vertraut machen. Es gibt verschiedene Belichtungsmessmethoden, die ich an dieser Stelle genauer erklären möchte, bevor wir zur mittleren Belichtungszeit für Panoramen weitergehen.

Ihre drei Bilder sollten jetzt die richtigen Helligkeitswerte bzw. Farben aufweisen, genau wie meine Beispielbilder.

Arbeitsweise der Belichtungsmessmethoden

Im Handbuch Ihrer Kamera finden Sie die folgenden oder ähnliche Symbole für die einzelnen Belichtungsmessmethoden. Wenn Sie sie sich genau anschauen, können Sie bereits feststellen, welche Arbeitsweise sie symbolisieren. Lesen Sie auch die Erläuterungen zu den jeweiligen Methoden. Achten Sie auf die grauen Bereiche, das sind immer die abgedeckten Messbereiche.

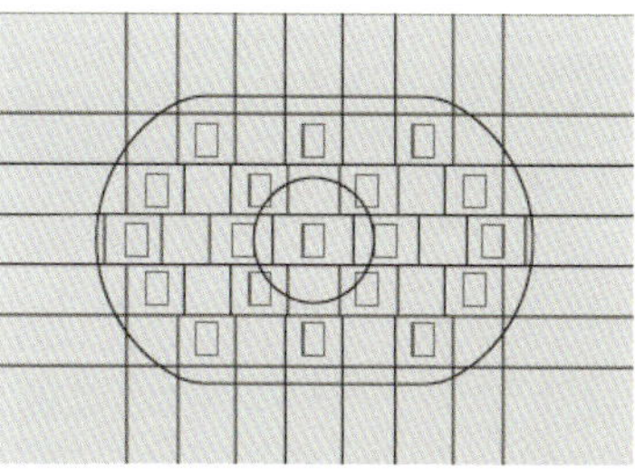
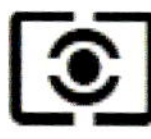

Mehrfeldmessung.

Die Mehrfeldmessung

Die Mehrfeldmessung ist der Standardmodus für ungeübte Fotografen. Dieses Messverfahren unterteilt ein Motiv in mehrere Zonen und gewichtet diese nach den Helligkeitswerten. Nach deren Analyse lassen sich komplexe Lichtsituationen mittels Durchschnittswert meistern.

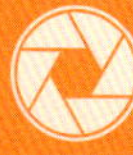

BELICHTUNGSMESSUNG AUF DER HAUT

Die Hautfarbe eines Mitteleuropäers verhält sich übrigens ähnlich wie eine Graukarte, was die Remission angeht. Je nach Gesichtsfarbe können Sie also auch die Haut für eine gute Belichtungsmessung nutzen, wenn keine Graukarte vorhanden ist.

Die Selektivmessung

Die Selektivmessung ist immer dann sinnvoll, wenn der Hintergrund aufgrund von Gegenlicht sehr viel heller ist als das Motiv selbst. Die Belichtungsmessung findet in einem zentralen Bereich, etwa 13,5 % um das mittlere Sucherfeld herum, statt.

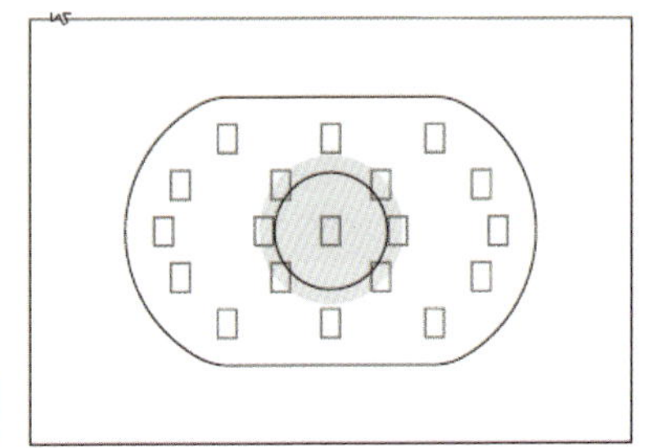

Selektivmessung.

Die mittenbetonte Integralmessung

Bei dieser Methode liegt der Messschwerpunkt in einem größeren zentralen Bereich, wobei der Rest des Bilds integral ausgemessen wird. Das Hauptaugenmerk liegt auf dem Bildzentrum. Das Motiv sollte allerdings eine ausgeglichene Helligkeitsverteilung ohne extreme Hell-Dunkel-Grenzen aufweisen.

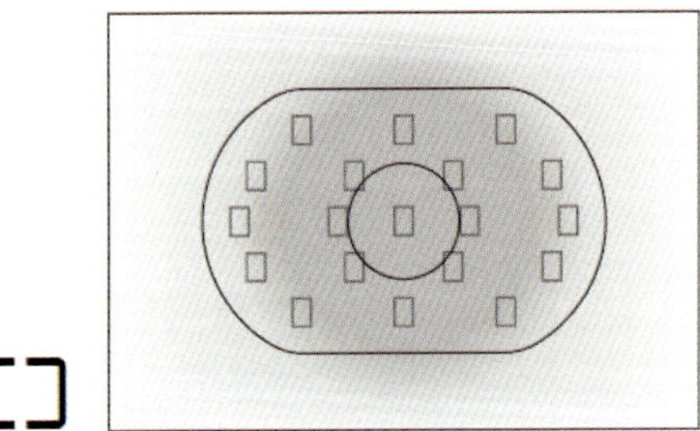

Mittenbetonte Integralmessung.

Die Spotmessung

Die Spotmessung eignet sich zur Belichtungsmessung einzelner Bilddetails. Die Messung wird auf einen Bereich von ca. 3,8 % des mittleren Sucherfelds konzentriert. Die Spotmessung ist optimal einsetzbar, um ein Bild gezielt auszumessen. Wenn Sie eine Belichtungsreihe für ein HDR-Bild anfertigen, können Sie vorab mit der Spotmessung das gesamte Motiv ausmessen. Das Gleiche gilt natürlich für die Panoramafotografie. Die Spotmessung ist auch die optimale Einstellung für Porträt-, Teilkörper- und Makroaufnahmen und natürlich für Gegenlichtsituationen.

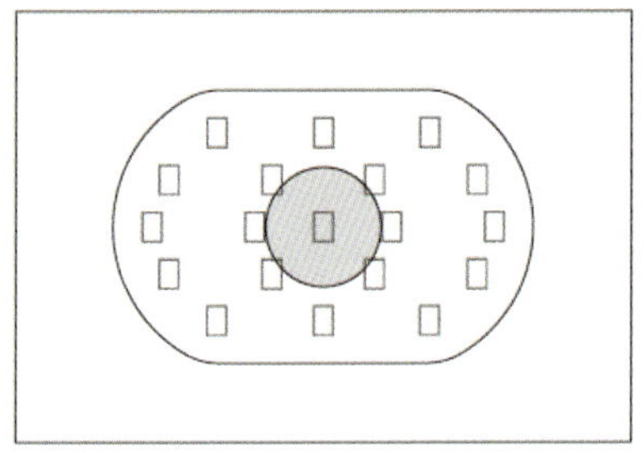

Spotmessung.

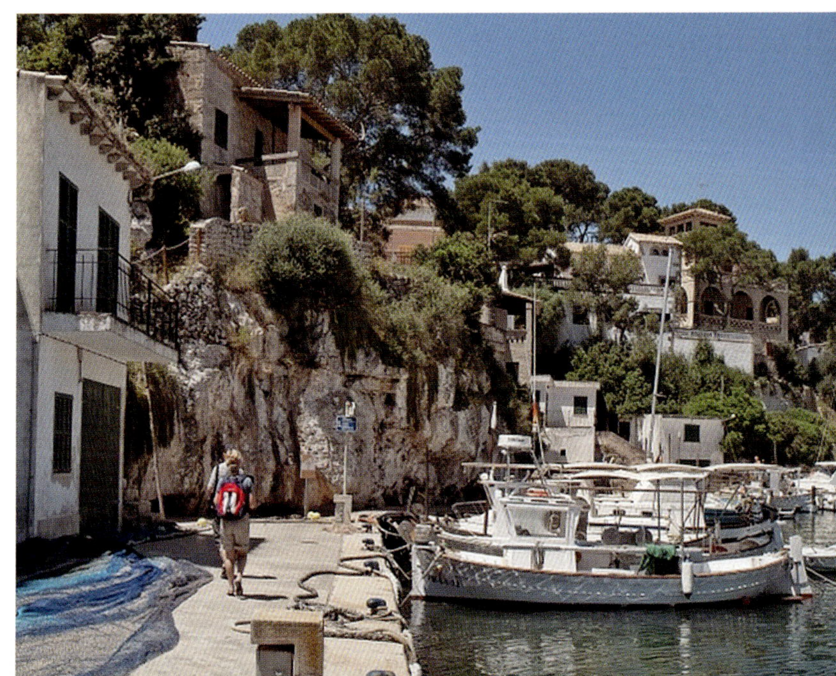

Da Sie nun die einzelnen Methoden der Belichtungsmessung kennen, zeige ich Ihnen jetzt, wie Sie sie in der Panoramafotografie einsetzen.

Mittlere Belichtungszeit ermitteln

Stellen Sie an Ihrer Kamera den Modus *Zeitautomatik* (A/Av) ein. Dieser Kameramodus ist eine Halbautomatik, in der die Kamera eine Blende vorwählen und festlegen kann.

1. Wählen Sie Blende f/14, damit Sie genug Schärfentiefe haben. So können Sie die dazu passende Belichtung messen. Die richtige Belichtungsmessmethode wäre hier die Mehrfeldmessung. Stellen Sie auch diese an der Kamera ein.

2. Analysieren Sie zuerst das Motiv am Aufnahmeort. Sie sehen unten einen Hafen auf der Insel Mallorca. Die Lichtverteilung ist ziemlich gleichmäßig, die Sonne steht im Rücken des Fotografen. Das ist optimal. Auf der rechten Seite sehen Sie einige Schattenbereiche.

3. Es herrschen sehr gute Lichtbedingungen, also wählen Sie einen geringen ISO-Wert, 50 oder 100. Je kleiner der eingestellte ISO-Wert, desto brillanter sind Ihre Ergebnisse.

4. Den Weißabgleich stellen Sie auf Sonnenlicht ein, auf gar keinen Fall auf Automatik. Der automatische Weißabgleich könnte hier zwar funktionieren, Sie sollten sich aber für Ihren Workflow gewisse Basics als entscheidend merken. Einer der Grundsätze der Panoramafotografie ist, dass alle Automatikfunktionen auszuschalten sind.

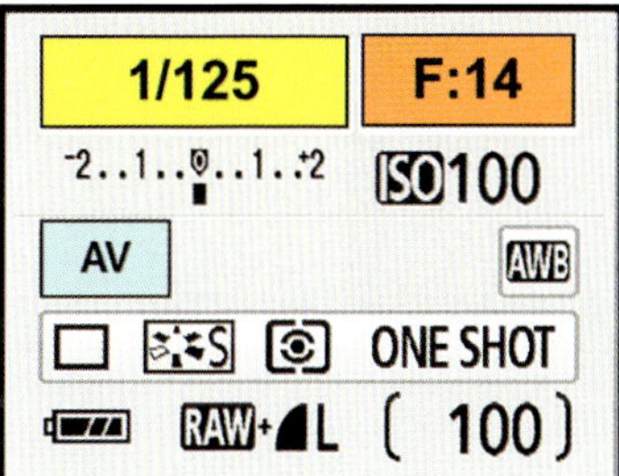

Analysieren Sie das Motiv am Aufnahmeort. Unten sehen Sie das fertige Panorama.

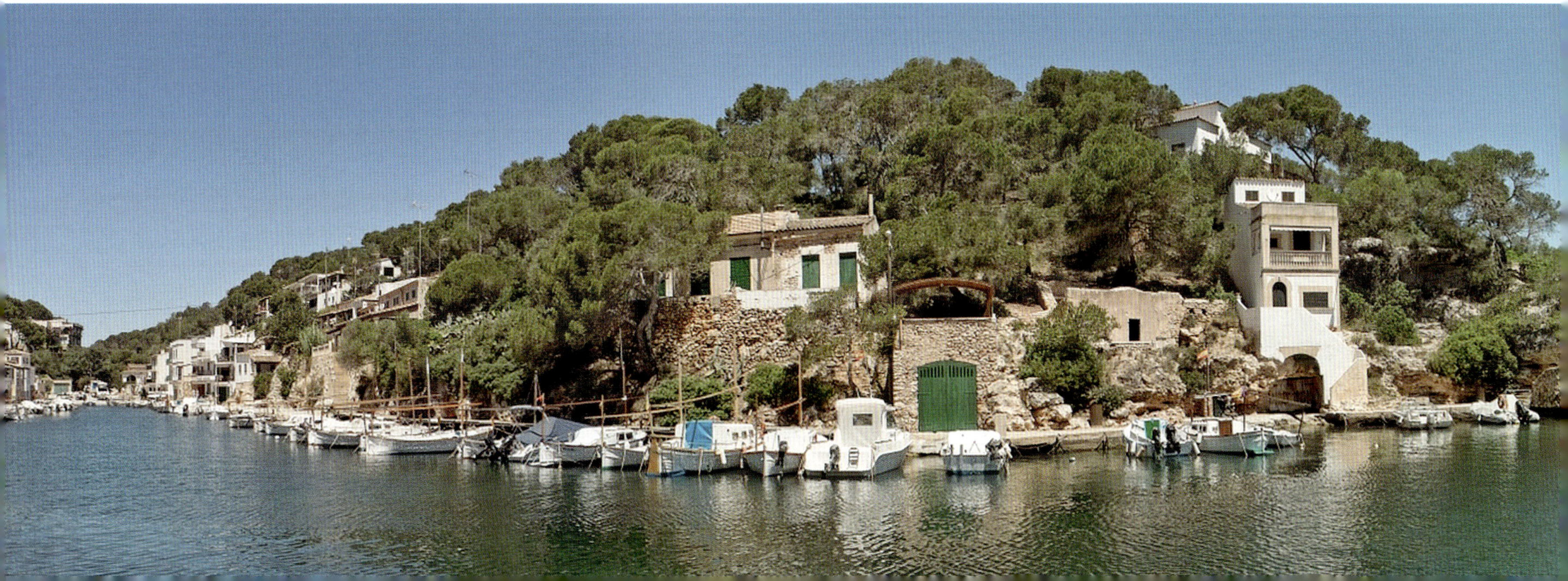

5 Sie haben Ihre Kamera für das Ausmessen eines Panoramas optimal vorbereitet. Nehmen Sie nun drei oder mehr Messungen vor, je nachdem, wie breit Ihr Panorama werden soll.

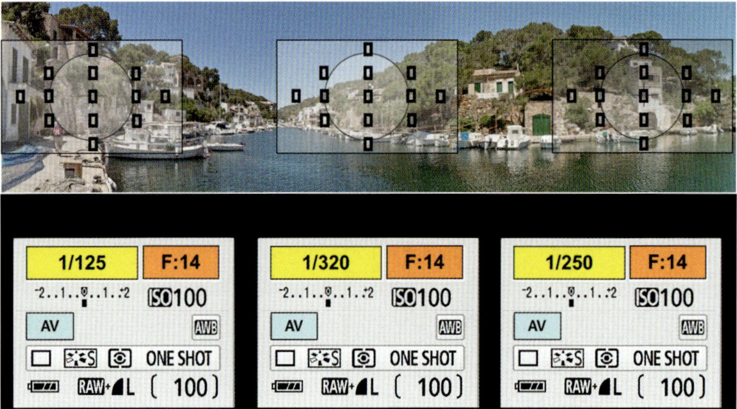

Testmessungen durchführen.

6 Messen Sie an drei oder mehr Stellen bei halb gedrücktem Auslöser die jeweils richtige Belichtungszeit aus und merken Sie sie. Sie können in der Grafik sehen, dass die Kamera bei jedem Messpunkt von links nach rechts eine andere Belichtungszeit als mittlere Belichtungszeit ausgemessen hat. Aus diesen drei Zeiten bilden Sie nun eine mittlere Belichtungszeit:

1/125 Sekunde

1/320 Sekunde Die mittlere Belichtungszeit ist 1/250 Sekunde

1/250 Sekunde

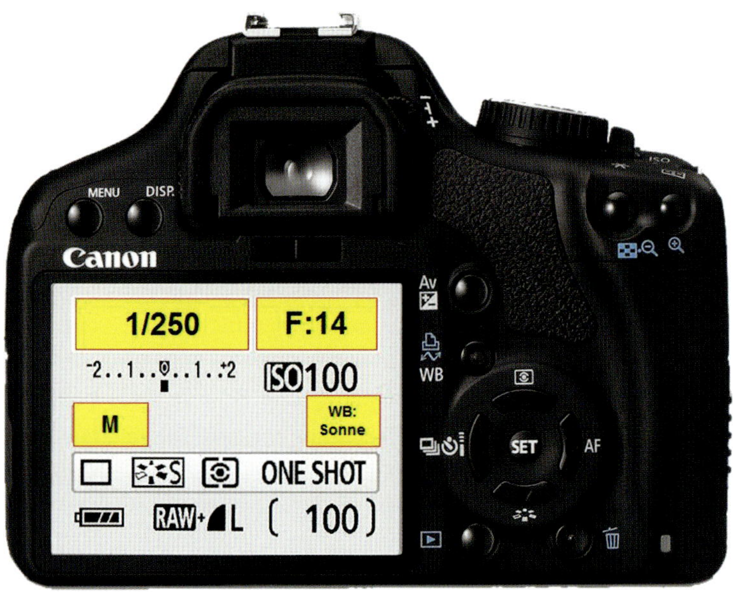

Stellen Sie Ihre Kamera auf den manuellen Modus ein. In der Panoramafotografie arbeiten Sie wie gesagt nur manuell, da alle Bilder identische Aufnahmeeinstellungen vorweisen müssen.

Sie können die Belichtungszeiteinstellung an Ihrer Kamera auch dazu nutzen, herauszufinden, wo die mittlere Belichtungszeit liegt, wenn Sie das aus Ihren Erfahrungswerten noch nicht schließen können. Stellen Sie die kleinste Zeit ein und drehen Sie dann auf den größten Wert. Der Wert, der genau dazwischenliegt, ist Ihre mittlere Belichtungszeit.

7 Übertragen Sie alle Einstellungen in den Modus *Manuell* und fotografieren Sie die Einzelbilder ab.

Kontrastunterschiede und Nachtaufnahmen

Es gibt allerdings auch Panoramamotive, die Sie mit einer anderen Vorgehensweise fotografieren müssen, etwa wenn Sie einen sehr großen Kontrastunterschied innerhalb des Panoramas haben oder wenn auf einer Seite die Sonne zu sehen ist und auf der anderen Seite der Schatten. Eine weitere Schwierigkeit kommt bei Nachtaufnahmen auf Sie zu. Analysieren Sie wieder gemeinsam mit mir das folgende Bild. Wie würden Sie an die Situation herangehen?

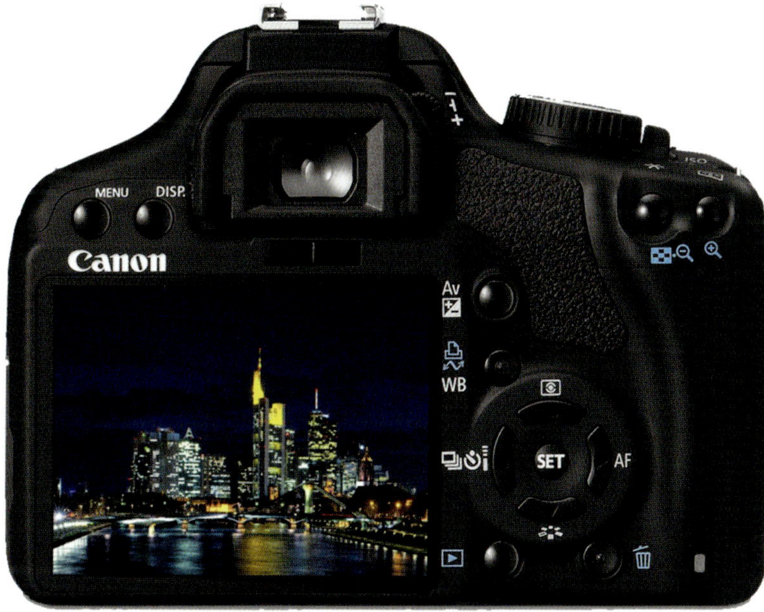

Wichtig ist, dass der Eyecatcher – der große Tower der Commerzbank – richtig belichtet wird. Wählen Sie grundsätzlich erst einmal die gleichen Voreinstellungen an Ihrer Kamera aus wie zuvor, Sie müssen nur zwei Dinge ändern: die ISO-Einstellung und die Belichtungsmessmethode.

Sie stehen vor der Herausforderung, ein Nachtpanorama exakt zu belichten bzw. die Belichtung zu ermitteln. Bei diesem 330-Grad-Panorama von Frankfurt am Main eignet sich die Spotmessung zum Ermitteln der richtigen Belichtung ganz gut. Die Mehrfeldmessung würde hier zu viel Schwarz vorfinden, und das Ergebnis wäre zu ungenau. Die Belichtungszeit würde damit insgesamt zu lang.

1. Die ISO-Einstellung setzen Sie auf maximal ISO 800, so wird der Kamerasensor empfindlicher, und Sie erreichen eine bessere Belichtung der dunklen Hausmauern.

2. Als Belichtungsmessmethode wählen Sie aufgrund des hohen Schwarzanteils die Spotmessung aus. Dann messen Sie an drei oder mehr strategisch wichtigen Punkten.

LIVE-VIEW

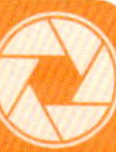

Wer keine Lust hat, solch einen Aufwand zu betreiben, bedient sich der Live-View-Anzeige seiner Kamera. Wenn sie in der Lage ist, auch die Belichtung darzustellen, stellen Sie diese nach Ihrem optischen Empfinden ein. Über diese Methode können Sie auch sehr gut die Schärfe kontrollieren. Zoomen Sie dazu weit in Ihr Motiv hinein und stellen Sie manuell scharf bzw. kontrollieren Sie Ihre Schärfe. Bei manchen Objektiven liegt die perfekte Schärfe etwas neben der Unendlich-Markierung.

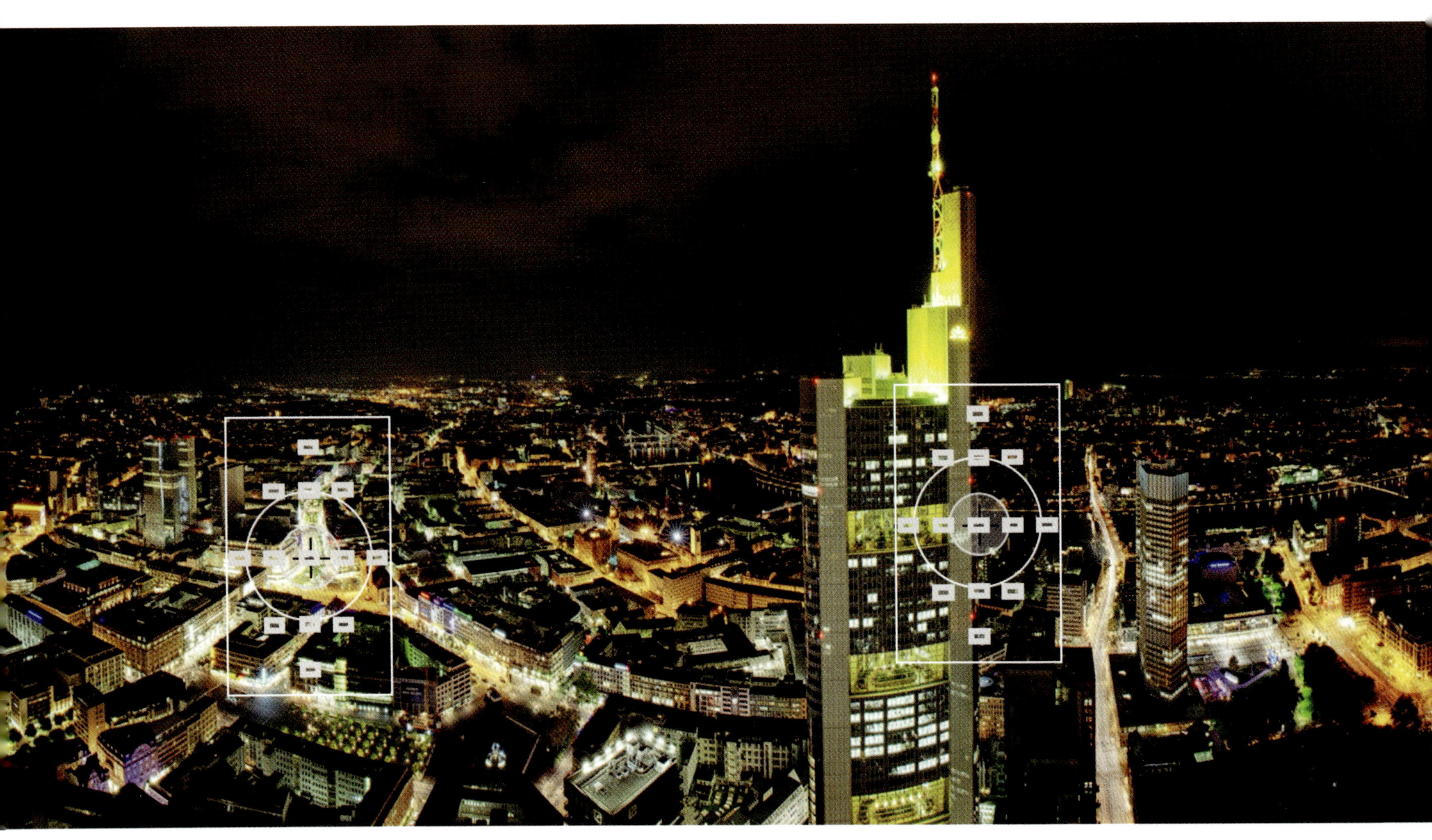

Herausforderung Nachtpanorama. Bei diesem Panorama kommen Sie auf Belichtungszeiten von 6 bis 30 Sekunden. Ermitteln Sie wieder die mittlere Belichtungszeit. Von dieser ermittelten Zeit gehen Sie aus, um ein HDR-Panorama daraus zu machen.

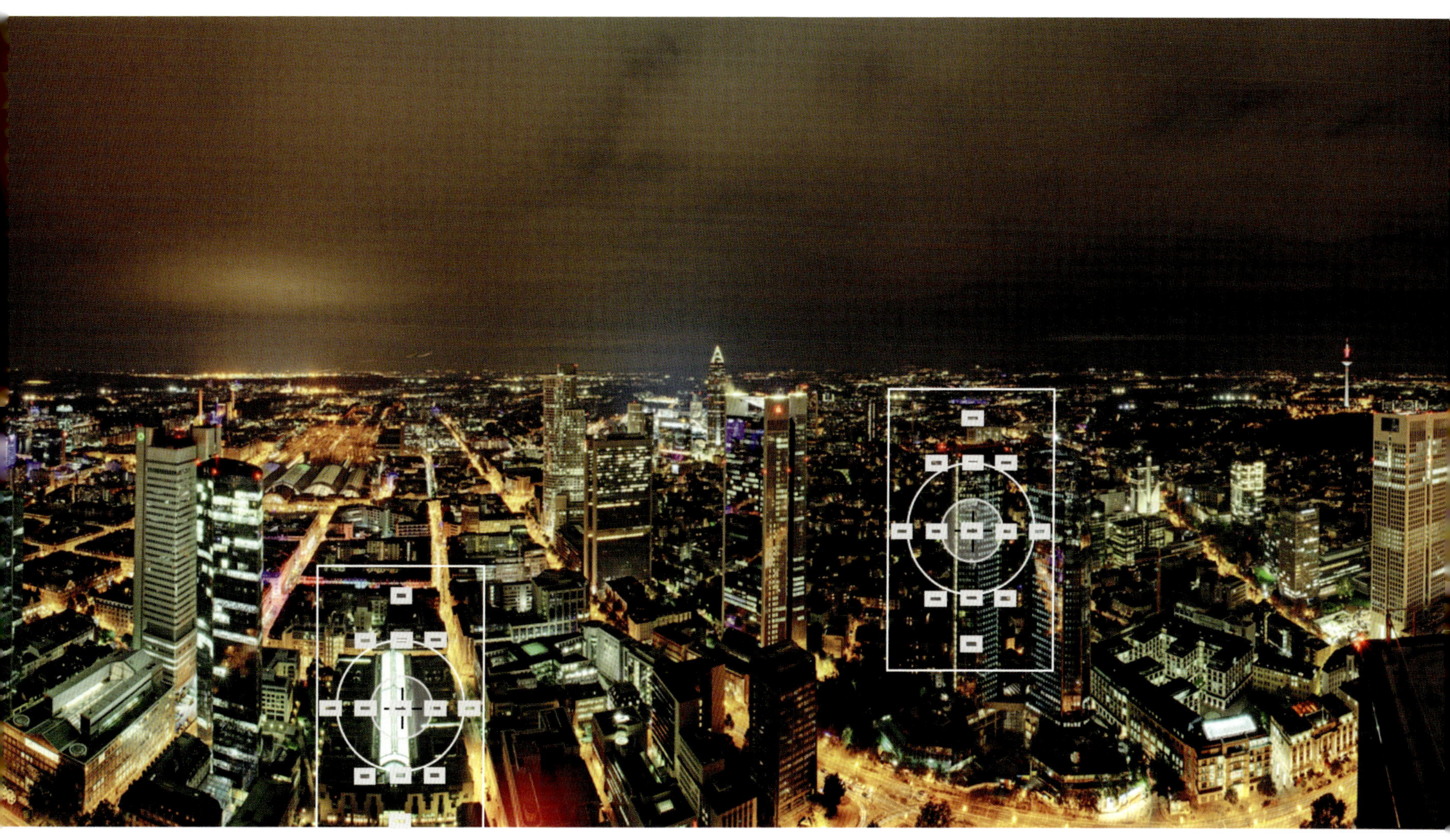

Ein Farbprofil wählen

Eine weitere Grundeinstellung Ihrer Kamera ist die Wahl des richtigen Farbprofils. Grundsätzlich gibt es viele verschiedene Farbprofile. Farbprofile beschreiben die Farbwiedergabeeigenschaften eines Sensors, Druckers oder Monitors. Einfach gesagt, enthält ein Farbprofil alle Farben, die ein Bildsensor oder Monitor wiedergeben kann. Alle Farben zusammen bezeichnet man als Farbraum eines Geräts. Üblicherweise wird der Farbraum in der sogenannten CIE-Schuhsohle als Dreieck oder Sechseck darstellt.

Auf der Webseite *http://iccview.de* können Sie alle gängigen Farbräume miteinander vergleichen bzw. sich darüber informieren.

Je nachdem, wie Sie Ihre Kamera über das Menü eingestellt haben, können Sie mehr oder weniger Farben aufzeichnen. Prüfen Sie die Einstellung Ihrer Kamera. Ich empfehle Ihnen, je nach System das Farbprofil Adobe RGB 1998 oder ProPhoto RGB in Ihrer Kamera einzustellen. Wenn Sie später Bilder in sRGB benötigen, weil Sie sie online präsentieren wollen, können Sie sie immer noch herunterrechnen bzw. in Photoshop über die Funktion *Für Web speichern* in das sRGB-Farbprofil umwandeln.

Bei diesem Prozess gehen Farbinformationen verloren, daher empfehle ich Ihnen, Ihre Kamera erst einmal auf das größere Farbprofil einzustellen. Sehen Sie sich die drei folgenden gängigen Farbprofile an.

Das Farbprofil gibt an, wie viele Farben für die Grundfarben Rot, Grün und Blau vorhanden sind. Je mehr Farben zur Verfügung stehen, desto brillanter werden Ihre Bilder. Sie können eindeutig erkennen, dass im Profil von ProPhoto RGB weit mehr Farben zu sehen sind als im sRGB-Farbprofil. Dementsprechend sehen auch Ihre Bildinformationen aus.

Schematische Darstellung der Farbprofile. (Quelle: http://iccview.de)

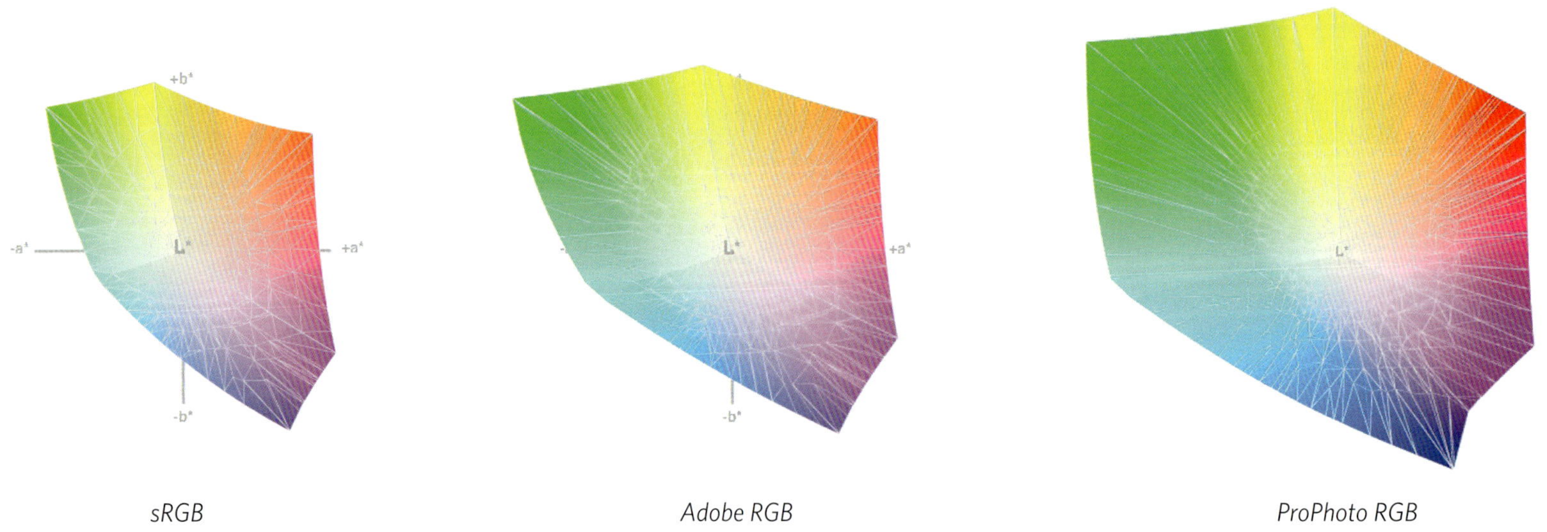

sRGB *Adobe RGB* *ProPhoto RGB*

Die Ausnahme der Grundregel, das bestmögliche Farbprofil zu verwenden, ist die Onlinedarstellung Ihrer Bilder. In solchen Fällen sollten Sie immer im sRGB-Modus arbeiten, da nicht alle Browser die beiden anderen Farbprofile darstellen können.

Öffnen Sie ein Bild, das mit dem Profil Adobe RGB 1998 erstellt wurde, in einem Browser, der nur sRGB-Farben darstellen kann, kommt es zu Farbverschiebungen, weil das System die Farben verändert, die es nicht darstellen kann. Ich selbst machte die Erfahrung, dass auf einer virtuellen Tour sehr schlechte, fast „schmutzige" Farben zu sehen waren, die Originalbilder jedoch brillant waren. Durch meine Recherchen beim Hersteller der Panoramasoftware erfuhr ich dann, dass derzeit nur das sRGB-Farbprofil Ihre Bilder in allen Browsern mit Sicherheit gleichmäßig darstellt.

WORKFLOW UND FARBPROFIL

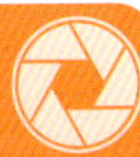

Ich empfehle Ihnen, Ihren gesamten Workflow auf dasselbe Farbprofil einzustellen.

Monitor kalibrieren?

Wie Sie Ihren Workflow gestalten, hängt grundsätzlich immer von Ihren eigenen Ansprüchen ab. Mittlerweile ist es meines Erachtens nicht mehr zwingend nötig, teure Kalibrierungssysteme für Monitore zu verwenden. Investieren Sie das Geld lieber gleich in einen qualitativ hochwertigen Monitor, davon haben Sie mehr.

Wenn Sie jedoch unbedingt professionelle Arbeiten mit Farbechtheit benötigen, kommen Sie um ein solches Kalibrierungssystem nicht herum. Es reicht aber nicht aus, nur den Monitor zu kalibrieren, auch Ihr Drucker und der Belichter, bei dem Sie Ihre Bilder ausbelichten lassen, müssen kalibriert werden.

Entscheiden Sie selbst, wie weit Sie diesen Bogen spannen wollen. Zur einfachen Kontrolle, ob und wie weit Ihr System überhaupt von einer optimalen Farb- und Helligkeitswiedergabe abweicht, empfehle ich Ihnen folgende Vorgehensweise: Kontrollieren Sie Ihr System mittels einfacher Farbtafeln.

Scheuen Sie sich nicht, die Farbtafel auch Ihrem Belichter zuzusenden, um sie als Foto entwickeln zu lassen. Vergleichen Sie Druck vom Belichter, Monitor und Druck bei Ihnen zu Hause. Sollte die Ergebnisse tatsächlich so stark voneinander abweichen, dass Sie ein keiner Weise einverstanden sind, können Sie immer noch zu einem teuren Kalibrierungssystem greifen.

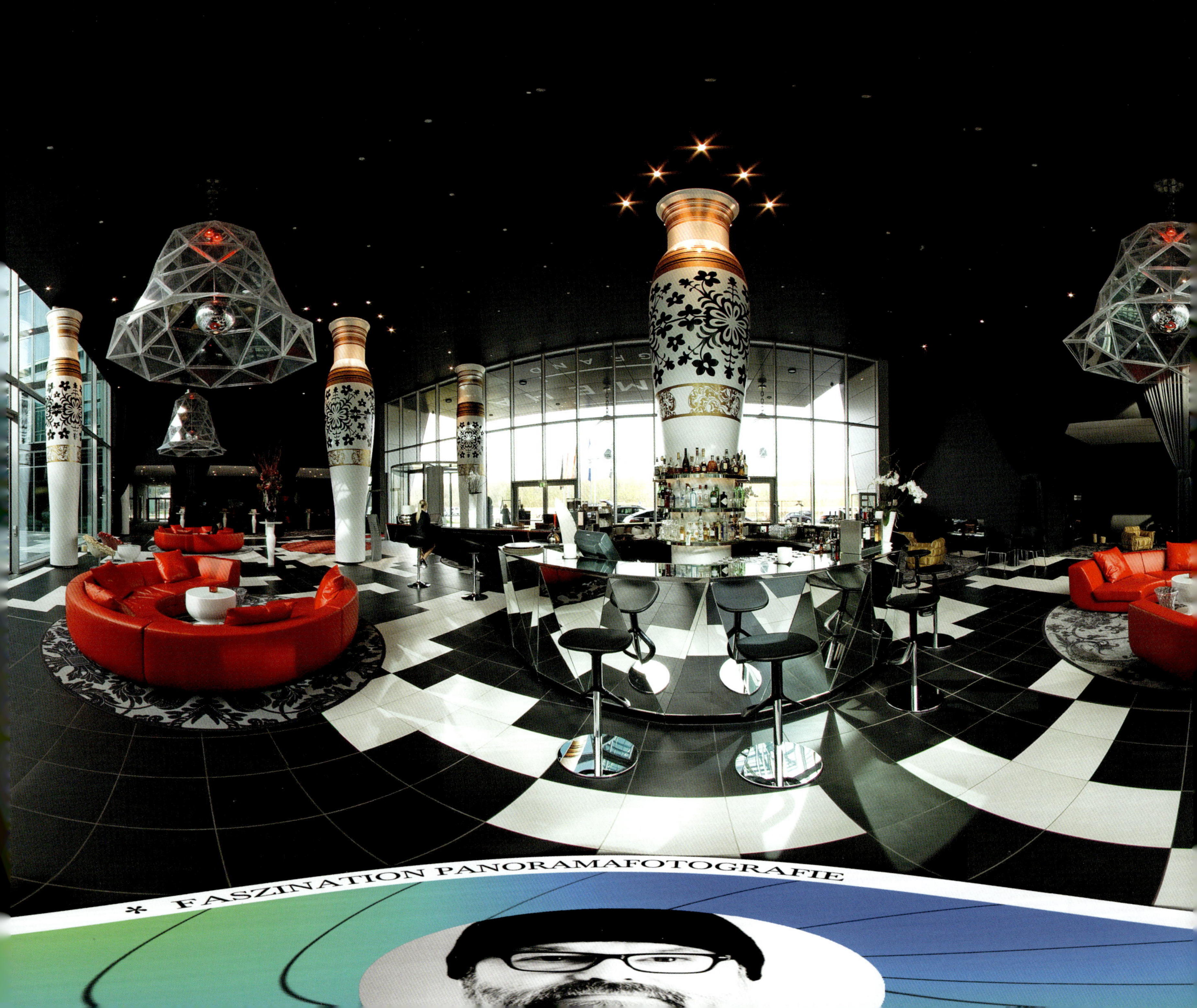
* FASZINATION PANORAMAFOTOGRAFIE

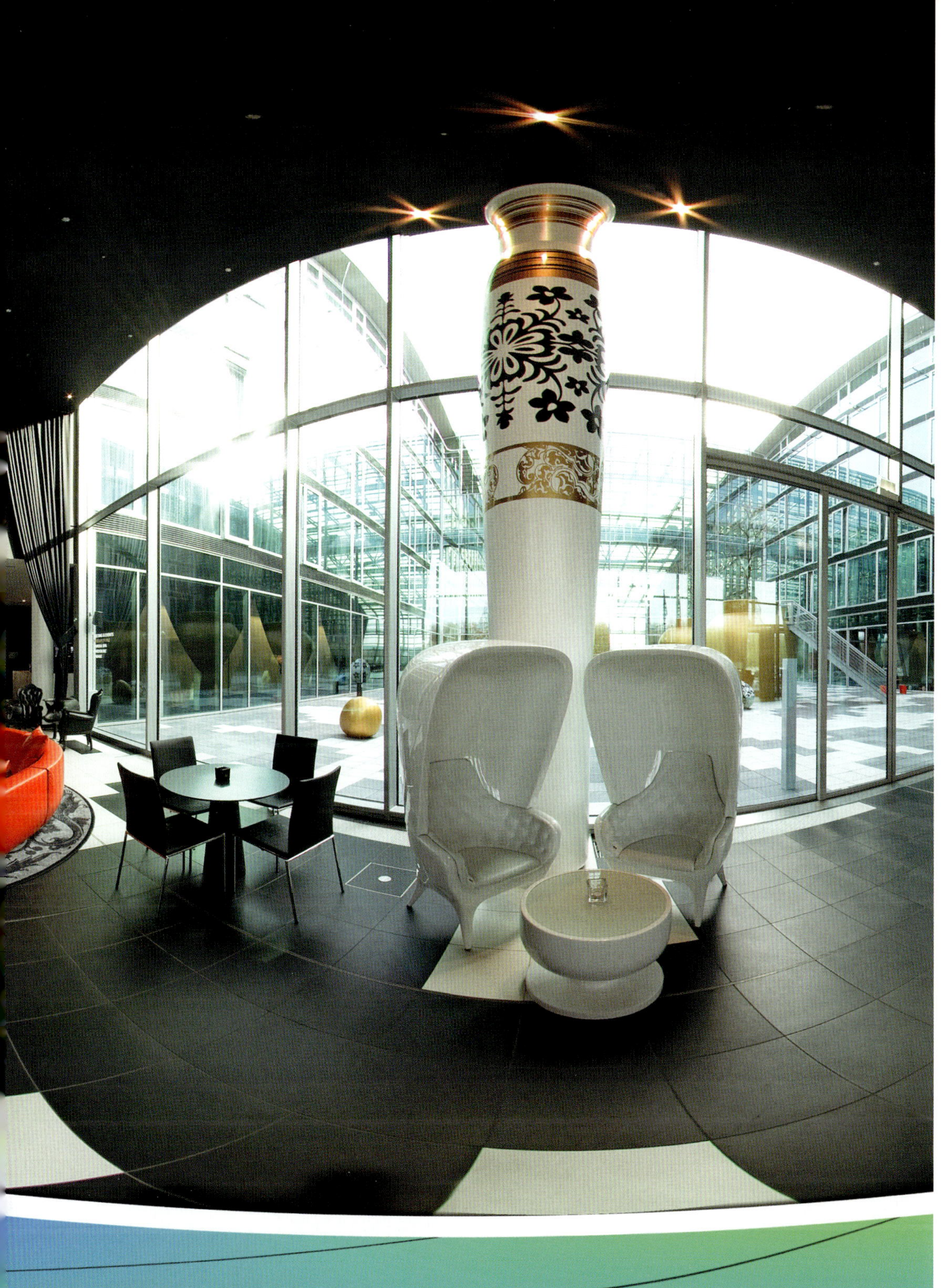

KAPITEL 3

Logo als Nadirbild

Erfahren Sie jetzt, wie man mit Adobe Photoshop ein kreisrundes Logo erstellt, das man zum Beispiel in der Software Pano2VR als Nadirbild einsetzen kann. Grundsätzlich ist darauf zu achten, dass man das richtige Ausgabeformat wählt. Nur im PNG-Format kann man Grafiken mit transparentem Hintergrund in andere Medien, wie Videos oder Panoramabilder, so einbinden, dass nur die Grafik zu sehen ist und der Hintergrund transparent bleibt.

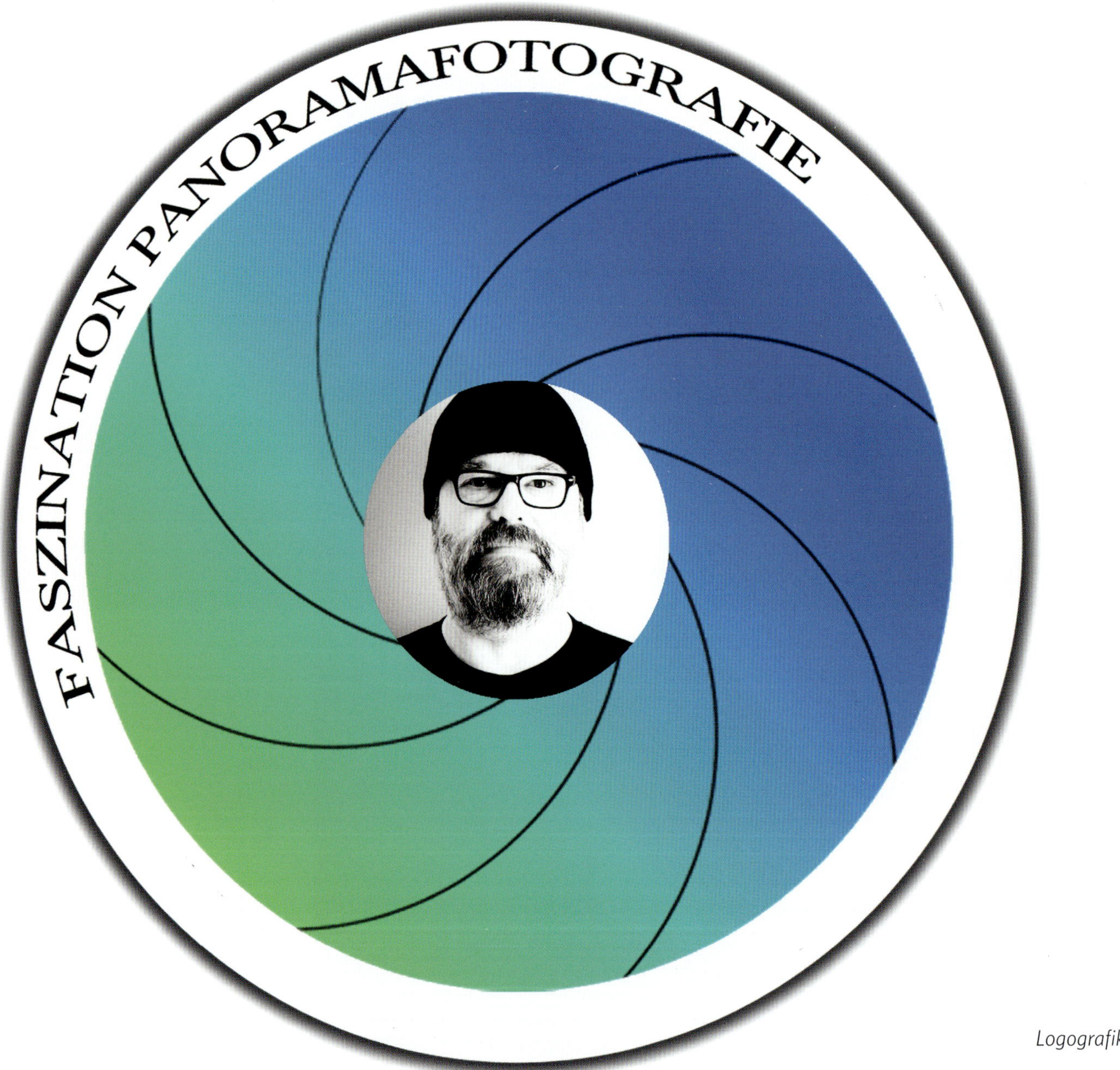

Logografik als Nadirbild.

Ihr Copyright

■ Ein Erkennungsmerkmal für Ihre Arbeit halte ich für sehr wichtig, jeder sollte sehen können, wer das Panorama erstellt hat. Ich halte es so: Wenn der Nadirbereich sehr kompliziert auszustempeln ist, setze ich einfach mein Logo darauf. Einige Panoramafotografen machen ein separates Nadir- und Zenitbild. Dieser Aufwand ist mir ehrlich gesagt zu groß. Alternativ können Sie eine Spiegelkugel einsetzen. Und wenn es ein einfacher Boden ohne viel Struktur ist, kann er einfach weggestempelt werden.

Neue Datei anlegen

Starten Sie Photoshop und legen Sie mit dem Tastenkürzel Strg + N eine neue Datei an. Stellen Sie die Parameter so ein, wie Sie es in der Abbildung rechts unten sehen. Achten Sie auf einen transparenten Hintergrund und auf eine ausreichende Bildgröße.

Da wir ein rundes Logo erstellen, sollte das Format quadratisch sein. Ich habe eine Größe von 1.024 × 1.024 Pixeln gewählt. So kann das runde Logo auch für andere Verwendungszwecke benutzt werden. Sie können es zum Beispiel als Erkennungsmerkmal auf Ihre Bilder setzen.

Wählen Sie das *Auswahlellipse-Werkzeug* (M) ❶ aus der Werkzeugleiste aus oder drucken Sie die M-Taste und ziehen Sie bei gedrückter ↵-Taste einen Kreis. Die Größe des Kreises entspricht der späteren Größe Ihres Logos.

Durch gleichzeitiges Betätigen der ↵-Taste wird aus der Ellipse ein Kreis. Wählen Sie als *Vordergrundfarbe Weiß* ❷ aus und betätigen das *Füllwerkzeug* (Taste G) ❸. Klicken Sie einmal mit der linken Maustaste in den Kreis, um ihn mit der ausgewählten Farbe zu füllen. Klicken Sie dann im *Ebenen*-Bedienfeld auf *Ebenenstil hinzufügen* ❹ und wählen Sie die Funktion *Schlagschatten* ❺ aus.

In den Einstellungen für den Schlagschatten nehmen Sie folgende Einstellungen vor: Als *Füllmethode* wählen Sie *Multiplizieren*. Stellen Sie eine *Deckkraft* von *75 %* ein oder variieren Sie den Schatten nach Ihrem Vorlieben. Den Regler *Abstand* ziehen Sie ganz auf *0 Px*, damit der Schatten direkt anliegt. Den Regler *Überfüllen* ziehen Sie auf *22 %*, und als *Größe* wählen Sie *21 Px*. Wie gesagt, Sie können den Schatten nach Belieben einstellen. Damit Sie den Schatten komplett um den ganzen Kreis herum sehen können, stellen Sie den Winkel auf *0°* ein und bestätigen Ihre Einstellungen mit *OK*.

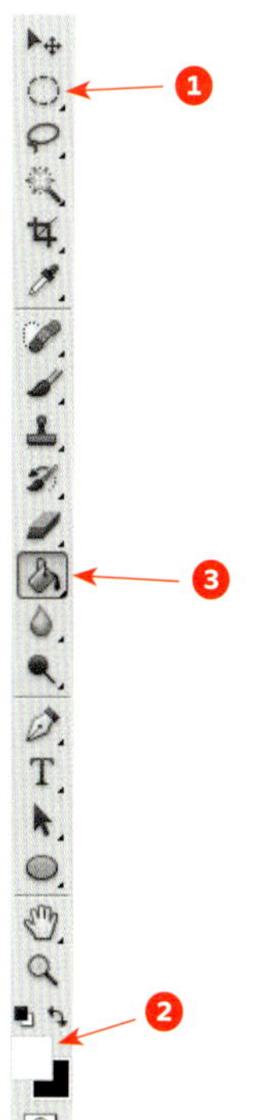

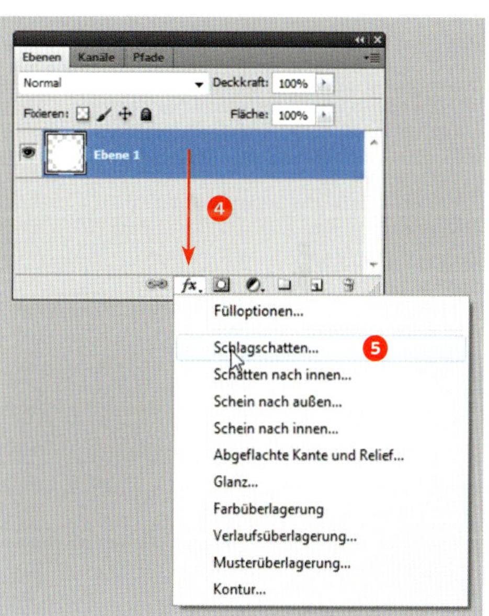

Füllwerkzeug aktivieren, den Auswahlkreis mit der Vordergrundfarbe füllen und als Ebenenstil Schlagschatten *wählen.*

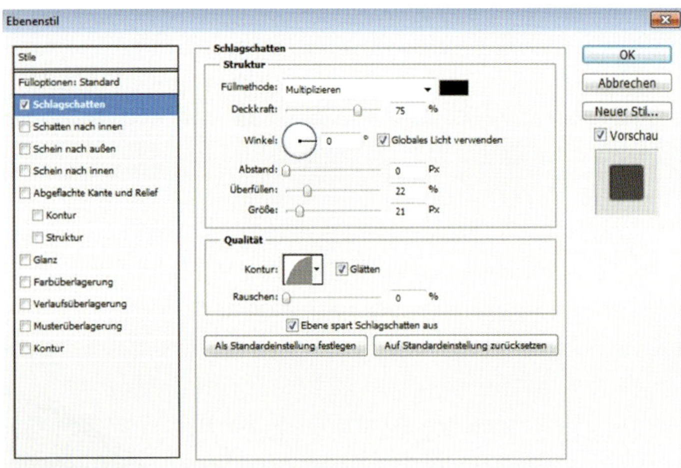

Ebenenstil-*Einstellungen vornehmen.*

Auf diesem Grundkreis können Sie nun nach Belieben Ihr Logo gestalten. In meinem Beispiel habe ich das Bild der Blende aus meinem Logo eingebunden, damit ich einen Wiedererkennungswert erhalte. Ich empfehle Ihnen, Ihren Workflow so aufzubauen, dass Sie immer das gleiche Logo bzw. ähnliche Erkennungsmerkmale verwenden. Es ist wichtig, dass Sie auf den ersten Blick zu erkennen sind. Das Ganze habe ich noch mit einem Porträtfoto von mir ergänzt.

Öffnen Sie einfach die beiden Bilder, die Sie kombinieren wollen, in Ihrem Dateimanager und ziehen Sie sie per Drag-and-drop in die Arbeitsfläche von Photoshop direkt auf den Kreis. Markieren Sie dann die drei Ebenen durch jeweils einen Mausklick auf die Ebene und gleichzeitiges Betätigen der `Strg`-Taste, um sie genau übereinanderzulegen.

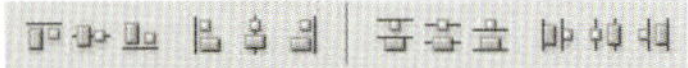

Ausrichten.

Wählen Sie das *Verschieben-Werkzeug* (Taste `V`) aus und richten Sie die Bilder horizontal und vertikal zueinander aus, indem Sie die Werkzeuge anklicken. Positionieren Sie das Logo dann mit der Maus in der Mitte des transparenten Hintergrunds. Eventuell verschieben Sie das Porträtfoto so, wie es am besten in die Mitte der Blende passt.

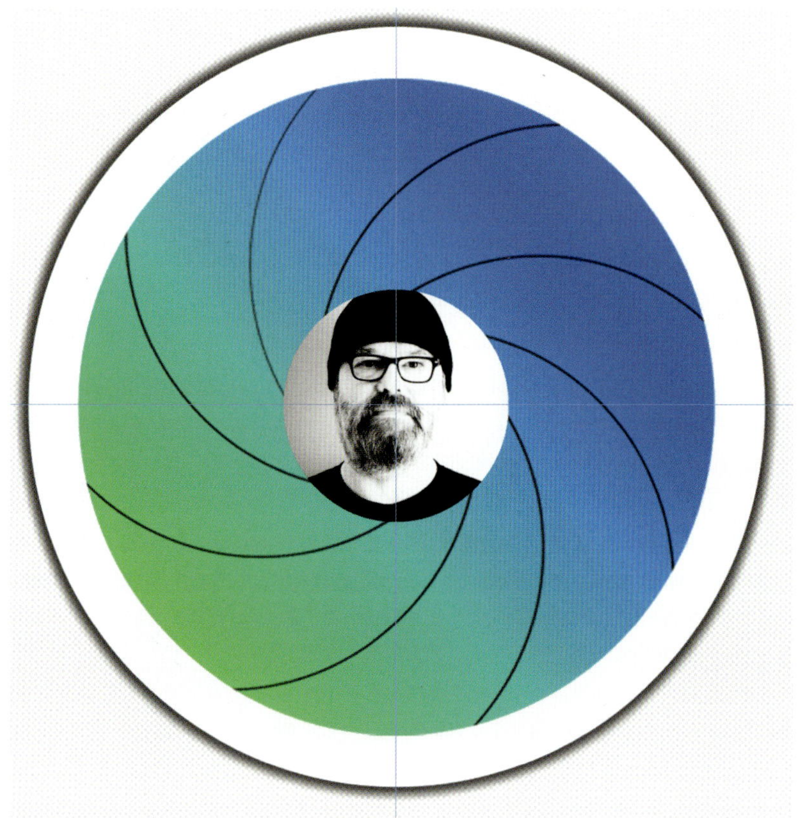

Ihr Logo sollte jetzt etwa so aussehen.

Dann erstellen Sie mit dem *Textwerkzeug* einen oder mehrere Texte – ganz nach Belieben. Wählen Sie zuerst die Farbe Schwarz als Vordergrundfarbe aus. Dann klicken Sie auf das *Textwerkzeug* (T) und schreiben Ihren ersten Text. Markieren Sie den Text, indem Sie doppelt auf das *T* auf der Ebene klicken. Suchen Sie sich eine passende Schrift aus und legen Sie danach die *Schriftgröße* fest. Über die Funktion *Text verkrümmen* können Sie den Text exakt an Ihr Bild, in meinem Fall die kreisrunde Blende, anpassen.

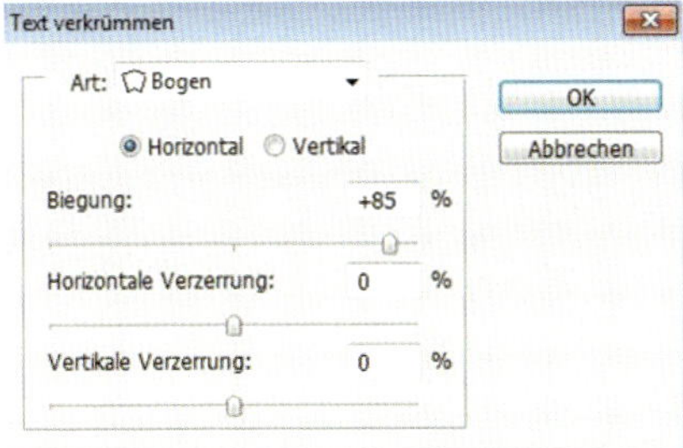

Text verkrümmen*, um ihn dem Kurvenverlauf anzupassen.*

In dem geöffneten Dialogfeld für *Text verkrümmen* wählen Sie bei *Art Bogen* und *Horizontal* aus. Danach verschieben Sie den Regler *Biegung* so lange, bis der Text genau auf die Blende passt. Mit der Maus können Sie den markierten Text jederzeit verschieben, um genau zu prüfen, ob die Biegung passt. Mit *OK* bestätigen Sie die Einstellungen.

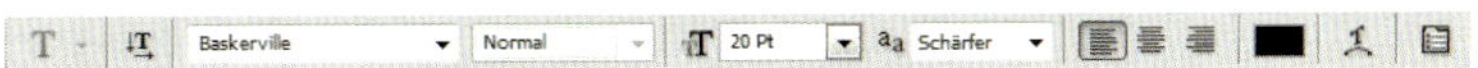

Textattribute festlegen.

Wenn Sie die Ebene des jeweiligen Texts und das *Verschieben-Werkzeug* anklicken, können Sie den Text mit den Pfeiltasten Ihrer Tastatur passgenau positionieren. Ihr Bild sollte dann in etwa so aussehen:

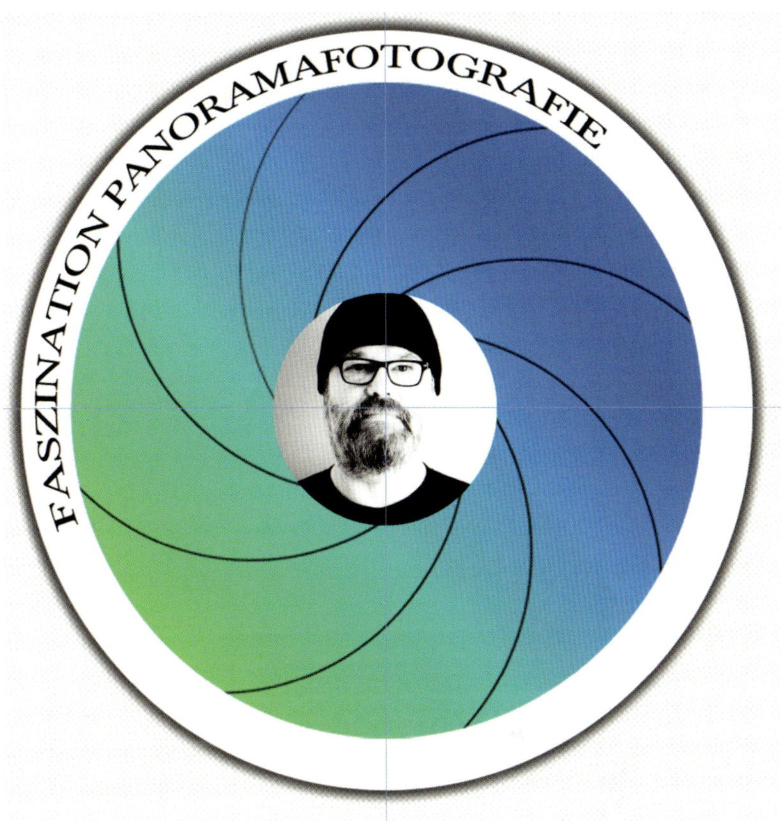

Auf die gleiche Art und Weise erstellen Sie weitere Texte. Ergänzen Sie den Text mit Sternen oder Punkten als Trennung. Wenn Ihr Logo fertig ist, speichern Sie es in zwei Arten ab:

- Speichern Sie es zum einen im Photoshop-Format als PSD-Datei. Bei dieser Speichermethode bleiben alle Ebenen erhalten, und Sie können jederzeit Veränderungen vornehmen oder neue Ideen integrieren.

- Für das Einbinden in andere Medien, wie zum Beispiel in eine Panoramatour als Nadirbild, speichern Sie das Bild als PNG-Datei ab.

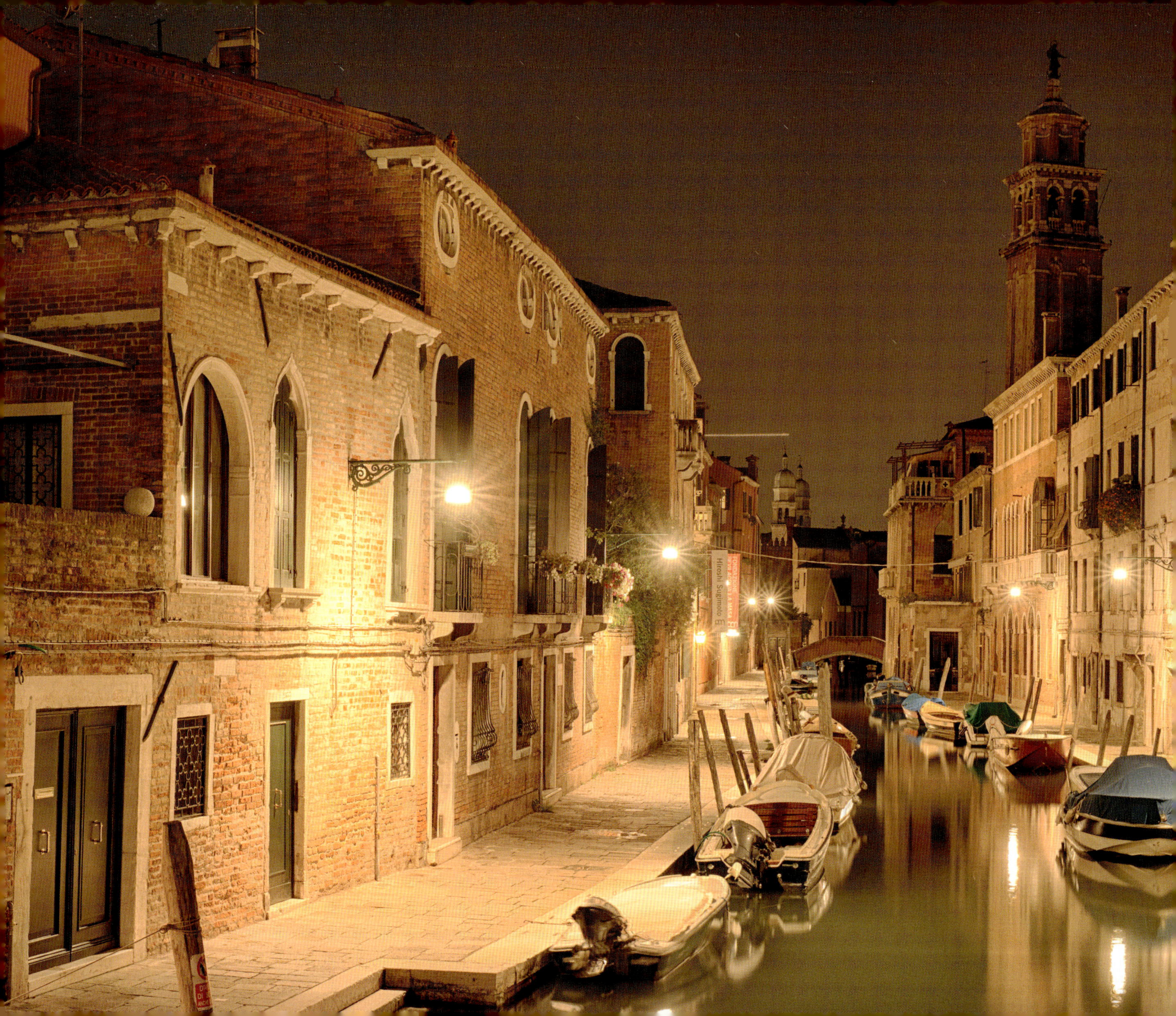
Hiroshi Sugimoto
FONDAZIONE

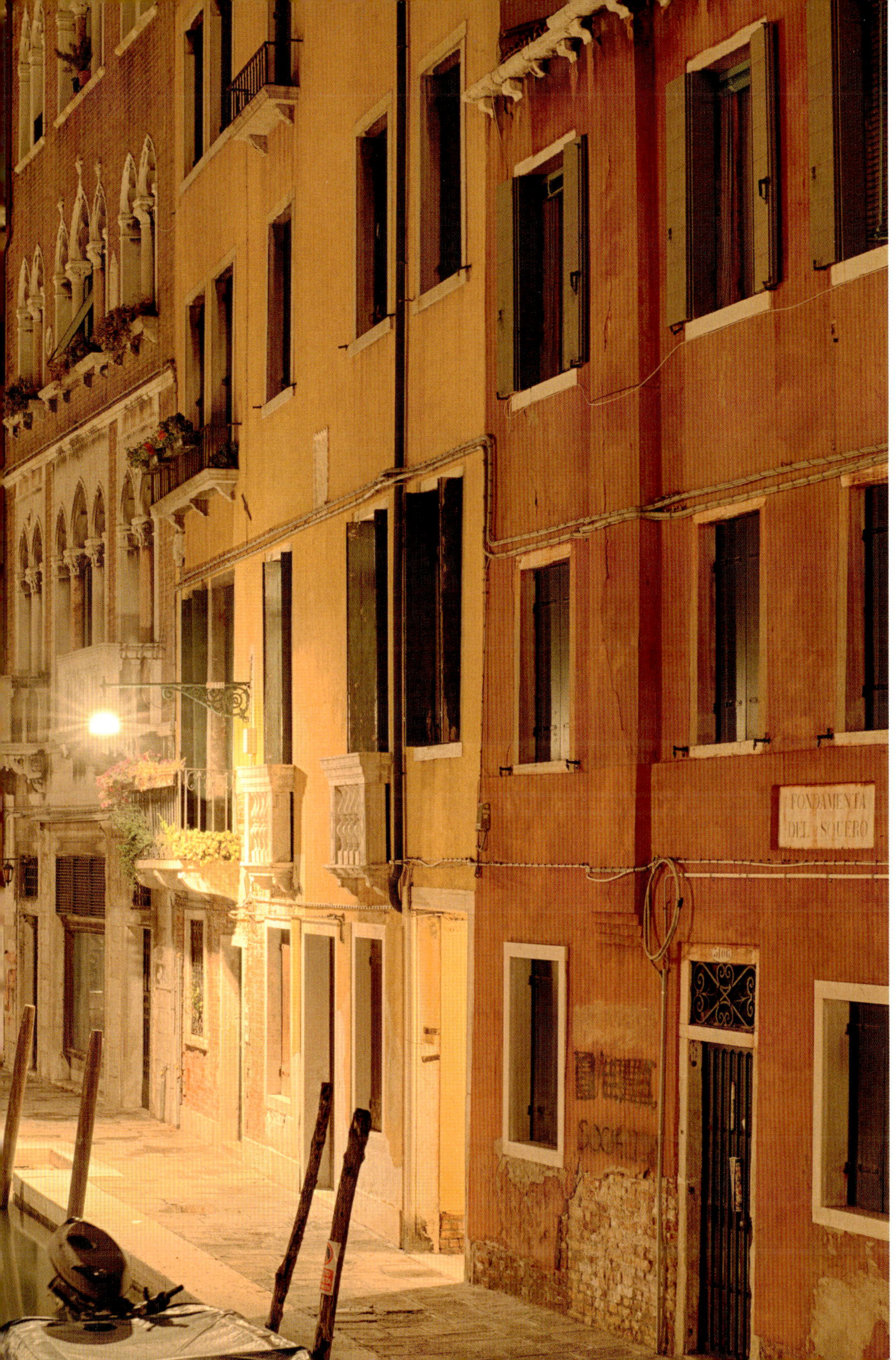

KAPITEL 4

Nachtpanorama

Venedig am Tag ist ein Touristenzentrum der Superlative. Es ist kaum möglich, in Ruhe ein Panorama ohne Menschen zu fotografieren, weil überall Touristen unterwegs sind. Also passte ich mich an und besuchte Venedig in der Nacht. Abgesehen von den Menschenmassen, ist Venedig bei Nacht sowieso viel schöner.

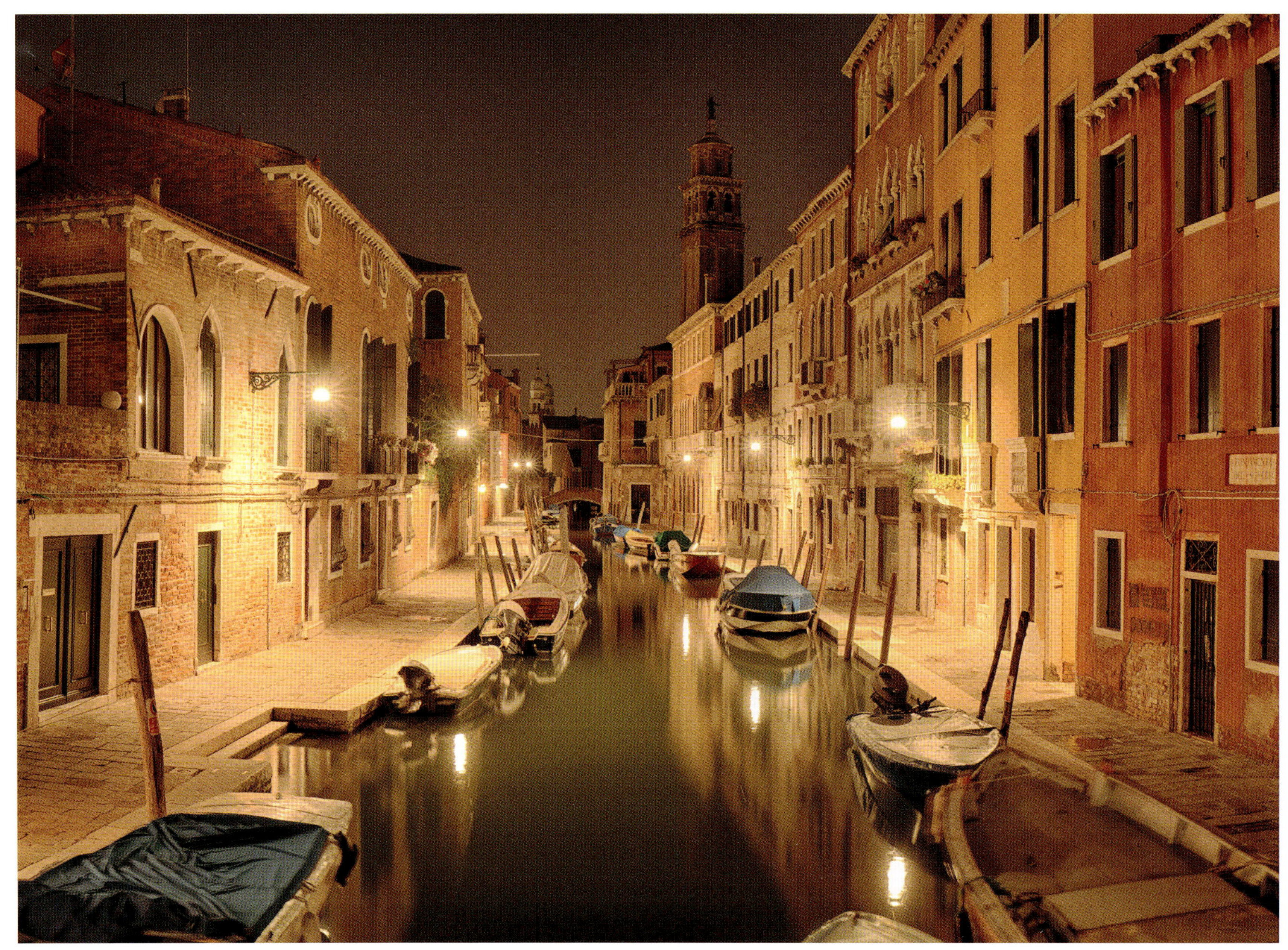

Einreihiges Nachtpanorama eines Seitenkanals in Venedig.

Erfahren Sie jetzt, worauf es bei der Erstellung beeindruckender Nachtpanoramen ankommt. Neben vielen Tipps und Tricks zeige ich Ihnen, wie das Stativ mit dem Nodalpunktadapter richtig aufgebaut wird und wie Sie Nachtpanoramen optimal belichten, damit die Bilder nicht absaufen oder überstrahlen. Nach der Fotoarbeit werden die Einzelbilder zu einem Nachtpanorama zusammengestitcht.

Gute Vorbereitung

Vor dem eigentlichen Fotografieren eines einreihigen Nachtpanoramas steht eine gute Vorbereitung.

Wenn Sie ein Fotoprojekt im Kopf haben, ist die Vorbereitung immer das Wichtigste überhaupt. Je besser die Vorbereitung, desto besser und reibungsloser ist das Shooting. Es ist also sehr wichtig, zu überlegen:

- Zu welcher Zeit sind Sie vor Ort?
- Wie steht die Sonne, wann habe ich das beste Licht?
- Wann ist der Platz oder das Areal nicht mit Menschen überfüllt?
- Gibt es Baustellen oder andere störende Dinge?

Und ein wenig Glück gehört natürlich auch immer dazu. Auch bei einfachen Panoramen gibt es einiges zu beachten. Beginnen wir wieder mit einer Checkliste.

Shooting bei Nacht

Das obige Panorama besteht aus 3×3 Einzelbildern, die mit einer Streuung von zwei Lichtwerten nach oben und unten fotografiert wurden. Wählen Sie eine geschlossene Blende, in diesem Fall habe ich mit Blende f/10 fotografiert, um eine ausreichende Schärfentiefe zu bekommen. Meine Kamera stand auf einem Stativ mit Nivellierung und Nodalpunktadapter von Novoflex.

Der erste Schritt für solch ein Panorama ist, die Umgebung mit offenen Augen zu erkunden und sich einen geeigneten Aufnahmestandort zu suchen. Achten Sie darauf, stets etwas erhöht zu stehen. Sie müssen nicht immer zentral in der Mitte stehen wie ich in diesem Fall. Die außergewöhnliche Bildaussage wird letztlich von den wichtigen Faktoren Aufnahmestandort und Aufnahmezeit bestimmt. Manchmal arbeite ich in solchen Fällen auch mit einem Hochstativ. Mit solch einem System kommen Sie bis zu sechs Meter in die Höhe.

CHECKLISTE: NACHTPANORAMA

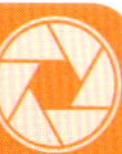

- Stativ, leicht zu transportieren, aber dennoch sehr stabil, am besten ein System aus Carbon
- Nodalpunktadapter mit Nivellierung
- Weitwinklige und lichtstarke Objektive 20 mm, 50 mm und Fisheye mit einer Lichtstärke von 2.8 und besser
- Eine starke Taschenlampe
- Fernauslöser per Kabel oder Funk
- Ruhe und sehr viel Zeit

Stativsystem aufbauen

Jetzt wird das Stativ aufgestellt. Achten Sie darauf, dass Ihr System von Anfang an exakt im Wasser steht. Dazu gibt es kleine Helfer wie eine externe Wasserwaage, die Sie auf den Blitzschuh Ihrer Kamera schieben können, um das Grundsystem zu überprüfen. Für solch einen Panoramatyp reicht ein kleines System mit zwei Schienen aus. Wichtig ist, dass sich der No-Parallaxe Point des Objektivs genau über der Drehachse des Stativs befindet.

Nivellierung

Unter „Nivellierung" versteht man die Möglichkeit, die Kamera exakt zum Stativ ausrichten zu können. Haben Sie einen unebenen Untergrund oder einen Standort, auf dem Sie die Kamera mit unterschiedlich ausgefahrenen Stativbeinen stabilisieren müssen, können Sie das mit solchen Adaptern ausgleichen. Ziel ist es, dass die Wasserwaage auf dem Blitzschuh Ihrer Kamera exakt ausgerichtet ist und bei einer Drehung um 360 Grad immer im Wasser bleibt. Bei dem hier gezeigten innovativen System legen Sie dazu einfach den kleinen Hebel um.

Fotozubehör

Ein Hersteller, den ich Ihnen für diese Art der Fotografie empfehlen kann, ist Novoflex. Novoflex ist eine deutsche Hightechmanufaktur aus Memmingen, die sich auf Foto- und Filmzubehör spezialisiert hat.

Auf der Webseite *www.novoflex.de* finden Sie zahlreiche sehr gut durchdachte Artikel, unter anderem auch zur Panoramafotografie. Die Produkte sind sehr innovativ und werden permanent weiterentwickelt.

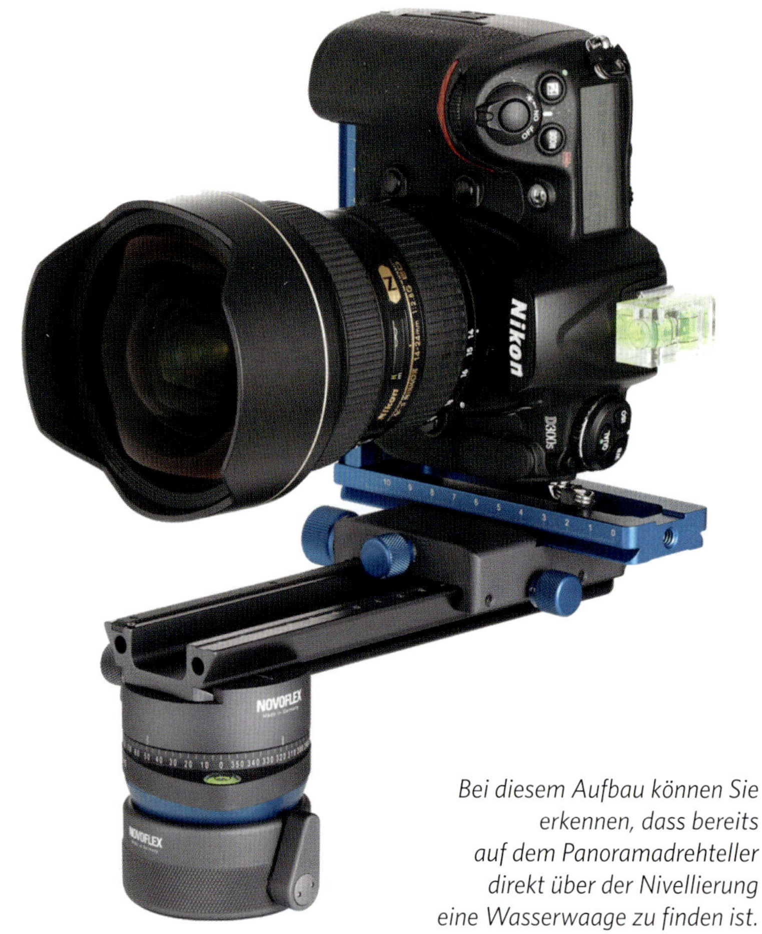

Bei diesem Aufbau können Sie erkennen, dass bereits auf dem Panoramadrehteller direkt über der Nivellierung eine Wasserwaage zu finden ist.

Ich lege Ihnen ans Herz, diese Grundeinstellungen immer sehr genau vorzunehmen. Sie werden mit der Zeit merken: Je präziser und genauer Sie Ihre Einzelbilder fotografieren, desto schneller und reibungsloser kann die Software daraus ein Panorama berechnen. Durch die Schienen bei diesem Adapter können Sie den Nodalpunkt in zwei Richtungen exakt einstellen. Die Werte sollten Sie in der Vorbereitungsphase zu Hause bereits festgelegt haben. Schreiben Sie sich eine kleine Checkliste mit den Einstelldaten und notieren Sie sich, wo sich bei welcher Objektiv-Kamera-Kombination der Nodalpunkt befindet, um Ihr System vor Ort schnell startklar zu machen.

Kameraeinstellungen

Wenn der Grundaufbau steht, beschäftigen Sie sich mit der Einstellung der Kamera. Sehen Sie sich als Leitfaden die Aufnahmeparameter dieses Panoramas an. Als Grundsatz gilt immer, dass jegliche Automatik der Kamera ausgeschaltet ist.

Ich erhöhe gerade bei Nachtaufnahmen ganz gern die ISO-Werte auf 400, bei nicht so guter Ausleuchtung auch auf maximal 800. Das ist ratsam, wenn es viele dunkle Hausmauern bzw. andere solche Bildbereiche gibt. Dadurch ist gewährleistet, dass Sie auch die Hausmauern gut belichten können. Suchen Sie Ihre Einzelbilder immer nach überstrahlten bzw. abgesoffenen Bereichen ab.

Was die Brennweite angeht, fotografiere ich solche Panoramen mit dem 50 mm, ein 35 mm wäre auch noch okay. Wenn Sie mit der Brennweite weiter heruntergehen, ist die Verzeichnung nach meinen Empfinden zu groß.

Optische Verzeichnungen

Die Verzeichnung wird auch als optische Verzerrung bezeichnet. Das ist ein geometrischer Abbildungsfehler optischer Systeme, der zu einer lokalen Veränderung des Abbildungsmaßstabs führt. Die Verzeichnung ist somit die gekrümmte Wiedergabe eigentlich gerader Linien. Je weitwinkliger ein Objektiv ist, desto größer wird die Verzeichnung in den Randbereichen. Am stärksten ist die Verzeichnung bei Fisheye-Objektiven. Man unterscheidet zwischen kissenförmiger und tonnenförmiger Verzeichnung.

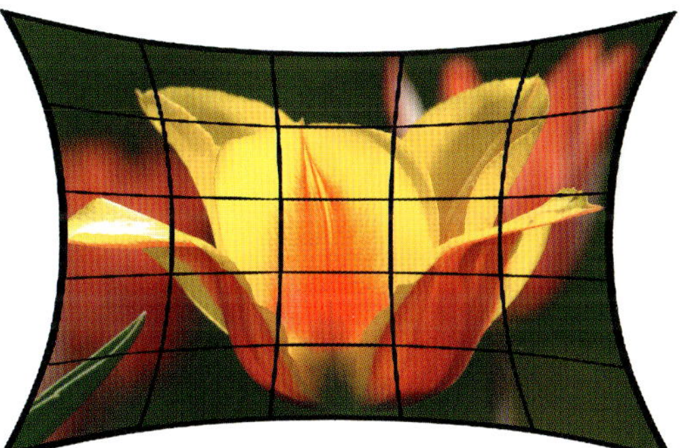

Kissenförmige Verzeichnung

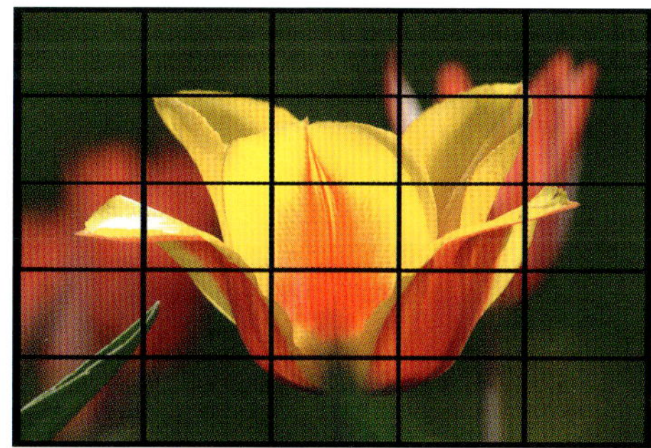

Ohne Verzeichnung

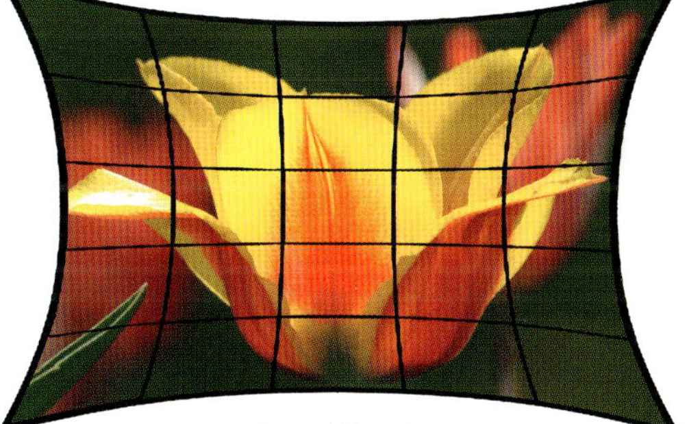

Tonnenförmige Verzeichnung

CHECKLISTE: KAMERAEINSTELLUNGEN

- Aufnahmemodus: M
- ISO: 400
- Blende: f/10
- Brennweite: 50 mm
- Weißabgleich: manuell 5.750 K
- HDR aus drei Belichtungszeiten
- RAW
- 3 Belichtungen +/–2 EV

Weißabgleich durchführen

Für den Weißabgleich bediene ich mich bei Nachtaufnahmen mit unterschiedlichen Lichttemperaturen hin und wieder eines kleinen Tricks. Ein Problem entsteht, wenn Sie in Ihrem Panorama unterschiedliche Beleuchtungsarten vorfinden, etwa im rechten Bereich sehr kaltes Licht (Neonlicht) und im linken Bereich eine Schlossbeleuchtung mit sehr warmem Licht (Glühlampen).

Für diese Mischlichtsituation gibt es keine geeignete Voreinstellung. In solchen Fällen betrachten Sie das Originalbild durch die Live-View-Ansicht der Kamera. Stellen Sie den Weißabgleich auf Kelvin (K) und verändern Sie die Farbtemperatureinstellungen so lange, bis die Aufnahmen eine identische Farbwiedergabe haben, so wie im Original.

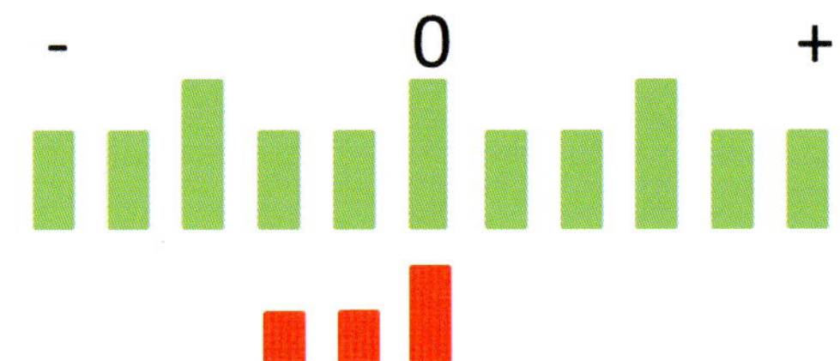

Belichtungsanzeige: Unterbelichtung

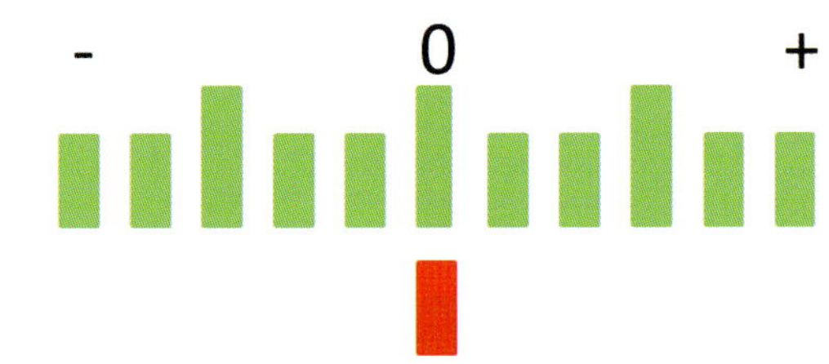

Belichtungsanzeige: optimale Belichtung

Belichtungszeit ermitteln

Um die mittlere Belichtungszeit zu ermitteln, können Sie die Belichtungsanzeige im Sucher der Kamera optimal nutzen. Stellen Sie alle Parameter wie oben beschrieben an der Kamera ein, schauen Sie durch den Sucher und verändern Sie die Belichtungszeit, bis die Anzeige der Belichtungskontrolle genau in der Mitte liegt. Je nachdem, wie groß die Streuung der Helligkeitswerte innerhalb Ihres Panoramas ist, korrigieren Sie einen Lichtwert in Richtung + oder –, um eine gute mittlere Belichtung zu erreichen. Haben Sie mehr dunkle Bereiche in Ihrem Panorama, stellen Sie den Lichtwert in Plusrichtung. Haben Sie viele hellere Bereiche, machen Sie das Gleiche, aber dann natürlich in Minusrichtung.

Wenn Ihre Kamera über eine Bracketingfunktion verfügt, schalten Sie diese ein. Wählen Sie als Aufnahmeanzahl drei Bilder aus und streuen Sie die Belichtung um +/– 2 Lichtwerte. Die Canon 5D Mark III gibt Ihnen sogar ein fertiges HDR-Bild aus. Weiteres dazu erfahren Sie in Kapitel 8 „HDR-Technik für Panoramabilder".

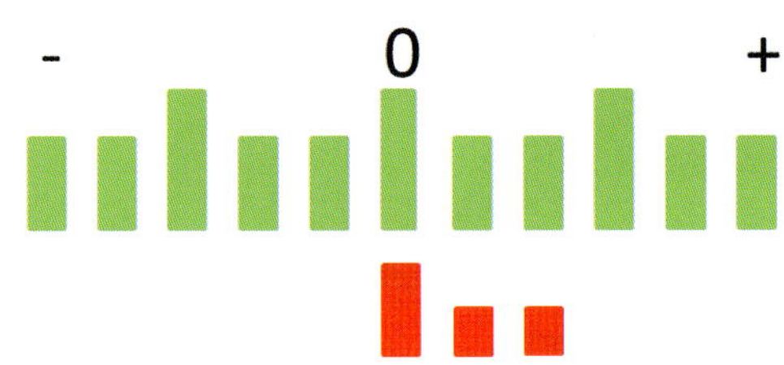

Belichtungsanzeige: Überbelichtung

Dann schließen Sie einen Fernauslöser an und nehmen eine Kabelfernbedienung oder den Selbstauslöser der Kamera, um auszulösen. Bei Nachtaufnahmen kommen Sie auf sehr lange Verschlusszeiten, in dieser Zeit muss Ihr System berührungsfrei stehen, um ein Verwackeln zu vermeiden.

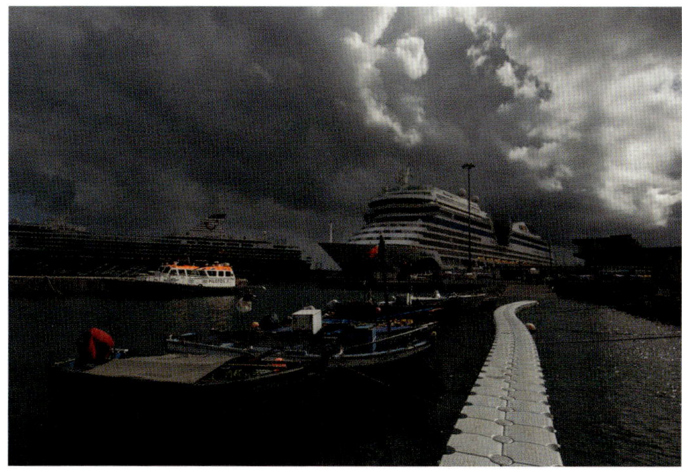

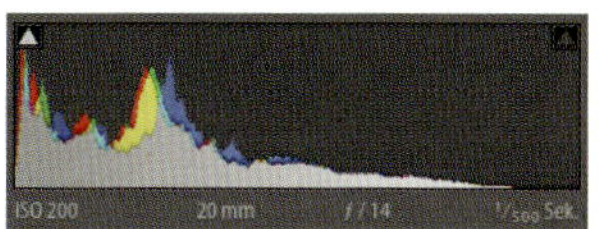

Unterbelichtet

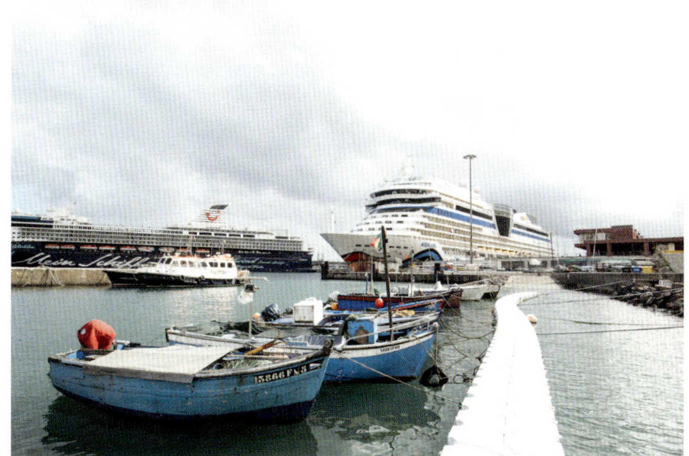

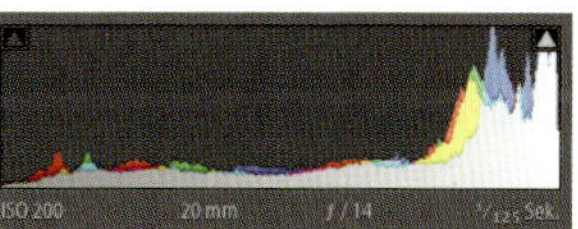

Überbelichtet

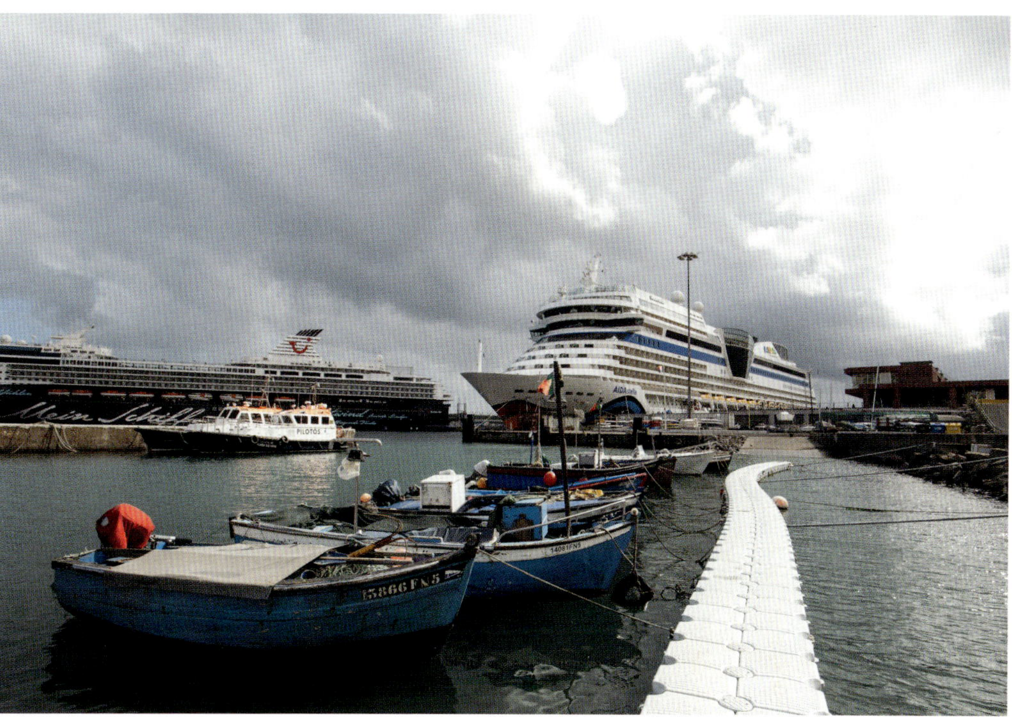

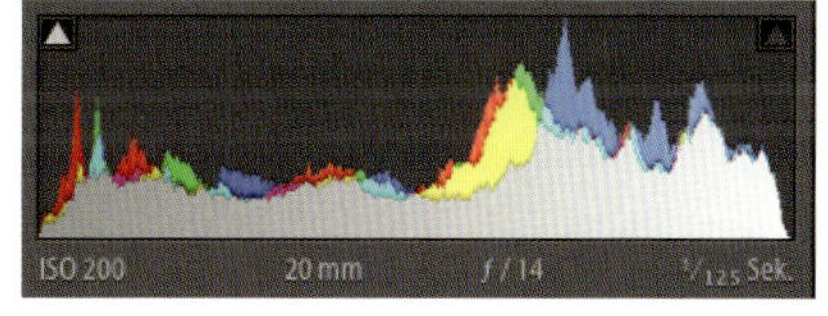

Ausgewogen belichtet

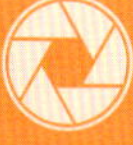

KONTROLLE IST BESSER

Vergessen Sie nicht, ein Testbild bzw. eine Testserie zu fotografieren, bevor Sie mit der eigentlichen Aufnahme der Einzelbilder beginnen. Prüfen Sie es immer am Aufnahmeort in Ruhe und unter Beachtung der nachfolgend aufgeführten Kriterien.

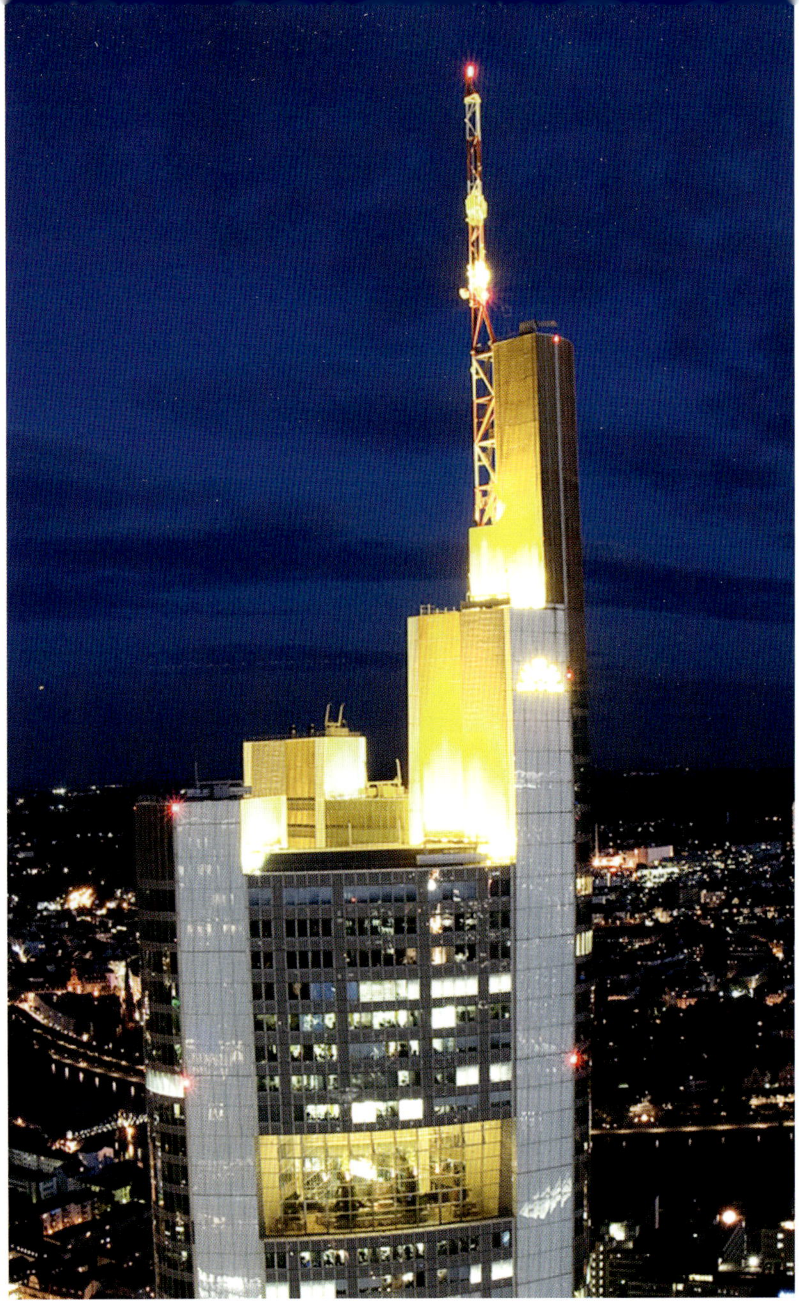

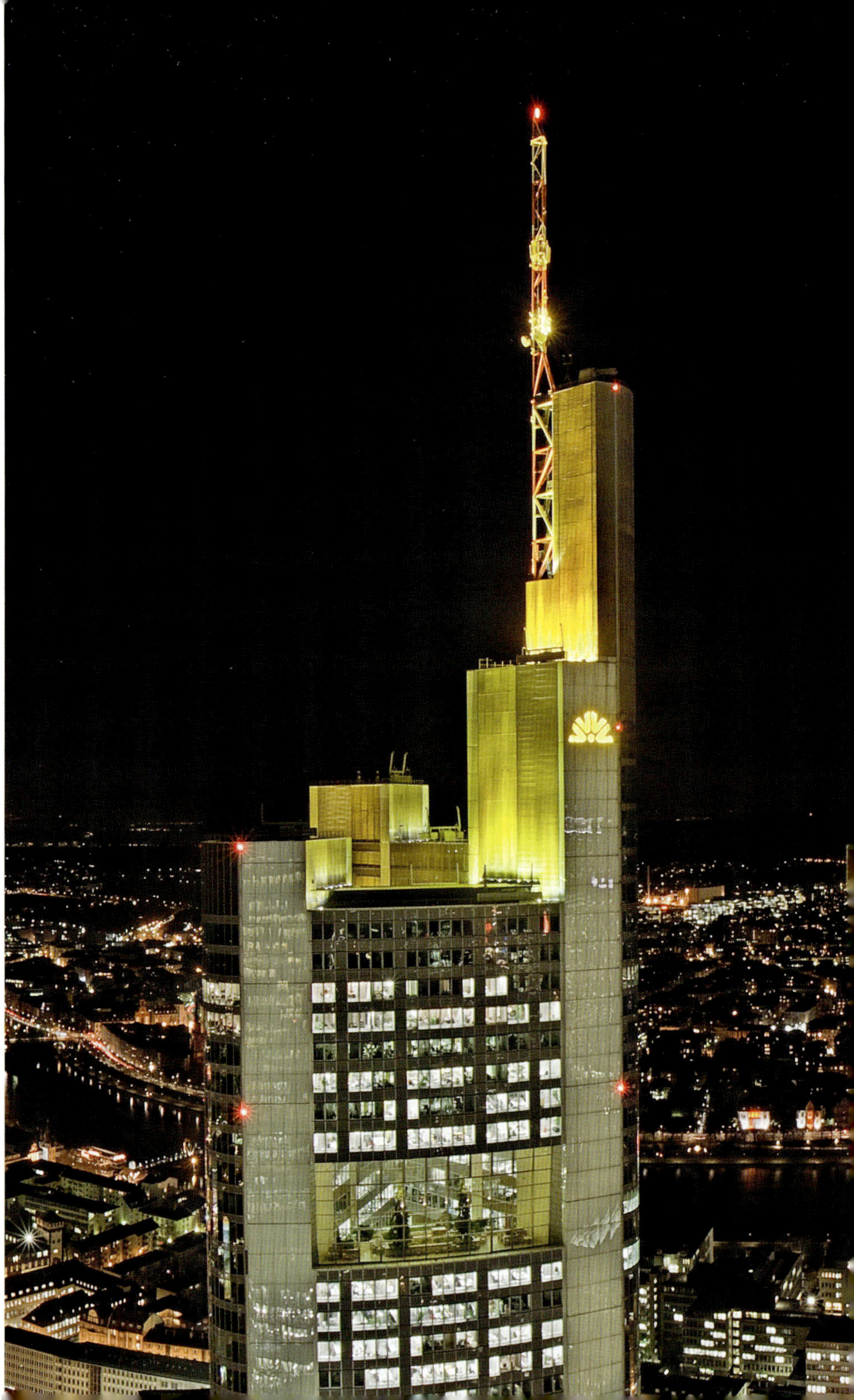

Links: Beispiel einer Überstrahlung. Mitte: Perfekt

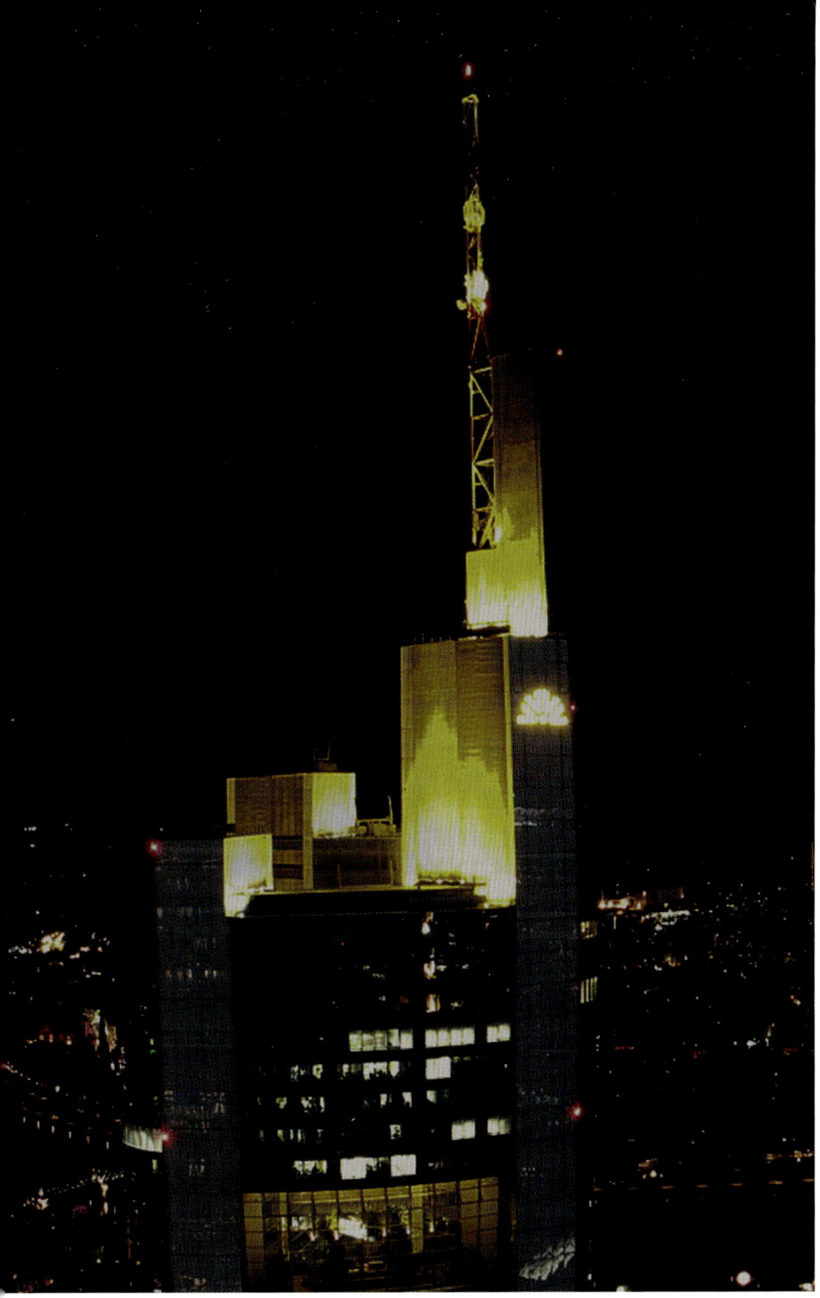

Beispiel für das Absaufen.

Überstrahlung oder Absaufen

Als überstrahlt bezeichnet man Bildbereiche, die extrem überbelichtet sind. Das sind meistens Bildelemente mit Scheinwerfern oder Lampen, wie in diesem Beispiel zu sehen. Wenn Sie auffallend viele Überstrahlungen haben, wählen Sie eine kürzere Belichtungszeit.

Absaufen bedeutet, dass Bildbereiche extrem unterbelichtet sind. Verlängern Sie in solchen Fällen Ihre Belichtungszeit. Eine optimale Belichtung haben Sie, wenn Sie in den schwarzen Bereichen noch Zeichnung (Struktur) erkennen können.

Machen Sie sich Kontrollen innerhalb Ihres Workflows zur Gewohnheit. Eine weitere sinnvolle Kontrollmöglichkeit ist die Auswertung des Histogramms. Wenn Sie nur mit einem Bild arbeiten, ist der Mittelweg der richtige. Eine perfekte Darstellung des gesamten Helligkeitsbereichs von Schwarz bis Weiß ist mit einer Aufnahme derzeit noch nicht möglich. Dafür bietet sich die HDR-Technik an. Wenn alle Einstellungen und das Grundsystem stehen und Sie mit dem Kontrollbild zufrieden sind, geht es los. Sie fotografieren so weit von links nach rechts, wie das Panorama erscheinen soll.

KONTROLLE MIT ADOBE LIGHTROOM

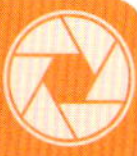

In Adobe Photoshop oder Lightroom haben Sie die Möglichkeit, über die kleinen Pfeile im Histogramm eine Helligkeitswarnung sowie eine Tiefenwarnung einzuschalten. Alle Bereiche Ihrer Aufnahmen, die überstrahlt bzw. abgesoffen sind, werden dann farbig markiert. Diese Funktion können Sie sehr gut für Ihre nachträgliche Bildbearbeitung oder RAW-Entwicklung einsetzen.

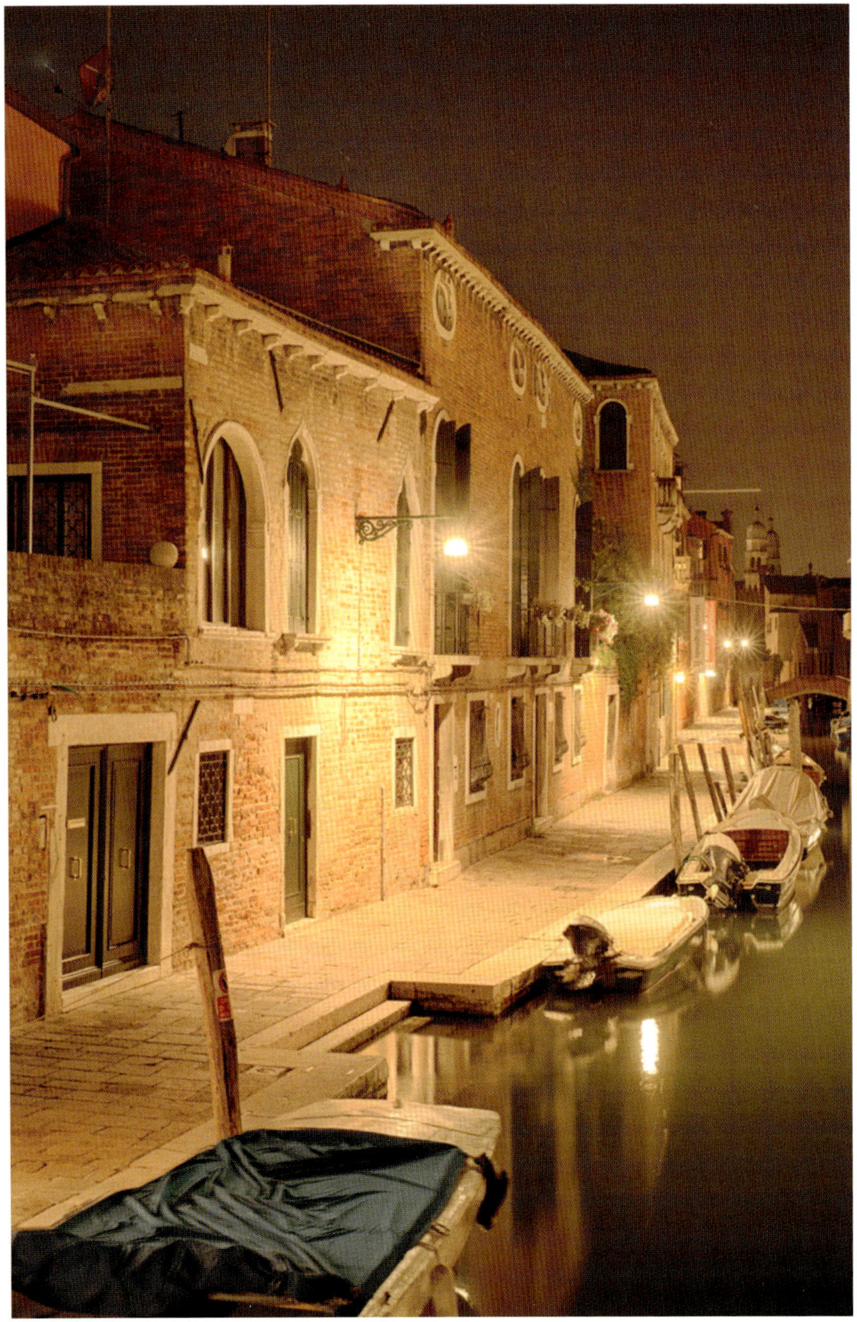

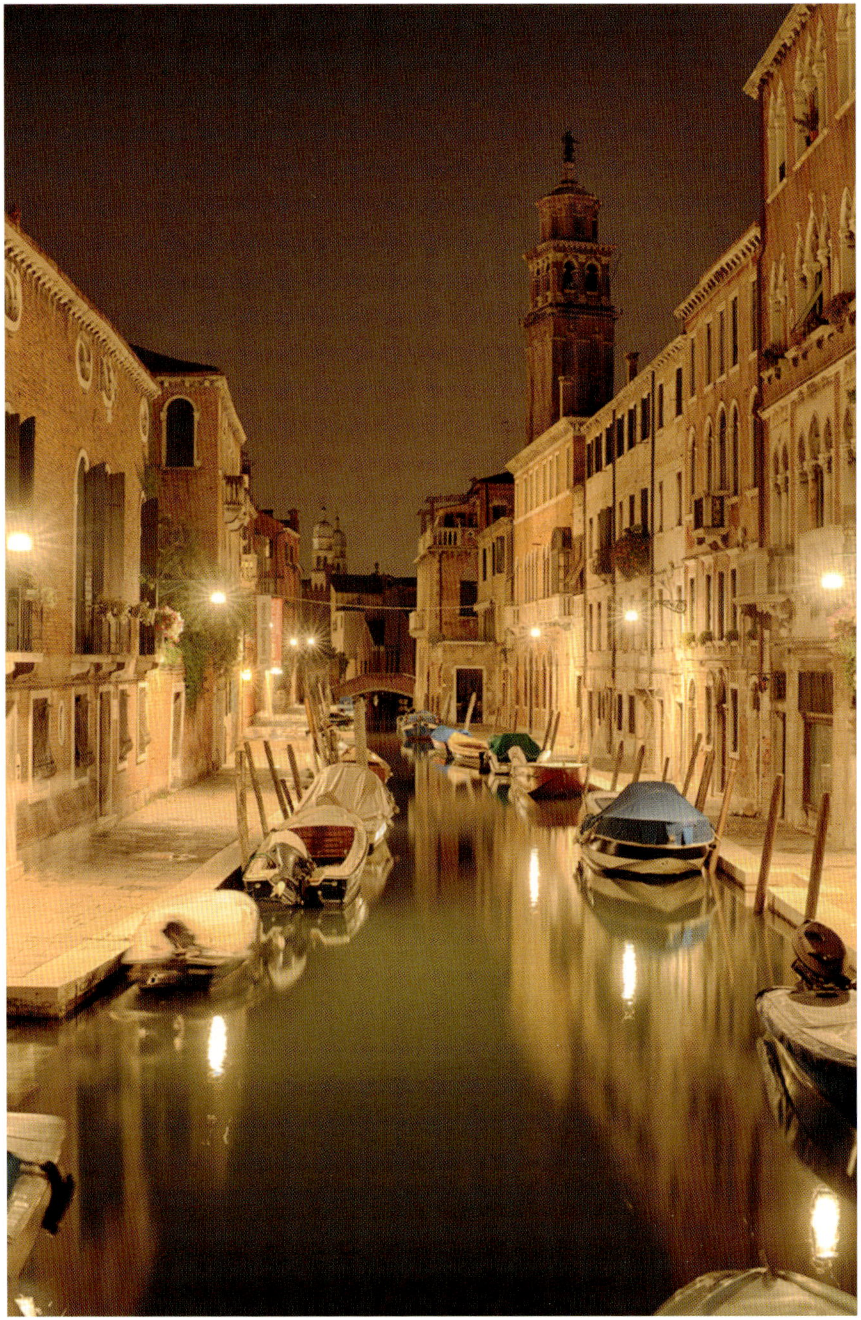

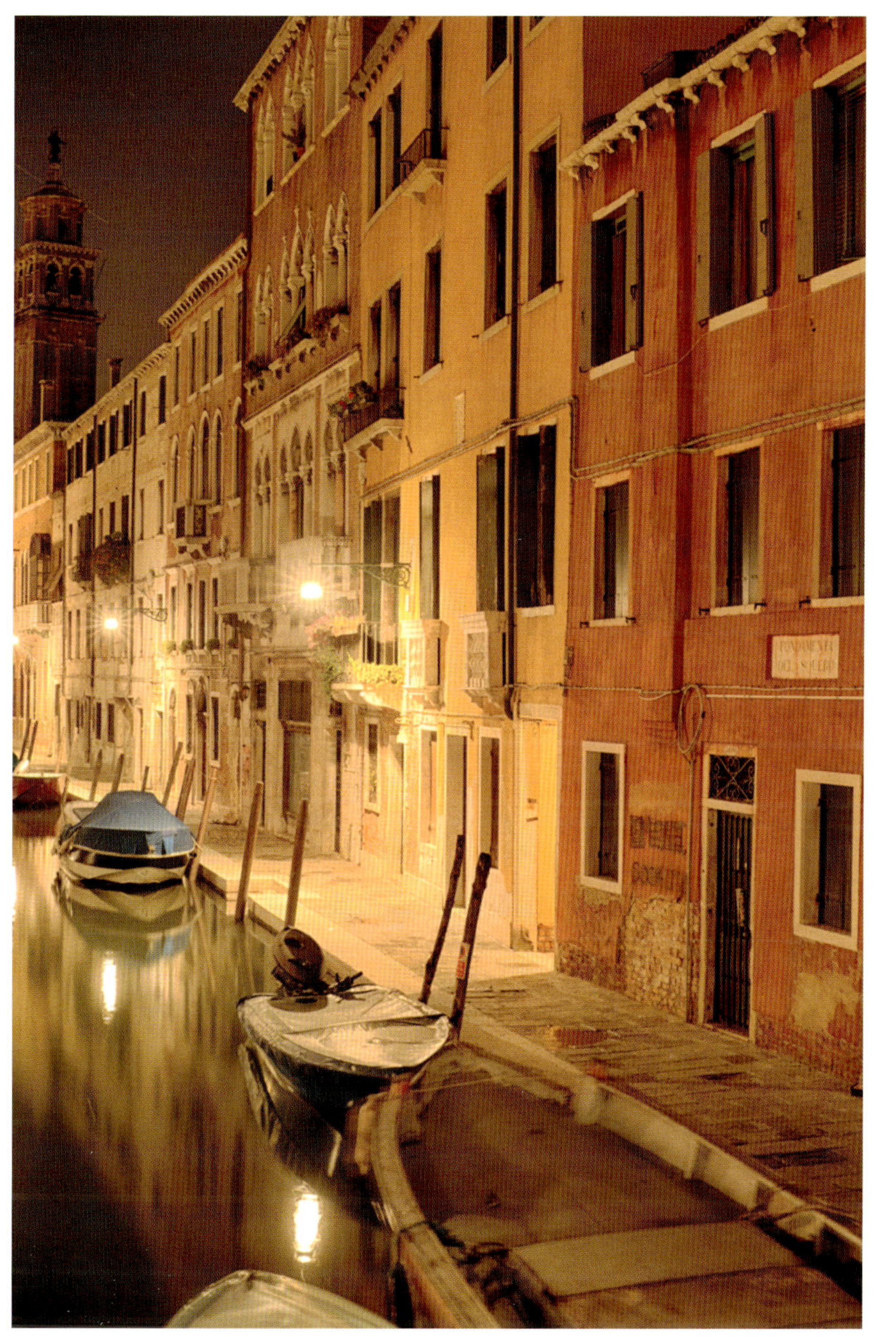

Stitchen mit Panorama Project

Diese drei mit HDR-Technik vorbereiteten Einzelbilder werden nun mit der Stitching-Software Panorama Project zusammengenäht.

1 Im ersten Fenster des Programms sehen Sie auf der linken Seite die Ordnerstruktur des Rechners. Suchen und öffnen Sie dort den Ordner mit den Einzelbildern. Panorama Project ist sehr einfach zu bedienen und arbeitet präzise, wenn Sie bei der Aufnahme alles richtig gemacht haben. Im unteren Bereich stellen Sie den Panoramatyp ein oder wählen die Automatik. Eine schöne Funktion ist die Bildinformation beim Hovern der Einzelbilder. Das Programm zeigt Ihnen dann die Metadaten der Aufnahme an. Oben in der Mitte legen Sie mit den Symbolschaltflächen die Vorschaugröße fest.

Markieren Sie die Bilder, die gestitcht werden sollen, mit der Maus, indem Sie mit gedrückter linker Maustaste einen Rahmen um alle Bilder ziehen. Alternativ können Sie sie auch nacheinander mit gedrückter ↵-Taste anklicken. Danach klicken Sie unten rechts auf die Schaltfläche *Weiter*.

Die zum Stitchen vorbereiteten Einzelbilder nach der HDR-Verarbeitung – dazu später mehr.

2 Im nächsten Fenster können Sie die Bilder sortieren oder, wenn nötig, hin- und herbewegen. Im rechten oberen Bereich finden Sie die Möglichkeit, Bilder nachträglich austauschen, hinzuzufügen oder zu entfernen. Weiterhin können Sie die Einzelbilder automatisch anordnen lassen. Hier gilt erneut die Regel: Wenn Ihr Workflow stimmt und Sie Ihre Einzelbilder von links nach rechts fotografieren, passt sowieso alles, und Sie klicken am unteren rechten Bildrand gleich weiter auf *Zusammenfügen*.

STICHLING-SOFTWARE

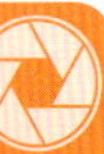

Das Angebot an Stichling-Software ist groß. „Hugin Panorama Software", „AutoStitch" oder „GigaPan Stitch" sind drei empfehlenswerte Alternativen zu Panorama Project.

Was die Stitching-Software Panorama Project von den anderen unterscheidet, ist die Möglichkeit, Rahmen und Texte bzw. CopyrightInformationen gleich mit auszugeben. Sie können den Rahmen und die Texte mit einfachen Mausklicks anpassen und positionieren.

Wenn Sie die Bearbeitung abgeschlossen haben, können Sie Ihr Panorama in den Ausgabeformaten JPEG, TIFF, BMP, TGA oder HTML abspeichern oder es direkt aus dem Programm heraus drucken.

3 Im nächsten Fenster können Sie Ihr Ergebnis kontrollieren und anpassen, bevor Sie das Panorama ausgeben oder drucken. Zur besseren Ansicht können Sie das Bild über einen Schieberegler oben in der Mitte vergrößern. Links oben setzen Sie ein Häkchen, damit das fertige Bild automatisch zugeschnitten wird. Der rote Rahmen zeigt die Schnittkante an. Dieser rote Rahmen des Zuschnitts kann mit der Maus verändert werden.

Je nachdem, wie gut Sie Ihre Einzelbilder ausbelichtet haben, können Sie in diesem Fenster noch die Helligkeit und den Kontrast nachträglich anpassen. Sollte der Horizont Ihres Panoramas nicht gerade sein, können Sie ihn ebenfalls korrigieren. Alle Anpassungen erfolgen mittels leicht bedienbarer Schieberegler mit Echtzeitkontrolle im Bild.

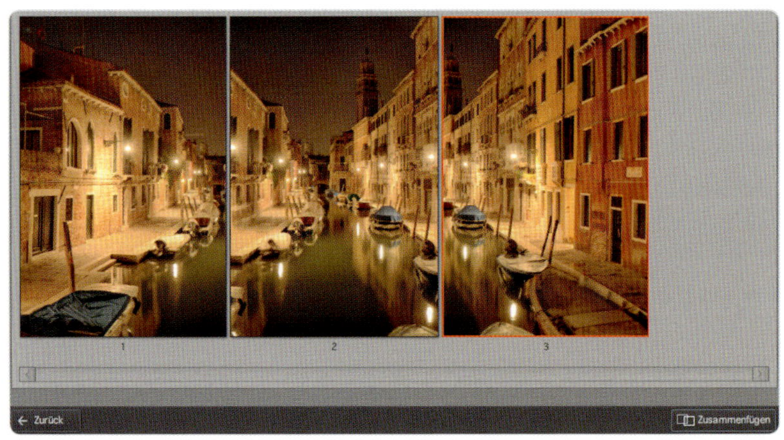

Sortieren der Einzelbilder.

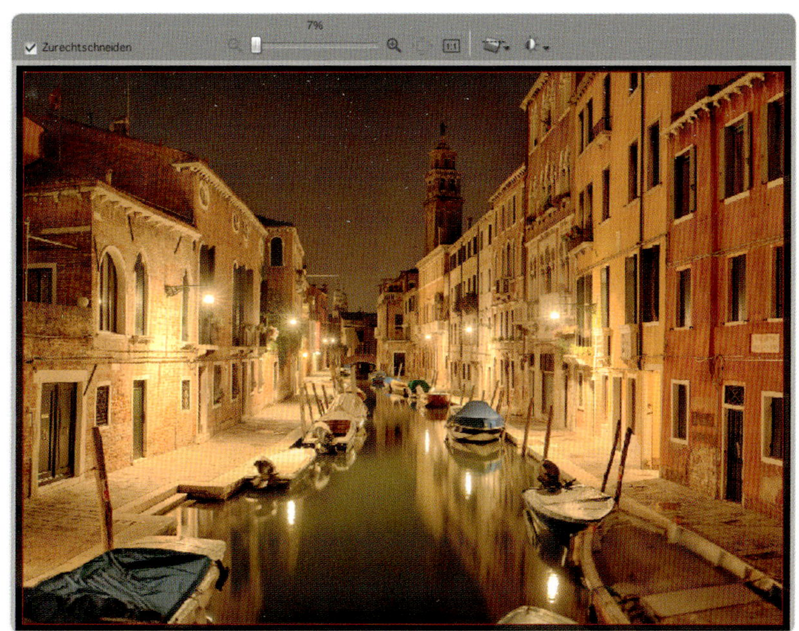

Ausgabe und Schnitt des zusammengefügten Bilds.

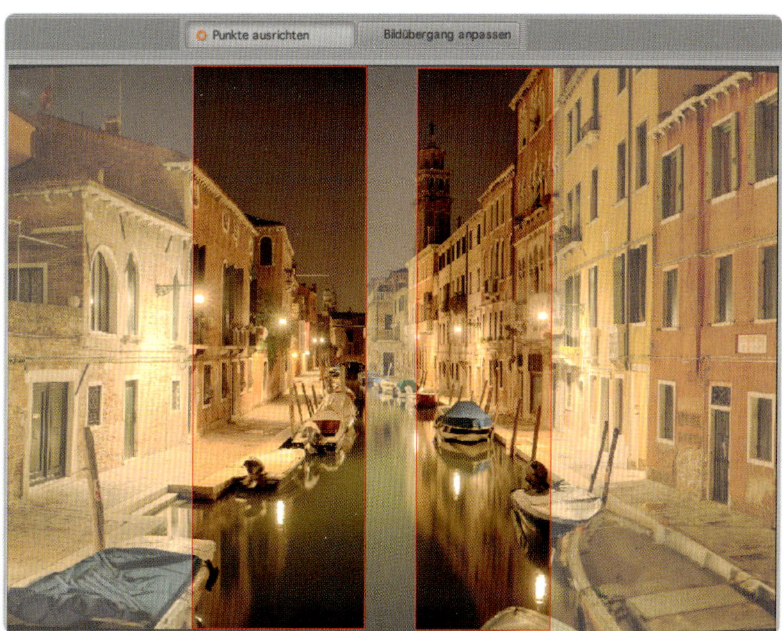

Punkte ausrichten.

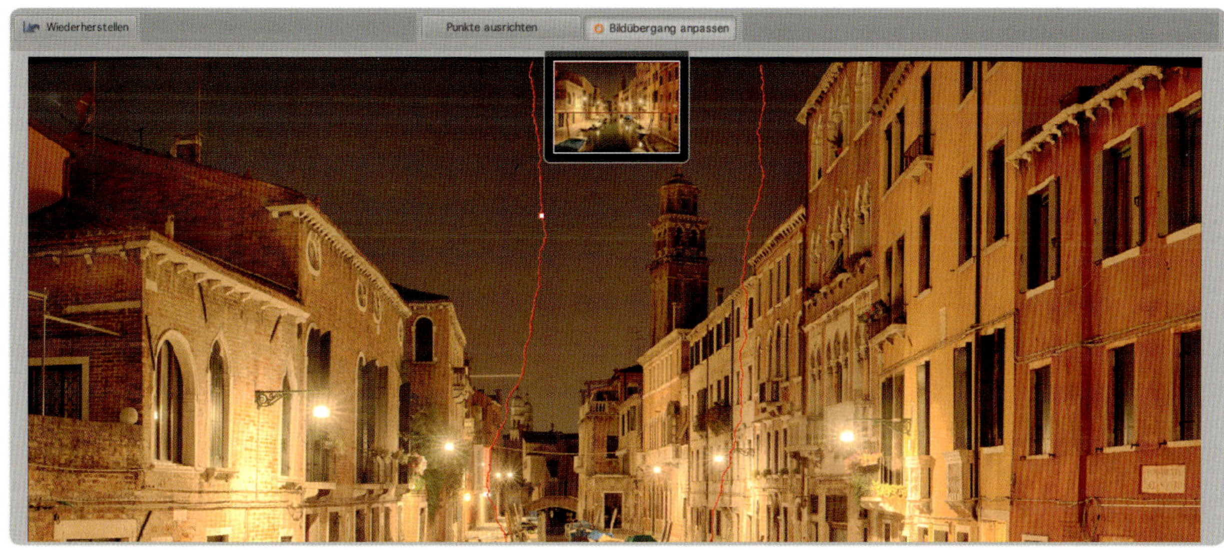

Bildübergänge anpassen.

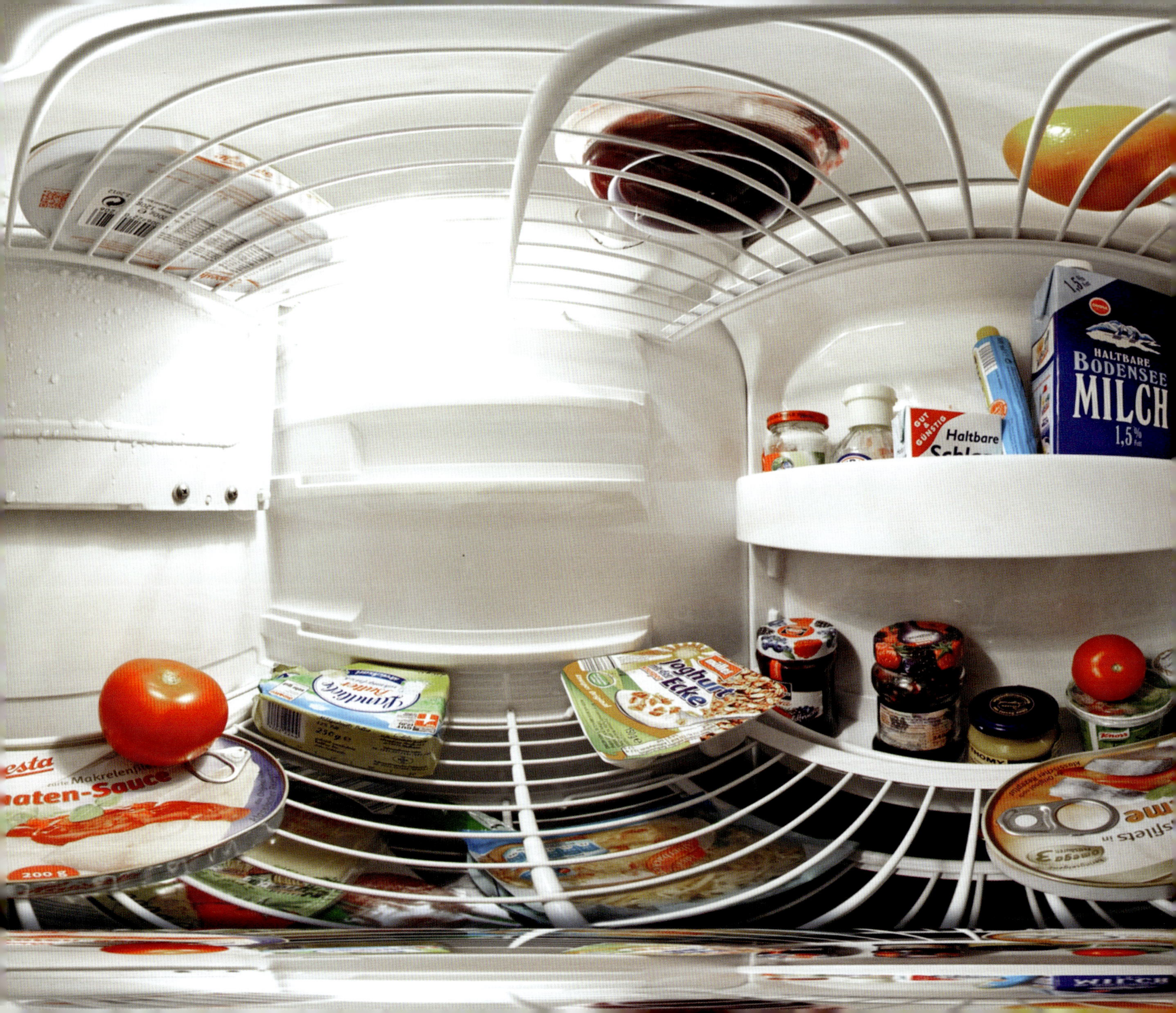

HALTBARE
BODENSEE
MILCH
1,5%
GUT & GÜNSTIG
Haltbare
Joghurt
Ecke
200 g

KAPITEL 5

Sphärisches Panorama

Ein verregneter Tag, und mir war langweilig, denn eigentlich wollte ich nach draußen gehen und fotografieren. Also überlegte ich: Was kann man Besonderes zu Hause machen? Ich ging an den Kühlschrank, um mir eine Cola zu holen, und schon war sie da – die verrückte Idee, ein sphärisches Panorama des Kühlschranks zu fotografieren und daraus eine virtuelle Tour zu erstellen. Ich gab diesem Foto zuerst den Namen „Ich wollte nur mal sehen, ob tatsächlich das Licht ausgeht". Später wurde daraus der Titel „360 Grad im Kühlschrank", was ja ziemlich heiß ist für einen Kühlschrank. So können Sie mit Ihren Fotos auch ein wenig gute Laune transportieren.

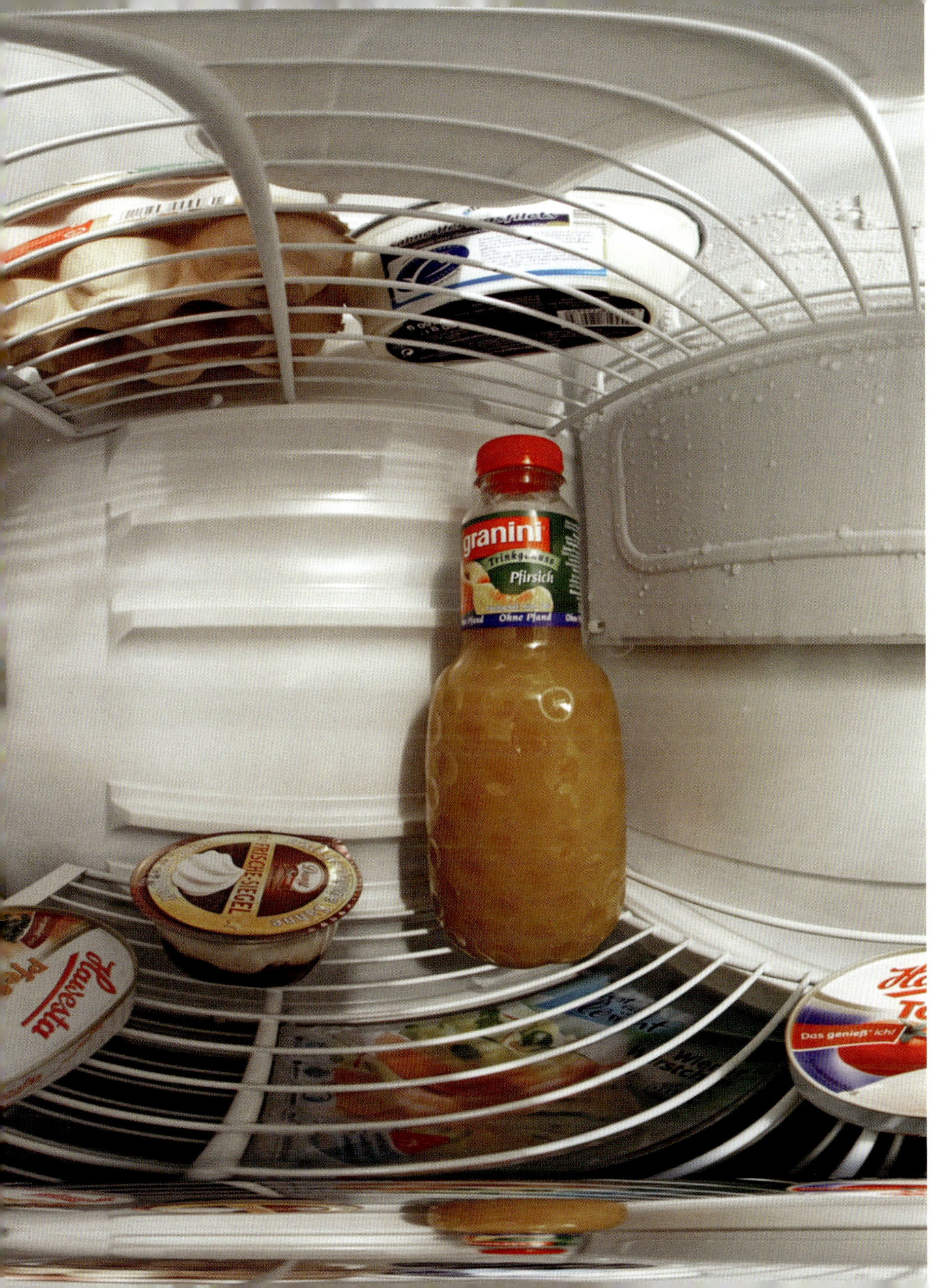

Kühlschrankpanorama in equirectangularer Darstellung.

Erfahren Sie nun alles, was man wissen muss, um sphärische Panoramen zu fotografieren, zu bearbeiten und online zu stellen. Ich zeige Ihnen das Stitchen der Bilder mit PTGui Pro und wie Sie aus dem fertigen Bild eine virtuelle Tour im Internet erstellen. Sie lernen die Grundlagen der Domainanmeldung kennen und erhalten eine Einführung zu FTP-Clients, mit denen Sie Ihre Touren auf einen Onlinespeicher hochladen können.

360 Grad im Kühlschrank

Ich möchte die sphärische Panoramafotografie als die Königsdisziplin in der Panoramafotografie bezeichnen. Auf den ersten Blick sehen diese Panoramen immer sehr verwirrend aus. Sie erkennen sehr viele verzogene Linien und Unförmigkeiten in den fertigen Panoramen. Das macht sich besonders in den oberen und unteren Randbereichen bemerkbar. Beginnen wir mit den Grundlagen.

Allgemeine Grundlagen

Sphärisches Panorama sind Spezialfälle von equirectangularen Panoramen. Unter einer equirectangularen Darstellung versteht man die Darstellung eines dreidimensionalen Bilds auf einer zweidimensionalen Fläche. Mit einer geeigneten Software wird aus der equirectangularen Darstellung eine Würfelfläche erzeugt. Diese Würfeldarstellung kann so animiert werden, dass der Betrachter meint, innerhalb des Würfels zu sitzen. Spätestens dann passen die ganzen Linien wieder. Lassen Sie sich also nicht verwirren, wenn solche Panoramen erst einmal etwas verschoben aussehen.

Das Schöne bei dieser Art der Fotografie sind die vielen Animationsmöglichkeiten, die Sie damit verbinden können. Sie haben die Möglichkeit, Ihren Panoramen richtig Leben einzuhauchen. Sie können sie zu virtuellen Touren verknüpfen, Sie können Filme und Bilder, sogar Sounds, einbinden, um die virtuelle Tour zu einem echten Erlebnis werden zu lassen. Die Sounds können Sie so einbinden, dass sie nur zu hören sind, wenn der Betrachter sich gerade den passenden Bildbereich ansieht.

Später dazu mehr, im ersten Schritt planen wir dieses Projekt erst einmal. Dazu habe ich für Sie eine Checkliste angefertigt, die deutlich machen soll, worauf Sie achten müssen.

Das richtige Objektiv

Das Einzige, was sofort klar war: die Wahl des richtigen Objektivs. Für dieses Vorhaben sind das Sigma 8 mm oder das Nikon 10,5 mm (frisiert) geeignet. Beim Sigma 8 mm können Sie die Sonnenblende abnehmen. Wenn Sie das Nikon 10,5 mm verwenden, müssen Sie es frisieren, das heißt, der Kunststoffrand, der als Sonnenblende dient, wird abgefräst. Das sollten Sie einen Fachmann machen lassen, der wirklich weiß, was er tut. So erreichen Sie einen Bildwinkel von über 180 Grad.

Um nicht zusätzlich ein Nadir- und ein Zenitbild zu fotografieren, was das Ganze auf den Aufbau bezogen weiter verkompliziert hätte, entschied ich mich für das Sigma 8 mm. Bei diesem Objektiv hätten von der Theorie her drei Aufnahmen gereicht. Um ein besseres Handling beim Stitchen zu bekommen, habe ich beide Varianten ausprobiert, eine Serie mit drei und eine Serie mit vier Einzelaufnahmen.

Beim späteren Stitchen stellte ich fest, dass die Ergebnisse mit vier Aufnahmen weniger Nacharbeit erforderten. Probieren Sie das einfach aus, indem Sie die Anzahl Ihrer Aufnahmen mit der nachfolgenden Formel ermitteln. In den Grundlagen haben Sie ja bereits gelernt, dass Sie auf den Bildwinkel Ihres Objektivs und den Cropfaktor Ihrer Kamera achten müssen. Daraus resultiert der tatsächliche Bildwinkel, mit dem Sie rechnen können.

- 360°:120° = 3 (alle 120 Grad eine Aufnahme)
- 360°:90° = 4 (alle 90 Grad eine Aufnahme)

Tipps zu Fisheye-Objektiven

Achten Sie darauf, dass Sie beim Ausmessen der Belichtung Ihres Motivs mit einem Fisheye-Objektiv nicht mit der Integralmessung, sondern mit der Spot- oder mittenbetonten Messung arbeiten. Durch den großen schwarzen Bereich um den Bildkreis bei einem Vollformatsensor würde hier die Integralmessung automatisch eine Überbelichtung ermitteln. Sie sollten das einfach einmal auszuprobieren.

Ein weiterer Praxistipp bezieht sich auf das 8-mm-Fisheye-Objektiv von Sigma. Auf diesem Objektiv befindet sich ein goldfarbener Ring. Dieser Ring ist auch die virtuelle Position des No-Parallaxe Points (Nodalpunkts). Wenn man das weiß, kann man seinen Nodalpunkt sehr leicht und schnell finden. Um diesen Punkt muss sich das Objektiv auf der Mittelachse des Stativs horizontal und vertikal drehen.

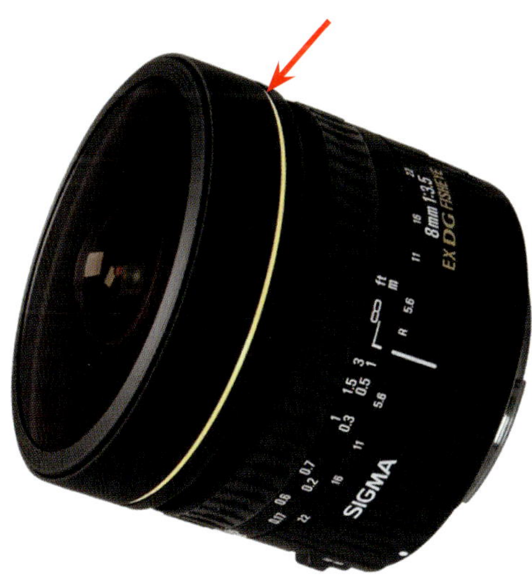

Sigma 8 mm f/3.5 EX DG Zirkular-Fisheye.

WORAUF ZU ACHTEN IST

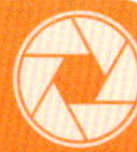

Die Kamera musste ziemlich mittig positioniert werden. Ich benötigte also einen extrem kompakten Nodalpunktadapter, der leicht zu handeln ist, sodass trotz allem noch ein interessanter Blick in alle Richtungen möglich war. Während des Drehens der Kamera und des Erstellens der vier Aufnahmen durfte kein Inhalt des Kühlschranks berührt oder verschoben werden. Die Bilder hätten dann nicht mehr zusammengepasst.

- Für die Drehung der Kamera musste ich mir überlegen, wie ich den Adapter im Kühlschrank sicher befestigen konnte.
- Die Lebensmittel musste ich so anordnen, dass ich die Kamera mit dem Objektiv noch um 360 Grad drehen konnte. Außerdem sollte das fertige Bild gut aussehen.
- Dann musste ich es schaffen, auch im geschlossenen Kühlschrank noch Licht zu haben, um die Fotos zu machen.
- Eine weitere Herausforderung war das Auslösen der Kamera durch die geschlossene Tür.
- Zudem waren da noch die Kameraeinstellungen und die Anzahl der Fotos.
- Als letzten Schritt habe ich festgelegt, welche Ausgabeformate und Farbprofile ich benötigte, um eine optimale, gleichbleibende Darstellungsqualität für alle Browser im Internet zu erzielen. Auch da hat mir die Praxis einige Überraschungsmomente beschert.

Nodalpunktadapter und Panoramadrehteller

Ich fertigte aus diversen Einzelteilen mit meinem selbst konstruierten Panoramaadapter zunächst ein Set an, mit dem ich die Kamera in meinem Kühlschrank befestigen konnte. Mittlerweile verspürte ich auch keinen Durst mehr, da mich die Idee gepackt hatte. Solche Projekte und Ideen machen Spaß und fesseln. Ich wollte dieses Bild haben.

Tipp zum Panoramaadapter

Eine sehr gute fertige Alternative zu meinem Eigenbau sind die Panoramaadapter von PT4Pano. Leider kannte ich diese zum Zeitpunkt der Aufnahme noch nicht. Auf der Website *www.pt4pano.com* von Erwin Hopf können Sie sich passend zu Ihrer Kamera und dem verwendeten Objektiv einen optimalen Panoramaadapter anfertigen lassen.

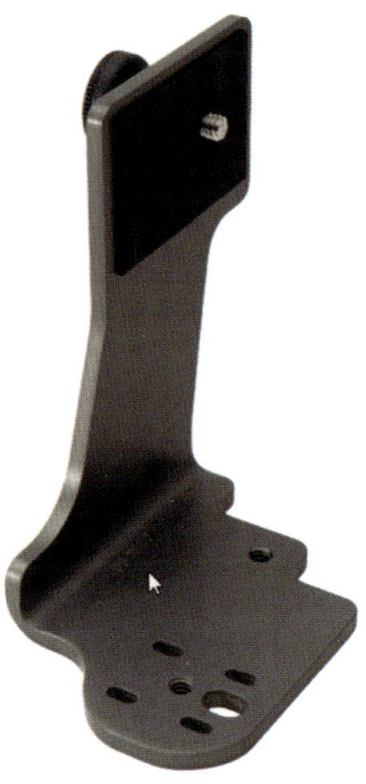

PT4Pano KISS Panoramic System. Ich habe meinen damals selbst konstruierten und gebauten Panoramaadapter mittlerweile gegen den von PT4Pano eingetauscht. Diese Adapter sind leicht, einfach zu handhaben und genial zu transportieren. Um einen Adapter genau auf Ihr System abzustimmen, müssen Sie die Brennweite des Objektivs und den Kamerahersteller kennen.

Der Setaufbau

Die nächste Schwierigkeit war, das Licht in den Kühlschrank zu bringen. Denn wie Sie ja wissen, geht in Wirklichkeit das Licht aus, sobald die Tür geschlossen wird. So zerlegte ich meinen Kontaktschalter, um ihn zu deaktivieren. Außerdem setzte ich mit einem schwarzen, abwaschbaren Marker kleine Punkte auf die großen, weißen Flächen innerhalb des Kühlschranks. Das erleichtert das Stitchen, wenn es große, einfarbige Flächen gibt.

DAS HARDWARESET

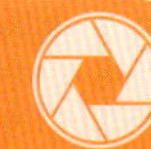

- Canon 5D Mark II
- Sigma-8-mm-Fisheye-Objektiv
- Eigenbaunodalpunktadapter
- Manfrotto-Panoramadrehteller 300N

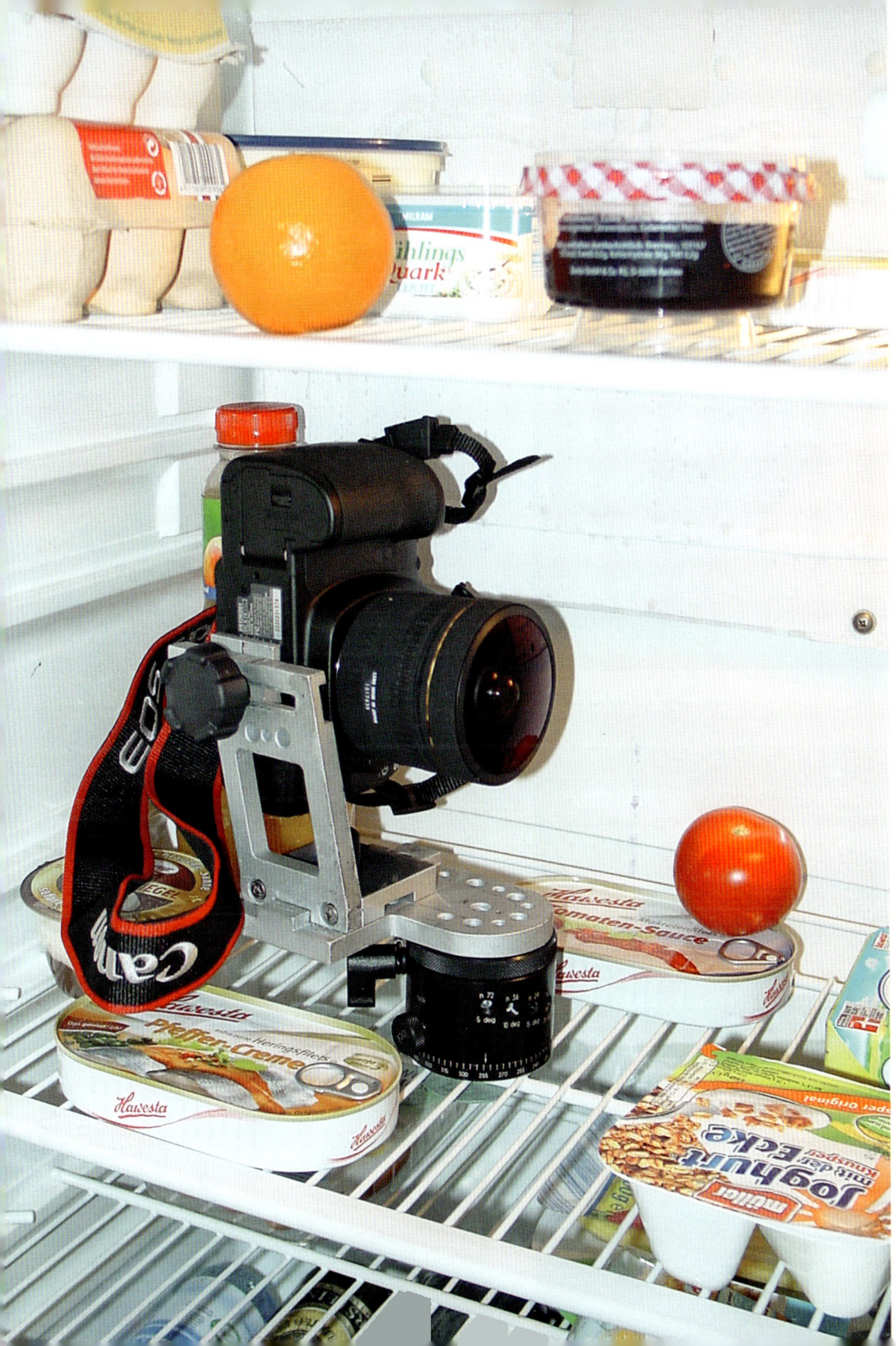

Fernsteuerung der Kamera

Danach ging ich an die Fernsteuerung der Kamera. Ich stellte fest, dass das das Schwierigste an dem ganzen Projekt war. Sobald die Tür zu war, ging nämlich die originale Fernbedienung der Kamera nicht mehr. Besser gesagt, manchmal ging die Fernbedienung und manchmal nicht. Unzuverlässigkeit der Hardware kommt für mich nicht infrage, also suchte ich einen anderen Weg zum Auslösen der Kamera. Nach einigen Versuchen löste ich das Ganze mit dem Selbstauslöser der Kamera. So konnte ich bei geöffneter Tür auslösen und hatte dann Zeit, die Tür zu schließen. Nach Ablauf der Zeit machte die Kamera das Foto. Sehen Sie sich nun die vier Einzelbilder, die daraus entstanden sind, an.

DIE KAMERAEINSTELLUNG

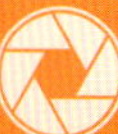

- Blende: f/11
- Zeit: 0,6 Sekunden
- Kameramodus: M
- Weißabgleich: Kunstlicht
- ISO: 400

Der Setaufbau im Kühlschrank.

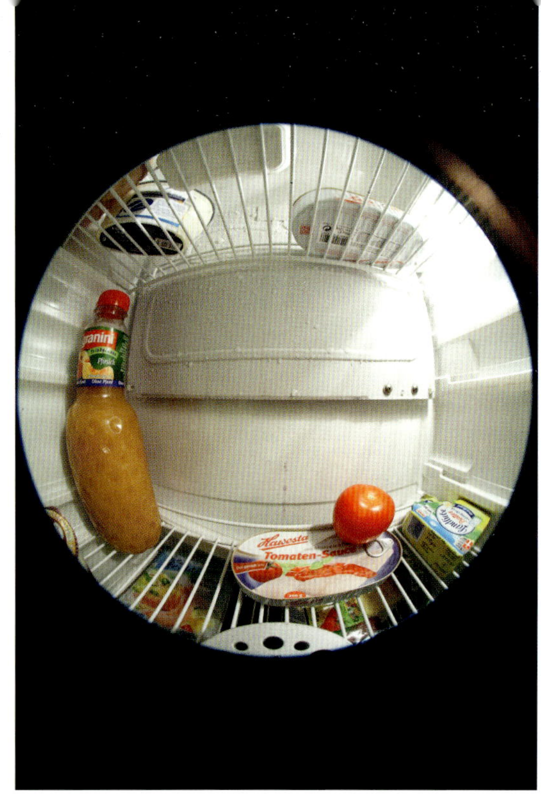

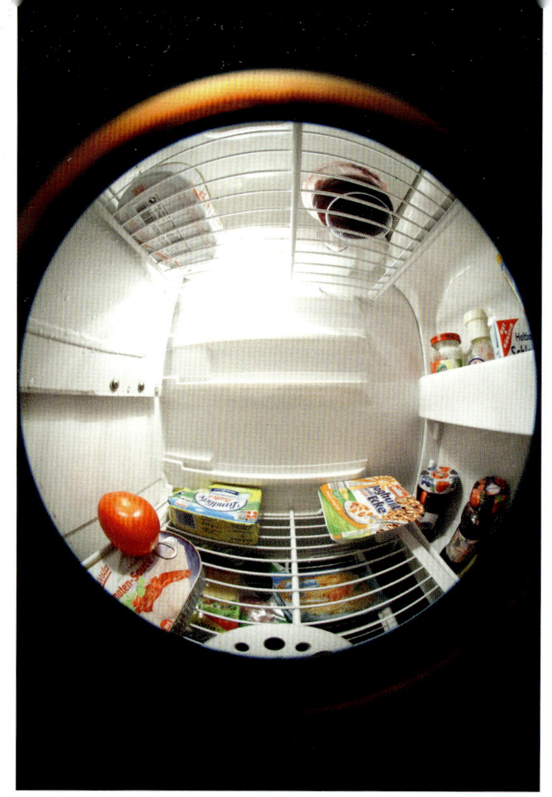

Links: 0°, rechts: 90°.

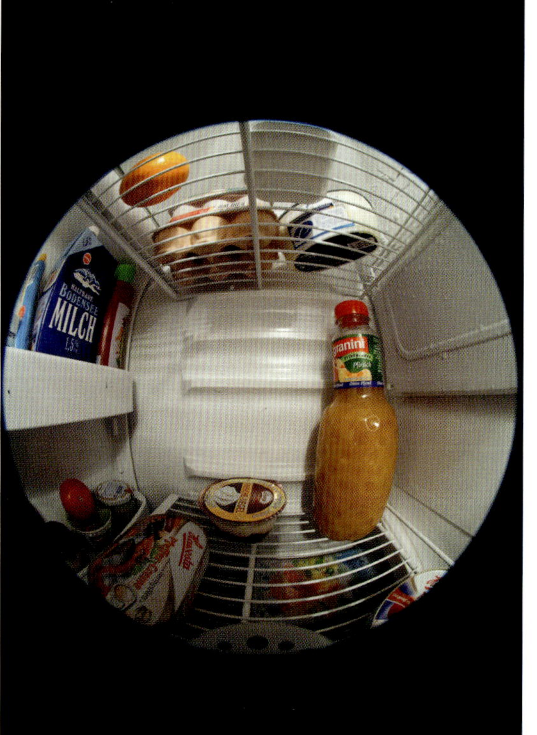

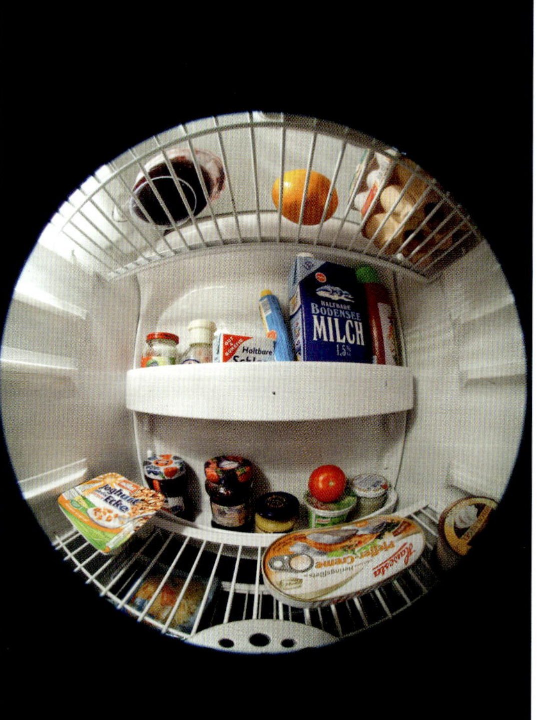

Links: 180°, rechts: 270°.

Stitchen mit PTGui Pro

Im nächsten Schritt werden die vier Einzelbilder gestitcht. In diesem Fall entschied ich mich für das Programm PTGui Pro. Auf der Website *www.ptgui.com* können Sie die Software herunterladen. Es gibt eine Vollversion und eine Trialversion zur Auswahl. Die Trialversion ist in vollem Umfang und zeitlich unbegrenzt nutzbar. Lediglich im Ausgabebild ist ein Wasserzeichen zu sehen. In der Galerie des Softwareherstellers finden Sie auch das Bild aus diesem Kapitel. Sie erhalten das Programm für Windows und Mac OS.

Bilder laden, ausrichten, stitchen

1. Sie können die Einzelbilder unter anderem als JPEG-, TIFF- oder sogar RAW-Datei direkt per Drag-and-drop in die erste Oberfläche des Programms ziehen, oder Sie gehen über die Option *Load images* (Lade Bilder), dann öffnet sich automatisch die Dateiverwaltung Ihres Rechners. Die Programmoberfläche ist übersichtlich und sehr einfach zu bedienen.

   So sieht auch der grundsätzliche Workflow aus. Wenn Sie Ihre Einzelbilder exakt fotografiert haben, benötigen Sie nur drei Schritte – *Load images*, *Align images* und *Create panorama* –, um Ihre Einzelbilder zu einem Panorama zusammenzustitchen. Für die Profis unter Ihnen hält das Programm weitere sehr interessante Tools bereit.

2. Wenn Sie die Bilder in das erste Fenster geladen haben, können Sie bei den Vorschaubildern erkennen, dass PTGui Pro aus den Metadaten der Aufnahmen erkannt hat, mit welchem Objektiv und mit welchem Bildwinkel fotografiert wurde. Arbeiten Sie mit Einzelbildern, die keine Metadaten enthalten, werden Sie beim Laden der Bilder automatisch aufgefordert, die Metadaten einzutragen.

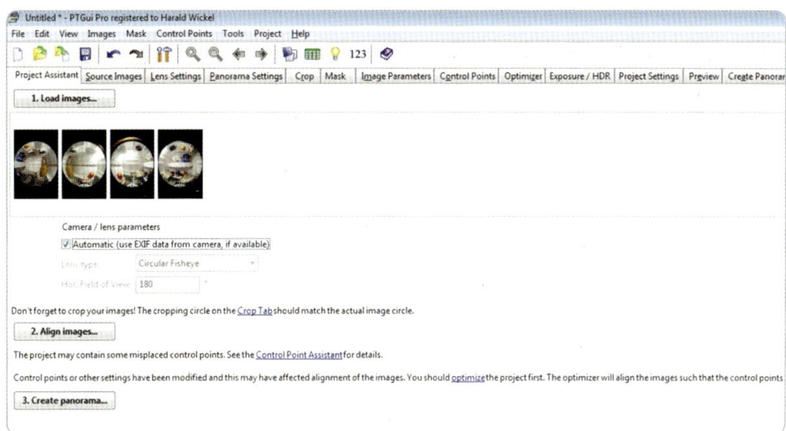

Im Prinzip sagt Ihnen das Programm sofort genau, was Sie tun müssen. Die drei Arbeitsschritte sind Load images, Align images *und* Create panorama.

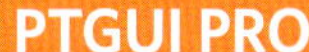
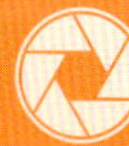

PTGUI PRO

- Sehr leichte und übersichtliche Bedienung
- Kann viele Bildformate und sogar RAW-Daten direkt verarbeiten
- Ausgabeformate JPEG, TIFF und PSD
- HDR-Verarbeitung (Fusion und Tonemapping)
- Erstellen von Gigapixelpanoramen
- Manuelles Setzen von Kontrollpunkten
- Maskieren von Bildbereichen

3 Klicken Sie auf *Align images*. Dadurch startet das Programm den Stitching-Prozess, und das Panorama wird im *Panorama Editor*, dem Vorschaufenster, geöffnet. Je nach Größe und Anzahl der Einzelbilder kann das natürlich auch mal etwas länger dauern.

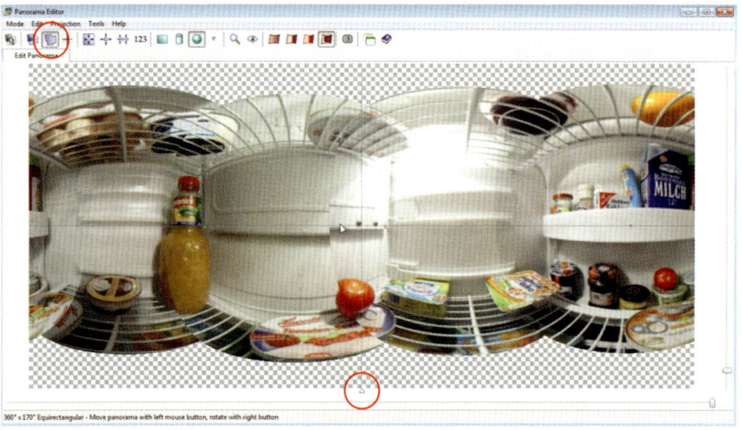

Das Panorama wird im Panorama Editor *geöffnet.*

Im Allgemeinen erkennt PTGui Pro automatisch, um welche Panoramaart es sich handelt, und zeigt diese im Editor an. Sie können im Editor einige Kontrollen, aber auch Anpassungen Ihrer fertigen Panoramen durchführen. In diesem Fall sehen wir eine equirectangulare Darstellung, also eine Kugel auf einer zweidimensionalen Fläche.

Ganz links in der Symbolleiste sehen Sie das normale und in der Mitte das zylindrische Panorama. Über einen Klick auf die Symbole oder auf den kleinen grünen Pfeil kann die Ansicht verändert werden.

4 Viel sinnvoller für eine genauere Kontrolle des Ergebnisses sind die beiden Tools mit der Lupe und dem Auge. Mit der Lupe können Sie ein weiteres Vorschaufenster, den *Detail Viewer*, öffnen. Innerhalb dieses Vorschaufensters können Sie über einen Schieberegler die Bildgröße Ihres Panoramas einstellen, um es genau zu prüfen.

5 Klicken Sie mit der linken Maustaste in das Bild, um sich innerhalb des Panoramas zu bewegen, und prüfen Sie Ihr Bild auf Fehler, bevor Sie es ausgeben. Klicken Sie mit der rechten Maustaste in den *Detail Viewer*, können Sie das angezeigte Bild im Bereich *Kontrollpunkte* oder *Maskieren* öffnen, um dort weitere Parameter anzupassen.

6 Mit einem Klick auf das Auge können Sie das Bild zum einen in der animierten Vorschau, dem PTGui Viewer, ansehen, oder Sie wählen die Option *default application for jpeg files*. Dann wird das Panorama in dem Bildbearbeitungsprogramm geöffnet, das Sie als Standard in Ihrem System eingestellt haben.

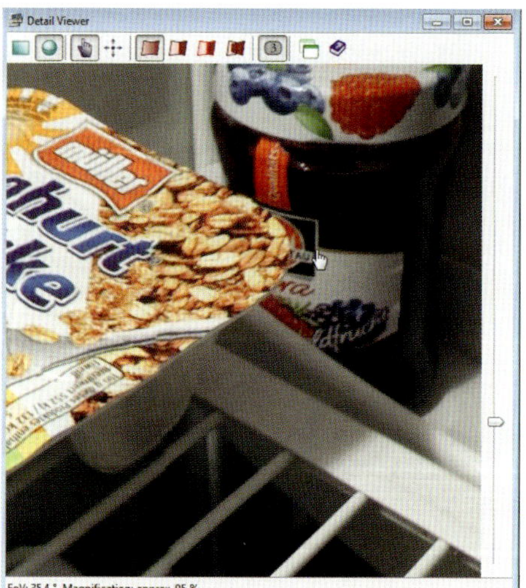

Haben Sie das dritte Symbol von links aktiviert, können Sie den Anfang und den Horizont Ihres fertigen Panoramas anpassen. Über das kleine weiße Dreieck können Sie die Gitternetzlinien einstellen, an denen Sie sich orientieren können. Klicken Sie mit der linken Maustaste in das Panorama und verschieben Sie es auf der Horizontalen. So können Sie festlegen, wo Ihr Panorama beginnen soll.

7 Bewegen Sie ebenfalls bei gedrückter linker Maustaste das Bild nach oben oder unten, können Sie den Horizont verschieben oder anpassen. Ich empfehle Ihnen, sich bei der Einstellung des Horizonts an den vertikalen Linien ganz links und ganz rechts zu orientieren. In diesem Fall sollten die Milch im rechten Bereich und der Ketchup ganz links genau senkrecht stehen. Wäre das nicht der Fall, können Sie das auf diese Weise einstellen. Wenn alle Einstellungen passen, schließen Sie das Fenster des *Panorama Editors* über das rote Kreuz oben rechts.

Bilder sortieren oder austauschen

Über das Register *Source Images* haben Sie die Möglichkeit, Ihre Bilder zu sortieren oder auszutauschen. Wenn Sie mehrere Aufnahmeserien gemacht haben, können Sie hier nachträglich jedes Bild einzeln tauschen oder löschen. Diese Funktion ist sinnvoll, wenn Sie in Ihrem fertigen Bild Fehler bemerken. Sie fotografieren zum Beispiel ein Panorama, auf dem viele Menschen zu sehen sind oder Bewegungen stattfinden. In solchen Fällen fotografieren Sie die Einzelbilder am besten in mehreren Varianten, um dann Bilder mit Details, die Sie nicht sehen wollen, einfach auszutauschen.

- *Add* – Sie wollen den Blickwinkel des Panoramas verlängern. Mit einem Mausklick auf *Add* können Sie Ihrer Bilderserie ein Einzelbild hinzufügen.
- *Remove* – Wählen Sie ein Bild aus, markieren Sie es mit einem Mausklick und löschen Sie es mit der Taste *Remove*.
- *Replace* – Sie wollen ein Bild austauschen. Markieren Sie das Bild in der Liste. Klicken Sie auf *Replace* und wählen Sie das neue Bild aus.
- *Move Up/Move Down* – Sie wollen die Sortierung der Einzelbilder manuell verändern. Markieren Sie das Bild in der Liste und verschieben Sie es mit *Move Down* und *Move Up* nach unten oder oben.
- *Sort* – Mit diesem Button sortiert das Programm alle Bilder aufsteigend nach ihrer Dateibezeichnung.
- *Reverse* – Die Sortierung erfolgt umgekehrt. Verwenden Sie diese Option, wenn Sie mit den Stitching-Ergebnissen nicht zufrieden sind. Erfahrungsgemäß führt ein Umsortieren der Bilder manchmal zu besseren oder zumindest anderen Ergebnissen.

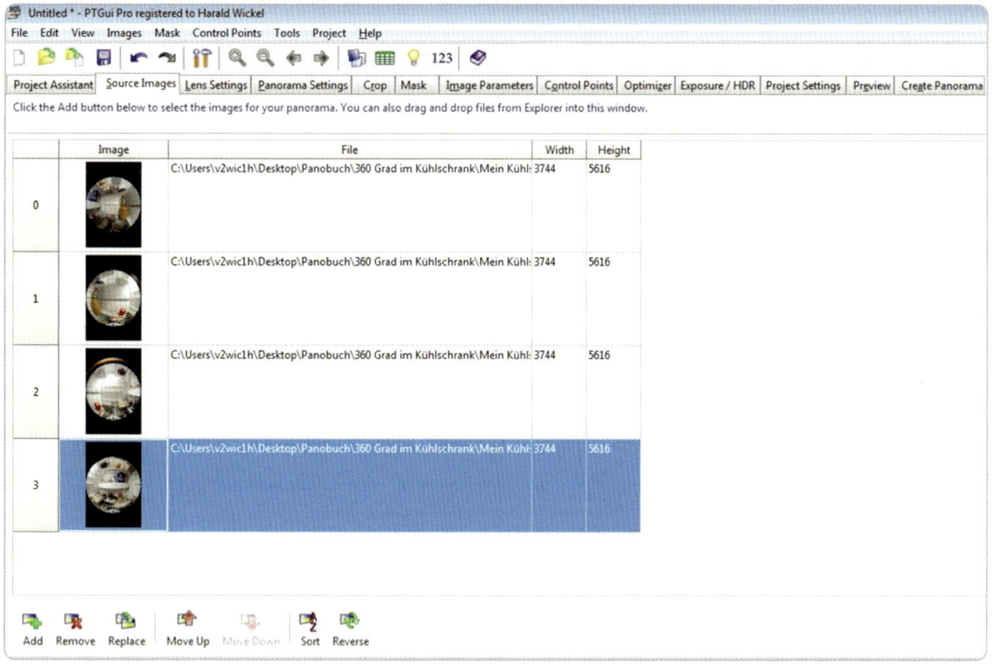

Bilder nachträglich tauschen oder löschen.

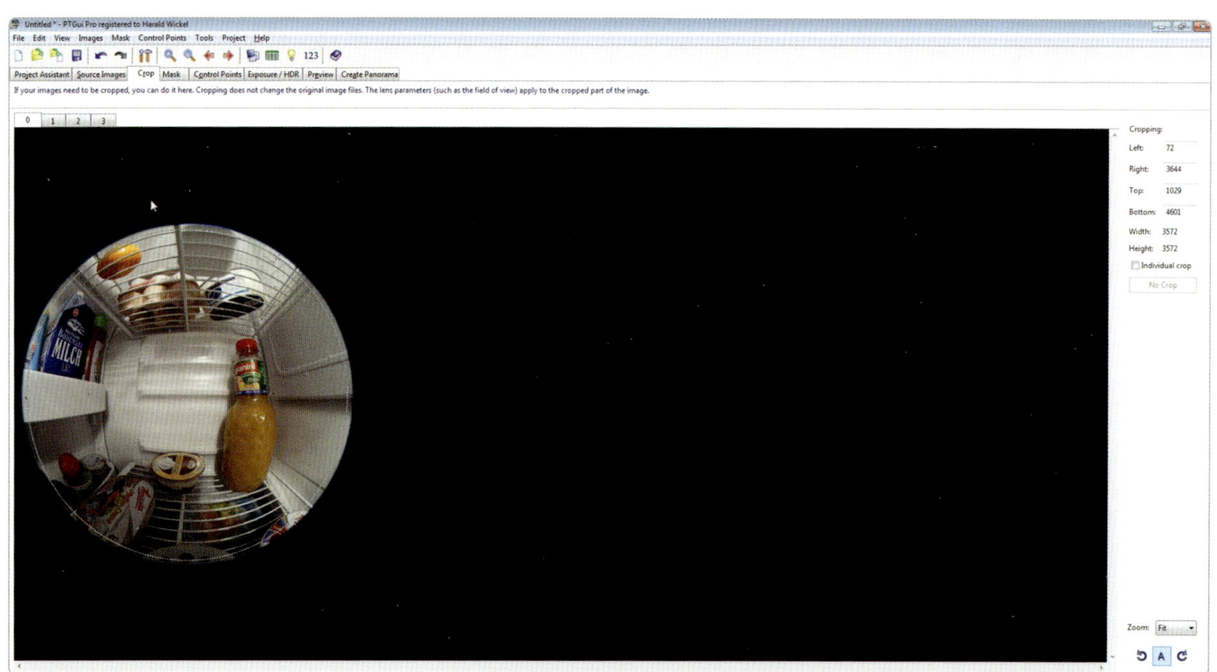

Bildkreis einstellen.

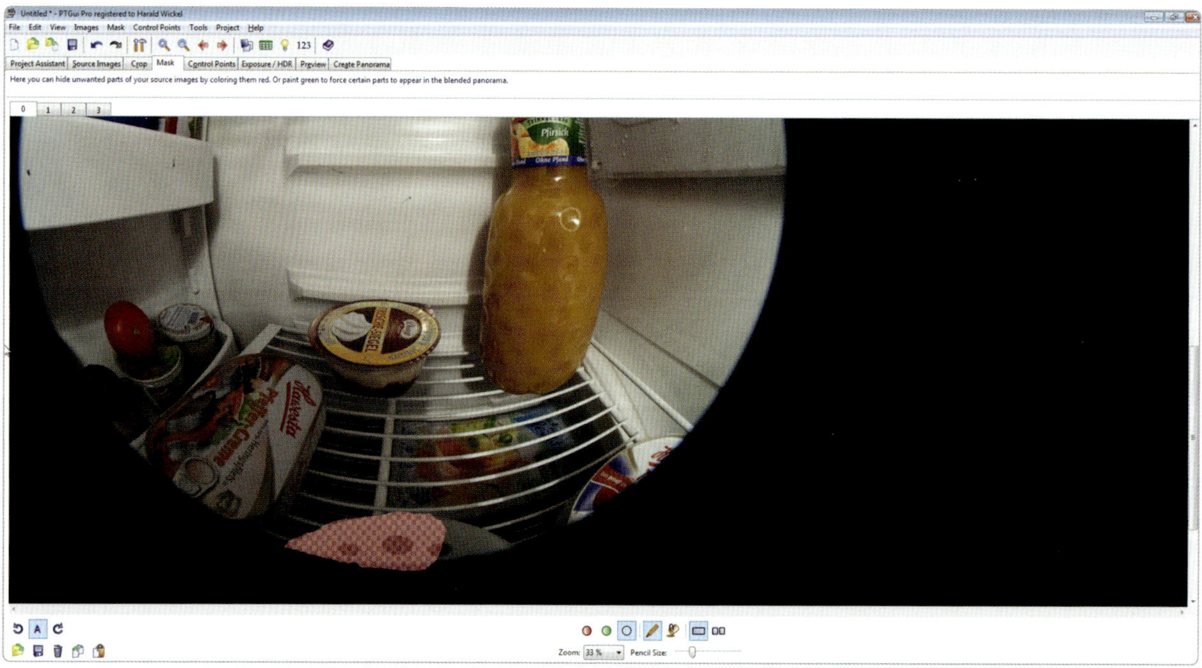

Bildkreis einstellen.

- *Crop* – In diesem Register können Sie, wenn nötig, den Bildkreis einstellen, der von jedem Einzelbild für das Stitchen verwendet werden soll. Alles außerhalb der gestrichelten Linie wird nicht verwendet. Sie können diese Einstellung individuell für jedes Bild durchführen. Dazu wählen Sie das jeweilige Bild aus und verändern mit der Maus die gestrichelte Linie.

  Markieren Sie mit der Maus die Linie, können Sie den Durchmesser verändern. Klicken Sie mit der Maus auf das markierte Feld, können Sie das Feld horizontal und vertikal verschieben, um weitere Anpassungen durchzuführen.

- *Mask* – Im Register *Mask* können Sie für jedes Bild individuell festlegen, was auf dem fertigen Panorama verwendet werden soll und was nicht. Voraussetzung dafür ist, dass es zwei gleiche Bildbereiche gibt. Wenn Sie also einen Bildbereich in einem Bild maskieren, sollte ein weiteres Bild mit den gleichen Bildbereichen vorhanden sein, aber ohne das Objekt oder Element, das stört.

  Haben Sie das Register geöffnet, klicken Sie zuerst auf den Bereich *Zoom* unten in der Bildmitte. Stellen Sie die Darstellung so groß ein, dass Sie gut maskieren können.

  Betrachten wir die verschiedenen Pinsel. Alles, was Sie mit dem roten Pinsel maskieren, wird nicht zu sehen sein. Alles, was Sie mit dem grünen Pinsel maskieren, wird auf jeden Fall zu sehen sein. Mit dem farblosen Pinsel können Sie bereits maskierte Bereiche wieder löschen. Die Pinselgröße können Sie über den Schieberegler *Pencil Size* einstellen.

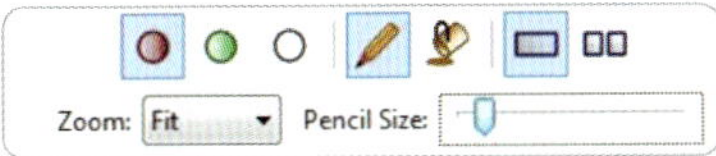

Einstellen der Pinselattribute.

Eine weitere schöne Funktion ist die Möglichkeit, fertige Masken zu kopieren und in ein anderes Bild einzufügen. Über das Diskettensymbol sind die Masken auch als Datei zu speichern, um sie für eine spätere Verwendung wieder zu öffnen. Durch diese Möglichkeit kann genau festgelegt werden, welche der Bildbereiche, die sich durch mehrere Bilder ergeben, verwendet werden sollen und welche nicht.

Kontrollpunkte setzen

Sollte sich beim Stitching-Prozess herausstellen, dass PTGui Pro die Einzelbilder nicht zu einem Panorama zusammensetzen kann, gibt es die Möglichkeit, zusätzliche Kontrollpunkte zu setzen. Spätestens beim Stitchen zeigt sich immer, wie sauber der Fotograf die Einzelbilder fotografiert hat. Je besser der Kontrast und je schärfer die Einzelbilder, desto leichter kann das Panorama gestitcht werden. Sollten Sie große, einfarbige Flächen haben, zum Beispiel in einem leer stehenden Wohnraum mit weißen, frisch getünchten Wänden, empfehle ich Ihnen, Klebepunkte als zusätzliche Kontrollpunkte anzubringen.

ALLES WEISS HIER

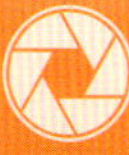

Ich hatte einmal den Auftrag, für einen Makler eine Wohnung zu fotografieren. Als ich in die Wohnung kam, sah ich ausnahmslos weiße Wände, weiße Böden und weiße Decken. Ich hatte große Schwierigkeiten und viel Nacharbeit, die Bilder zu stitchen. Aus diesem Praxiserlebnis heraus entstand die Idee, mit einfachen farbigen Klebepunkten Markierungen zu setzen, die man als Kontrollpunkte verwenden kann.

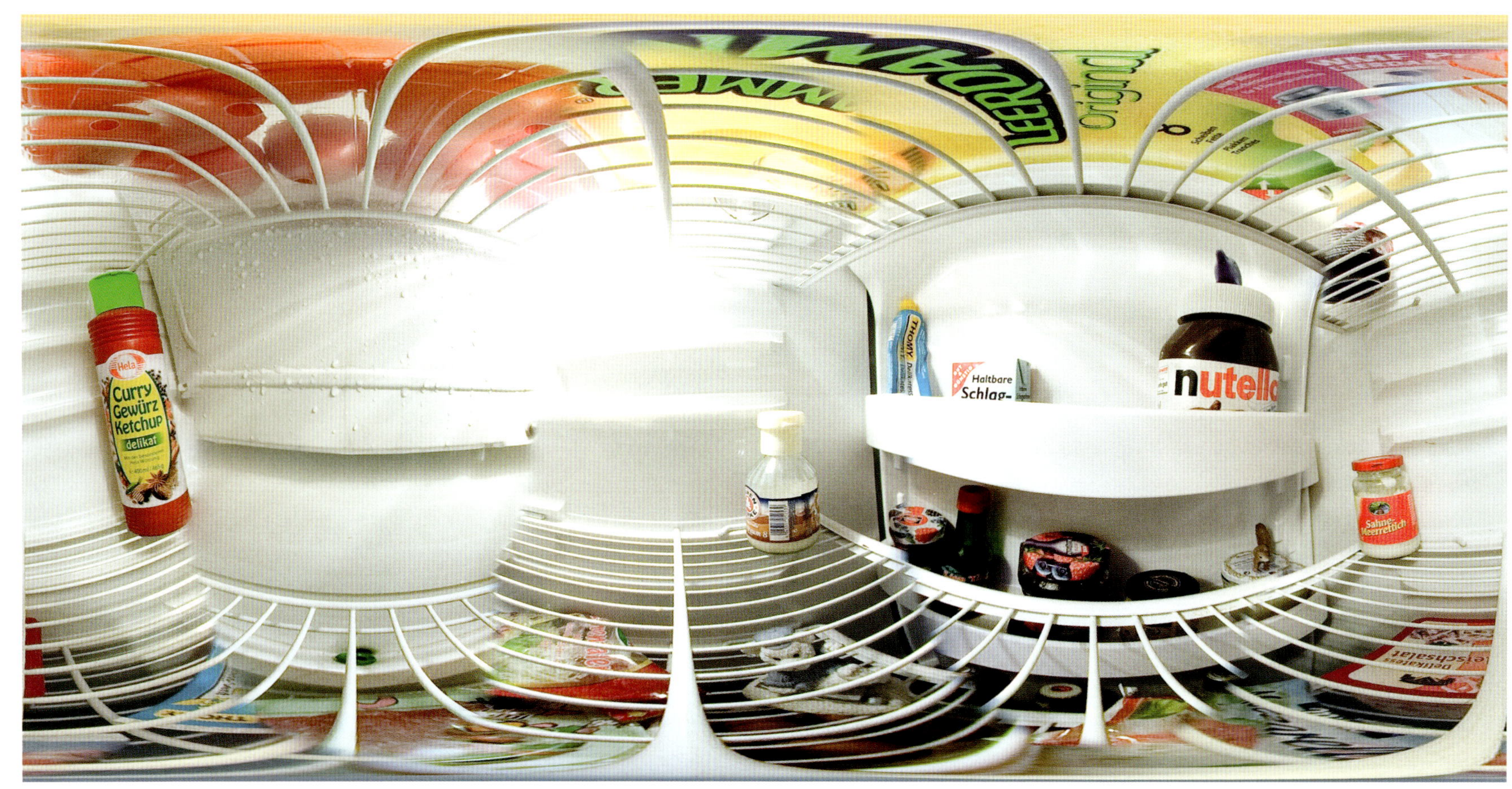

Stitching-Fehler – so sieht es ohne die Verwendung eines Nodalpunktadapters aus.

Ohne Nodalpunktadapter

Das folgende Bild zeigt das Kühlschrankpanorama, ohne dass ein Nodalpunktadapter verwendet wurde. Dieses Bild ohne Nodalpunktadapter zusammenzustitchen, ist meiner Meinung nach unmöglich, aber ich wollte Ihnen zeigen, wie es aussieht. Betrachten Sie dieses Bild als Fehlerbild. Es könnte immer mal vorkommen, dass Sie manuelle Kontrollpunkte setzen müssen.

Sie können beliebig viele manuelle Kontrollpunkte setzen. Die Checkliste zeigt, worauf man achten muss.

Kontrollpunkte manuell setzen

1. Zuerst wählen Sie die beiden Einzelbilder aus, in die Sie manuelle Kontrollpunkte setzen wollen. Danach stellen Sie am unteren Bildrand über *Zoom* eine optimale Zoomstufe ein. Bei gedrückter `Strg`-Taste können Sie die Zoomstufe auch über das Mausrad (Windows) oder mit Streichen auf der Magic Mouse (Apple) dynamisch einstellen.

2. Dabei gilt: Je größer das Bild, desto leichter können Sie sinnvolle Punkte finden. Je nach Qualität des Bilds können Sie die Helligkeit über den Schieberegler *Preview exposure* verändern. Diese Einstellung wirkt sich nicht auf das fertige Bild aus, es ist nur eine Hilfe, gute, kontrastreiche Punkte zu setzen.

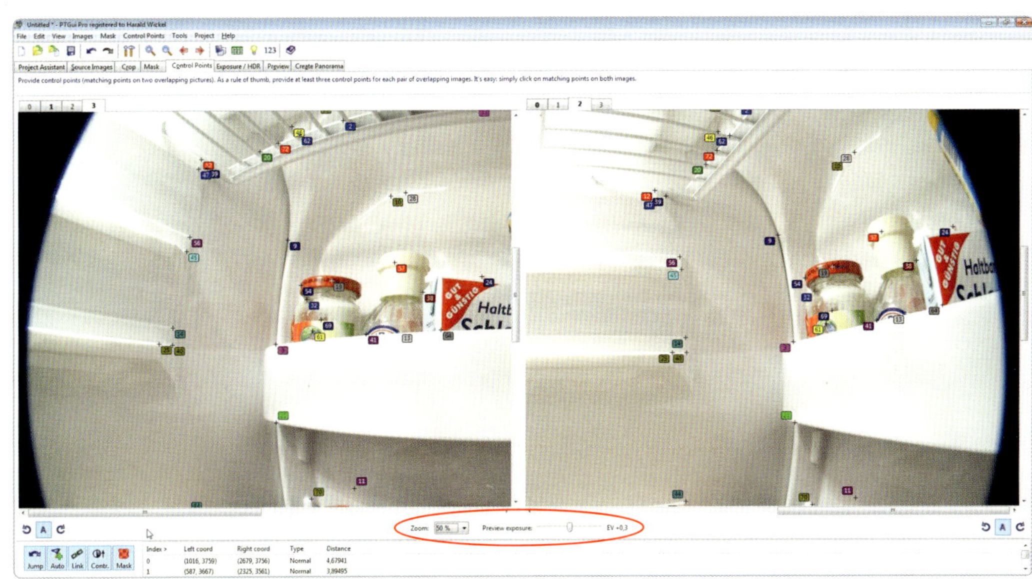

Kontrollpunkte manuell setzen.

Ansicht vergrößern auf 200 %.

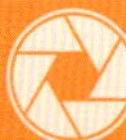

KONTROLLPUNKTE SETZEN

- Eine gut sichtbare Zoomstufe einstellen
- Je größer die Zoomstufe, desto leichter ist es
- Kontrollpunkte immer an den Bildkanten von oben nach unten verteilen
- Kontrastreiche, klare Punkte suchen

3 Vergrößern Sie die Ansicht wie im Beispiel zu sehen und setzen Sie durch einen Linksklick mit der Maus einen Kontrollpunkt auf den Punkt über dem Ü. Es gibt mehrere Möglichkeiten, wie das Programm reagiert:

a) Es passiert nichts, dann müssen Sie im rechten Bild den Kontrollpunkt an die gleiche Stelle setzen und ihn ebenfalls durch einen Linksklick bestätigen. Dazu bewegen Sie die Maus einfach auf das rechte Fenster und bestätigen den Punkt an exakt der gleichen Stelle mit einem Mausklick.

b) Das Programm setzt automatisch einen eigenen Kontrollpunkt im zweiten Bild, der aber verkehrt ist. Dann müssen Sie den Punkt manuell verschieben, indem Sie ihn mit der Maus anklicken und verschieben.

c) Das Programm setzt ganz von allein den gleichen Kontrollpunkt auf das zweite Bild. Dann wissen Sie, das bereits alles passt.

4 Sie sehen, dass jeder Kontrollpunkt eine eigene Nummer hat. Wenn Sie mit der Maus auf die Nummer fahren, verändert sich der Zeiger zur Hand. Dann können Sie mit gedrückter linker Maustaste den Kontrollpunkt verschieben und feinjustieren. Wenn Sie noch präziser arbeiten möchten, halten Sie beim Verschieben des Kontrollpunkts noch die Strg-Taste gedrückt. Damit verlangsamt sich die Geschwindigkeit, und Sie können noch exakter arbeiten. Je exakter Ihre Kontrollpunkte sind, desto besser wird Ihr Panorama.

5 Nachdem Sie die manuellen Kontrollpunkte gesetzt haben, müssen Sie noch zwei Schritte ausführen. Zuerst schalten Sie im ersten Register *Project Assistant* die erweiterte Ansicht ein, indem Sie oben rechts auf *Advanced* klicken. Erst dann erreichen Sie den *Optimizer*.

6 Öffnen Sie den *Optimizer* und klicken Sie auf *Run Optimizer*. Dann wird PTGui Pro das Panorama mit den neuen Kontrollpunkten zusammenbauen. PTGui Pro zeigt Ihnen daraufhin ein Fenster mit der Bewertung Ihres Ergebnisses.

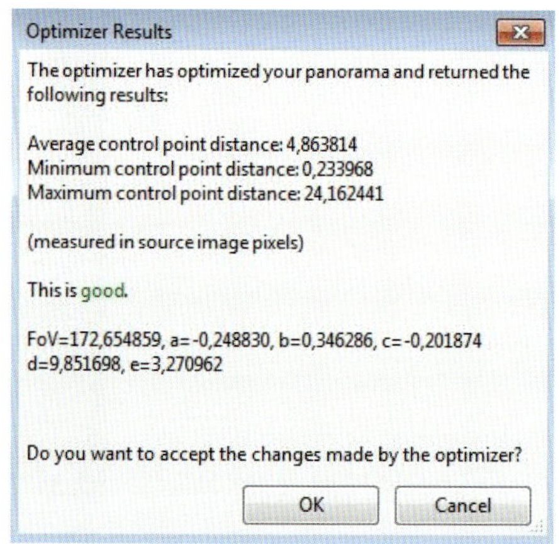

Der Optimizer *hat das Panorama optimiert.*

Panoramaerstellung starten

Im letzten Schritt dieses Prozesses wählen Sie das Register *Create Panorama*, um Ihr Panorama auszugeben.

1 Über die Option *File format* stellen Sie ein, in welchem Ausgabeformat PTGui Pro Ihr Bild ausgeben soll. Das Programm bietet Ihnen folgende Möglichkeiten an: *JPEG*, *TIFF*, *PSD*, *PSB* und *MOV*. Ich empfehle, entweder TIFF oder das Photoshop-PSD-Format zu verwenden. So bleiben alle wichtigen Bildinhalte erhalten, wenn Sie mit RAW-Dateien arbeiten. Sind Ihre Ursprungsdateien nur im JPEG-Format, geben Sie auch Ihr Panorama im JPEG-Format aus.

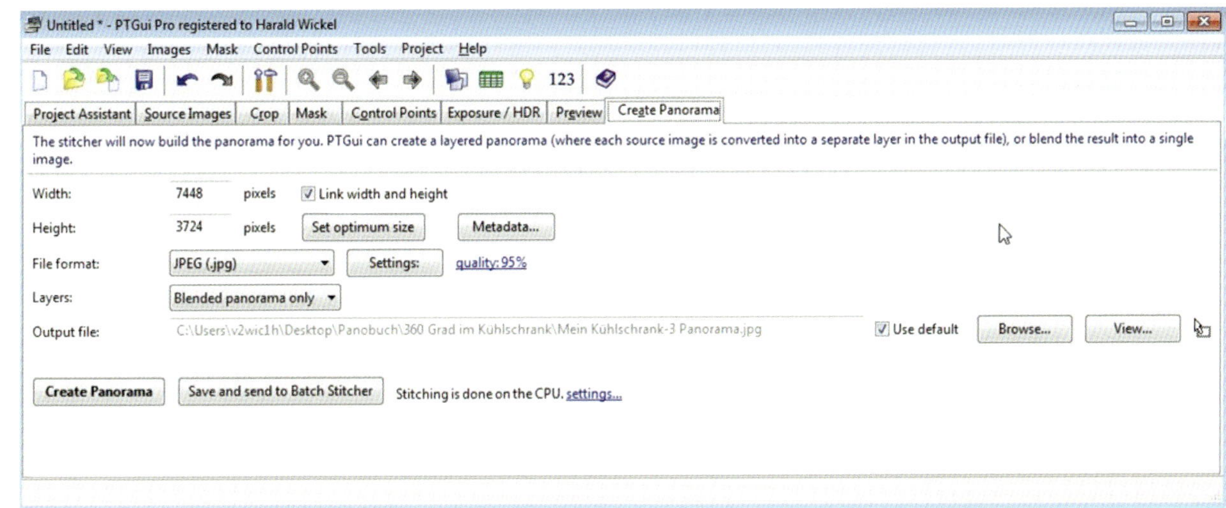

Mit Create Panorama *wird das neue Panorama erstellt.*

2 Über die Schaltfläche *Settings* können Sie dann für jedes Format individuelle Einstellungen vornehmen. Über *Set Optimum Size* stellen Sie ein, dass die größtmögliche Ausgabe erstellt wird. Wenn Sie die Ausgabegröße beschränken wollen, schreiben Sie einfach die Höhe oder die Länge nach Wunsch in das Feld *Width* oder *Height*. Egal, welchen Wert Sie angeben, PTGui Pro wird automatisch den anderen festlegen.

3 Als Ausgabeordner ist immer automatisch der Ordner gewählt, in dem sich auch die Ursprungsbilder befinden. Wenn Sie das ändern wollen, klicken Sie auf *Browse* und wählen den Pfad, in dem PTGui Pro das fertige Bild speichern soll. Jetzt müssen Sie nur noch auf *Create Panorama* klicken, und Ihr Panorama wird erstellt.

BILDBEARBEITUNG WANN?

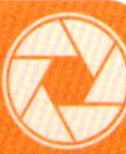

Man kann nicht pauschal sagen, wann die Bildbearbeitung stattfinden soll – vor dem Stitchen oder nach dem Stitchen. Ich empfehle bei solchen Einzelbildern wie in diesem Beispiel, die Bildbearbeitung erst am fertigen Panorama durchzuführen. Wenn Sie allerdings mit HDR-Bildern arbeiten, können Sie auch erst in einem anderen Programm die HDR-Bilder fertigstellen und diese dann in PTGui laden. Oder Sie verwenden zunächst einen geeigneten RAW-Konverter, mit dem Sie Ihre Bilder vorbereiten. Das ist alles richtig, solange Sie daran denken, dass jedes Einzelbild exakt gleich bearbeitet werden muss.

Die finale Bildbearbeitung wurde bereits beschrieben, daher überspringen wir dies jetzt und gehen gleich dazu über, das fertige Panorama als virtuelle Animation zu gestalten. Vorab müssen Sie aber daran denken, den richtigen Farbraum festzulegen und gegebenenfalls das Bild in diesen zu konvertieren.

sRGB-Farbraum festlegen

Achten Sie unbedingt darauf, in welchem Farbprofil Sie Ihr Bild für die Animation vorbereiten. Nicht alle Browser können den Adobe RGB 1998-Farbraum darstellen. Wenn Sie Ihre Animation oder Ihre Bilder im Internet präsentieren wollen, ist es wichtig, den Farbraum anzupassen. Verwenden Sie Adobe RGB 1998 oder ProPhoto RGB, kann es sein, dass die Farben je nach Browser nicht Ihrem Originalbild entsprechen.

Aus diesem Grund empfehle ich Ihnen, das equirectangulare Panorama vor der Weiterentwicklung zur virtuellen Animation in den sRGB-Farbraum umzuwandeln. Durch diesen Zwischenprozess ist gewährleistet, dass die Farben Ihrer Ausgaben bei allen Browsern gleich gut dargestellt werden. Als Beispiel zeige ich Ihnen den Umwandlungsprozess mit Photoshop.

1. Öffnen Sie das fertige Bild in Photoshop. Über den Befehl *Dateien für Web und Geräte speichern* oder über die Tastenkombination Alt + ↵ + Strg + S öffnen Sie folgendes Dialogfeld:

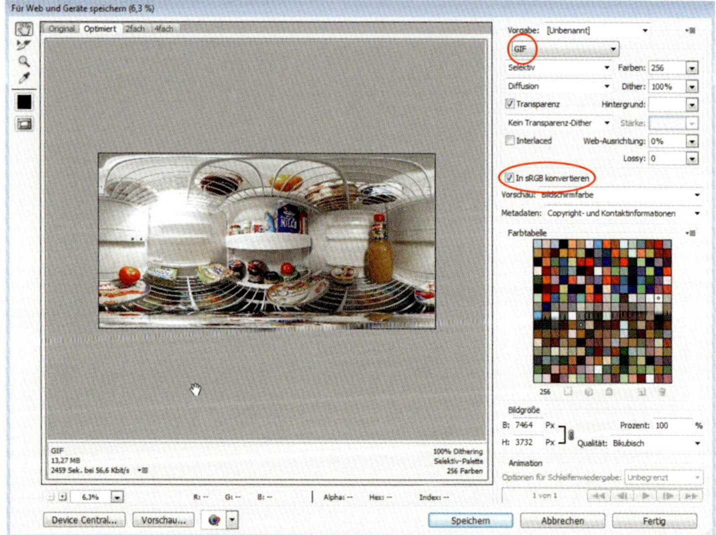

Das equirectangulare Panorama vor der Umwandlung.

2. Zoomen Sie über die Plus-/Minusschaltflächen unten links das Bild so, dass Sie es komplett sehen können. Stellen Sie das Ausgabeformat oben rechts auf *JPEG* ein. Wählen Sie als *Vorgabe* die Funktion *sRGB Konvertierung* und aktivieren Sie die Option *Farbprofil einbetten*. Danach speichern Sie das Bild mit der Namenserweiterung *_sRGB* ab.

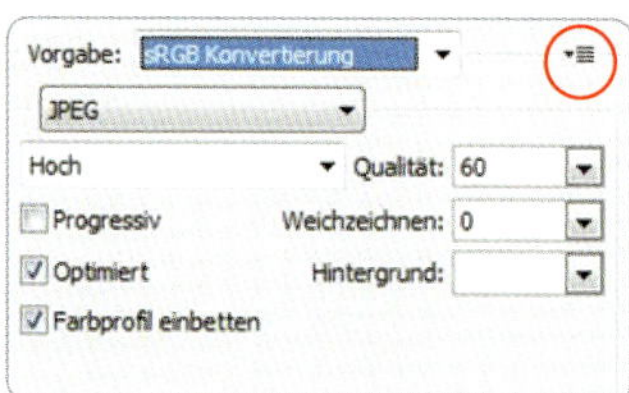

Einstellungen, um Bilder in das sRGB-Format zu konvertieren.

3. Sie können die festgelegten Einstellungen als Vorgabe abspeichern, indem Sie oben rechts auf das Symbol mit den vier Strichen und dem kleinen Pfeil klicken. Nennen Sie die *Vorgabe* z. B. *sRGB Konvertierung*. So können Sie die nächsten Panoramen in diesem Arbeitsschritt viel schneller bearbeiten.

Animieren mit Pano2VR

Jetzt wird das fertiggestellte Panorama in der equirectangularen Darstellung mit der Software Pano2VR zu einer Animation weiterverarbeitet. Auf der Webseite des Herstellers (*www.ggnome.com*), können Sie sich das Programm für Windows, macOS und Linux herunterladen.

Alle Versionen können Sie zum Testen als Trialversion in vollem Umfang nutzen. Sie erkennen die Trialversion an der Ausgabedatei. In die Ausgabebilder ist dann ein Wasserzeichen integriert. Aus meiner Praxis heraus weiß ich, dass dieses Programm für die Nachbearbeitung von Panoramen eine professionelle und einfach zu bedienende Software mit umfangreichen Details ist.

PANO2VR

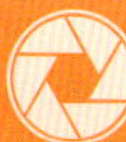

- Ausgabe als QuickTime, Flash oder HTML5
- Erstellung von Little Planets
- Formatieren in alle bekannten Panoramaansichten
- Einbinden von Hotspots als Flächenhotspots und Punkthotspots
- Einbinden von Bedienelementen
- Einbinden von Sounds, Hintergrundmusik und Videos
- Einbinden von Bildern im Bild
- Ansteuern spezieller Soundbereiche im Panorama
- Erstellen von umfangreichen Panoramatouren
- Skineditor mit Entwicklungstool zum Erstellen von Bedienmenüs
- Kartendarstellung in der Tour mit Animation

Erste Schritte

Öffnen Sie das Programm Pano2VR und ziehen Sie das fertige Panorama per Drag-and-drop auf die Oberfläche von Pano2VR. Achten Sie darauf, dass Sie das Bild in den Bereich *Quelle* im oberen linken Bereich ziehen. Denken Sie daran, das sRGB-Bild zu verwenden, wenn Sie die Animation online zeigen wollen.

Zuerst betrachten wir uns die Grundfunktionen der ersten Programmoberfläche von oben nach unten.

- *Quelle* – Im Bereich *Quelle* dreht sich alles um das Ursprungsbild. Nachdem Sie das Panorama in equirectangularer Darstellung geöffnet haben, zeigt Ihnen das Fenster die Darstellungsform, die Bildgröße und den Namen der Projektdatei an. Die Projektdatei muss dazu gespeichert werden. Ich empfehle, die Projektdateien immer im Ordner Ihrer Bilder abzuspeichern. So können Sie Ihre Projekte jederzeit wieder öffnen, um sie zu verändern oder zu erweitern.

- *Korrektur der Quelle* – Mit dieser Funktion können Sie die Stativbereiche, aber auch alle anderen Stitching-Fehler mit einem Bildbearbeitungsprogramm beseitigen. Klicken Sie auf die Schaltfläche *+ Hinzufügen* im Dialogfeld *Panorama korrigieren*, um einen Bildbereich aus dem Panorama zu erstellen. Sie können beliebig viele Einzelbilder aus dem Panorama herausnehmen, um sie dann nach und nach zu bearbeiten oder nach Belieben anzupassen.

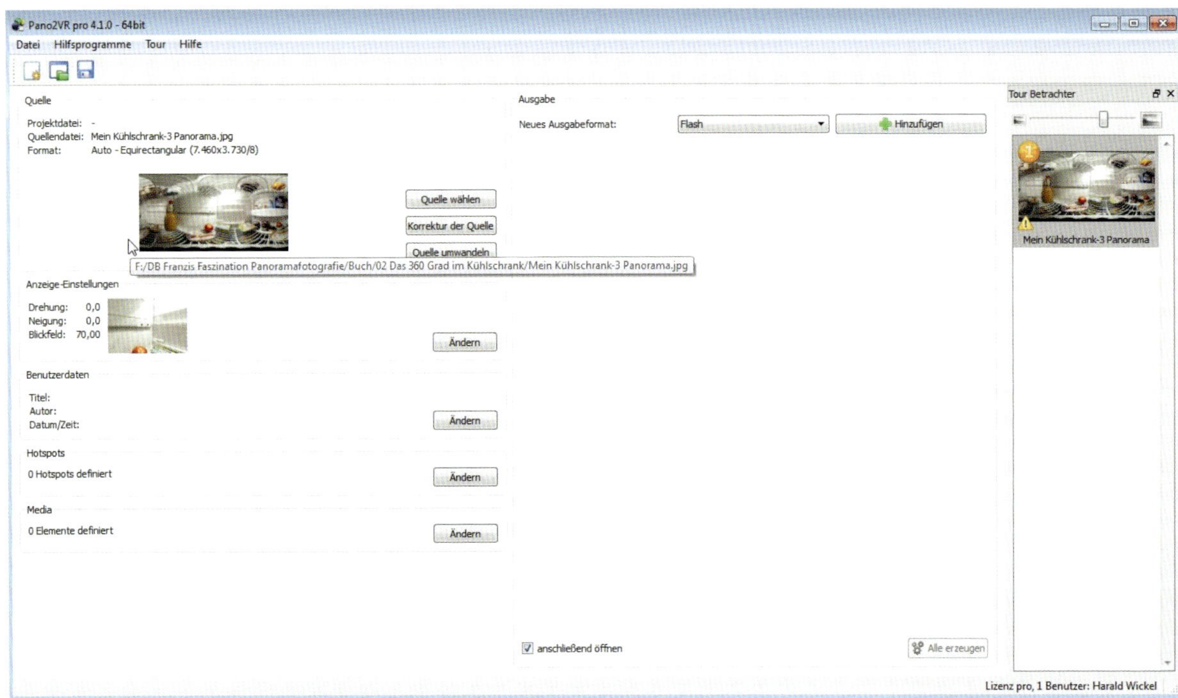

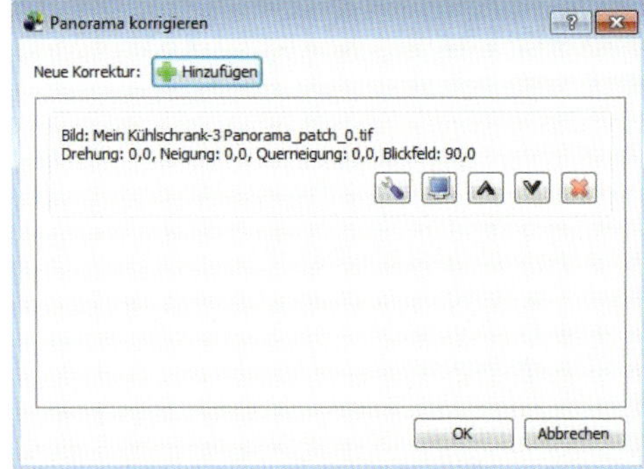

Einen Bildbereich aus dem Panorama erstellen.

Fertiges Panorama per Drag-and-drop auf Pano2VR ziehen.

- In der nächsten Ansicht sehen Sie einen Ausschnitt Ihres gesamten Panoramas. Sie können sich mit gedrückter linker Maustaste in dieser Vorschau hin und her bewegen. Gleichzeitig können Sie in das Bild hineinzoomen, um sich alle Stellen genau anzusehen. Prüfen Sie alle Bereiche des Panoramas auf Fehler oder Dinge, die Sie stören. Immer wenn Sie einen Stitching-Fehler sehen, machen Sie aus dem Ausschnitt ein Korrekturfoto, indem Sie auf die Schaltfläche *Extrahieren* klicken.

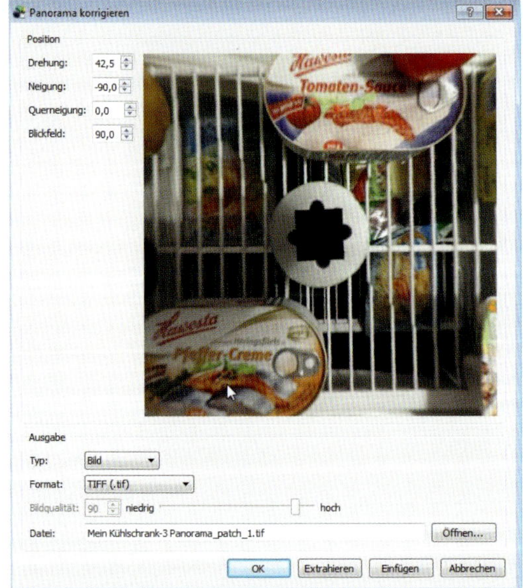

Vorschau der Einzelbilder.

Als Format für das Korrekturfoto empfehle ich TIFF mit maximal eingestellter Bildqualität. Das Programm speichert dieses Bild automatisch mit der Endung *_patch* ab. Sie können sehen, dass ich als erstes Korrekturfoto den Bereich ausgewählt habe, in dem sich das Stativ befand. Der Blick nach unten wird auch als Nadir bezeichnet. Weiterhin sind einige Stäbe des Bodens nicht ganz sauber miteinander verbunden. Hier ist also eine Korrektur nötig. Das zweite Bild, das ich in dem Fall überprüfe, ist der Blick nach oben in den Zenit. Hier sehen Sie ebenfalls einige Stitching-Fehler. Alle Korrekturbilder, die Sie erstellt haben, werden innerhalb des Vorschaufensters im Dialogfeld *Panorama korrigieren* untereinander aufgelistet.

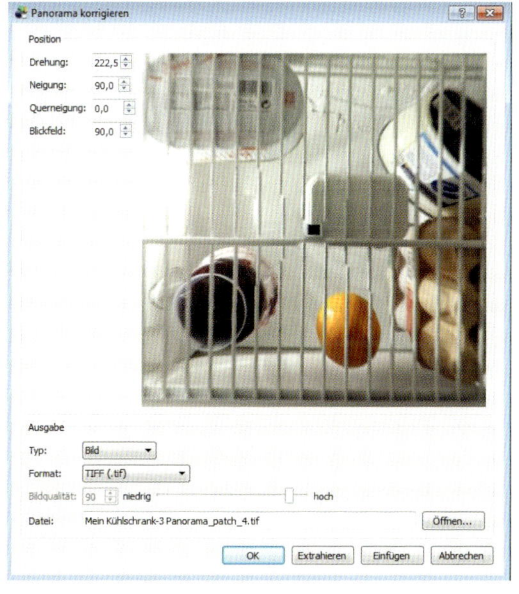

Format für das Korrekturfoto festlegen.

- *Werkzeugschlüssel* – Im Zwischenfenster sehen Sie fünf weitere Symbolschaltflächen. Über das Werkzeugschlüsselsymbol öffnen Sie erneut das Auswahlfenster, um das Korrekturbild noch einmal zu ändern.
- *Monitor* – Über das Monitorsymbol können Sie das jeweilige Korrekturfoto in Ihrem Bildbearbeitungsprogramm öffnen, um es zu bearbeiten.
- *Pfeile* – Mit den Pfeilschaltflächen können Sie die Korrekturbilder innerhalb dieses Fensters umsortieren.
- *Kreuz* – Mit der Kreuzschaltfläche können Sie ein Korrekturfoto löschen.

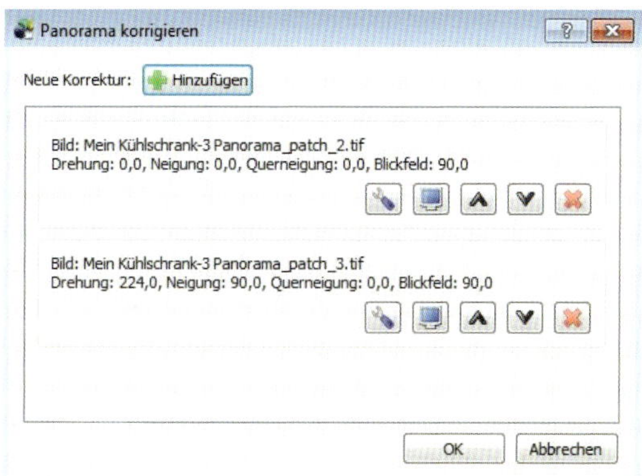

Symbole im Dialogfeld Panorama korrigieren.

Korrekturfoto in Photoshop öffnen

1. Um das erste Korrekturfoto in Ihrem Bildbearbeitungsprogramm – auf meinem Computer ist das Adobe Photoshop – zu öffnen, klicken Sie auf das Monitorsymbol.

2. In einem zweiten Fenster öffnen Sie Ihr Logo (siehe Kapitel 4) und stellen die Ansicht *2 Fenster nebeneinander darstellen* ein. Dann ziehen Sie das Logo direkt auf das Korrekturbild. Sollten Sie ein anderes Logo oder Bild einfügen wollen, achten Sie darauf, dass es sich um ein PNG-Format mit transparentem Hintergrund handelt, denn nur so bleiben alle anderen Bilddetails im Korrekturbild erhalten. Der Hintergrund des Bilds, das Sie einfügen wollen, muss demzufolge transparent sein.

3. Markieren Sie beide Ebenen und greifen Sie dann in der Werkzeugleiste zum *Verschieben-Werkzeug*. Sobald Sie das Werkzeug angeklickt haben, sehen Sie im oberen Bereich Ihres Arbeitsfensters die Möglichkeit, die Bilder horizontal und vertikal zu positionieren.

   Mit gedrückter `Alt`-Taste und der Maus vergrößern oder verkleinern Sie die Ansicht, um weitere Fehler besser erkennen zu können. In einer sehr großen Darstellung können Sie Ihr Bild bei gedrückter `Leertaste` und gedrückter linker Maustaste im Arbeitsfenster verschieben. Merken Sie sich diese Tastenkombinationen, denn so können Sie schnell im Bild navigieren.

4. Im nächsten Schritt werden mit dem *Kopierstempel* die Gitterstäbe des Bodens ausgebessert. Klicken Sie mit der rechten Maustaste auf das Bild, um die Pinseleinstellungen zu öffnen. Wählen Sie eine Pinselgröße aus, die etwa der Größe der Gitterstäbe entspricht. Bewegen Sie dann den Pinsel auf das Bild und drücken Sie gleichzeitig die `Alt`-Taste. So können Sie Bereiche aufnehmen, die Sie woanders drüberstempeln wollen.

5. Jetzt wird der linke Stab des Bodens auf den Stab mit dem Fehler kopiert. Arbeiten Sie mit der Vorher-Nachher-Darstellung. Ich empfehle, die Kante des weißen Stabs über der Kante der blauen Verpackung als Vorlage für den Stempel aufzunehmen. Dann beginnen Sie, an der gleichen Kante am rechten Stab, mit dem Überstempeln.

   Mit jedem Klick übertragen Sie den Bereich von links nach rechts. Je sauberer Sie arbeiten, desto besser wird Ihr Ergebnis. Nehmen Sie sich also Zeit für solche Aufgaben. Die Bilder geben Ihre Arbeit wieder. So können Sie auch viele andere Fehler beseitigen. Wenn Sie mit der Nacharbeit fertig sind, gehen Sie auf *Ebene/Auf Hintergrundebene reduzieren* und dann zu *Datei/Speichern*.

   Das Gleiche machen Sie mit allen Korrekturbildern. Während der ganzen Zeit bleibt Pano2VR geöffnet.

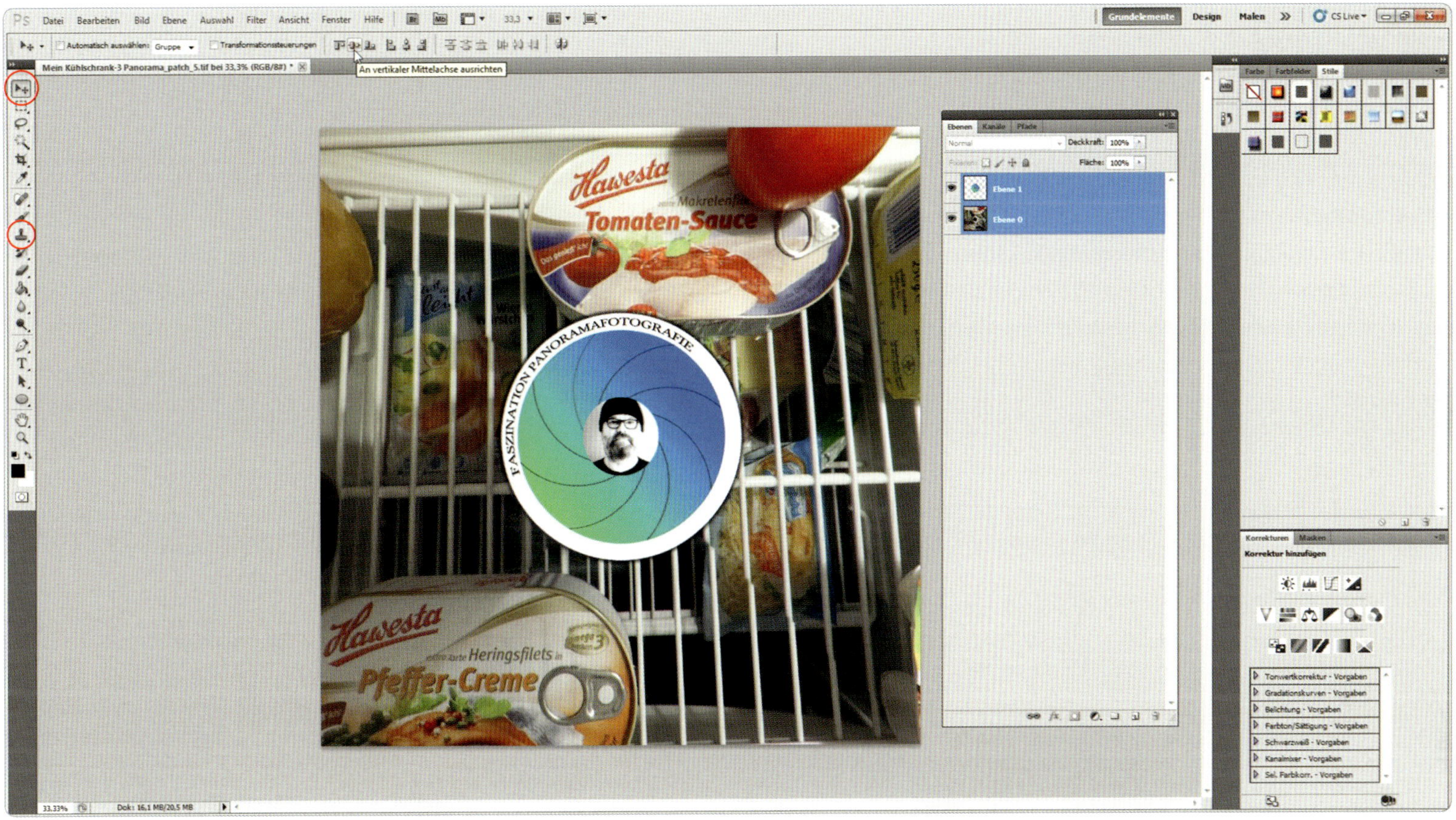

Bilder horizontal und vertikal positionieren.

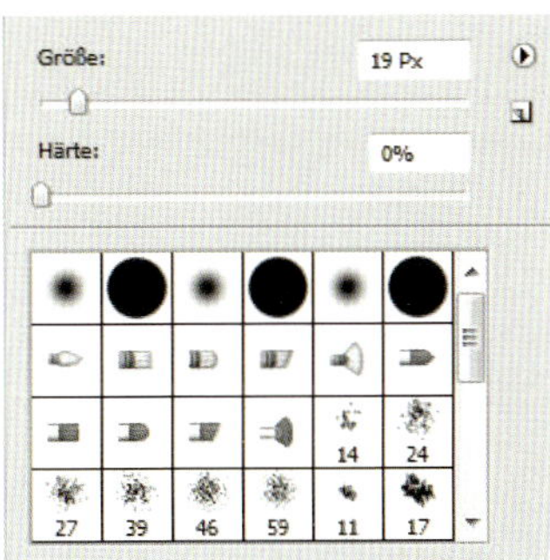

Pinseleinstellungen festlegen.

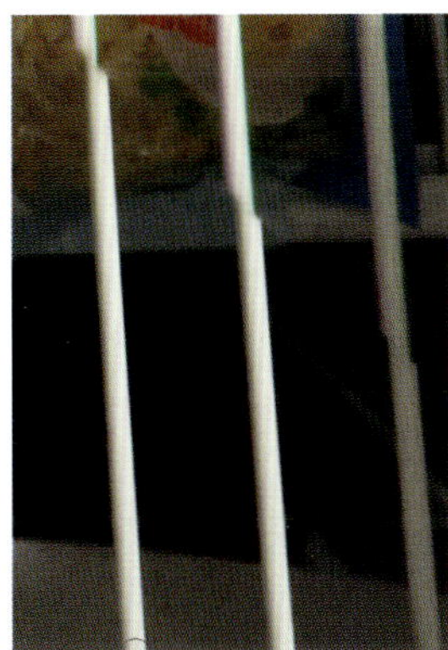

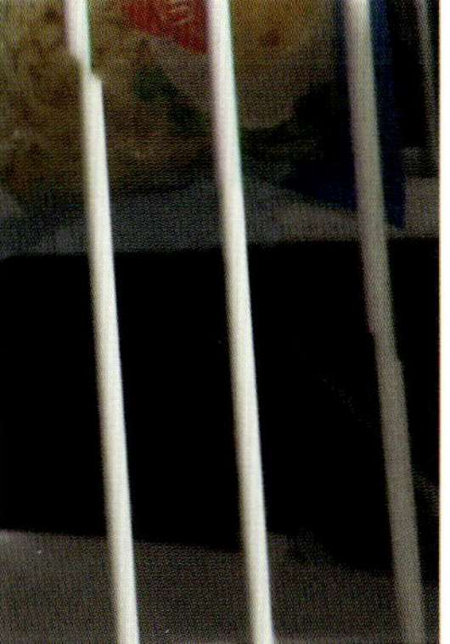

Vorher (links) und nachher (rechts).

6 Kehren Sie zurück ins Fenster *Panorama korrigieren* und klicken Sie auf *OK*. Pano2VR fragt Sie, ob Sie die Bildkorrekturen erneuern wollen. Bestätigen Sie das mit *Ja*. So werden die korrigierten Bilder in Ihr Panorama eingefügt.

Achten Sie im Arbeitsfenster von Pano2VR auf das kleine Vorschaubild. Ein erfolgreiches Einfügen Ihrer Korrekturen erkennen Sie am schnellsten am Logo, das dann statt der Stativbereiche im unteren Bereich zu sehen ist. Ich empfehle Ihnen, an dieser Stelle erst einmal das korrigierte Bild als equirectangulares Panorama auszugeben, bevor Sie weitermachen.

7 Dazu klicken Sie im Bereich *Ausgabe* auf die Schaltflächen *Transformation* und *+Hinzufügen*. Im Einstellfenster legen Sie folgende Parameter fest:

Typ: *Equirectangular*

Bildgröße: Die Bildgröße entnehmen Sie dem Startfenster. Oben links unter *Quelle* sehen Sie die Größe des Ursprungsbilds, in diesem Fall *7460 px*. Die Höhe ergibt sich automatisch.

Format: *TIFF (.btf)*

Klicken Sie abschließend auf *OK*, und das Bild wird mit der Endung *_out* im gleichen Ordner wie das Ursprungsbild gespeichert.

- *Anzeige Einstellungen* – In diesem Bereich legen Sie fest, mit welchem Blickwinkel die Animation startet und wie weit sich der User im Bild selbst bewegen kann. Sie können die Bewegungsrichtung und die Zoomstufe einstellen. Außerdem gibt es die Möglichkeit, festzulegen, dass die Himmelsrichtungen mit angezeigt werden. Ich empfehle Ihnen, einen aussagekräftigen Bildausschnitt zu wählen.

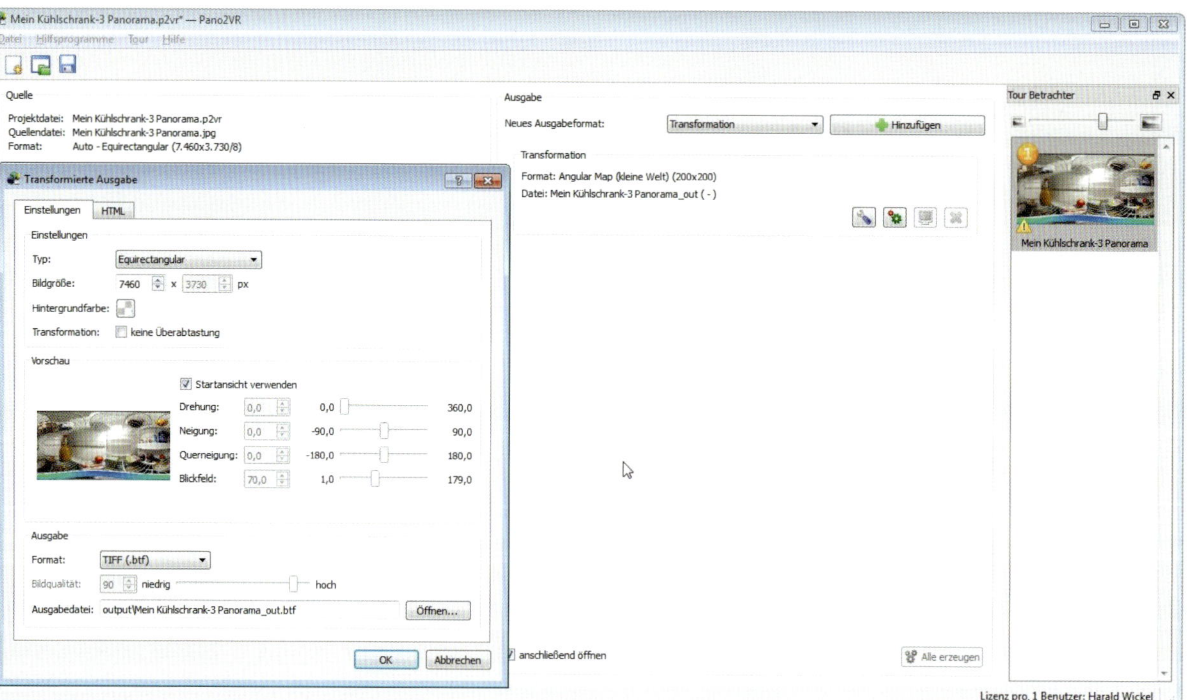

Die korrigierten Bilder werden in das Panorama eingefügt.

- *Benutzerdaten* – In diesem Fenster können Sie Copyright-Informationen, den Titel des Bilds und eine Beschreibung eingeben. Weiterhin besteht die Möglichkeit, direkt über Google Breiten- und Längengrade des Aufnahmeorts festzulegen. Dazu müssen Sie einmal den Norden setzen.

- *Hotspots* – Wenn Sie mehrere Panoramen zu einer Tour verknüpfen wollen, setzen Sie über dieses Fenster die Hotspots, um vom einen zum anderen Panorama zu wechseln. Es gibt drei Varianten von Hotspots: Punkthotspots, Polygonhotspots und Flächenhotspots.

Flächenhotspots einbauen

Erfahren Sie nun anhand eines Beispiels, wie Sie Ihr Logo mit einem Flächenhotspot verbinden. Die Parameter setzen Sie so, dass mit einem Klick auf das Logo die Webseite geöffnet wird, die auf dem Logo zu sehen ist.

Wählen Sie das Register *Flächenhotspot* aus und setzen Sie oben links bei *Aktivieren* einen Haken. Dann markieren Sie mit den blauen Malwerkzeugen den Bereich, der verlinkt werden soll. In diesem Fall habe ich das ganze Logo im Nadir markiert. Sie erkennen das an der roten Markierung. Neben dem Optionsfeld *Titel* vergeben Sie einen Namen für diesen Hotspot.

Ich empfehle, einen Namen zu wählen, der mit dem Link zusammenhängt oder mit dem Bereich, der verlinkt werden soll. Das ist wichtig, wenn Sie ganze Touren aufbauen und später in der Liste einen Hotspot suchen. Wenn Sie sich von Anfang an gut organisieren, fällt Ihnen eine spätere Änderung viel leichter.

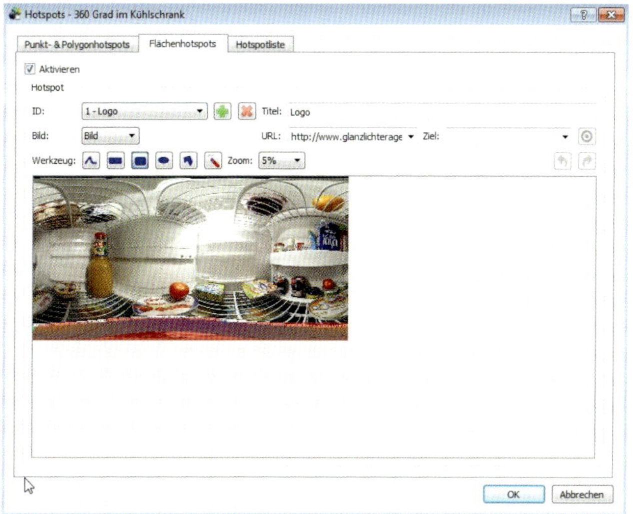

Einstellungen für den Flächenhotspot.

In das Eingabefeld *URL* geben Sie die Internetadresse ein, die geöffnet werden soll, wenn der Bereich angeklickt wird. In diesem Beispiel ist das meine Website *www.glanzlichteragentur.de*.

Im Optionsfeld *Ziel* haben Sie mehrere Auswahlmöglichkeiten. Hier wird festgelegt, wie das neue Fenster mit dem Ziel geöffnet werden soll. Entnehmen Sie die Bedeutung der folgenden Aufstellung.

- *_blank* – Das Ziel wird in einem neuen Fenster geöffnet.

- *_parent* – Das Ziel wird im Ursprungsrahmen geöffnet.

- *_self* – Das Ziel wird im gleichen Fenster geöffnet.

- *_top* – Das Ziel wird im Browservollfenster geöffnet, und alles andere ist weg.

Je nach Anforderung kann diese Auswahl individuell angepasst werden. In diesem Beispiel habe ich *_top* ausgewählt. Entscheiden Sie, dass der User innerhalb der Tour bleiben soll, müssen Sie auf jeden Fall *_blank* wählen, bevorzugen Sie, dass er immer zu Ihnen auf die Webseite kommen soll, dann wählen Sie *_top*.

Punkthotspots setzen

Ein Punkthotspot eignet sich z. B. dazu, ein Panorama mit einem weiteren zu verlinken. So entstehen Panoramatouren. Dazu wählen Sie ein weiteres Panorama aus und ziehen es in die Oberfläche von Pano2VR. Achten Sie darauf, das Bild in den Bereich *Quelle* zu ziehen. Das Programm erkennt dieses Panorama automatisch als zweites Bild.

Dann öffnen Sie den Hotspotbereich erneut. Wählen Sie hier das Register *Punkt & Polygonhotspots*. Sie können sich innerhalb des Bilds mit der Maus hin und her bewegen. Suchen Sie sich einen geeigneten Punkt, der verlinkt werden soll, aus. Um einen neuen Punkthotspot zu setzen, führen Sie einen Doppelklick auf das Bild aus, und zwar genau dort, wo der Punkthotspot später zu sehen sein soll. Entscheiden Sie sich doch für einen anderen Punkt im Bild, können Sie den erzeugten Hotspot über die `Entf`-Taste einfach wieder löschen. Sie können beliebig viele Hotspots setzen.

Sie erkennen einen markierten aktiven Hotspot an der roten Darstellung, ansonsten werden sie blau dargestellt. Als *Titel* vergeben Sie aussagekräftige Infos als Namen. Ich habe als zweites Bild ein Panorama der Küche hinzugefügt, also nenne ich den Link dorthin: *Tour zur Küche*. Achten Sie dabei auf folgende Schreibweise: *tour_zur_kueche*. Statt „ü" schreiben Sie unbedingt „ue". Denken Sie weiterhin daran, keine Leerzeichen zu verwenden, sondern Unterstriche. Dieses Regeln sollten Sie immer beachten.

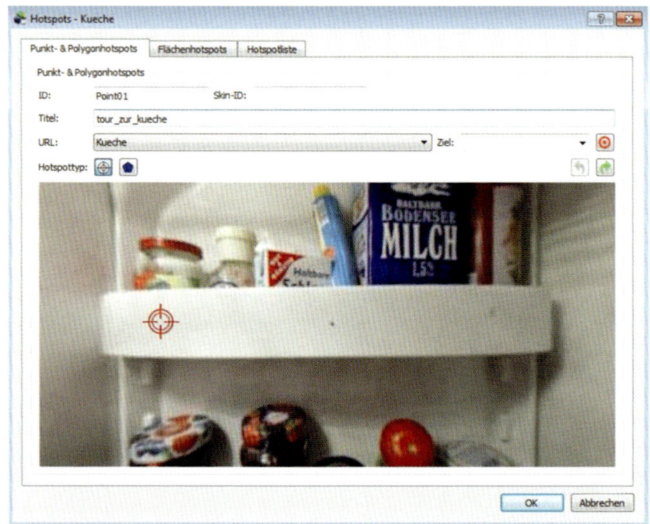

Punkthotspots setzen.

Den gleichen Prozess machen Sie mit allen Panoramen. Vergessen Sie dabei nicht, auch den Weg zurück möglich zu machen. Dann haben Sie Ihre Tour bereits verlinkt und können sich hin und her bewegen.

Medientypen einbauen

Im Bereich *Media* haben Sie die Möglichkeit, Hintergrundsounds, bereichsbezogene Sounds oder Bilder und Videos in Ihre Panoramen einzubauen. Dazu führen Sie einen Doppelklick auf die Position im Panorama aus, an der der Medientyp erscheinen soll. Je nachdem, welches Format Sie aus Ihrem Dateimanager auswählen, erkennt das Programm, worum es sich handelt – um eine Sounddatei, eine Videodatei oder ein Bild. Die Dateien sollten nicht zu groß sein. Je nach Medium haben Sie unterschiedliche Einstellungsmöglichkeiten.

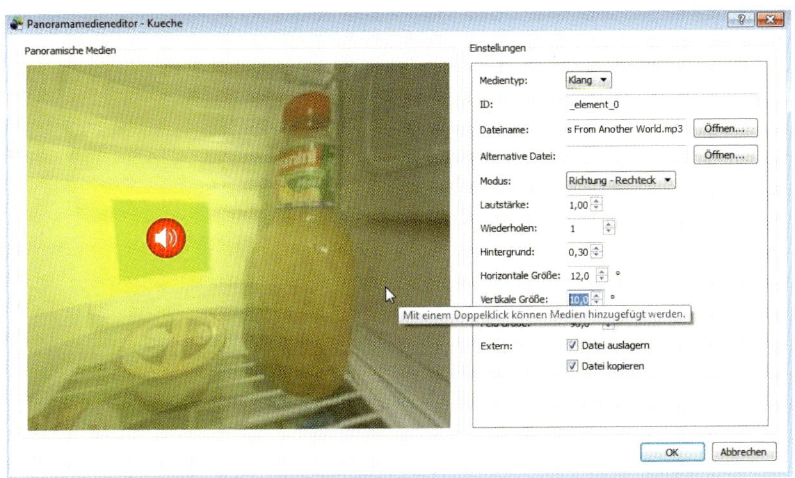

Einen Klang in das Panorama einbauen.

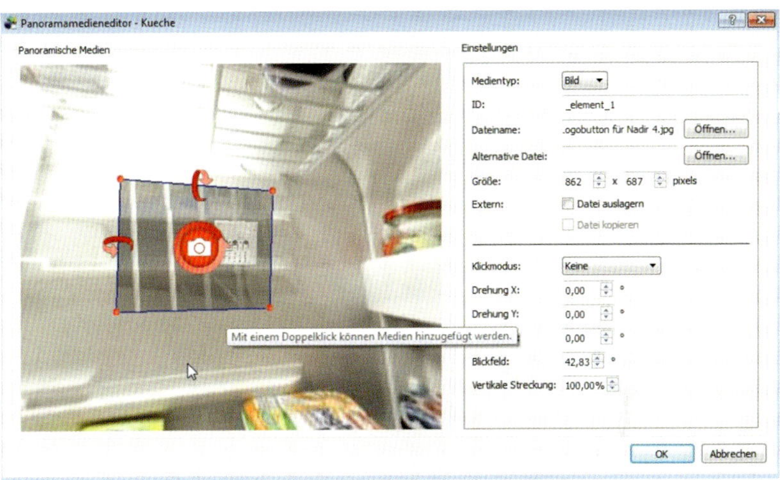

Trapezeinstellung für Medientypen.

Über das Optionsfeld *Modus* können Sie weitere Parameter zu dem jeweils ausgewählten Medientyp einstellen: *Statisch*, *Surround*, *Richtung Rechteck*, *Richtung Kreis*, *Effekt Rechteck* und *Effekt Kreis*.

Mit jedem Modus können Sie das Soundverhalten individuell einstellen. Es besteht je nach Einstellung die Möglichkeit, dass der Sound nur abgespielt wird, wenn die Maus über einen bestimmten Bildbereich fährt. Oder Sie lassen den Sound immer nur im Hintergrund laufen. Sie können den Sound in einem variablen Bildwinkel auch langsam ansteigen und als Fading langsam wieder ausklingen lassen.

Bei Bild- und Videodaten können Sie festlegen, ob sich das Video automatisch öffnet oder erst bei Mausklick. Weiterhin können Sie das Video im Vollbildmodus aufklappen lassen oder nur in dem Bereich, den Sie vorab festgelegt haben.

Eine weitere sehr schöne Einstellungsmöglichkeit ist die Trapezeinstellung für Video- oder Bilddateien. So können Sie ein Videofenster so anpassen, dass es exakt in einem vorhandenen Computermonitor oder TV-Display abläuft. Die Einstellung erfolgt über die roten Punkte und Pfeile direkt am Vorschaubild. Wenn Sie diese ganzen Gimmicks geschickt einsetzen, wird Ihre Tour zu einem echten Erlebnis.

- Lassen Sie in Ihrem Fernseher einen kurzen Film laufen.
- Legen Sie eine Visitenkarte zum Aufklappen auf den Schreibtisch.
- Lassen Sie einen Hund bellen oder eine Band Musik spielen.

Wie funktioniert das eigentlich?

Ein equirectangulares Panorama als animiertes virtuelles Bild wird erzeugt, indem das Programm aus Ihren Vorlagen eine Würfelfläche erstellt. Wenn wir diesen Würfel zusammenklappen und uns in die Mitte begeben, können wir in jede Richtung des Raums blicken oder hineinzoomen. Das Programm Pano2VR macht aus Ihren equirectangularen Panoramen diese sechs Flächen, aus denen dann die jeweilige Ausgabedatei erzeugt wird.

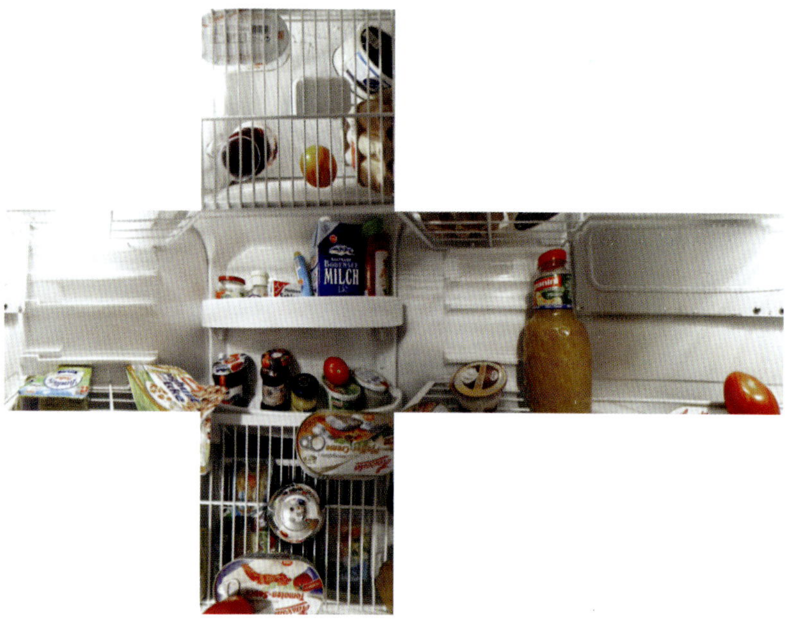

Aus diesen Flächen generiert Pano2VR die Ausgabedatei.

Was steckt hinter den Ausgabeformaten?

Jedes Ausgabeformat hat seine Geschichte und seine Eigenschaften.

- *HTML5* – Dies ist die fünfte Variante der *HyperText Markup Language* (Hypertext-Auszeichnungssprache). Es ist eine Computersprache zur Auszeichnung und Darstellung von Texten, Bildern, Videos, 2-D- und 3-D-Grafiken sowie anderen Inhalten in elektronischen Dokumenten. Ich empfehle Ihnen, dieses Ausgabeformat zu Ihrem Workflow zu machen, weil es in den meisten Systemen und Handys funktioniert. HTML5 ist mittlerweile in allen Browsern Standard.
- *Flash* – Der User benötigt einen Flashplayer, um das Panorama oder die Tour abspielen zu lassen. Diesen gibt es auch als Plug-in.
- *QuickTime* – Das Format stammt von Apple. Der User benötigt einen QuickTime-Player oder das Plug-in, um das Panorama oder die Tour abspielen zu können.
- *Transformation* – Im Ausgabebereich *Transformation* haben Sie die Möglichkeit, Ihr Panorama in sämtlichen Darstellungsformen, die man in der Panoramafotografie kennt, auszugeben.

Ausgabedatei im HTML5-Format

Die rechte Seite des Hauptfensters ist für die Ausgabe zuständig. Verwenden Sie für eine Internetpräsentation immer das HTML5-Format. Dieses Format deckt die größte Anzahl von Browsern ab, das heißt, Ihre Tour kann von jedem Browser und Handy angezeigt werden. Sie können bei der Ausgabe die unterschiedlichsten Einstellungen vornehmen.

Ich zeige Ihnen nun die Standardeinstellungen, die für die verschiedenen Bildschirme automatisch immer die optimale Darstellung gewährleisten.

Wenn Sie alle Hotspots, Daten und Parameter gesetzt haben, klicken Sie im rechten Bereich des Programmfensters auf *Neues Ausgabeformat* bzw. wählen dort *HTML5* aus. Dann klicken Sie auf *+Hinzufügen*.

Danach wird das *Einstellungen*-Menü geöffnet. Auf Basis meiner Erfahrung und in Absprache mit dem Softwareentwickler haben wir eine Performanceeinstellung entwickelt, die auf vielen Ausgabegeräten sehr gut funktioniert. Sie können diese Einstellparameter für Ihre Touren und Panoramen also übernehmen.

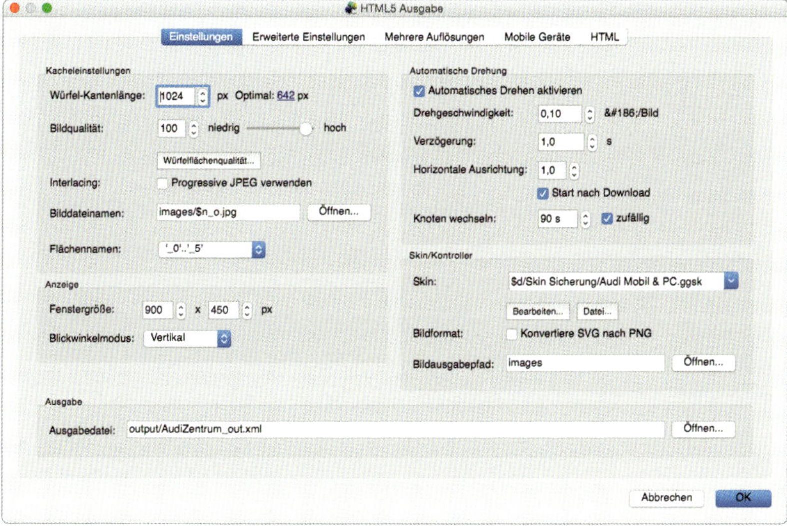

HTML5 Ausgabe *und* Einstellungen.

Stellen Sie im Register *Einstellungen* folgende Parameter ein:

- *Würfel-Kantenlänge: 1024 px*
- *Bildqualität: 100*
- *Automatisches Drehen aktivieren* anhaken.
- *Drehgeschwindigkeit: 0,10* – Es ist nicht gut, wenn Ihr Panorama sich zu schnell dreht, darum dieser Wert. Erhöhen Sie diesen Wert, dreht es sich schneller. Verkleinern Sie diesen Wert, dreht sich Ihre Animation langsamer.
- *Verzögerung: 1,0*
- *Start nach Download* anhaken
- *Knoten wechseln*: Stellen Sie *zufällig alle 90 s* ein. Wenn die Tour nur am Bildschirm geöffnet wird und keiner navigiert, lebt die Tour praktisch von allein. Alle 90 Sekunden kommt ein neues Panorama aus der Tour.
- *Skin*: Wählen Sie einen Skin aus den Vorgaben aus. Darunter versteht man die Bedienelemente, die zusätzlich zu sehen sind. Das Programm hält einige Vorlagen für Sie bereit. Sie können aber im Skin-Editor auch eigene erstellen und abspeichern.

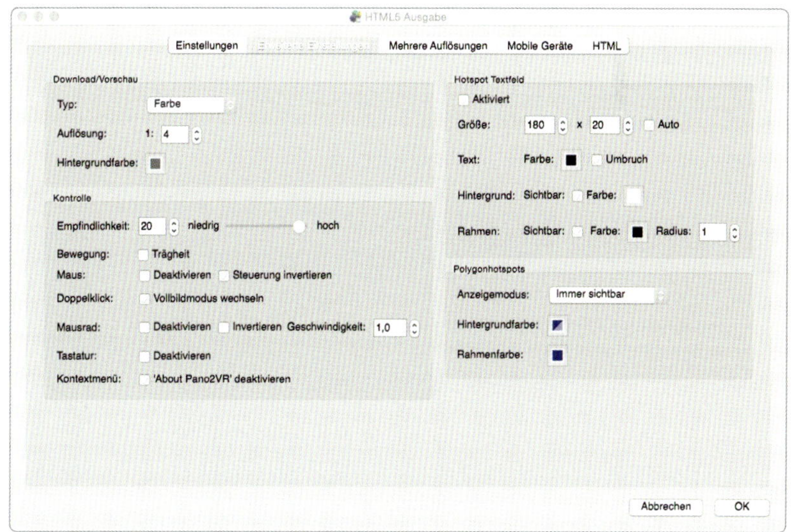

Festlegen der Erweiterten Einstellungen.

Im zweiten Register *Erweiterte Einstellungen* legen Sie folgende Parameter fest:

- *Typ*: Farbe – das bewirkt, dass beim Download bereits farbige Bilder zu sehen sind.
- *Empfindlichkeit*: Im Bereich *Kontrolle* stellen Sie die *Empfindlichkeit* auf *20* ein. Das sorgt für eine komfortable Bedienung über die Maus.

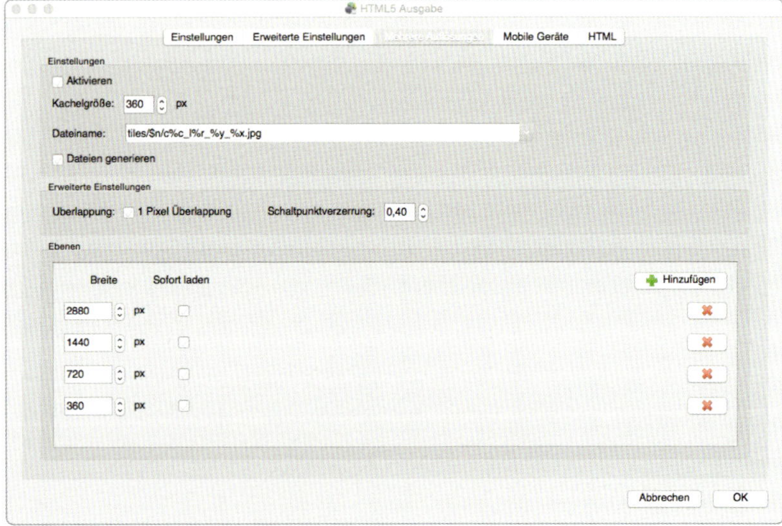

Mehrere Auflösungen *festlegen*.

Im dritten Fenster, dem Bereich für mehrere Auflösungen, legen Sie folgende Parameter fest:

- Klicken Sie jeweils auf *+Hinzufügen* und legen Sie vier Größen an.

  2880 px – 1440 px – 720 px – 360 px

Das bewirkt, dass alle Würfelflächen in verschiedenen Größen ausgegeben werden. Egal, mit welchem Wiedergabegerät Sie auf die Tour zugreifen, es wird automatisch die passende Größe gewählt. So funktioniert Ihre Tour auch auf dem iPad oder auf Handys.

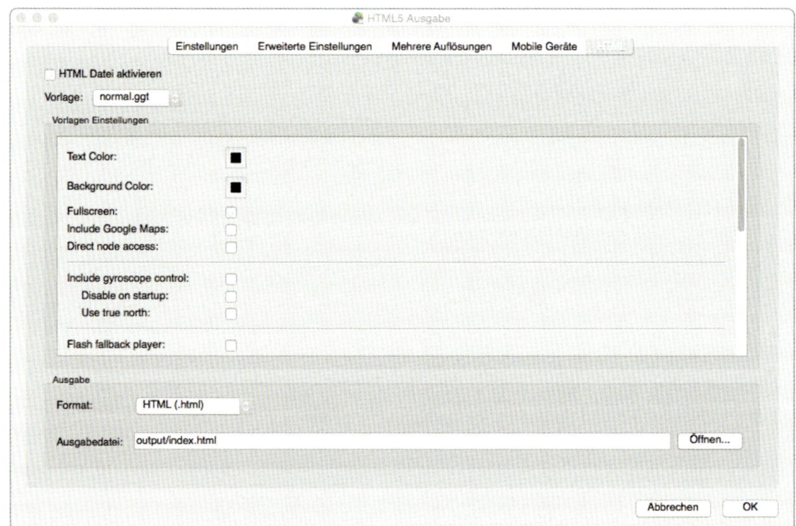

Einstellungen im Register HTML.

Im Register *HTML* nehmen Sie bei der Option *HTML Datei aktivieren* das Häkchen weg. Danach bestätigen mit *OK*, und das Programm fragt, ob Sie die Tour oder das Panorama ausgeben wollen.

Upload ins Internet

Pano2VR speichert die Tour in einem Ordner mit dem Namen *Output*. In diesem Ordner ist alles integriert, was für die Tour benötigt wird. Der Titel der Startdatei wird automatisch vom Titel der Projektdatei übernommen. Ich empfehle daher, leichte, kurze Titel als Projektdateien zu vergeben, zum Beispiel *Panoramatour*. Wenn Sie innerhalb des Ordners *Output* einen Doppelklick auf die Datei *Panoramatour.html* ausführen, startet Ihre animierte Panoramatour oder das einzelne Panorama automatisch in Ihrem Browser.

Um das Ganze im Internet der Öffentlichkeit zugänglich zu machen, müssen Sie noch einige Schritte weitergehen. Der Inhalt des Ordners *Output* muss komplett im Netz in der Ordnerstruktur einer Domain liegen. Diese Struktur dürfen Sie nach der Ausgabe der Tour oder des Panoramas nicht mehr verändern.

Eine Domain anmelden

Es gibt die unterschiedlichsten Anbieter, bei denen Sie eine Domain bestellen können. Sie erhalten mit einer Domain auch einen Onlinespeicher. Die Größe dieses Speichers ist unterschiedlich. Fragen Sie bei Ihrem Internetanbieter nach, unter Umständen haben Sie bereits einen Vertrag, mit dem Sie eine Domain anmelden können. Zuerst müssen Sie sich aber einen geeigneten Namen ausdenken und prüfen, ob die Domain überhaupt noch frei ist.

Verwaltet werden alle Domainnamen von der DENIC. Die DENIC eG ist die zentrale Registrierungsstelle für alle Domains unterhalb der Top-Level-Domain *.de* und damit verantwortlich für den Betrieb und die technische Stabilität einer wichtigen Ressource des deutschen Internets. Wenn Sie eine Domain kündigen wollen, kann das nur schriftlich über die DENIC geschehen.

Auf deren Webseite *www.denic.de* können Sie eine Abfrage Ihrer Wunschdomain durchführen. Wenn Sie bei dieser Abfrage eine Domain eingeben, die bereits existiert, bekommen Sie das angezeigt. Im weiteren Verlauf können Sie sogar die Inhaberdaten und den Namensserver für diese Domain abfragen. So können Sie herausfinden, wem die Domain derzeit gehört. Stellt sich bei dieser Abfrage heraus, dass Ihre Wunschdomain noch nicht registriert ist, können Sie sie bei einem Anbieter Ihrer Wahl auf Ihren Namen anmelden. Gegen eine Jahres- oder Monatsgebühr erhalten Sie dann unterschiedliche Pakete.

Achten Sie bei der Anmeldung darauf, dass die Möglichkeit eines FTP-Zugangs besteht. Über diesen Zugang laden Sie die Daten Ihrer Tour auf den Onlinespeicher. Wichtig ist auch, dass die Adresse Ihres Hauptverzeichnisses, und wenn vorhanden, der Unterverzeichnisse, in dem Ihre Tourdaten liegen, genau stimmt. Es kann ja sein, dass Sie noch andere Daten, wie z. B. eine Website, dort liegen haben.

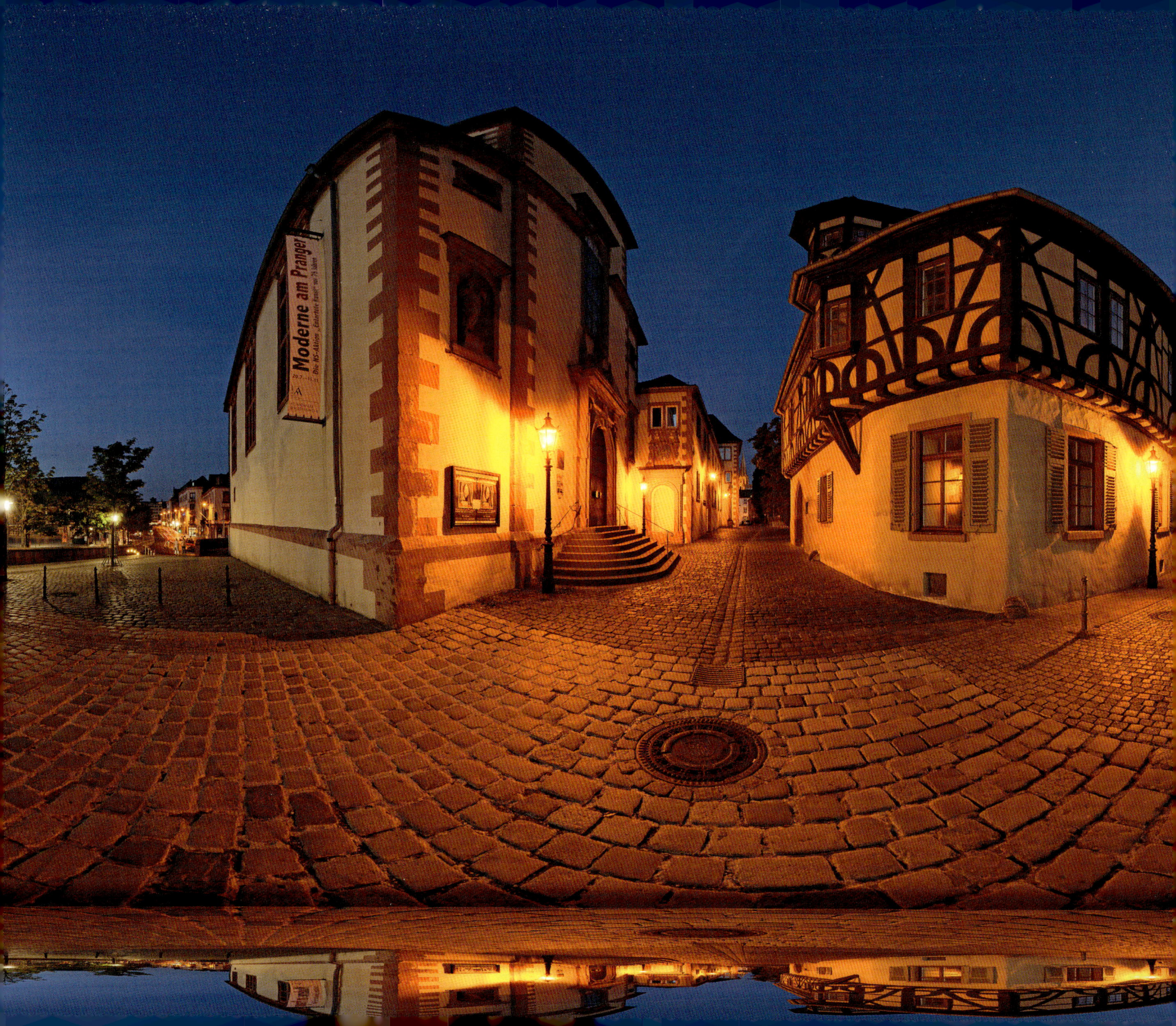
Moderne am Pranger

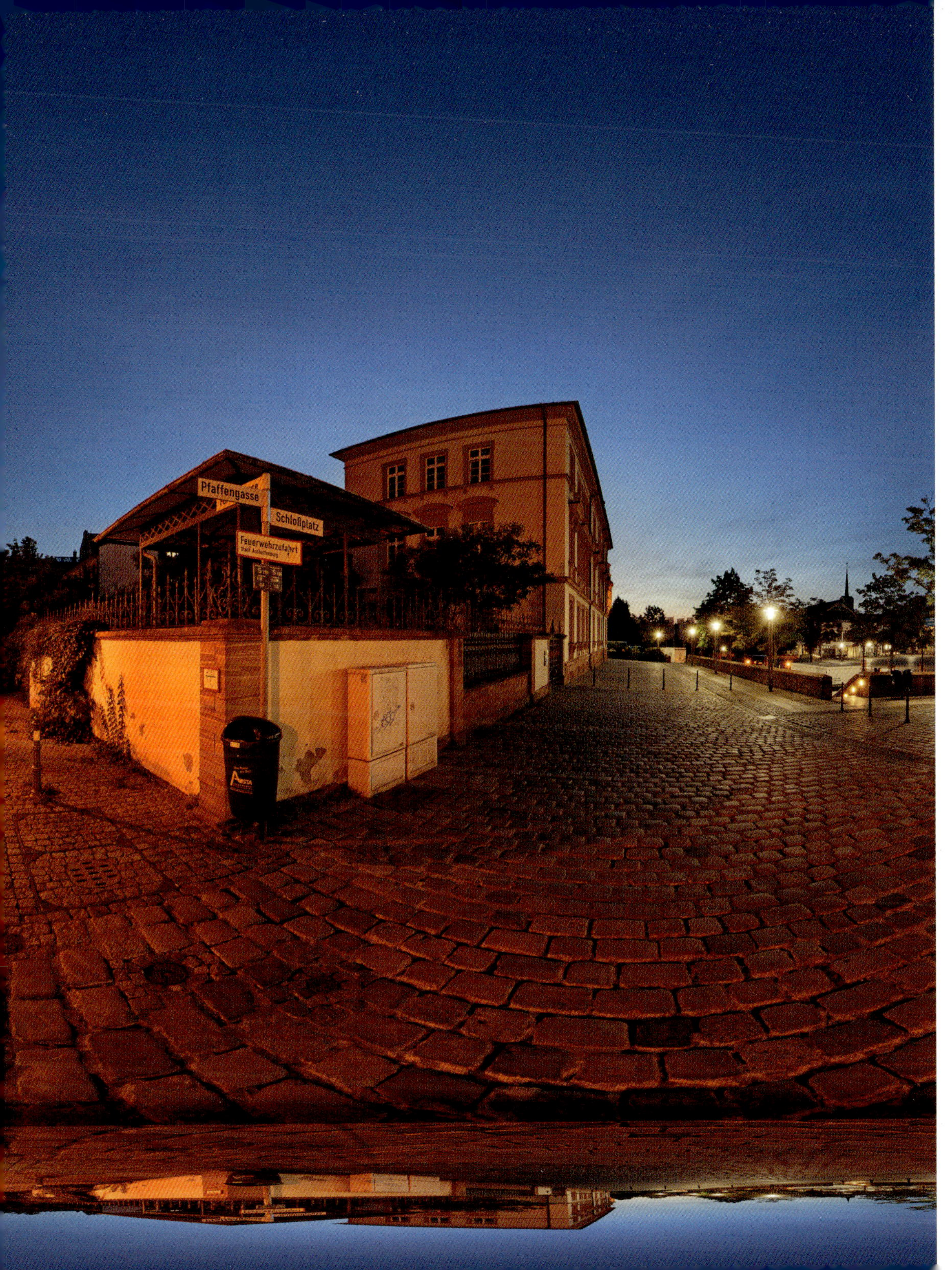

KAPITEL 6

Little-Planet

Erfahren Sie in diesem Kapitel, wie Sie mit der Panoramasoftware Pano2VR einen sogenannten Little Planet erstellen können. Lernen Sie den Prozess der Umwandlung eines equirectangularen Panoramabilds in eine solche Kugel bis ins kleinste Detail kennen.

Aus diesem 3-D-Panorama entsteht unser Little Planet.

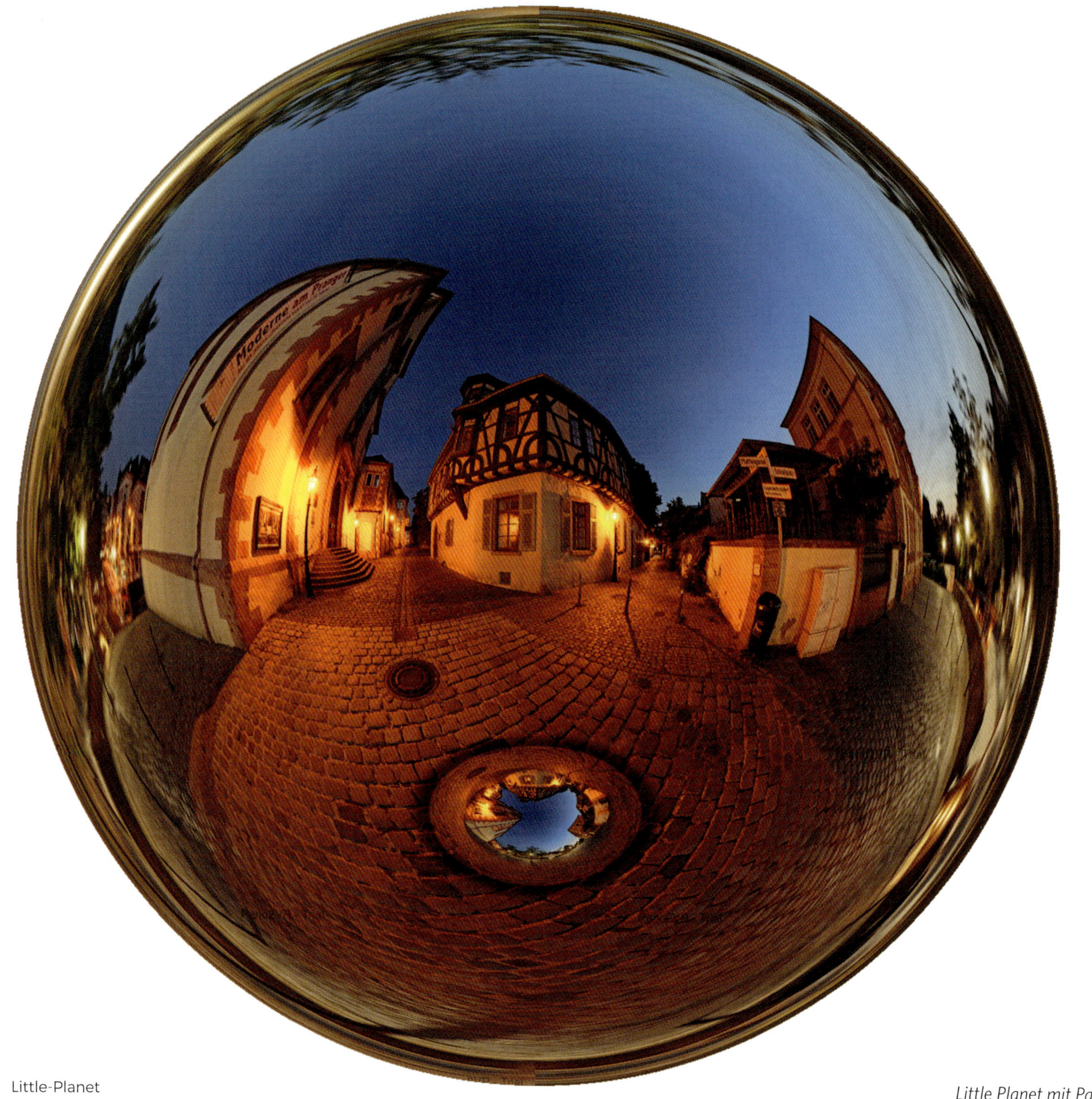

Little Planet mit Pano2VR.

Little Planet mit Pano2VR

Suchen Sie ein geeignetes Panorama aus. Es muss sich um ein equirectangulares, also ein 3-D-Panorama, handeln. Die besten Effekte erzielen Sie, wenn Sie ein oder zwei hohe Gebäude oder Motivteile im Bild haben.

1 Öffnen Sie die Software Pano2VR, ziehen Sie das Panoramabild per Drag-and-drop in das Arbeitsfenster des Programms und klicken Sie dann auf das Fernglassymbol, um die Bildgröße des Originalpanoramas im linken Bereich ablesen zu können. Alternativ können Sie Ihre Fenster auch anders anordnen.

2 Öffnen Sie mit einem Klick auf *Ausgabe* das Ausgabemenü. Hier klicken Sie auf die grüne Plusschaltfläche und wählen *Transformieren* aus.

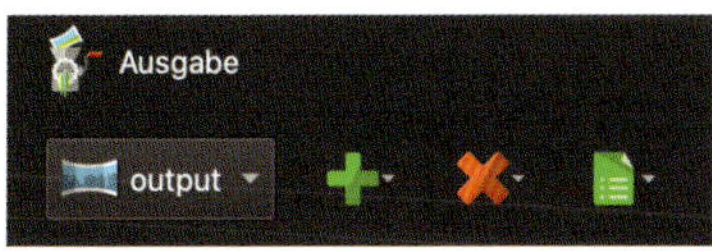

Das Ausgabe-*Menü öffnen.*

Stellen Sie zuerst den Ausgabetyp ein. Wählen Sie für die Little-Planet-Ausgabe den Typ *Angular Map* aus. Alternativ zu *Angular Map* können Sie Little Planets auch mit der *Stereographic*-Transformation erzeugen. Geben Sie als *Bildgröße* die gleiche Größe ein, die das Ursprungsbild aufweist. Diese können Sie im linken Bereich des Vorschaufensters ablesen.

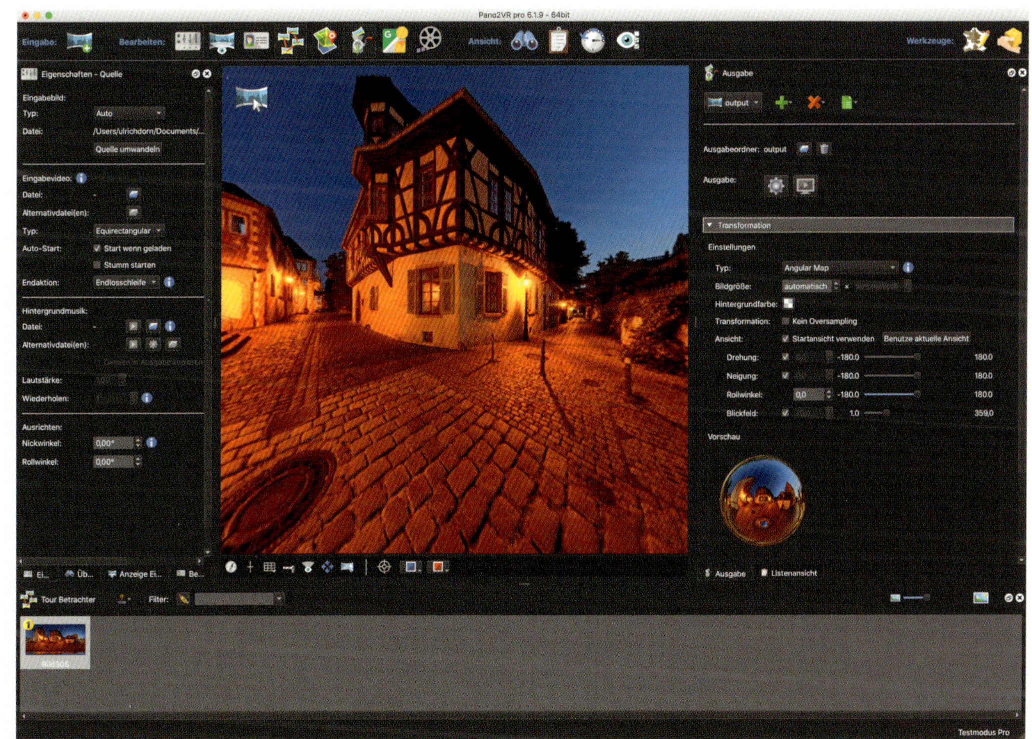

Das Panorama im Pano2VR-Arbeitsfenster.

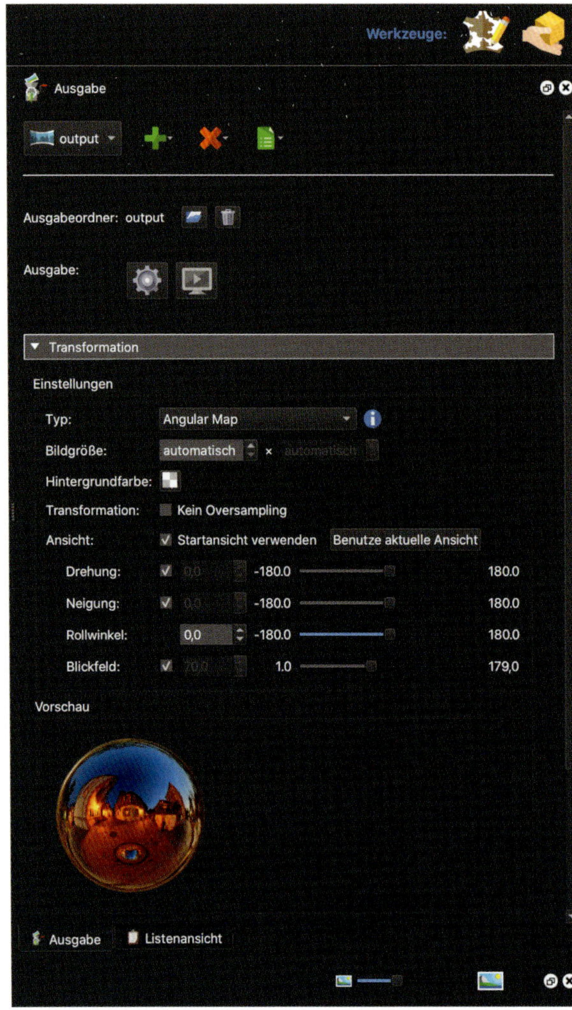

Ausgabeeinstellungen für die bevorstehende Transformation.

3 Die Hintergrundfarbe, die Sie auswählen, richtet sich nach dem Verwendungszweck Ihres fertigen Bilds. Wenn Sie die Hintergrundfarbe kennen, können Sie sie direkt eingeben. Wenn nicht, wählen Sie *Transparent* aus und speichern das Bild im PNG-Format. Dann bleibt der transparente Hintergrund erhalten.

4 Jetzt sind Sie in der Lage, alle Farben Ihrer Bilder professionell zu bestimmen, und können auch den richtigen Hintergrund in Pano2VR eingeben. Öffnen Sie mit einem Doppelklick das Einstellungsmenü für die Hintergrundfarbe und übertragen Sie den Farbcode, den Sie in Photoshop ermittelt haben. Sie können den HTML-Farbcode oder den RGB-Farbcode eingeben. Pano2VR wird dann den Hintergrund nach diesem Code gestalten.

5 Nehmen Sie im Bereich *Vorschau* das Häkchen bei *Startansicht verwenden* heraus, um die Regler individuell nach Ihrem Geschmack und Empfinden einstellen zu können. Verschieben Sie die Regler so, dass Ihnen die Ansicht der Kugel gefällt. Den Regler *Neigung* ziehen Sie ganz nach links, damit der Himmel außen erscheint. Über die Drehung legen Sie fest, welches Motivdetail wo zu sehen sein soll. Entwickeln Sie so Ihre eigene kleine Welt, Ihr Little Planet, Ihr Kunstwerk.

6 Legen Sie im Bereich *Ausgabe* unter *Format* fest, welches Ausgabeformat das Bild haben soll. Wie Sie auf der Abbildung sehen, sind alle wichtigen Ausgabeformate möglich. Beachten Sie, dass nur in den Formaten PNG und PSD bzw. PSB die Transparenz erhalten bleibt.

7 Legen Sie fest, wo Ihr Bild gespeichert werden soll. Klicken Sie auf *Ausgabe erstellen*, um das Bild zu erzeugen. Über den Button *Ausgabe öffnen* wird Pano2VR das Bild mit dem jeweils eingestellten Standardprogramm öffnen.

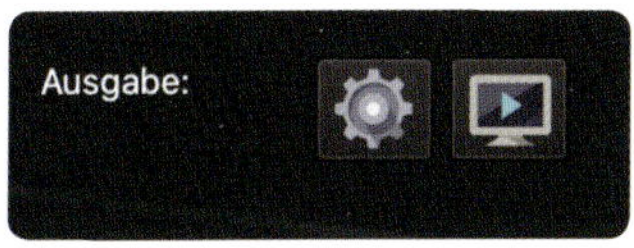

Ziel für die Ausgabedatei bestimmen.

8 Alle Einstellungen, die Sie gemacht haben, können als Vorlage gespeichert werden, um sie für das nächste Panorama schnell zur Verfügung zu haben. Klicken Sie dazu auf *Speichere die aktuelle Einstellung als Vorlage*. Über das grüne Pluszeichen können Sie weitere Ausgaben hinzufügen, und über das rote Kreuz löschen Sie diese Ausgabe. Wenn Sie auf eine bereits gespeicherte Ausgabe zurückgreifen wollen, wählen Sie über das Pluszeichen unter dem Eintrag *aus Vorlage* den Namen aus, den Sie bereits gespeichert haben – hier *Little_Planet*.

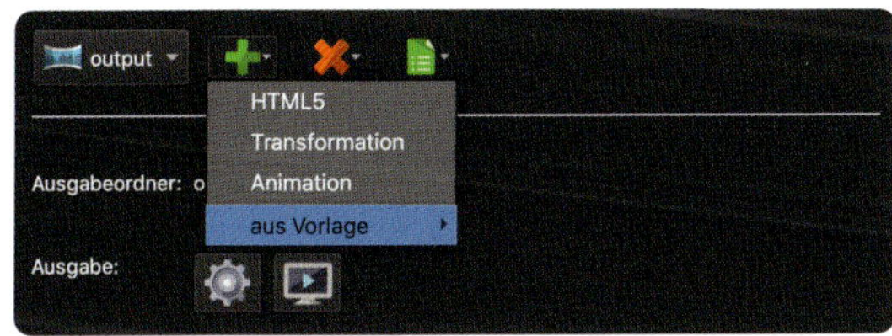

Anwenden einer gespeicherten Vorlage.

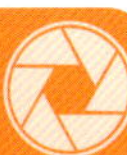

FARBCODE EINER FARBE ERMITTELN?

Öffnen Sie das entsprechende Bild in Photoshop. Wählen Sie das *Pipette*-Werkzeug aus und klicken Sie mit der *Pipette* im Bild einmal auf die Farbe. Danach führen Sie einen Doppelklick auf die eben ausgewählte Farbe, die als Vordergrundfarbe festgelegt wurde, aus. Im jetzt geöffneten Fenster *Farbwähler* können Sie alle Daten der von Ihnen ausgewählten Farbe ablesen.

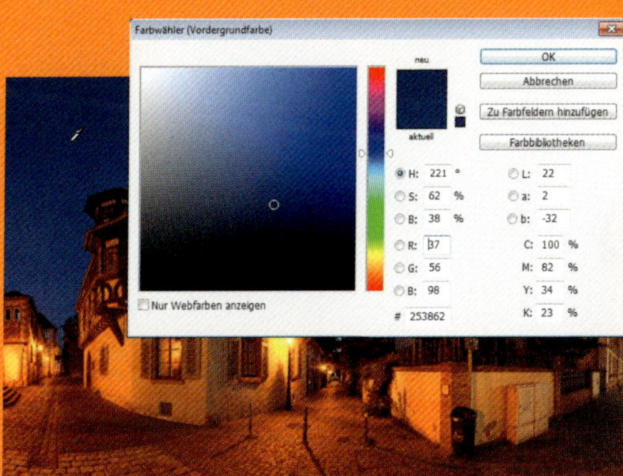

Innerhalb dieses Fensters sehen Sie alle gängigen Farbcodes, im linken Bereich den RGB-Farbcode sowie rechts den CMYK-Farbcode und den LAB-Farbcode. Unten links können Sie den HTML-Farbcode ablesen – hier *#253862*. Das ist auch nützliches Wissen, wenn Sie ein Bild für die Veröffentlichung auf einer Webseite anpassen wollen.

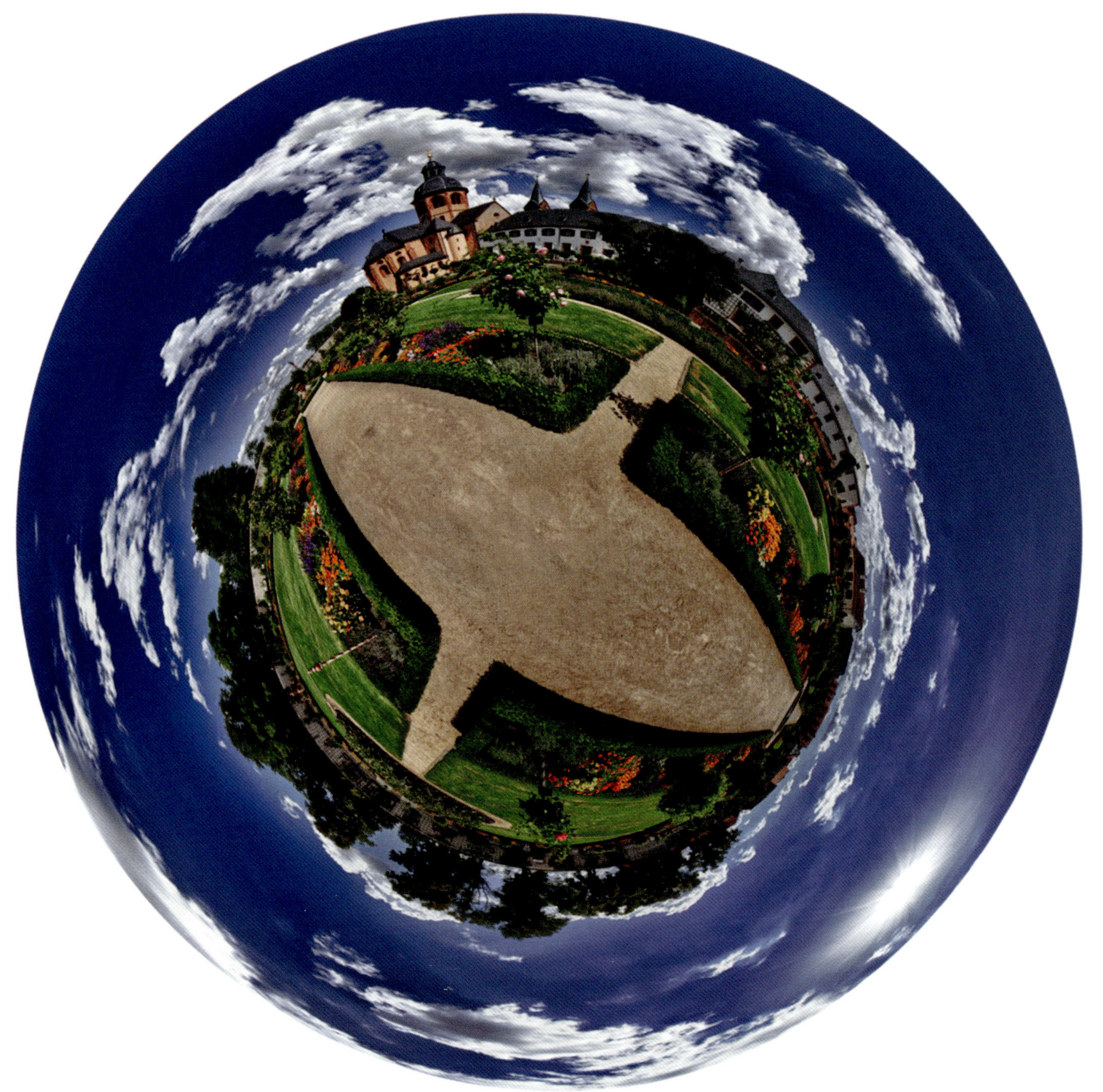

Little Planet mit Adobe Photoshop.

Little Planet mit Photoshop

Nun zu einer weiteren Variante, die zeigt, wie man auch mit Adobe Photoshop aus einem equirectangularen Panorama einen Little Planet machen kann. Oft werden diese Bilder auch kleine Welten genannt. Es gibt verschiedene Möglichkeiten, wie man Panoramen in solche Bilder umwandeln kann. Am besten dafür geeignet sind Städtepanoramen mit einem interessanten Himmel.

1. Öffnen Sie das Panorama in Photoshop und wählen Sie im Menü *Bild* die Funktion *Arbeitsfläche*. Stellen Sie die Parameter so ein, wie Sie es auf der Abbildung sehen können. Aktivieren Sie die Option *Relativ* mit einem Häkchen. Im Feld *Höhe* geben Sie *20 cm* ein, und den *Anker* legen Sie mit einem Klick oben in der Mitte fest. Bestätigen Sie die Einstellungen mit *OK*.

2. Mit dem *Auswahlrechteck-Werkzeug* erstellen Sie eine Auswahl um das gesamte Panorama. Dann klicken Sie mit der rechten Maustaste in das ausgewählte Bild und wählen im Menü *Ebene* den Befehl *Ebene durch Kopie* aus. Im Bedienfeld *Ebenen* sehen Sie nun zwei Ebenen.

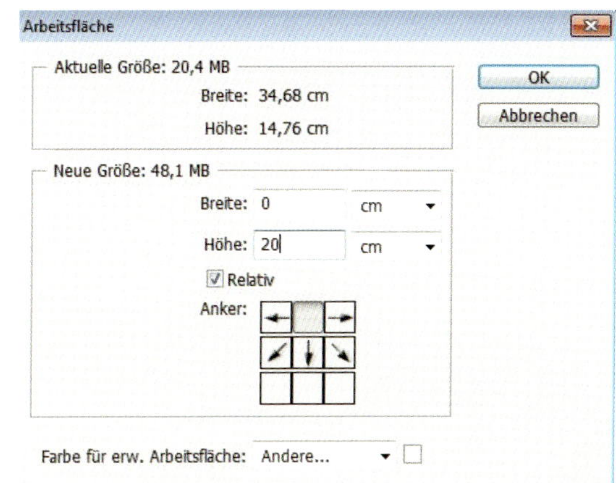

Einstellungen im Dialogfeld Arbeitsfläche.

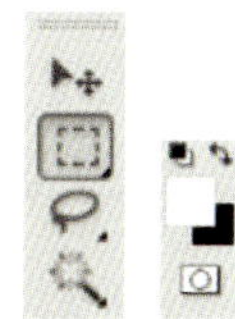

Auswahl und neue Ebene durch Kopie *erstellen.*

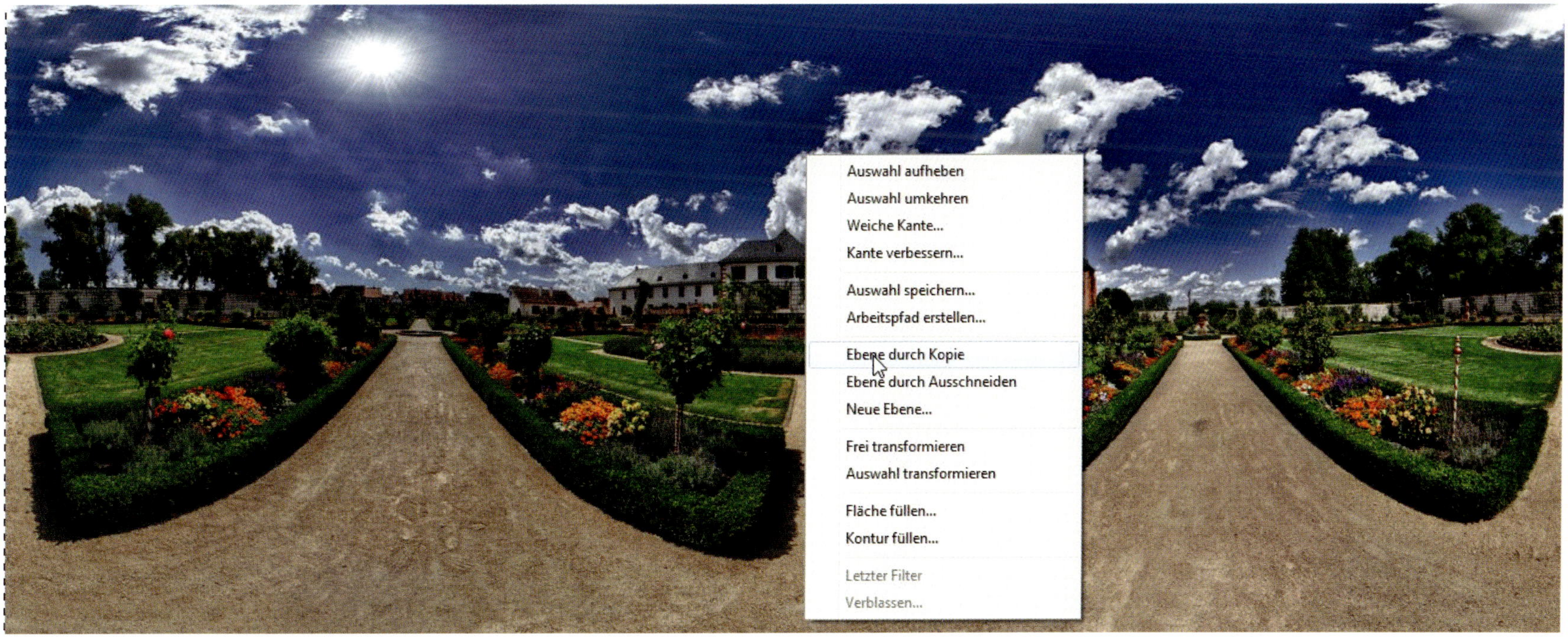

3 Markieren Sie auf die gleiche Weise die Hintergrundebene und füllen Sie sie mit weißer Farbe. Dazu wählen Sie als Vordergrundfarbe *Weiß* und den *Pinsel* aus. Klicken Sie mit der rechten Maustaste in das markierte Bild, stellen Sie eine große Pinselspitze ein und malen Sie die ganze Ebene mit weißer Farbe aus.

4 Aktivieren Sie mit einem Klick die Ebene mit dem Panorama. Über den Befehl *Bearbeiten/Transformieren/Vertikal spiegeln* drehen Sie das Panorama auf den Kopf. Im nächsten Schritt wählen Sie im Menü *Filter* den Filter *Verzerrungsfilter/Polarkoordinaten*.

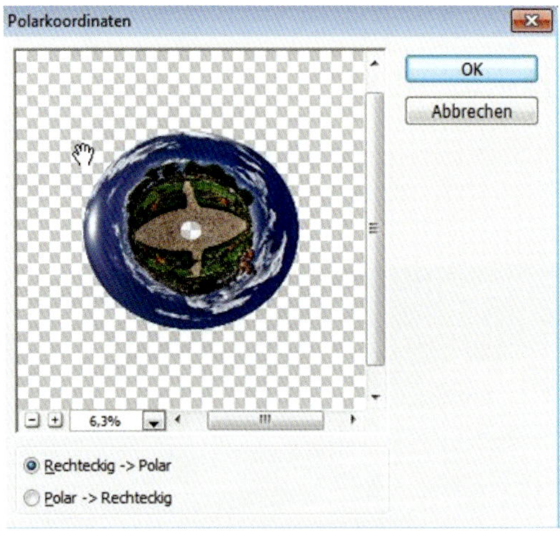

Der Filter Polarkoordinaten *in Aktion.*

Verkleinern Sie Ihre Ansicht durch Klicken auf das Minussymbol so weit, bis Sie die ganze kleine Welt in der Vorschau sehen. Gegebenenfalls klicken Sie auf *Polar/Rechteckig*. Bestätigen Sie Ihre Einstellungen mit *OK*.

5 Mit dem Befehl *Bearbeiten/Transformieren/Drehen* drehen Sie nun Ihre kleine Welt in eine optisch gute Position. Achten Sie darauf, das große Gebäude, wenn vorhanden, z. B. nach oben rechts oder links herausragen. Schließen Sie die Drehung mit `Enter` ab.

6 Vergrößern Sie bei gedrückter `Alt`-Taste das Bild so weit, dass Sie den mittleren Bereich nachstempeln können. Greifen Sie in der Werkzeugleiste zum *Kopierstempel*, mit dem Sie bei gedrückter `Alt`-Taste die Bildbereiche aufnehmen, die Sie in die Mitte stempeln möchten. Schließen Sie die Mitte mit ähnlichen Bildbereichen. Die Pinselgröße können Sie einstellen, indem Sie mit der rechten Maustaste auf das Bild klicken.

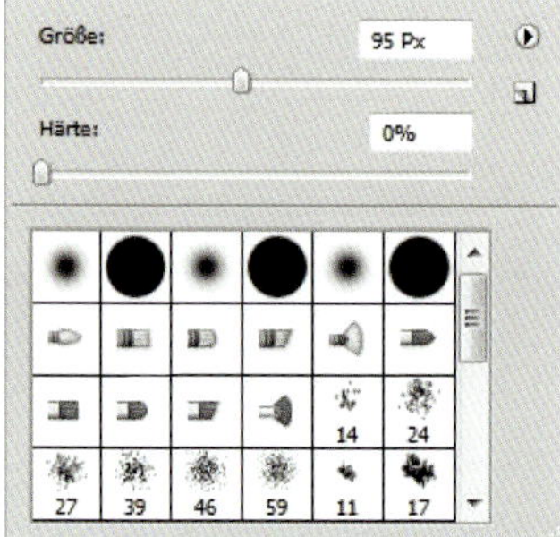

Für weiche Übergänge stellen Sie den Regler für die Härte *ganz nach links auf* 0% *ein.*

Nehmen Sie sich viel Zeit für solche Stempelarbeiten. Wenn nötig, nehmen Sie den Kopierbereich mit der `Alt`-Taste immer wieder neu auf. Mit der Funktion *Bearbeiten/Transformieren/Verkrümmen* können Sie den kleinen Planeten noch in die richtige Form bringen.

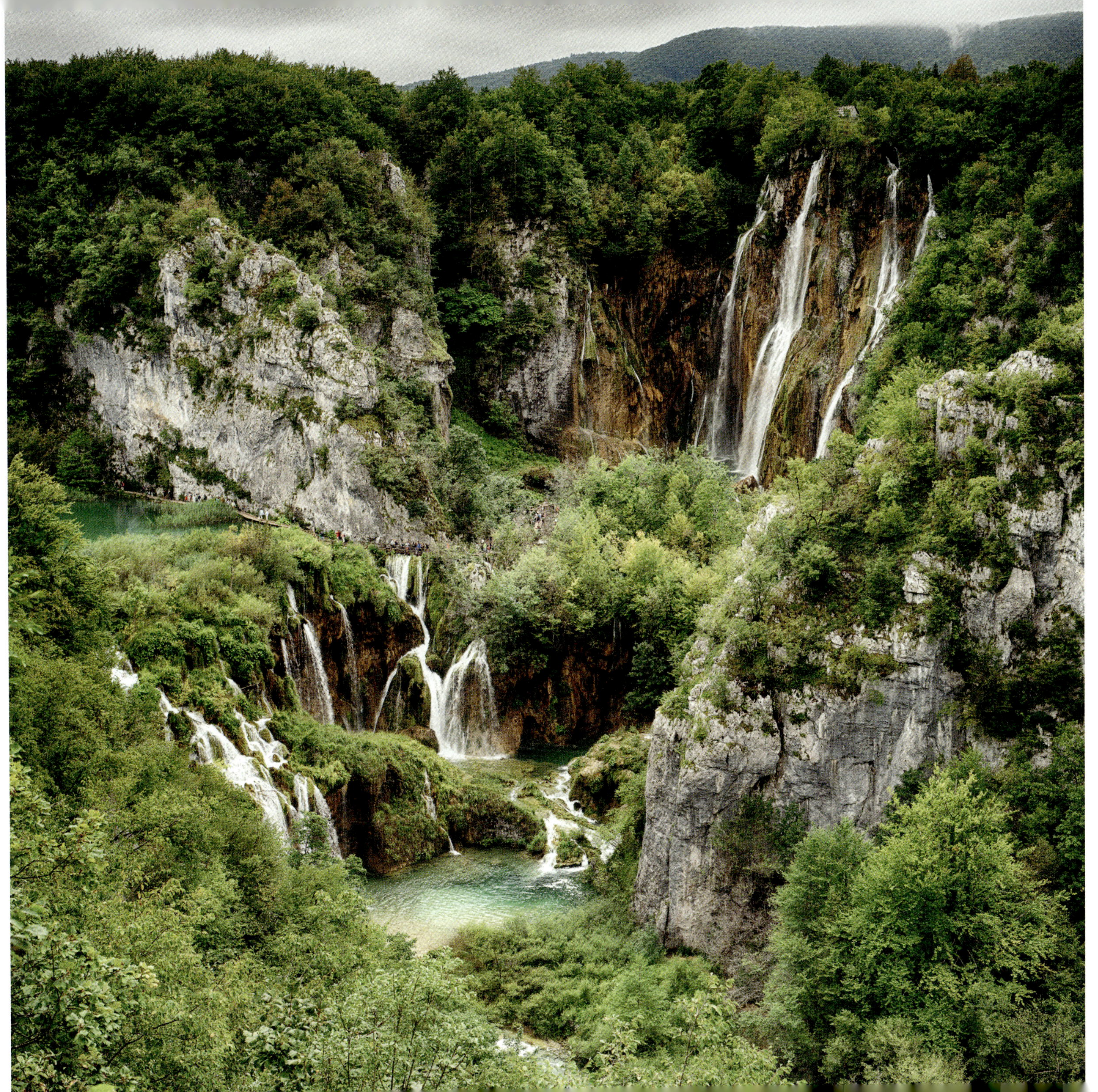

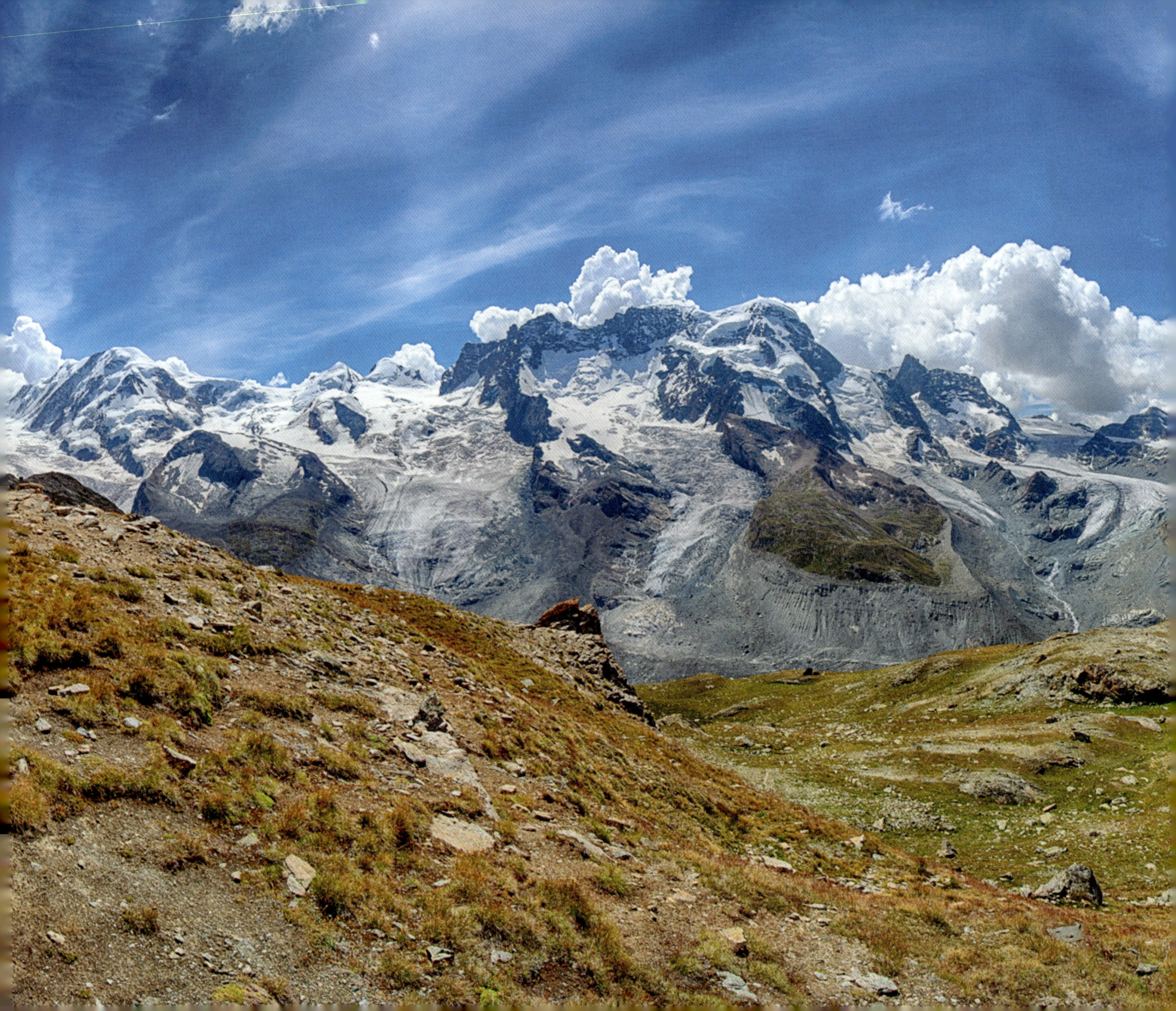

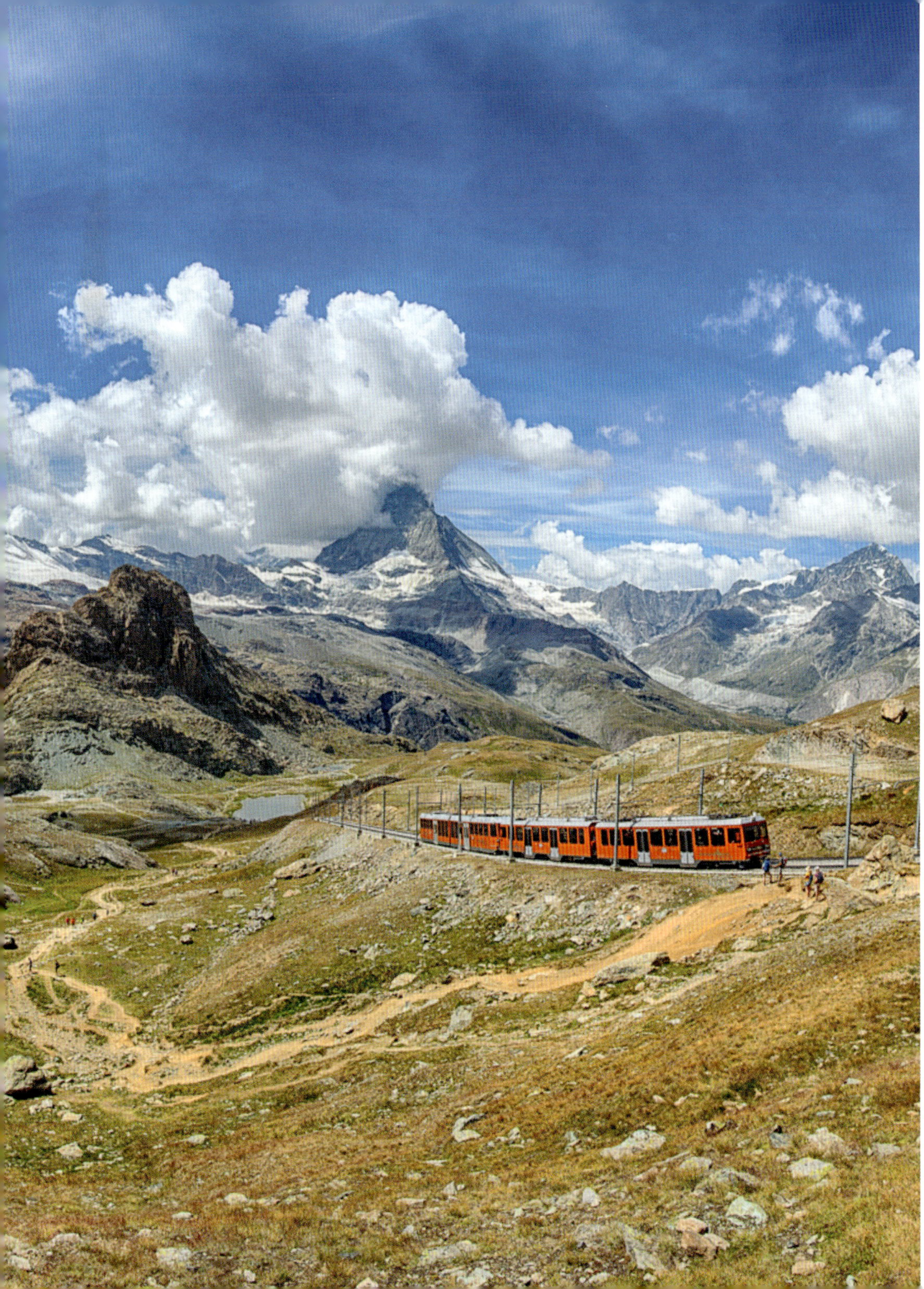

KAPITEL 7

HDR-Technik

Nachdem ich mehrere Jahre Panoramen fotografiert habe und meine praktische Erfahrung wuchs, kam auch die Zeit, in der ich mit meinen Bildergebnissen nicht mehr zufrieden war. Die Ansprüche stiegen parallel mit dem Wissen über die Themengebiete. Also begann ich, mich mit der HDR-Fotografie zu beschäftigen, und verknüpfte die Technik mit meiner Panoramafotografie. Ich zeige Ihnen in diesem Kapitel, was sich hinter der HDR-Fotografie grundlegend verbirgt. Des Weiteren erfahren Sie, bei welchen Panoramen die HDR-Technik sinnvoll ist.

Basiswissen HDR-Fotografie

Beginnen wir mit der Frage: „Was ist HDR-Fotografie?“ HDR steht für *High Dynamic Range* und bedeutet, dass Sie eine viel größere Anzahl von Helligkeitswerten auf einem Bild darstellen können. Das erreichen Sie dadurch, dass Sie ein Motiv in mehreren Belichtungsvarianten fotografieren und die Bilder mit einer speziellen Software präzise übereinanderlegen. Schauen wird uns ein paar Grafiken an, die das verdeutlichen.

Der Sensor Ihrer Kamera kann nur Helligkeitswerte aufzeichnen. Darunter versteht man die verschiedenen Stufen der Helligkeit zwischen Schwarz, ganz links im Balken zu sehen, und Weiß ganz rechts. Die Anzahl der Helligkeitsstufen, die vom Sensor erfasst werden können, entspricht der Verarbeitungsgeschwindigkeit, also der Bit-Zahl, mit der ein Sensor arbeitet. Die Kamerahersteller geben diese technischen Daten ihrer Systeme mit an. Wenn ein Sensor z. B. mit 24 Bit arbeitet, sagt das Folgendes aus: Die Angabe „24 Bit“ muss durch die drei RGB-Grundfarben geteilt werden.

24 Bit : 3 Farben (RGB) = 8 Bit je Farbe

Daraus folgt, dass wir 8 Bit pro Farbe zur Verfügung haben. Diese 8 Bit entsprechen 256 Helligkeitsstufen. Hier eine kleine Tabelle dazu.

1 Bit	=	2	Helligkeitsstufen
4 Bit	=	16	Helligkeitsstufen
8 Bit	=	256	Helligkeitsstufen
16 Bit	=	65536	Helligkeitsstufen
24 Bit	=	16.777.216	Helligkeitsstufen
32 Bit	=	4.294.967.296	Helligkeitsstufen
64 Bit	=	18.446.744.073.709.551.616	Helligkeitsstufen

Was ist ein Bit?

Ein Bit ist die kleinstmögliche digitale Speichereinheit. Ein Bit kann zwei Zustände haben, 1 und 0. In der digitalen Speicherung und Datenverarbeitung arbeitet man nur mit 0 und 1. Würden Sie ein Bild mit einem Bit abspeichern, hätte dieses Bild nur zwei Helligkeitsstufen. Ein Computer speichert natürlich nicht nur ein Bit, sondern ganze Zahlenreihen. Je mehr Bit ein System verarbeiten kann, desto mehr Kombinationen (Reihen) sind möglich, die für je eine Helligkeitsstufe im Bild stehen. Für die Fotografie bedeutet das: Je höher die Bitzahl eines Sensors ist, desto mehr Helligkeitsstufen kann er erfassen und in einem Bild aufzeichnen.

Es steht geschrieben, dass unser Auge etwa 10.000 Helligkeitsstufen erfassen kann. Wenn Sie also ein Bild aufnehmen wollen, das genau so aussieht, wie unser Auge es sehen kann, müssen Sie sich der HDR-Fotografie bedienen. Übertragen wir das auf Ihre Kamera, sieht es wie in der folgenden Grafik aus.

Beinhaltet das Motiv, das Sie aufzeichnen wollen, mehr Helligkeitsstufen, als der Sensor der Kamera erfassen kann, fehlen diese Bildinformationen. Um das zu umgehen, fotografieren Sie drei Aufnahmen mit unterschiedlicher Belichtung. Die folgende Grafik zeigt Ihnen die drei Aufnahmen, die fotografiert werden. Oben sehen Sie die Belichtungsanzeige Ihrer Kamera und unten den Helligkeitsbereich, der bei der jeweils eingestellten Belichtungszeit aufgezeichnet wird.

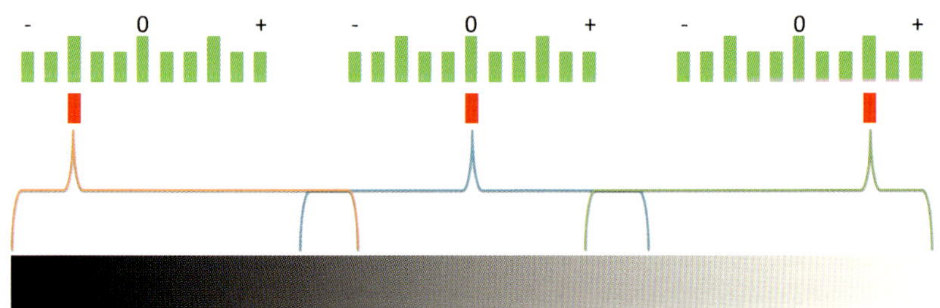

Erforderliche Parameter fehlen oder sind falsch.

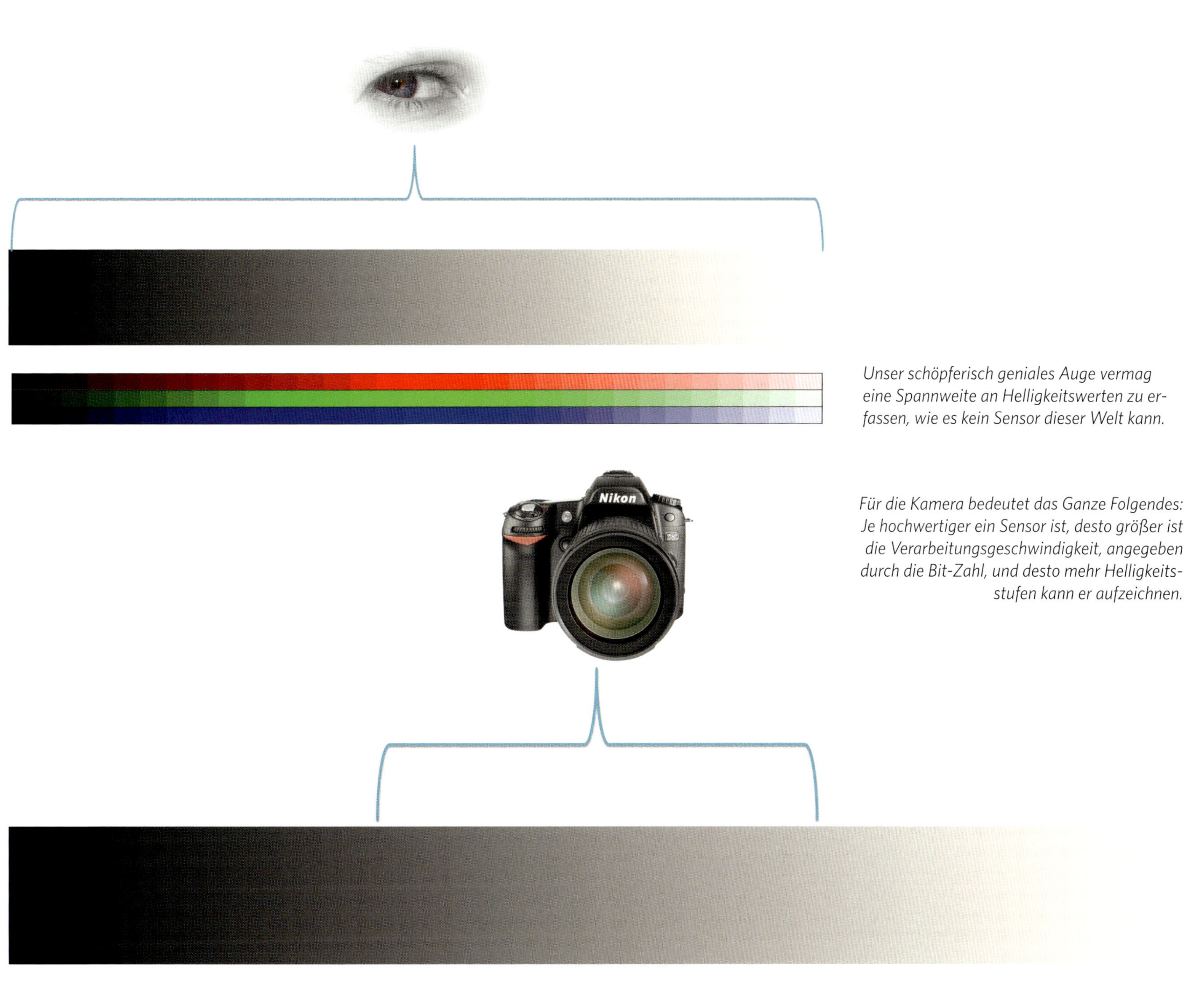

Unser schöpferisch geniales Auge vermag eine Spannweite an Helligkeitswerten zu erfassen, wie es kein Sensor dieser Welt kann.

Für die Kamera bedeutet das Ganze Folgendes: Je hochwertiger ein Sensor ist, desto größer ist die Verarbeitungsgeschwindigkeit, angegeben durch die Bit-Zahl, und desto mehr Helligkeitsstufen kann er aufzeichnen.

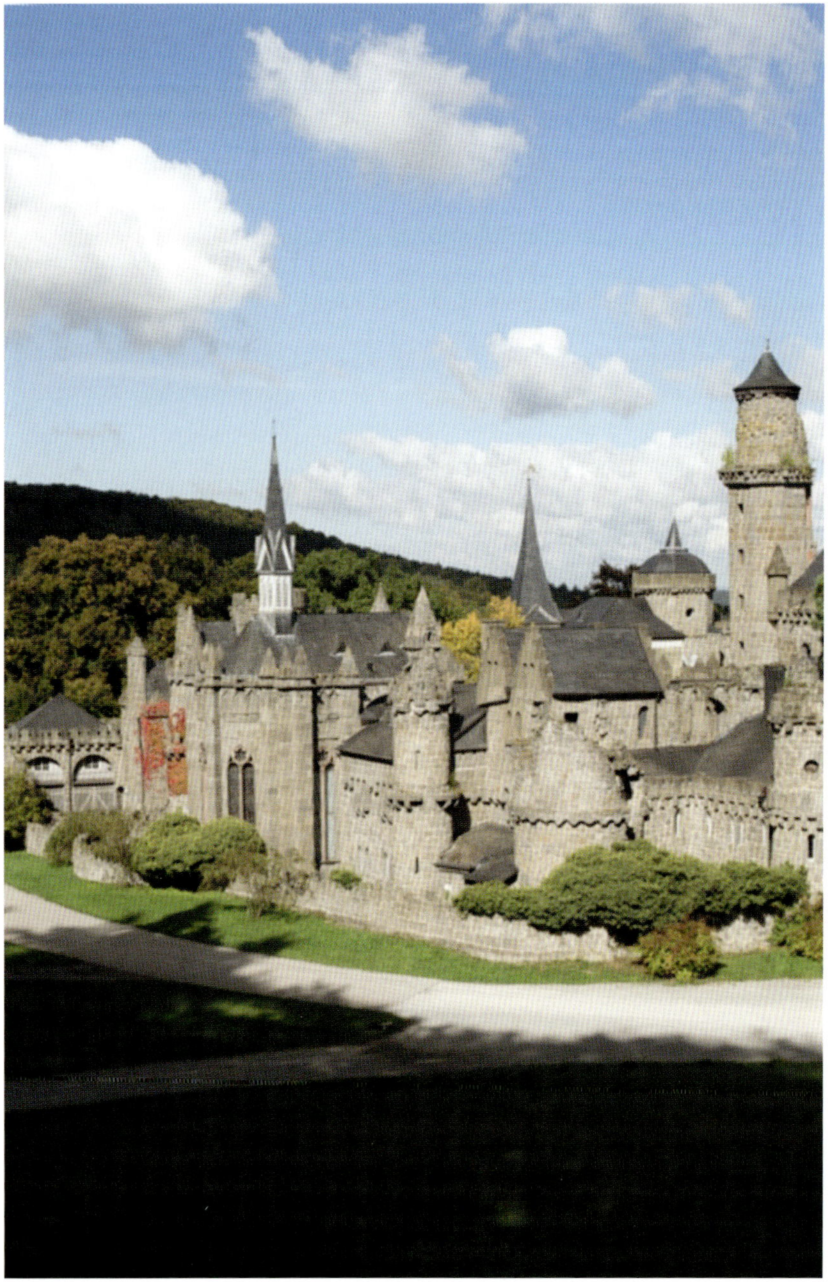

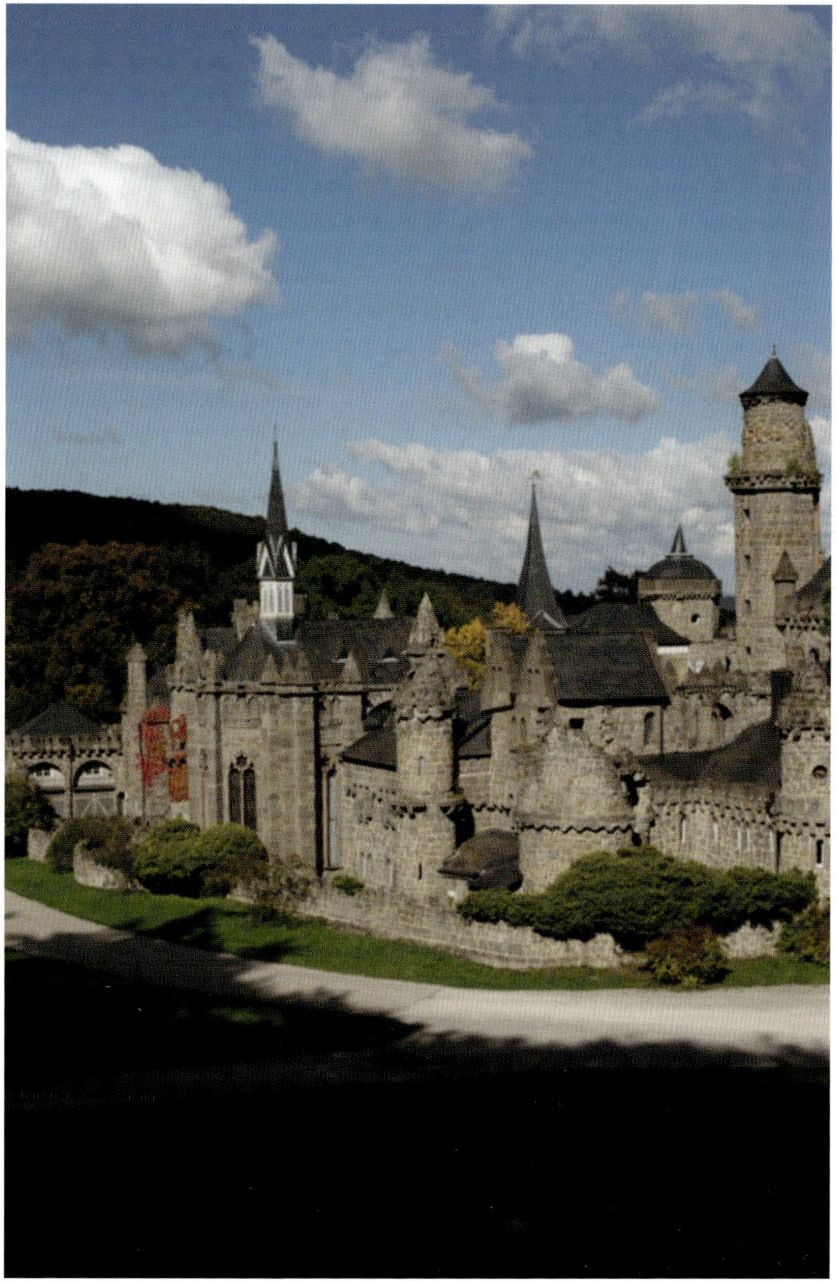

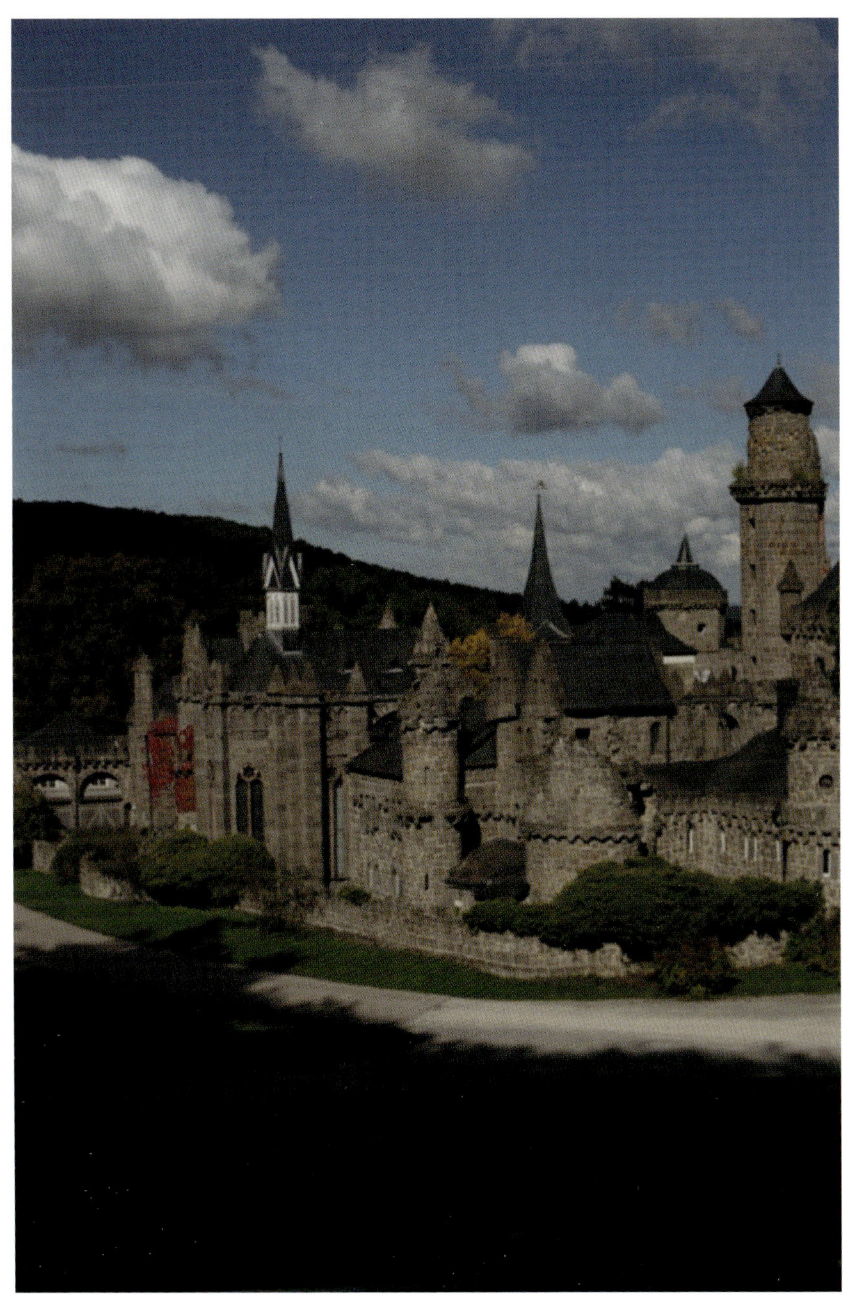

Eine Belichtungsreihe können Sie manuell fotografieren, oder Sie bedienen sich der Automatik Ihrer Kamera. Diese wird im Kameramenü häufig als als „Braketing", „Auto-Belichtungs-Reihe" oder ähnlich bezeichnet. Bei den meisten Kameras können Sie einstellen, welche Streuung Sie haben möchten und wie viele Einzelbilder die Kamera aufnehmen soll. Nach meiner praktischen Erfahrung reichen bei einer guten Kamera drei Bilder mit einer Streuung von zwei Lichtwerten völlig aus.

Betrachten Sie die obere Grafik. Sie können sehen, dass hier bewusst einmal mit einer mittleren Belichtung, einmal mit einer Überbelichtung und einmal mit einer Unterbelichtung fotografiert wurde.

- Die mittlere Belichtungszeit – das normale Foto zum Erfassen der mittleren Graustufen.
- Die Unterbelichtung – damit in den ganz hellen Bildbereichen Zeichnung zu sehen ist.
- Die Überbelichtung – damit in den ganz dunklen Bildbereichen Zeichnung zu erkennen ist.

In Bildern dargestellt, ergibt das drei Bilder mit unterschiedlicher Belichtung. Man nennt das auch Belichtungsreihe.

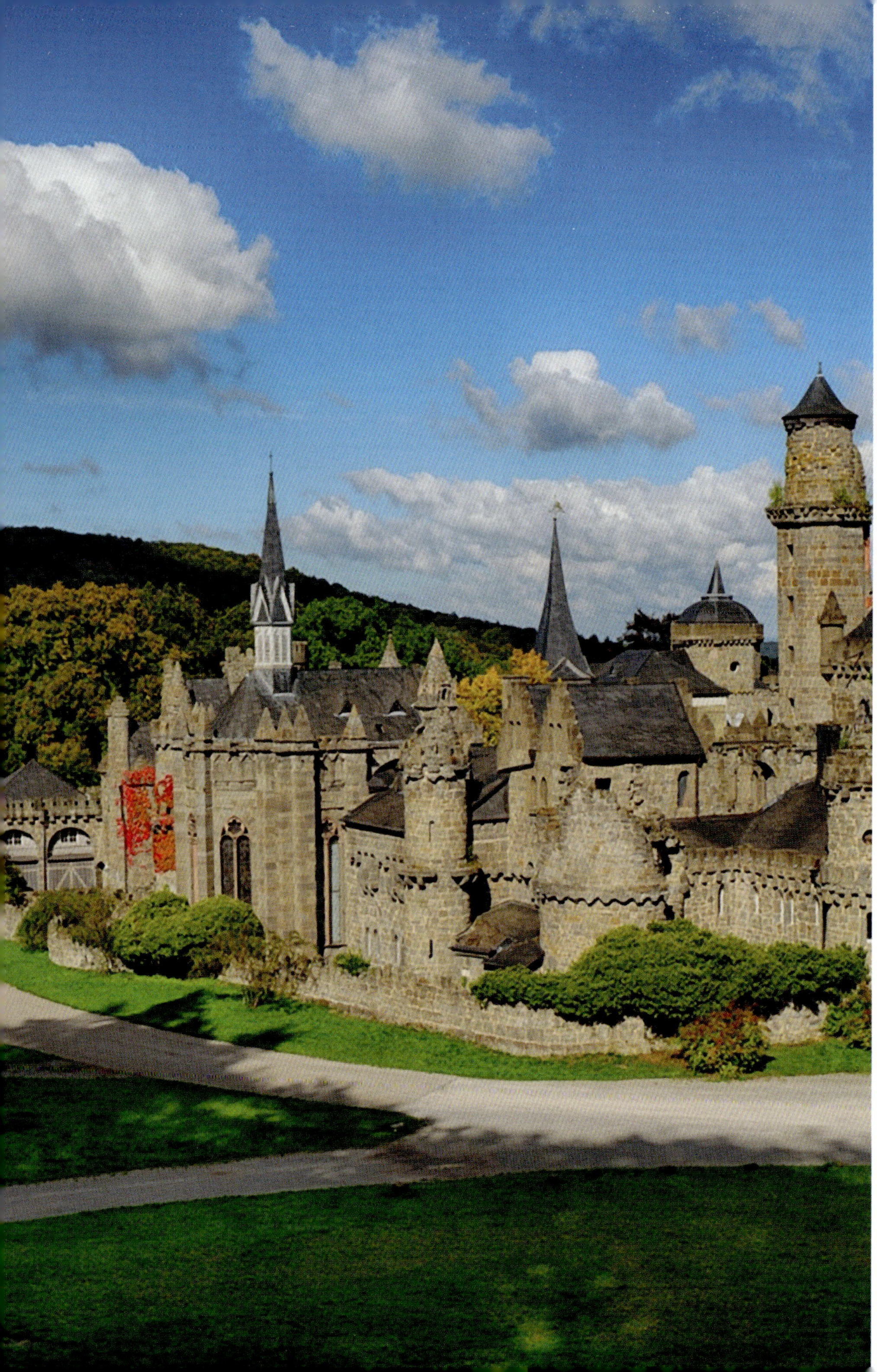

HDR-Fachbegriffe

Für diesen Entwicklungsprozess gibt es verschiedenen Techniken und Fachbegriffe, die ich Ihnen nun beschreibe.

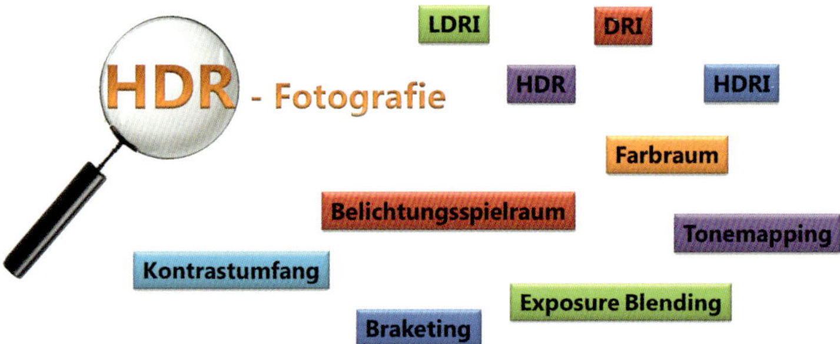

Exposure Blending

Bedeutet Belichtungskombination; ein mathematisches Verfahren, um aus einer Reihe unterschiedlich belichteter Aufnahmen ein Foto mit hohem Kontrastumfang zu erstellen.

DRI

Dynamic Range Increase, die Vergrößerung der Bilddynamik, eigentlich ein Oberbegriff für das Erzeugen von Fotos mit erhöhtem Kontrastumfang. Wird hierzulande aber hauptsächlich als Synonym für „Exposure Blending" verwendet.

Bei der HDR-Verarbeitung werden drei oder auch mehr Bilder mit einer speziellen Software wie HDR PROJECTS oder Aurora HDR Pro zu einem Bild konvertiert. Hier das Ergebnis.

HDR

High Dynamic Range, hoher Kontrastumfang, ein Sammelbegriff für Aufnahmen, Verfahren und Geräte, die einen über die Leistung herkömmlicher Digital- und Analogkameras hinausgehenden Kontrastumfang ermöglichen.

HDRI

High Dynamic Range Image, ein Foto mit hohem Kontrastumfang, ein digitales Bild mit einem Kontrastumfang von mindestens 1:10.000 und einer relativen Abstufung feiner als 1%.

LDRI

Low Dynamic Range Image, ein herkömmliches, normales Bild mit einem Kontrastumfang, der auch von herkömmlichen Bildschirmen dargestellt werden kann.

Tonemapping

Dynamikkompression, ein Verfahren in der Computergrafik, um HDRIs auf Geräten mit beschränktem Farbausgabebereich (z. B. Drucker, Monitor) darzustellen, also sie unter Beibehaltung relevanter Details wieder in LDRIs zu verwandeln.

Braketing

Unter Braketing versteht man das Anfertigen einer Belichtungsreihe. In den meisten Kameramodellen gibt es schon entsprechende Funktionen.

Belichtungsumfang

Der Belichtungsumfang ist der Bereich zwischen maximaler und minimaler Belichtung, bei der sowohl in den Lichtern als auch in den Schatten noch genügend Zeichnung zu erkennen ist.

Kontrastumfang

Der Kontrastumfang ist der Unterschied zwischen dem hellsten und dem dunkelsten Bereich eines Motivs. Er wird in Lichtwertstufen (Blendenstufen) angegeben.

Farbraum

Der Farbraum ist die Anzahl der zur Verfügung stehenden Farben für einen Sensor, Drucker oder Monitor. Ich empfehle Ihnen, Ihren gesamten Workflow immer im gleichen Farbraum zu konfigurieren. Wenn Sie Ihre Panoramen im Internet veröffentlichen, verwenden Sie unbedingt den sRGB-Farbraum, da nicht alle Browser den Adobe-RGB-1998-Farbraum darstellen können. Es würde sonst zu Farbverfälschungen führen. Als Grundsystem für die Bearbeitung und Speicherung Ihrer Panoramen nehmen Sie entweder den Farbraum ProPhoto RGB oder Adobe RGB 1998. Das ist abhängig davon, was Ihre Kamera kann.

Gute HDR-Software

Es gibt auf dem Markt sehr viele Programme, die zum Ziel führen. Man kann diese Programme nicht pauschal bewerten, da jedes seine speziellen Möglichkeiten bietet. Die folgende Liste zeigt die derzeit besten HDR-Programme auf dem Markt.

PROJECTS 8

Leicht zu bedienen mit vielen Voreinstellungen. Dieses Programm stelle ich in den nächsten Kapiteln vor.

DxO Nik Collection – HDR Efex Pro 2

Ein sehr effektives Programm, das ich auch in diesem Buch vorstelle (siehe *www.nikcollection.dxo.com/de/*).

PTGui Pro für HDR-Panoramen

Mit diesem Programm können Sie ganze Belichtungsserien im RAW-Format direkt in ein HDR-Panorama umwandeln. Das Programm bietet dazu die beiden Verfahren Fusion und Tonemapping an (siehe *www.ptgui.com*).

Wann ist ein HDR sinnvoll?

Wenn ich mir heute diese Frage stelle, würde ich antworten: Für mich gibt es keine andere Art der Fotografie mehr. Gerade im Bereich Panorama ergibt die HDR-Fotografie richtig Sinn. Bedenken Sie, dass Sie ein viel größeres Helligkeitsspektrum haben, wenn Sie Panoramen fotografieren. Bei 360 Grad zum Beispiel steht auf einer Seite die Sonne, demzufolge haben Sie auf der anderen Seite Schattenbereiche. Da ist, wie ich meine, die HDR-Technik die einzige sinnvolle Methode. Das soll aber nicht heißen, dass ein Panorama, auf dem man deutlich die ausgefressenen Bereiche der Sonne sieht, ein schlechtes Panorama ist.

Es soll jedem selbst überlassen sein, wie er das sieht. Ich habe Ihnen für Ihr Selbststudium zu diesem Thema ein paar Argumente zusammengefasst.

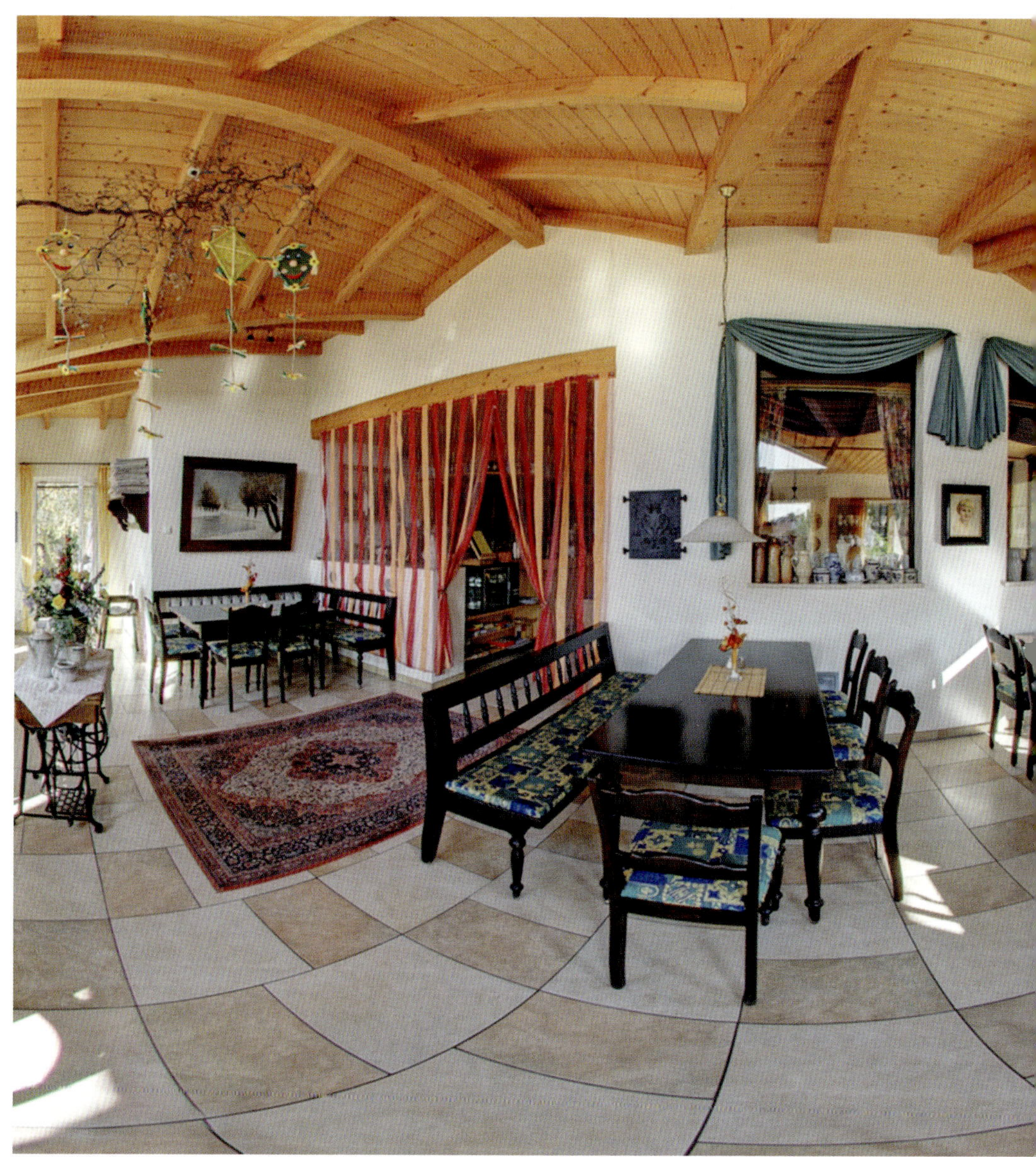

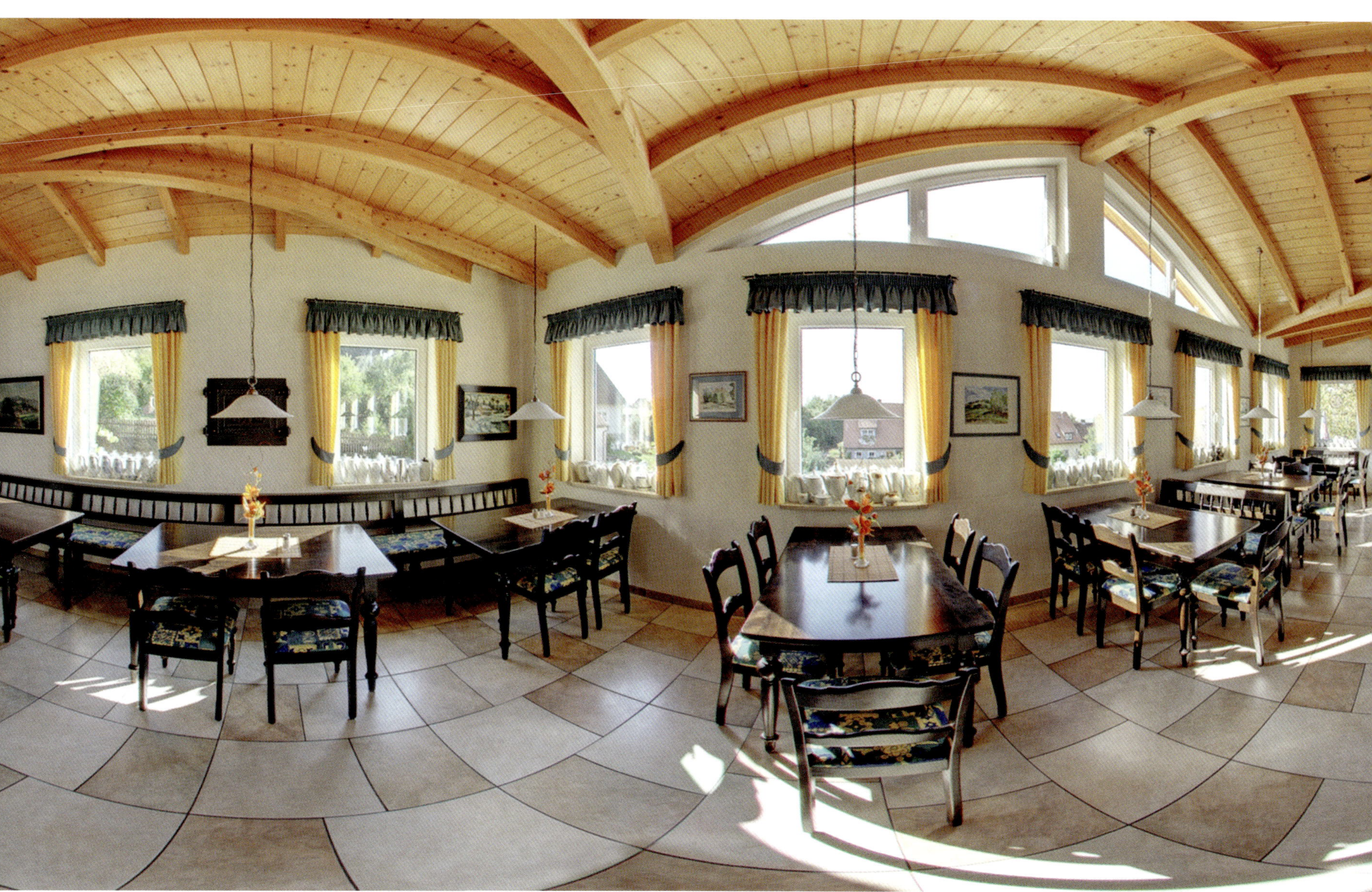

Innenraumpanorama

Wenn Sie einen Innenraum fotografieren, ist es nicht möglich, den Raum und das Fenster gleichzeitig optimal zu belichten.

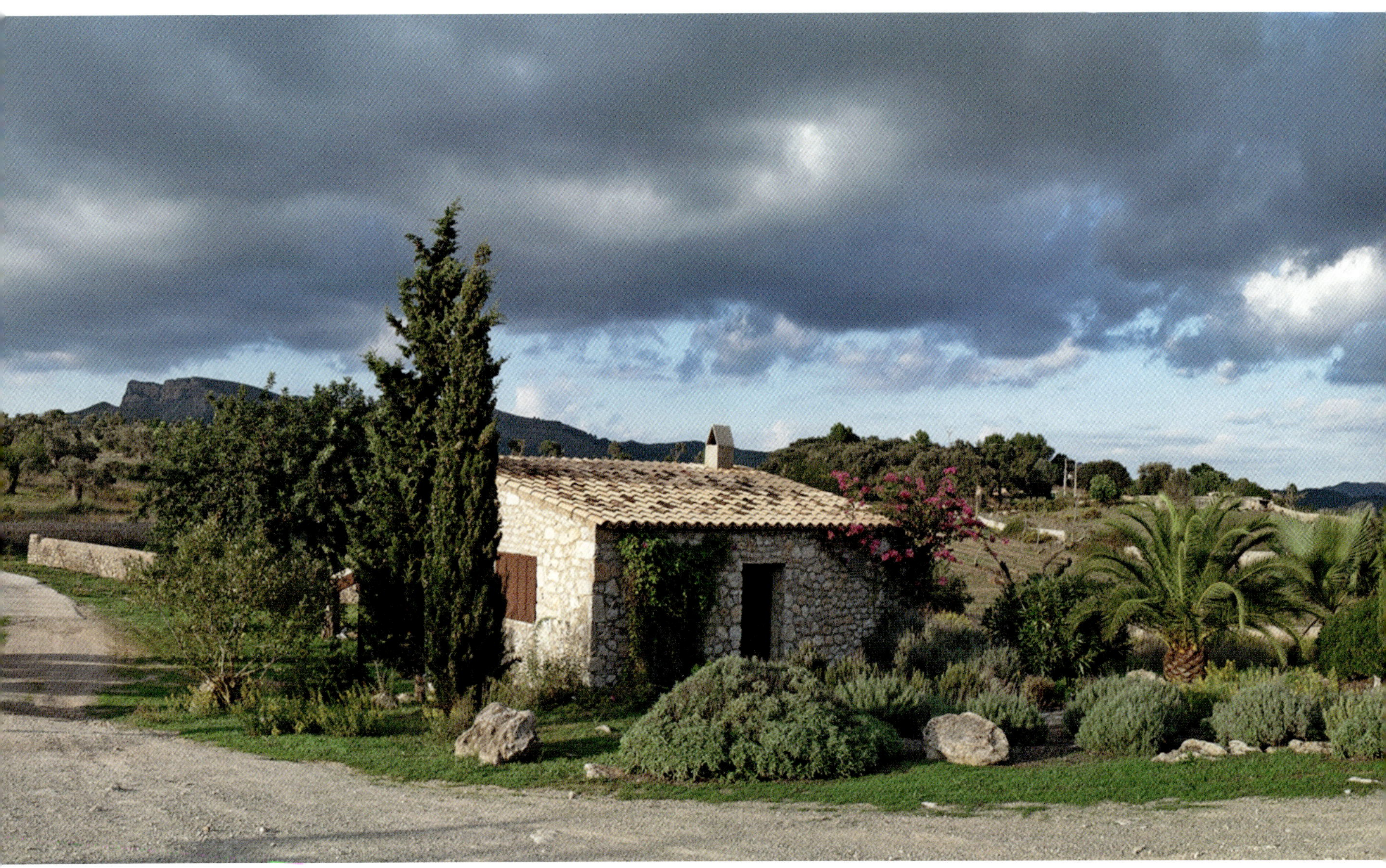

Tiefe, kräftige Wolkenstimmung

Sie möchten eine außergewöhnliche Wolkenstimmung über Ihrem Landschaftspanorama erzielen, die Schattenbereiche aber auch gut belichten bzw. darstellen. Beachten Sie in diesem Beispiel den Baum im rechten Vordergrund, der bei einer herkömmlichen Fotografie viel zu dunkel würde.

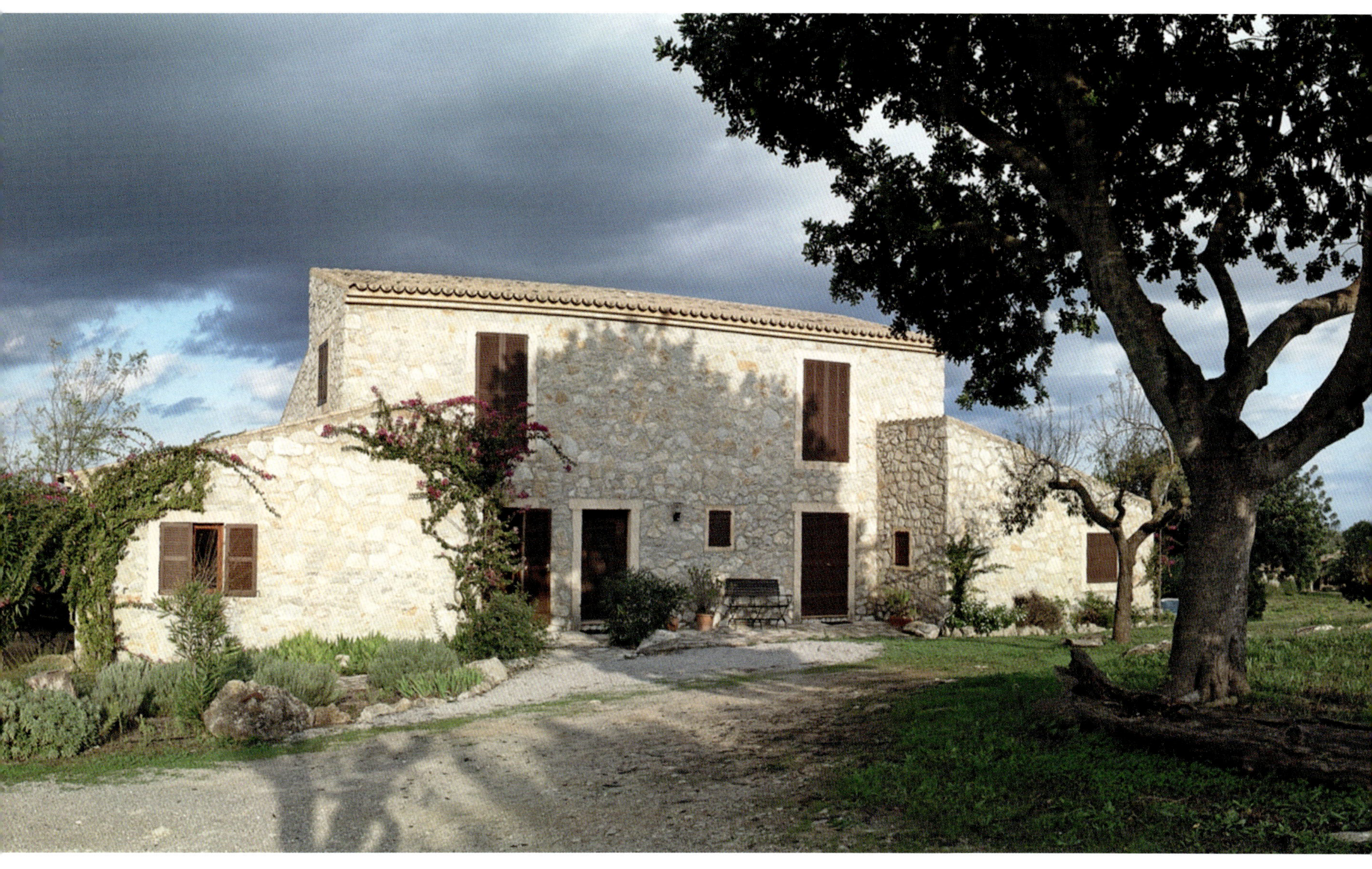

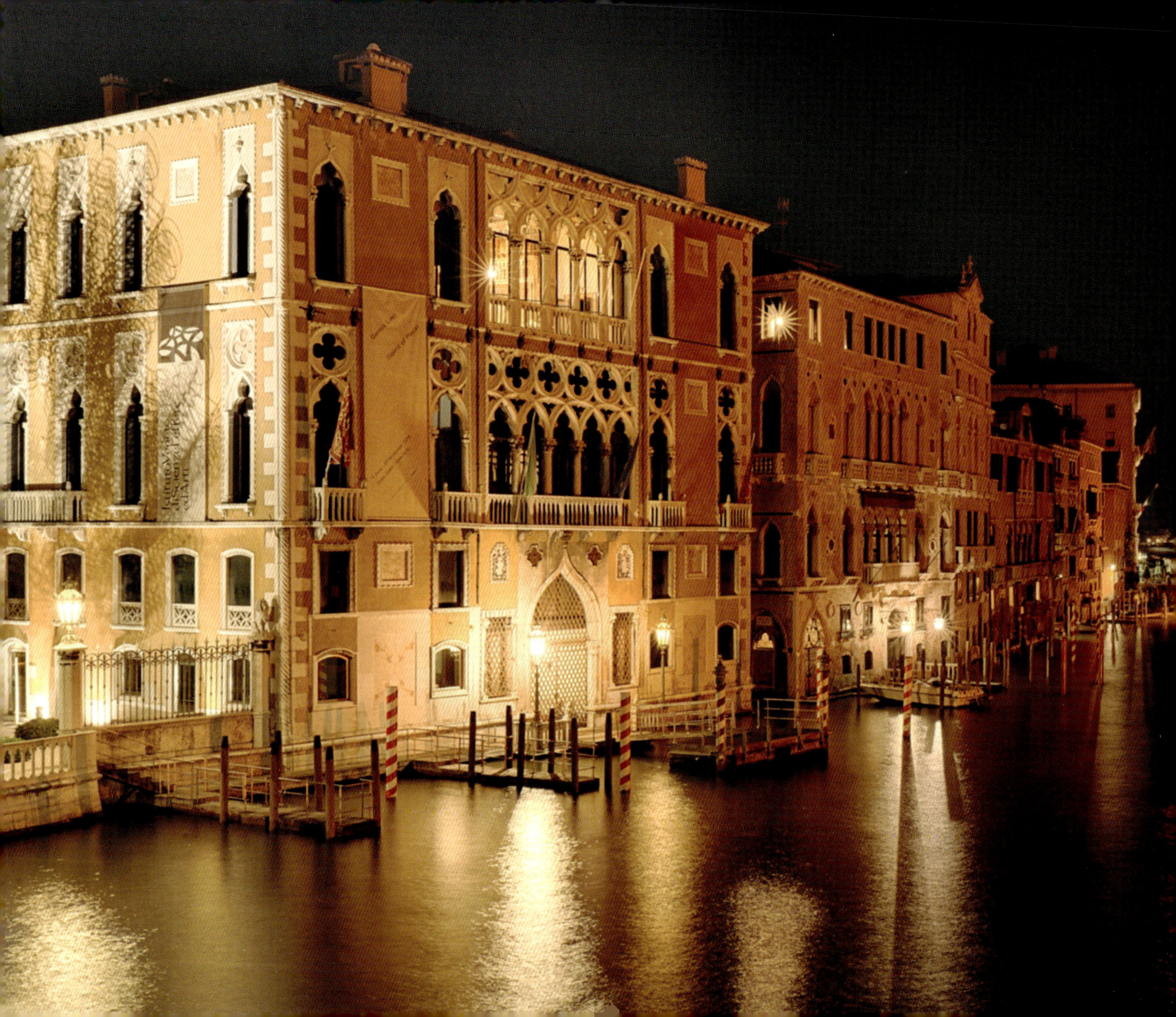

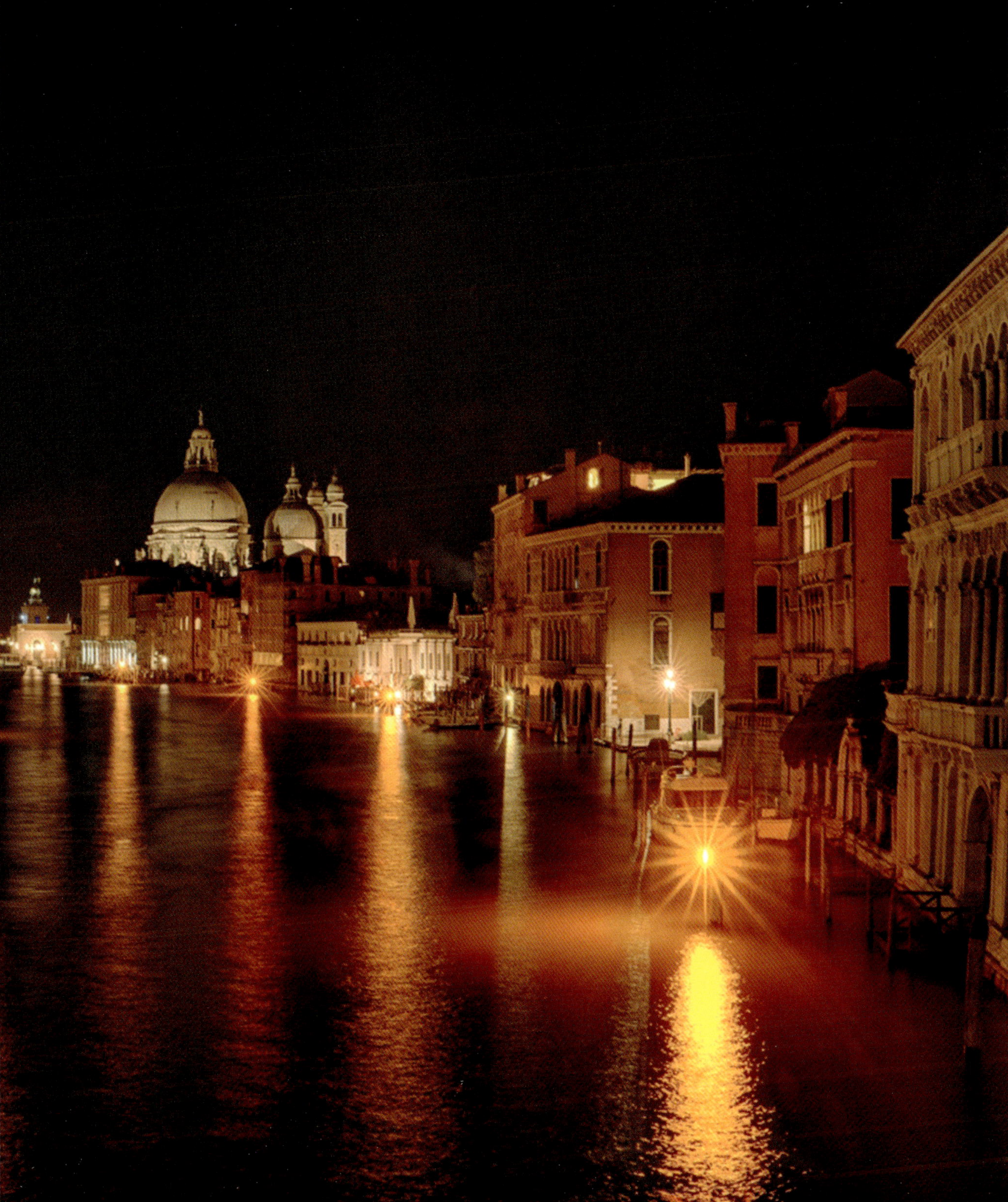

Nachtpanoramen

Sie haben eine hohe Anzahl unterschiedlicher Beleuchtungen und viele Schattenbereiche, die Sie gleichmäßig belichten wollen.

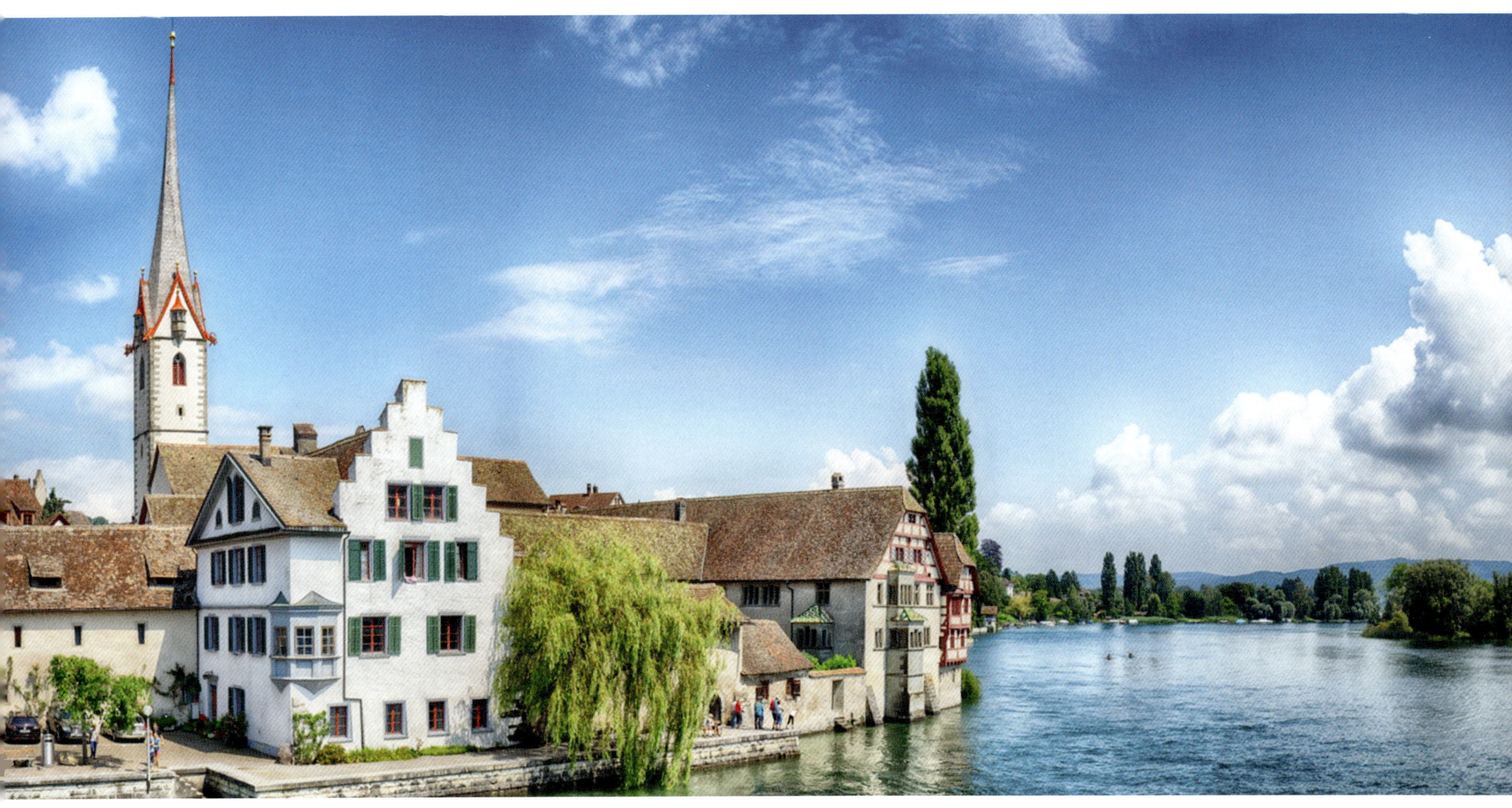

Kunstwerk oder Übertreibung?

Mit der HDR-Technik kann man es auch übertreiben. So manch einer stellt Bilder her, die irgendwo zwischen Mystik und Kunstwerk anzusiedeln sind. Es gibt Fotografen, die es da gewaltig übertreiben. Aber auch hier sage ich deutlich: Jeder soll seine Bilder so bearbeiten, wie er es möchte. Fotografie ist Kunst. Fotografen sind Künstler. Mir ist es selbst auch schon passiert, dass ich es bei der Nachbearbeitung übertrieben habe.

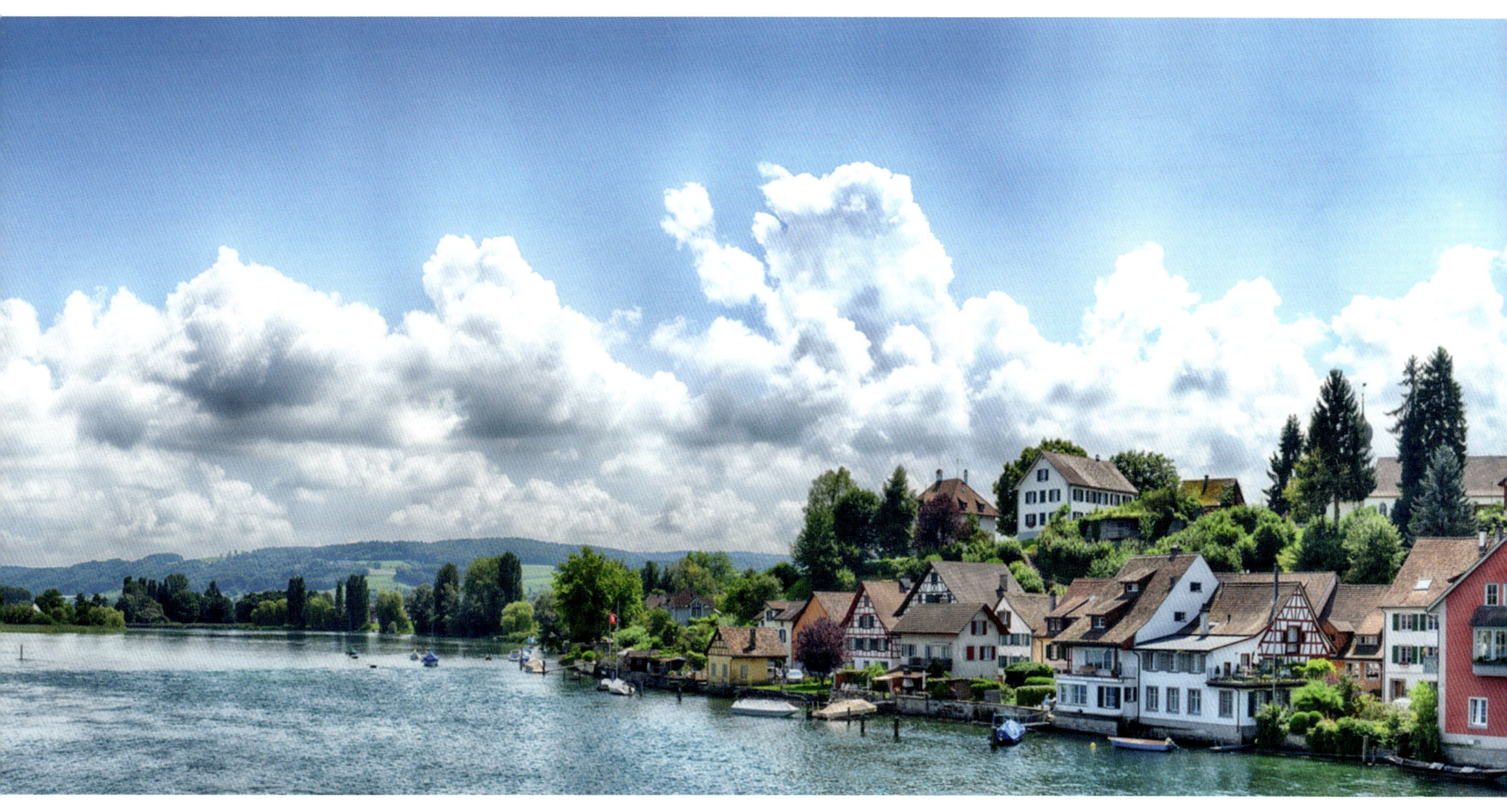

Damit haben Sie die Theorie der HDR-Fotografie in kurzen Sätzen kennengelernt. Folgen wir dem Ruf der Praxis und erstellen wir ein einreihiges HDR-Panorama aus der Hand.

HDR-Panorama Freihand

Ich lade Sie ein, mich bei der Entstehung und der Bildbearbeitung eines solchen Panoramas zu begleiten. Sie werden ein HDR-Panorama aus der Hand fotografieren und es mit der Software HDR PROJECTS bearbeiten. Außerdem vertiefen Sie Ihr Wissen, wie Sie ein Histogramm richtig lesen, um es als Kontrollwerkzeug für Ihre Fotografie und Ihre RAW-Entwicklung einzusetzen.

Bildbearbeitung mit HDR PROJECTS

HDR-Panoramen kann man auch aus der Hand fotografieren. Achten Sie bei der Aufnahme der Einzelbilder darauf, dass Sie sie möglichst identisch fotografieren. Die HDR-Software ist mittlerweile so gut, dass leichte Kamerabewegungen des Fotografen ausgeglichen werden können. Sollten Sie unter die Belichtungszeit von 1/60 Sekunde kommen, empfehle ich Ihnen ein Stativ. Hier liegt in etwa die Verwacklungsgrenze. Diese ist aber individuell als Daumenregel zu betrachten. Je nach Fotograf und Bildstabilisator kann sich diese Grenzzeit auch nach unten verschieben.

1. Laden Sie Ihre Belichtungsreihe über die Funktion *Datei/Belichtungsreihe einladen* in das Bearbeitungsfenster von HDR PROJECTS. Achten Sie darauf, dass Sie als erste Belichtungsreihe eine Serie nehmen, in der Sie eine große Streuung der Helligkeitswerte haben. Dieses erste Setup, das Sie einstellen, wird dann für alle Einzelbilder verwendet. Nutzen Sie unbearbeitete TIFF-Dateien oder die RAW-Dateien. Es erscheint ein erstes Optionsmenü, in dem Sie diverse Voreinstellungen treffen können.

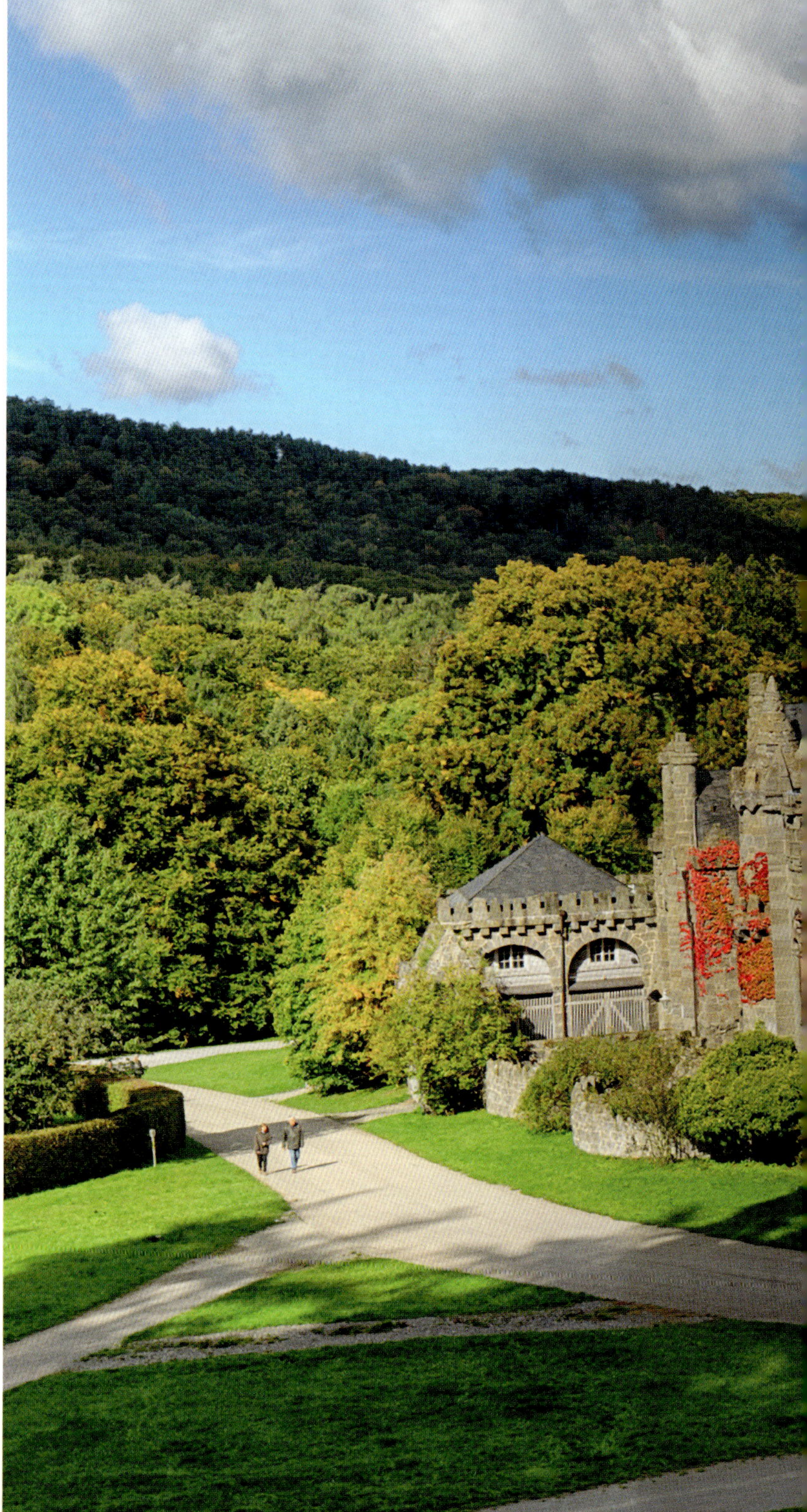

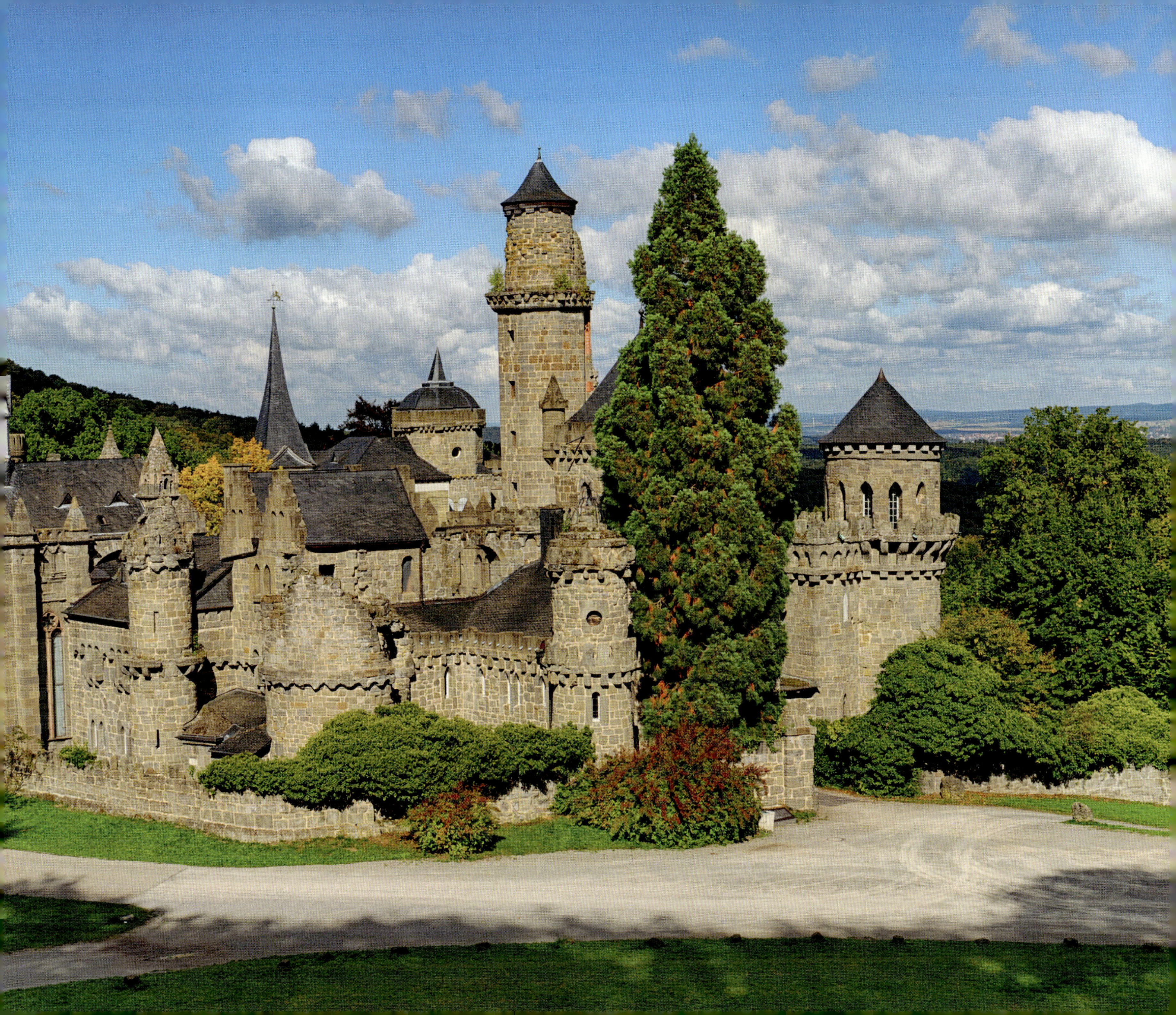

2 Diese Voreinstellungen bleiben gespeichert. Ich empfehle Ihnen, mit dem *Adobe RGB*-Farbprofil zu arbeiten. Den *Weißabgleich* lassen Sie erst einmal außen vor. Aktivieren Sie die Option *Entrauschen* und stellen Sie die Parameter *exakt* und *Kantenschärfe 25%* ein. Die *Optimierung der Belichtung* wählen Sie ebenfalls aus. Im Bereich *Ausrichtung* wählen Sie *exakt* und *automatischer Zuschnitt* aus. Dadurch werden die Einzelbilder optimal ausgerichtet. Als Interpolationsverfahren wählen Sie die *S-Kurve kubisch*, das sorgt für eine gute Schärfe. Setzen Sie auch ein Häkchen bei *automatische Geisterbildkorrektur*. Übernehmen Sie die restlichen Einstellungen so, wie auf der Abbildung zu sehen.

Das Einladen der Einzelbilder dauert ein paar Sekunden – danach erscheint die PROJECTS-Arbeitsumgebung.

Dieses Fenster erscheint, nachdem Sie die zu ladenden Bilder der Belichtungsreihe markiert haben.

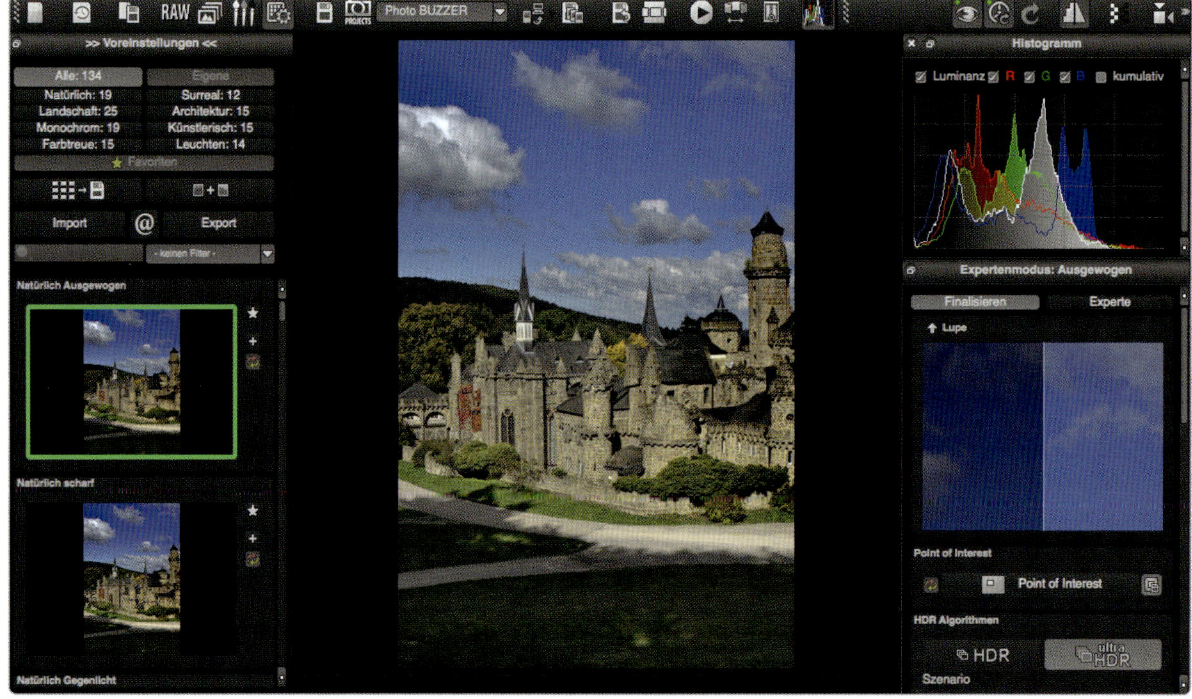

Die Arbeitsumgebung von HDR PROJECTS.

3 Starten Sie Ihren Bildbearbeitungsprozess mit der RAW-Entwicklung. Dazu klicken Sie in der Symbolleiste auf die Schaltfläche *RAW*. Innerhalb des RAW-Konverters können Sie für Ihre Bilder die optimale RAW-Entwicklung vornehmen.

Sie können im RAW-Konverter alle Einzelbilder nacheinander anklicken und begutachten. Jedes Bild hat seinen Sinn. Je nach Helligkeitswerten fokussieren Sie die Bearbeitung auf den Bereich, der jeweils optimal belichtet ist. Das bedeutet, im ersten Bild ist der Himmel der Fokus, im zweiten Bild sind es die mittleren Helligkeitswerte, und im letzten Bild ist es die Burg.

Der in HDR PROJECTS integrierte RAW-Konverter.

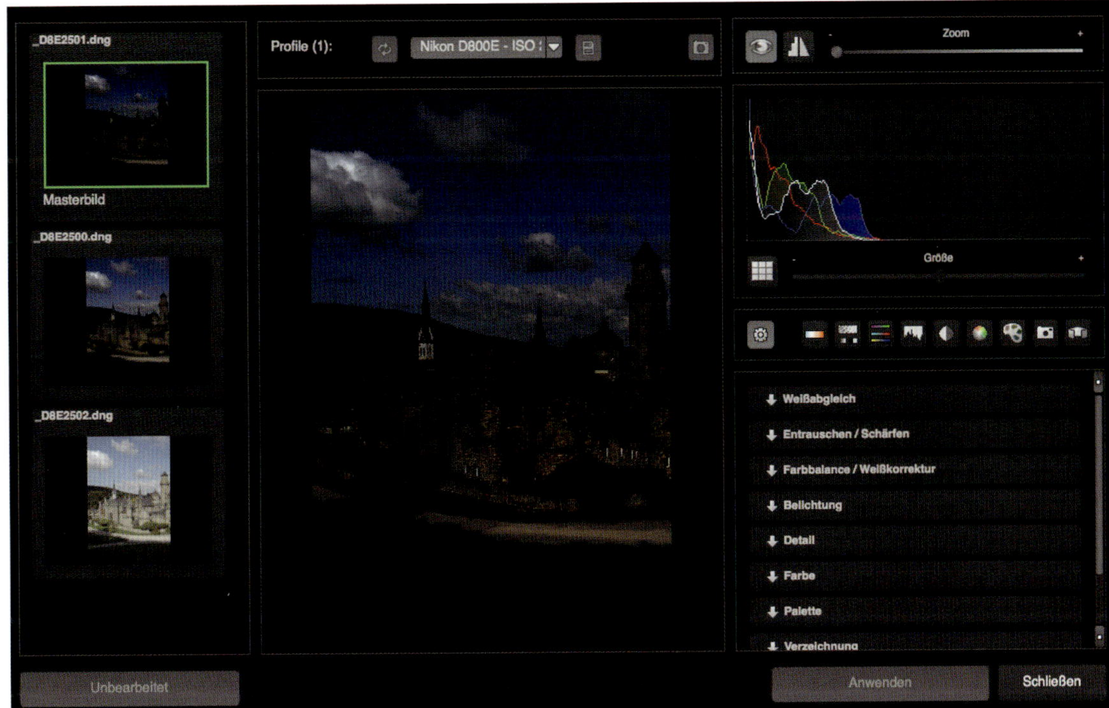

Die Einstellungen, die Sie vornehmen, werden immer auf alle Bilder der Belichtungsreihe angewendet. Die Bilder schalten Sie zur Kontrolle hin und her. Wenn Sie sich mit der RAW-Entwicklung noch nicht so gut auskennen, verweilen Sie kurz mit der Maus auf den jeweiligen Reglern, und die Funktionen der Regler werden eingeblendet.

Sie können in die Bilder hinein- und wieder herauszoomen. Mit geklickter linker Maustaste können Sie sich im vergrößerten Bild hin und her bewegen. Alles, was Sie bereits bearbeitet haben, wird mit einem orangefarbenen Rahmen versehen.

Wenn Sie jetzt bereits Bilder mit *Entrauschen/Schärfen* nachschärfen wollen, sollten Sie es nicht übertreiben. Ich rate dazu, das fertige Panorama erst am Ende der Bearbeitung zu schärfen. Diese Abschlussschärfung ist auch immer abhängig vom Ausgabeformat. Ein behutsames Vorschärfen ist wiederum sehr sinnvoll, da dadurch Ihre Stitching-Software bessere Ergebnisse erzielen kann. Die Schärfung wirkt sich ja auch auf den Kontrast aus. Insofern gelten die gleichen Regeln für die Kontrasteinstellung.

Achten Sie darauf, dass Sie vor dem Schärfen Ihr Bild auf 100 % vergrößern. Schalten Sie außerdem den Vorschaumodus aus und die Darstellungsoptimierung ein. Nur in der 100-%-Ansicht ist das Schärfen sinnvoll.

Oben in der Mitte sehen Sie, dass der RAW-Konverter automatisch die Kamera *Nikon D800E* erkannt hat. Über das Diskettensymbol daneben können Sie alle Einstellungen, die Sie gemacht haben, in das Kameraprofil speichern. Sie sollten in diesem Stadium der Bildbearbeitung nicht zu stark entwickeln. Korrigieren Sie, wenn nötig, die Belichtung, die Farben und den Weißabgleich. Zum Schluss klicken Sie auf *Anwenden*.

Im mittleren Vorschaufenster sehen Sie sofort das Ergebnis der RAW-Entwicklung. Aktivieren Sie zur besseren Auswahl das Histogramm. Damit Sie wissen, worauf es beim Lesen eines Histogramms ankommt, folgen erst einmal einige Grundlagen. Wer möchte, kann sich auch mein Onlinetutorial ansehen.

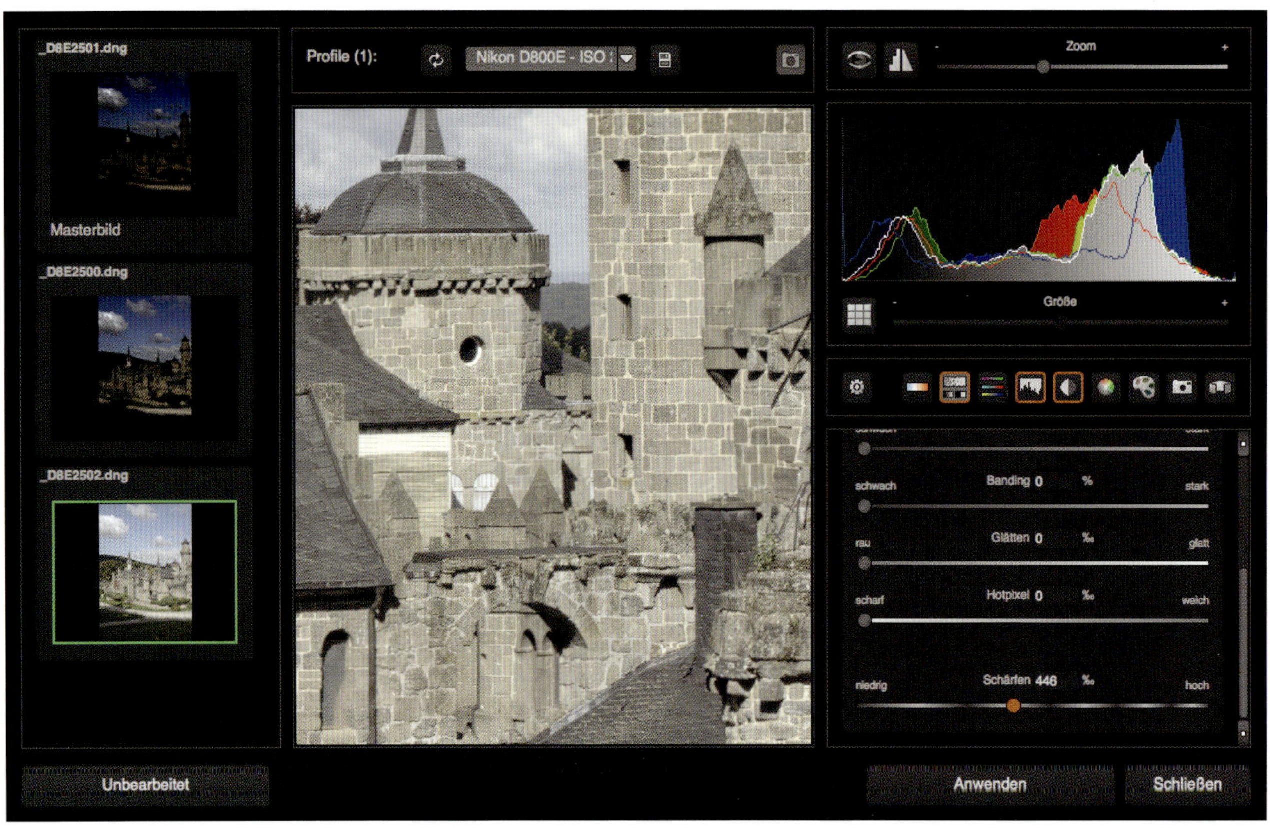

Einstellungen im RAW-Konverter.

Histogramm richtig lesen

Wenn Sie die Grundlagen des Aufbaus eines Histogramms kennen, ist es kein Problem mehr für Sie, dieses zur Kontrolle Ihrer Arbeit einzusetzen.

Schauen Sie sich die folgende Grafik an. Zum besseren Verständnis betrachten wir nur die Kurve für die Farbe Blau. Der Balken der Helligkeitsstufen unter dem Histogramm sagt aus, welche Helligkeitsstufe die Farbe Blau hat – von Dunkelblau bis Hellblau. Die Ausschläge nach oben geben an, wie oft die jeweilige Farbe in dieser Helligkeitsstufe in Ihrem Bild zu finden ist. Es gilt also, darauf zu achten, dass Sie eine ausgewogene Darstellung für alle Farben innerhalb Ihres Bilds haben. Achten Sie auch darauf, dass Sie das Histogramm immer bezogen auf Ihr Bild lesen müssen. Fotografieren Sie ein rotes Auto im Schnee, werden Sie logischerweise nur wenige grüne Pixel im Bild haben. Die roten Kurven werden überwiegen.

Häufigkeit im Bild

häufig

selten

Luminanz R G B kumulativ

Helligkeitsstufen

Tonwerte

Schwarz

Wert 0

Weiß

Wert 255

Es gibt unterschiedliche Darstellungsformen eines Histogramms. Dieses z. B. ist ein Histogramm, in dem alle Kanäle übereinandergelegt sind. Das bedeutet, dass Sie eine Kurve für Rot, eine für Grün und eine für Blau (RGB) sehen.

Ihre Belichtungsänderung an der Kamera oder nachträglich in der RAW-Entwicklung verschiebt die Kurven auf der Horizontalen von Hell nach Dunkel bzw. umgekehrt. Das Gleiche gilt für die vertikalen Darstellungen. Hier können Sie ebenfalls durch eine gezielte RAW-Bearbeitung noch einiges herausholen.

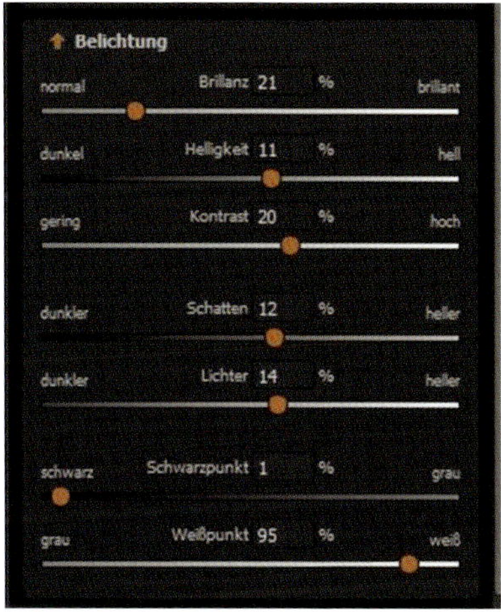

Nehmen Sie eines Ihrer Bilder und beobachten Sie die Änderungen im Histogramm und im Bild, wenn Sie die Belichtungsregler verschieben. Auch wenn Sie den Schwarz- bzw. Weißpunkt verschieben, sehen Sie deutliche Veränderungen in Ihrem Histogramm. Heben Sie die Schatten an, wenn sie zu dunkel sind. Ziehen Sie die Lichter herunter, wenn sie zu hell sind.

Vergleichen Sie die folgenden drei Abbildungen und ihre Histogramme.

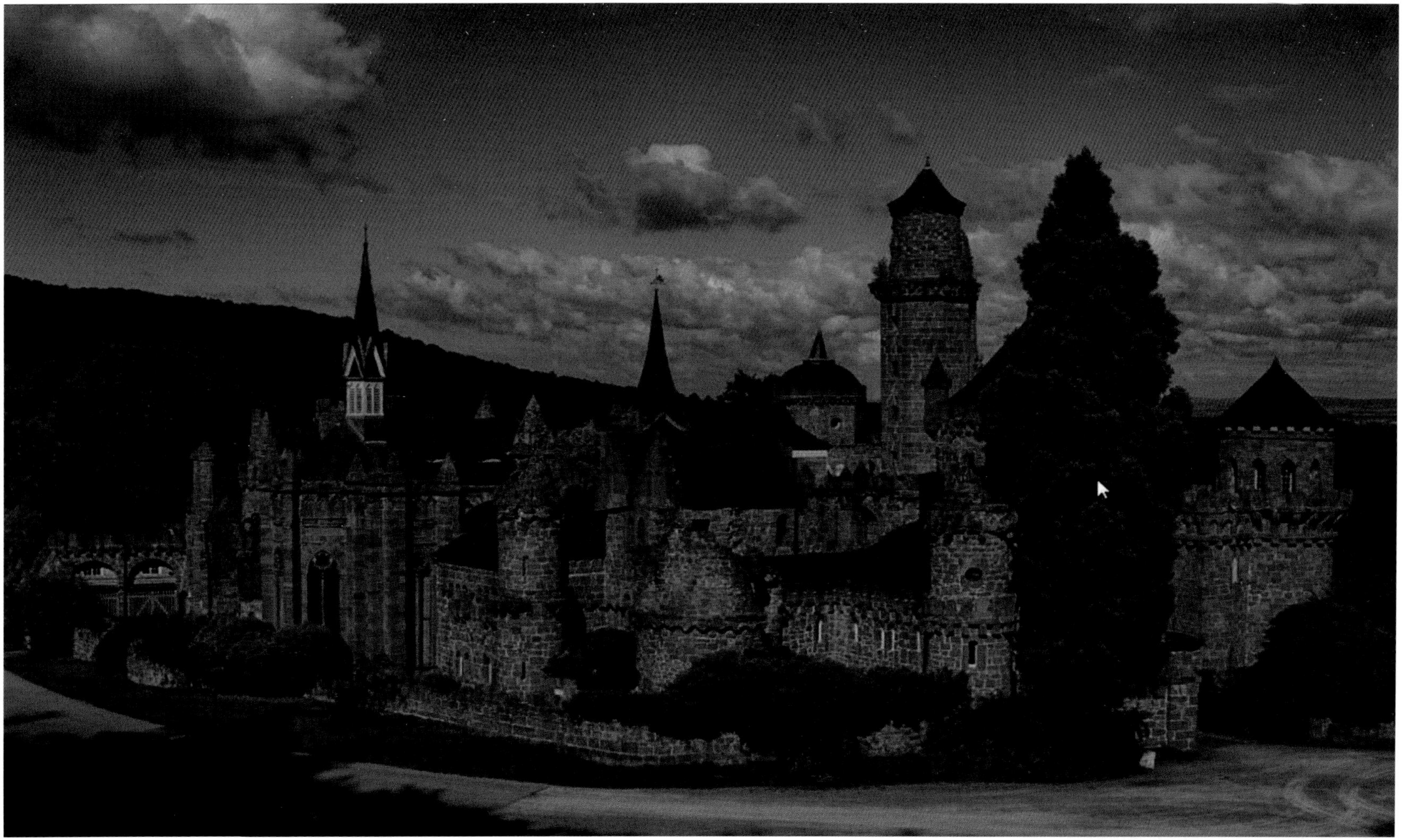

Dieses Bild habe ich bewusst unterbelichtet, um ein entsprechendes Histogramm darzustellen. Sie können deutlich erkennen, dass sich sämtliche Kurven nach links orientieren. Auch in der Vertikalen, der Anzahl der Helligkeitsstufen, ist kaum eine Steigerung nach oben zu erkennen. Dementsprechend sieht das Bild auch aus.

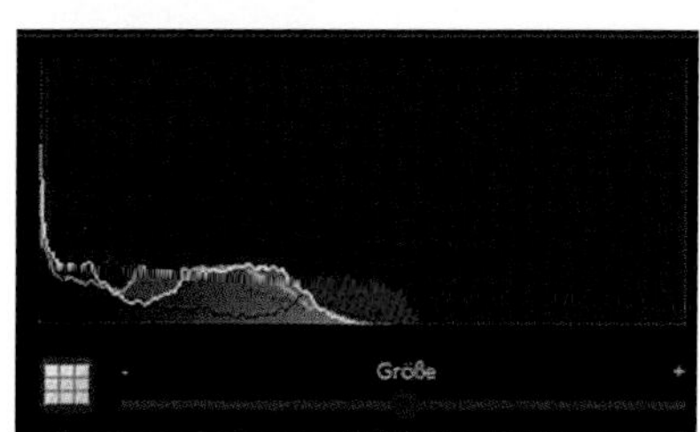

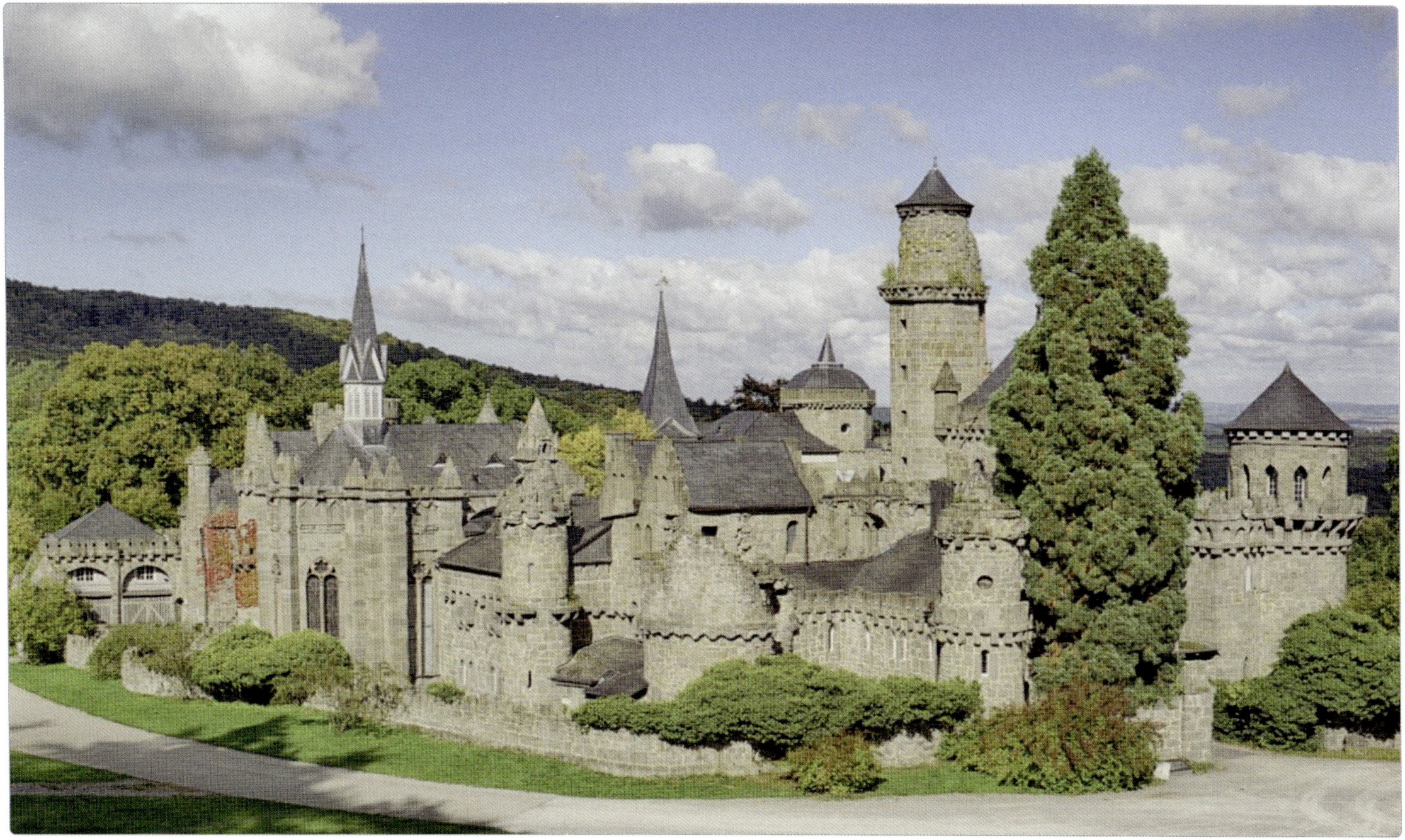

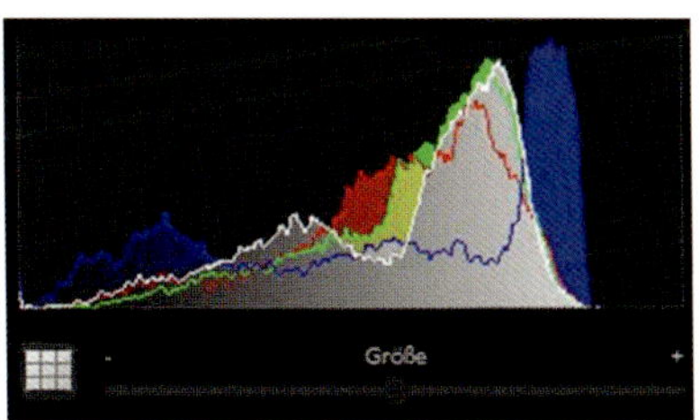

Das gleiche Bild, aber überbelichtet.
Sie können rechts eine Tendenz in Richtung Hell erkennen.
Die Häufigkeit der Helligkeitswerte ist höher.

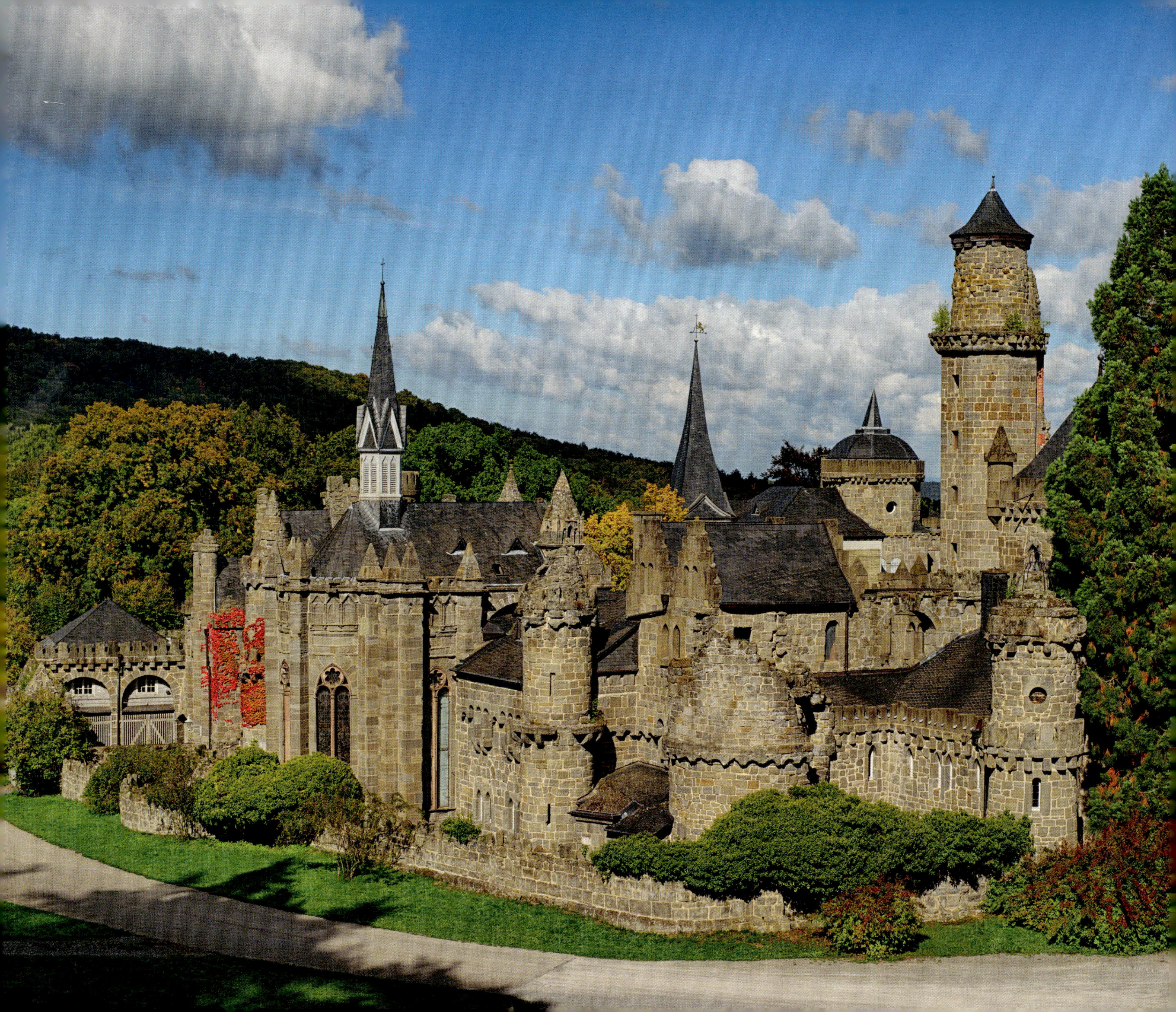

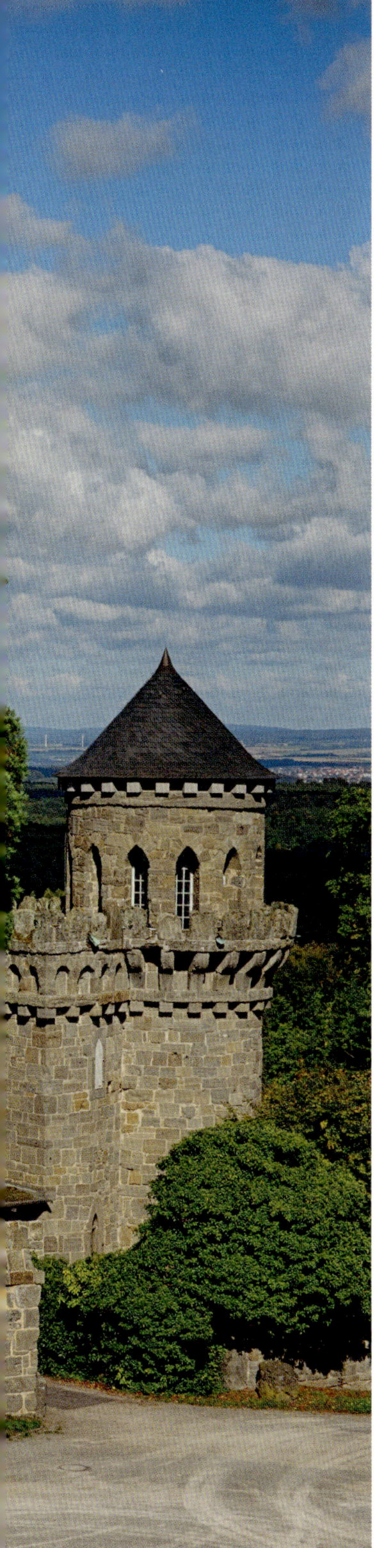

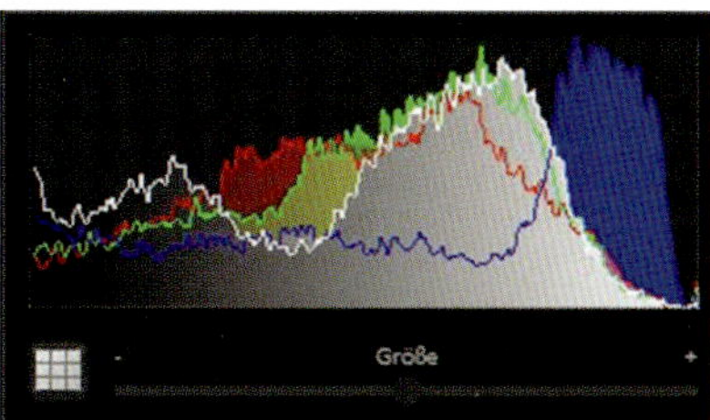

Diese Aufnahme ist perfekt belichtet. Sie erkennen im Histogramm eine ausgewogene Verteilung aller Helligkeitswerte, und zwar nicht nur auf der Horizontalen, die die Streuung der Helligkeitswerte anzeigt, sondern auch in der Vertikalen, die die Häufigkeit anzeigt.

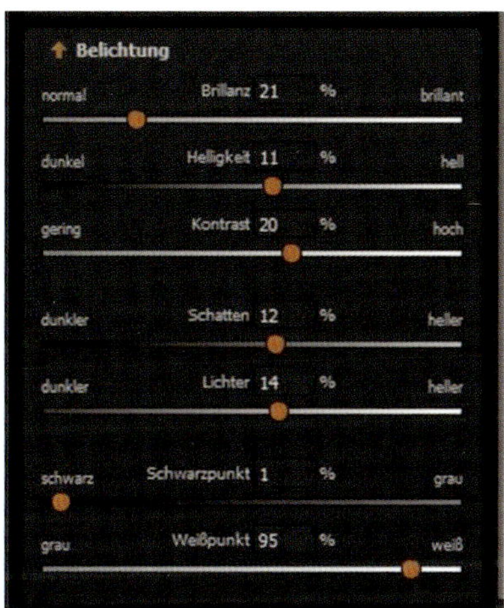

Diese Abbildung zeigt, wie ich die Belichtungsregler eingestellt habe, um diese Ausgewogenheit hinzubekommen.

So können Sie Ihre Fotos auch nach dem Histogramm bewerten oder bearbeiten und Ihre Belichtungszeit richtig einstellen. Es ist wichtig, dass Sie in Abhängigkeit von den Farben Ihres Motivs ein ausgewogenes Histogramm haben, das einen großen Helligkeitsbereich von links nach rechts abdeckt. Mit diesen Informationen ist das Histogramm auch für Sie ein wertvolles Kontrollinstrument.

Auf der linken Seite des Arbeitsfensters finden Sie eine große Anzahl von Voreinstellungen. Suchen Sie sich die besten Voreinstellungen für Ihre Belichtungsreihe aus und legen Sie sie als Favorit ab, indem Sie den Stern anklicken. So schaffen Sie sich eine Vorauswahl.

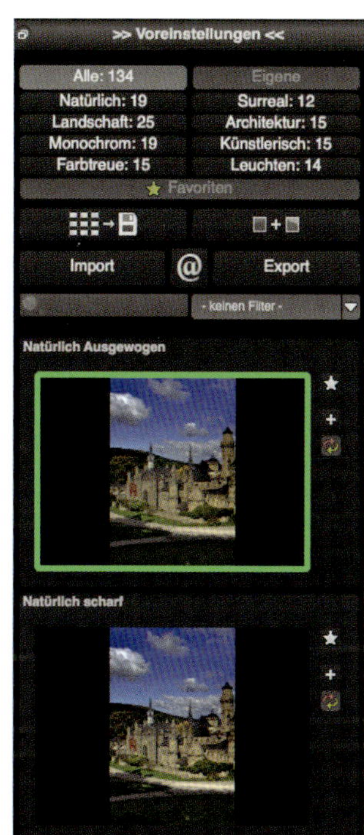

Wählen Sie die Voreinstellung ganz nach Ihrem Geschmack oder unter Beachtung des Histogramms aus.

Eine HDR-Verarbeitung ist auch immer ein wenig Kunst und muss nicht den Vorschriften der perfekten Belichtung entsprechen. Der eine mag es gern extrem, der andere steht auf natürliche Darstellung. Das, was Ihnen gefällt, ist richtig, nicht das, was die anderen sagen oder was geschrieben steht. Nehmen Sie sich genug Zeit für die Vorauswahl. In der Ruhe liegt die Kraft.

Im unteren Bereich der Voreinstellungen finden Sie auch sehr viele künstlerische Effekte. Wenn Sie so weit sind, müssen Sie sich für eine Einstellung entscheiden, um weitere Feinheiten festzulegen. Klicken Sie auf *Favoriten* und wählen Sie Ihre finale Voreinstellung aus. Auf der rechten Seite des Fensters können Sie jetzt noch zahlreiche Einzelheiten nachjustieren. Mit einem Klick auf die Schaltfläche ganz oben rechts können Sie das Bild auf die Originalauflösung skalieren, dann können Sie es besser bewerten.

Um Ihre eigene Voreinstellung mit der Feineinstellung zu speichern, klicken Sie auf das Pluszeichen Ihrer ausgewählten Voreinstellung. Vergeben Sie einen Namen, damit Sie Ihre Voreinstellung im Ordner *Eigene* wiederfinden können.

Wenn Sie auf der rechten Seite Ihrer Voreinstellung auf die Schaltfläche mit dem Diskettensymbol klicken, können Sie die Voreinstellung mit den neuen Einstellungen auch erneut überschreiben. Über die Schaltfläche mit den beiden Pfeilen setzen Sie die Einstellungen wieder auf die gespeicherten Werte zurück. Mit dem Stiftsymbol können Sie die Voreinstellung umbenennen. Denken Sie daran, dass Sie alle Einzelbilder auf die gleiche Art und Weise zu HDR-Bildern verarbeiten müssen, um diese später erfolgreich zu stitchen. Daher ist die Speicherung der Voreinstellung enorm wichtig. Nehmen Sie danach keine Änderungen mehr an Ihren Bildern vor.

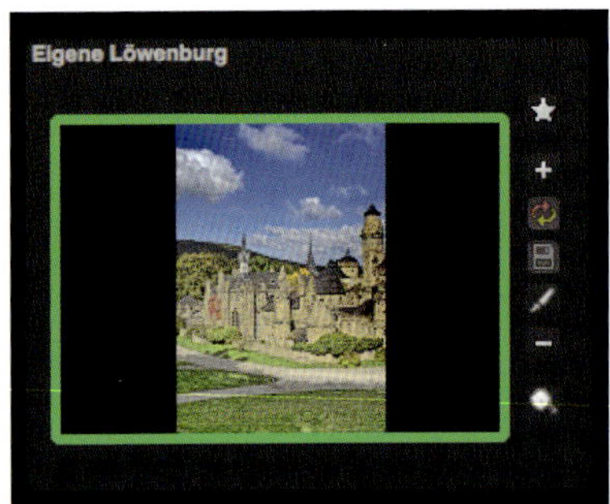

Voreinstellungen bearbeiten.

Über *Datei/Ergebnisbild speichern* gelangen Sie in das Menü zum Abspeichern Ihrer Bilder. Hier nehmen Sie keine weiteren Einstellungen vor. Klicken Sie auf *Speichern*, vergeben Sie einen Namen, z. B. *Bild 01*, und speichern Sie es als TIFF mit 16 Bit Farbtiefe ab. Durch diese Ausgabeeinstellung erhalten Sie eine große Datei mit den meisten Bildinformationen. Damit ist gewährleistet, dass Sie später eventuell weitere Bearbeitungen durchführen können.

Da Sie jetzt eine Voreinstellung haben, die Ihren Ansprüchen entspricht, können Sie die restlichen Bilder mit der Stapelverarbeitungsfunktion entwickeln. Wählen Sie unter *Extras* das Menü für die *Stapelverarbeitung* aus.

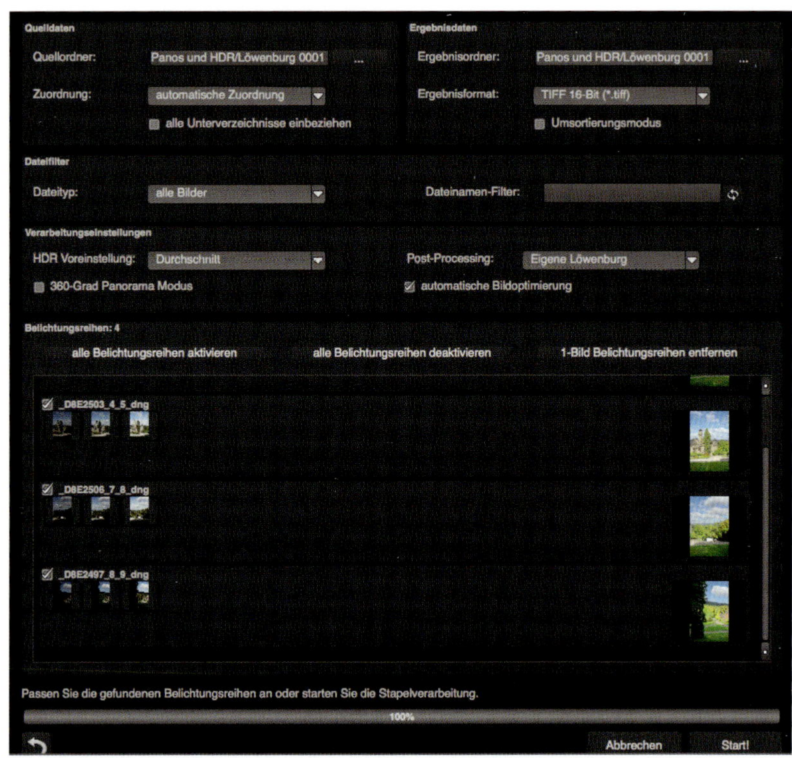

Einstellungen für die Stapelverarbeitung.

Stellen Sie das Menü so ein, wie die Abbildung es zeigt. Achten Sie darauf, dass die Belichtungsreihen richtig zugeordnet sind. Wenn das nicht der Fall ist, können Sie sie ganz einfach mit der rechten Maustaste zuordnen. Klicken Sie mit der rechten Maustaste auf ein Bild, um das Kontextmenü zum Umsortieren zu öffnen. Dort finden Sie alles, um die Belichtungsreihen manuell zuzuordnen. Wählen Sie als *Post-Processing* Ihre eigene Voreinstellung aus. Sie finden sie ganz unten. Als *Ergebnisformat* geben Sie *TIFF 16-Bit (*.tiff)* an. Wenn alles passt, starten Sie den Verarbeitungsprozess, indem Sie auf die Schaltfläche *Start* klicken.

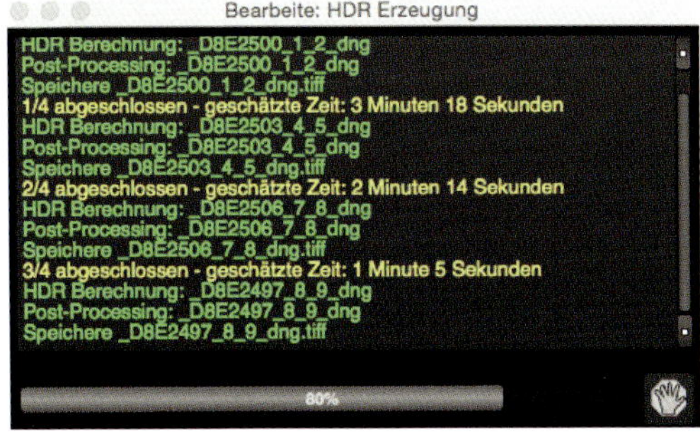

Der laufende Prozess der HDR-Erzeugung.

Nach diesem Prozess müssen Sie die Einzelbilder zu einem Panorama zusammenstitchen. Mit der Photoshop-Funktion *Datei/Automatisieren/Photomerge* und der Option *Layout/Collage* habe ich in solchen Fällen sehr gute Erfahrungen gemacht. In der Praxis ist es so, dass jede Stitching-Methode bzw. -Software ihre Daseinsberechtigung hat. In manchen Fällen ist die eine optimal und in anderen Fällen wieder die andere, weil Erstere gar nicht funktioniert. Daher stelle ich in diesem Buch auch verschiedene Methoden vor. Eine Eier legende Wollmilchsau gibt es nicht.

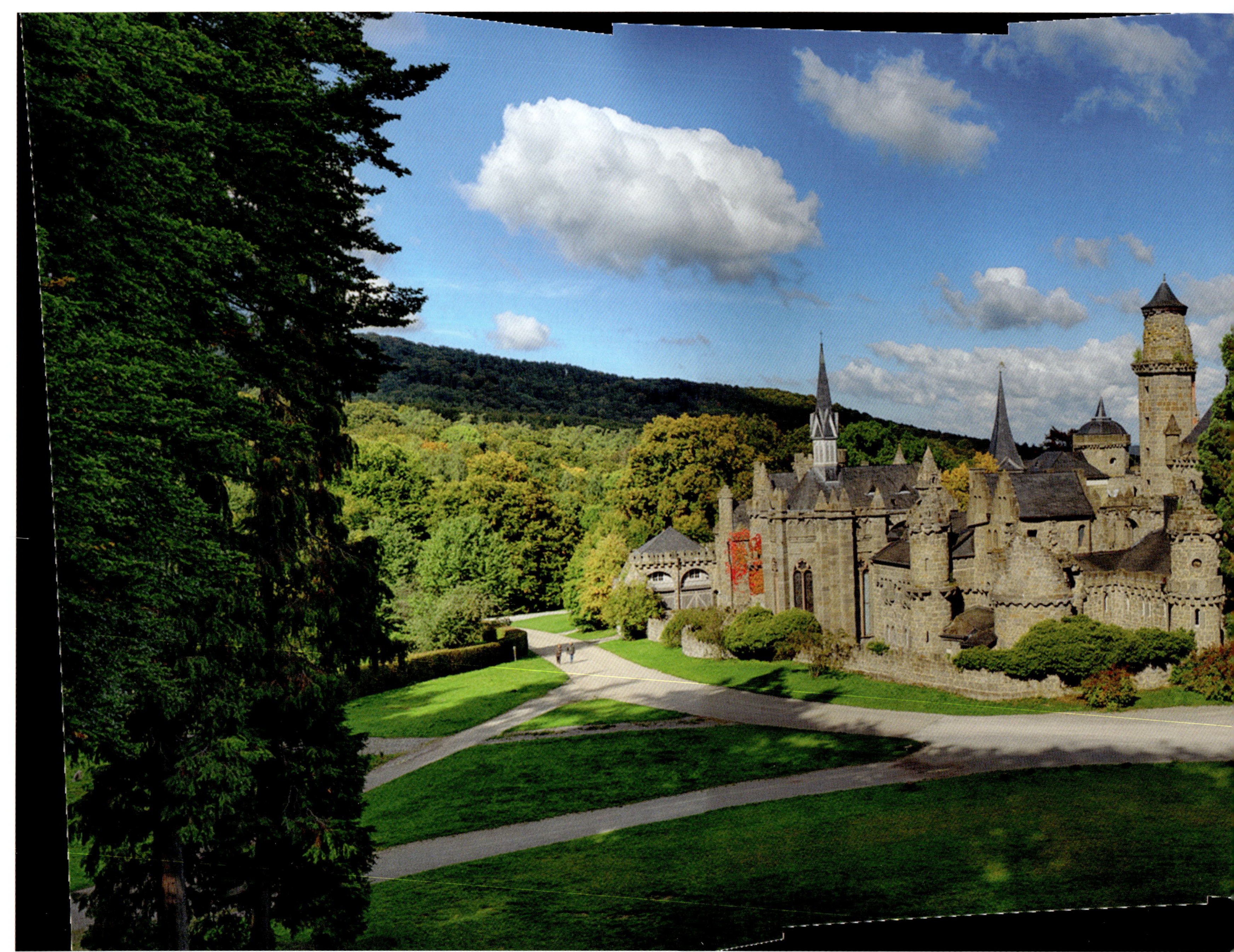

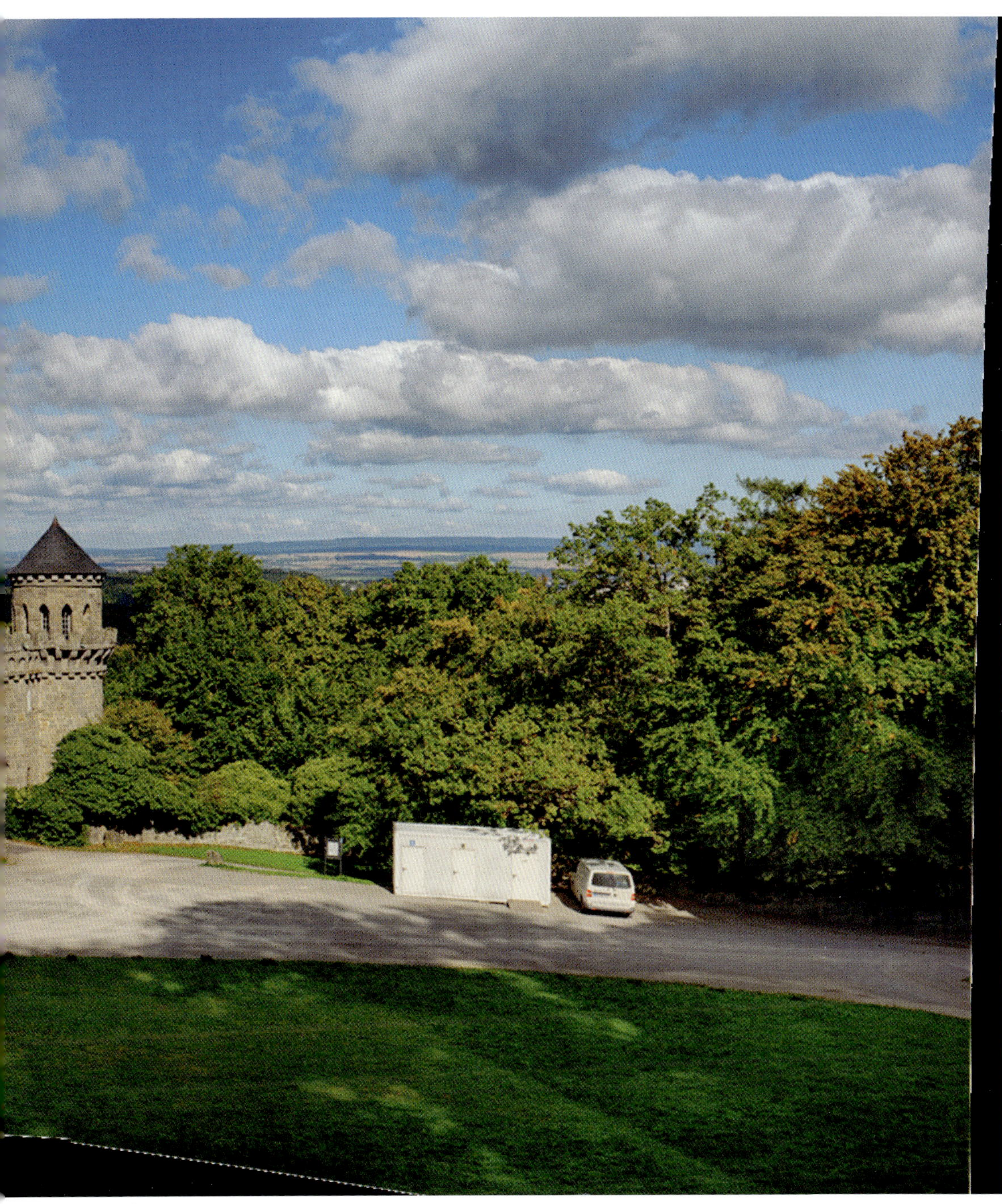

So sieht das fertig gestitchte HDR-Panorama im Rohzustand aus. Der Pkw und der Toilettenwagen auf der rechten Seite machen sich nicht wirklich gut. Einige kleine Stitching-Fehler sind auch zu sehen, und ein ansprechender Schnitt wäre noch nötig.

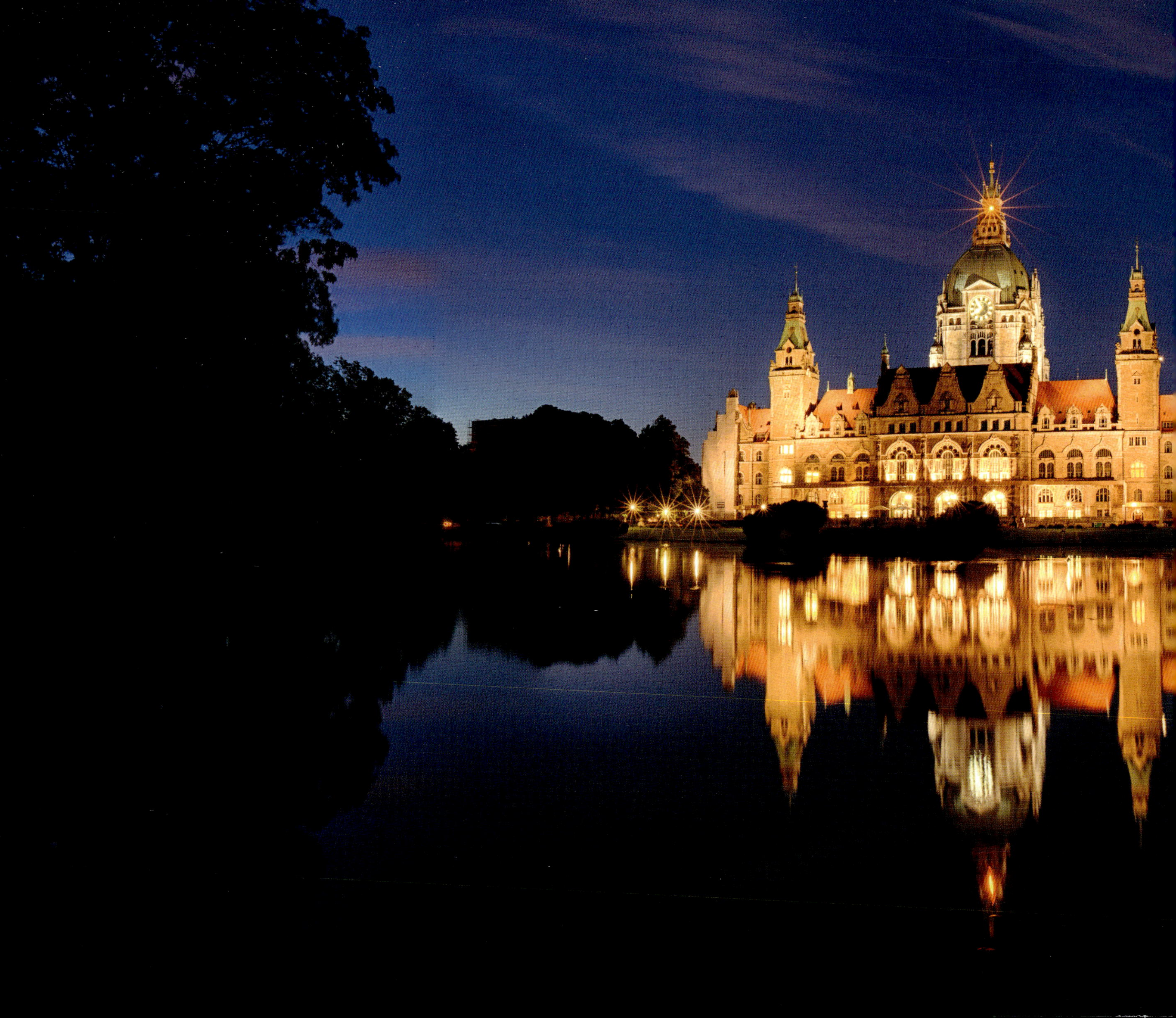

KAPITEL 8

Blaue-Stunde-HDR

Nach einem Auftrags-Shooting in Hannover wollte ich unbedingt das Neue Rathaus der niedersächsischen Landeshauptstadt zur blauen Stunde fotografieren – sofern die Wetterbedingungen mitspielten. Bei einem solchen Vorhaben schaue ich mir die Location meist schon ein paar Tage vorher genau an. Das mache ich in der Regel mit der Rolleimoments-App und der Sun Seeker-App.

Location-Recherche

Halten wir uns nicht mit Kleinigkeiten auf, sondern zünden wir direkt Stufe zwei in Sachen HDR-Panorama. Der Plan sieht vor, ein eindrucksvolles Gebäude zur blauen Stunde zu fotografieren und aus den Einzelaufnahmen ein HDR-Nachtpanorama zu erstellen. Die HDR-Bildbearbeitung wird in diesem Projekt mit HDR Efex Pro 2 aus der Nik Collection 3 von DxO abgewickelt, das Stitchen des Panoramas übernimmt PanoramaStudio 3.

Ein toller Tipp für die Vorabrecherche des Aufnahmeorts ist die Verwendung der Rolleimoments-App und die der Sun Seeker-App. Beide Apps beinhalten viele kleine Helfer für die Location-Recherche. Wenn Sie eine Aufnahme planen, können Sie sich mit beiden Apps genau über den Sonnenstand, die Zeiten der magischen Stunden und weitere fotografische Besonderheiten am Aufnahmeort informieren.

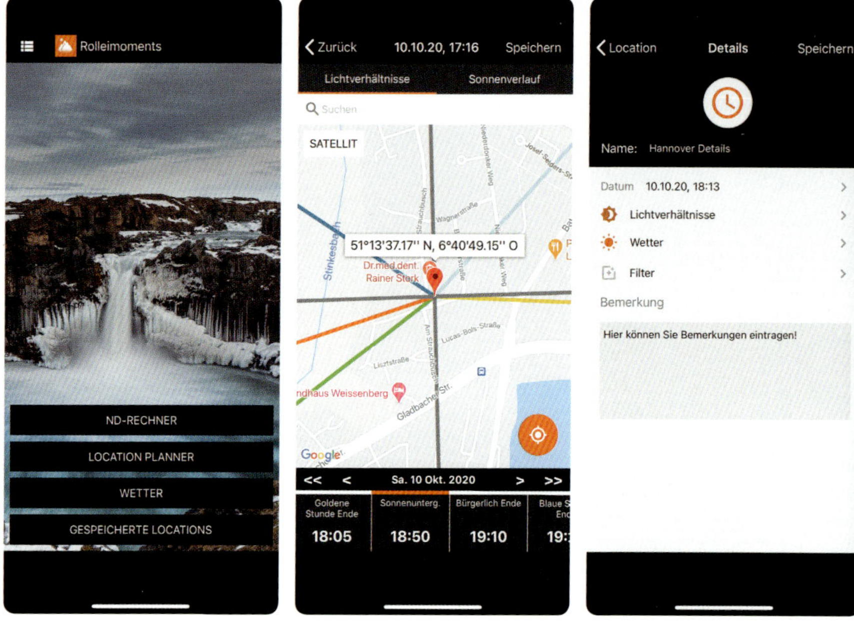

Die Rolleimoments-App zeigt alle Infos, die man zum Bildermachen on Location braucht – einschließlich der GPS-Koordinaten. Wichtige Infos zu den Lichtverhältnissen, zu Filtereinstellungen oder zum Wetter kann man in einem Bemerkungsfeld notieren.

Rolleimoments- und Sun Seeker-App

Die Rolleimoments-App vereint wichtige Funktionen und bietet Informationen, die für jeden Fotografen von Bedeutung sind. Locations, wie das Neue Rathaus Hannover, können mit den GPS-Koordinaten in der App gespeichert werden, und eine 24 Stunden Fotowettervorhersage gibt es auch – einschließlich 14-Tage-Vorschau. Für Langzeitaufnahmen ist der *ND Rechner* eine wertvolle Hilfe bei der Berechnung der Verschlusszeiten. Der *Location Planner* informiert Sie über die *Lichtverhältnisse*, den *Sonnenverlauf* sowie den *Sonnenaufgang* und den *Sonnenuntergang*.

So sehen Sie, wann die Sonne im Zenit steht, was es leichter macht, abzuschätzen, wie viel und wie lange das Tageslicht zur Verfügung steht, wenn Sie z. B. zur goldenen oder blauen Stunde Fotos machen möchten. Die präzisen Zeitfenster der *Goldenen Stunde* und der *Blauen Stunde* und andere werden unterhalb der Kartenansicht eingeblendet. Per Wischgeste kann man die Karten- und Satellitenansicht vergrößern.

„Wo bin ich?" Um diese Frage zu beantworten, rufen Sie den *Location Planner* auf, der den aktuellen Standort in der Satellitenansicht oder der Kartenansicht einschließlich der *GPS-Koordinaten* anzeigt. Am besten stellen Sie auf die Kartenansicht um. Hier können Sie mit zwei Fingern in den gepinnten Bereich auf der Karte einzoomen und erhalten wichtige Infos rund um die Location.

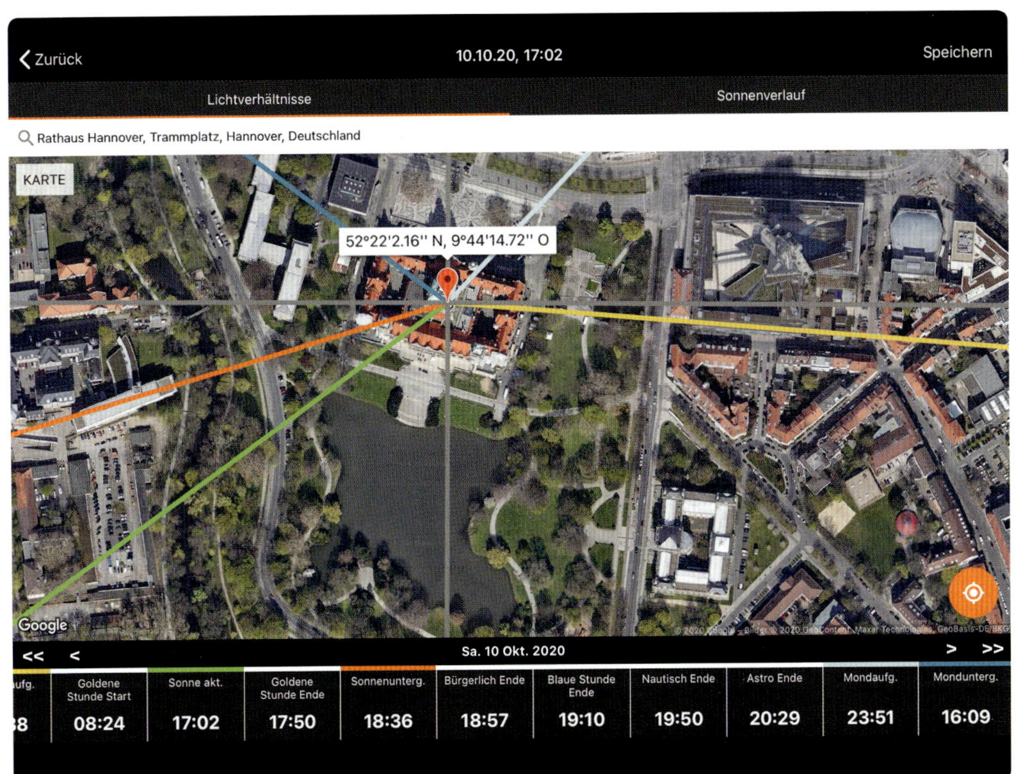

Die Rolleimoments-App greift hier auf die Satellitenansicht von Google Maps zu. (Foto: Google Maps)

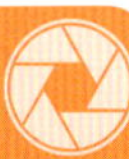

MAGISCHE FOTOSTUNDEN

Die beste Tageszeit für wirklich magische Fotos ist die Zeit, wenn sich die Sonne am Morgen langsam über den Horizont schiebt oder wenn sie am Abend gemächlich hinter dem Horizont versinkt und das Licht die Landschaft in wunderbare Gelb- und Orangetöne taucht. Dieses Zeitfenster nennt man die Goldene Stunde. Abends folgt dann die Blaue Stunde, die Zeit der Dämmerung unmittelbar nach Sonnenuntergang bis zum Eintritt der nächtlichen Dunkelheit. Die Blaue Stunde ist der Zeitraum, in dem Sie einen atemberaubend schönen tiefblauen Himmel fotografieren können. Im Zeitfenster der blauen Stunde leuchtet der Himmel kurz in rotem und gelbem Licht, bis schließlich das tiefe Blau der letzten Dämmerungsphase den Himmel dominiert. Am Morgen vor Sonnenaufgang kann man ein ähnliches Licht erleben. Ein Muss für Available-Light-, Landschafts- und Architekturfotografen; aber immer mit Stativ, da die Belichtungszeiten länger werden.

Für das Rathaus-Shooting möchte ich wissen, ob das Rathaus auch in der Abendsonne im Sonnenlicht steht und wo bzw. wie ich optimal an meinen Aufnahmeort herankommen kann. Dafür nutze ich wieder die Rolleimoments-App auf meinem iPad. Im *Location Planner* gebe ich das *Rathaus Hannover* ein und der Aufnahmeort wird in der Satelliten-Ansicht dargestellt. Dafür greift die App auf Google Maps zu.

Da die Sonne im Osten auf- und im Westen untergeht, können Sie nun ermitteln, wann welche Gebäudewand in der Abendsonne steht. So konnte ich herausfinden, dass die Seeseite des Rathauses am Nachmittag in der Sonne steht. Durch diese sorgfältige Vorbereitung ist bekannt, dass in Hannover am Rathaus am 10.10.2020 um 18:36 Uhr die Sonne an der Seeseite des Gebäudes unterging.

Ich möchte außerdem wissen, wann genau am Aufnahmetag die Blaue Stunde stattfindet; dazu nutze ich vorzugsweise die Sun Seeker-App. Die App zeigt die stündlichen Richtungsintervalle der Sonne, ihre Tagundnachtgleiche, die Bahnen der Winter- und Sommersonnenwende, die Sonnenaufgangs- und Sonnenuntergangszeiten, die Dämmerungszeiten, den Sonnenschatten, die Goldene Stunde, die Blaue Stunde und vieles mehr.

In den *Details* findet sich der Eintrag *Magische Stunden*. Hier kann man die exakten Zeiten für die *Blaue Stunde* und die *Goldene Stunde* am Morgen und am Abend, die Zeiten der *Dämmerung* und die exakten Zeiten vieler anderer Lichtsituationen abrufen. Die Vermessungsansicht zeigt die Sonnenrichtung für jede Sonnenstunde an. Mit der Augmented-Reality-Funktion *3D Ansicht* können Sie sich den Stand der Sonne über das aktuelle Kamerabild einblenden lassen.

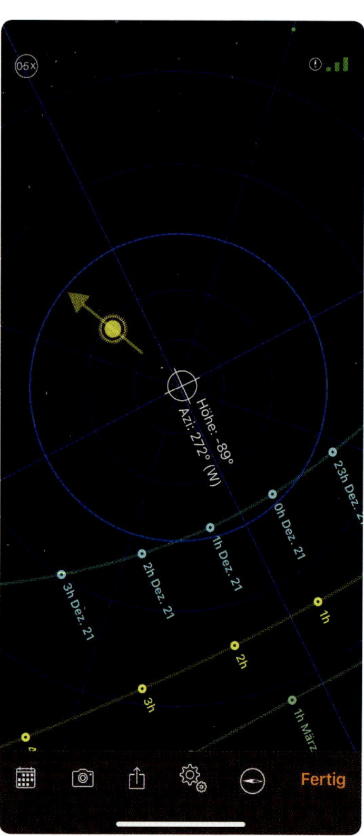

Sun Seeker gibt detailliert Auskunft über den Stand und die Bewegungen der Sonne.

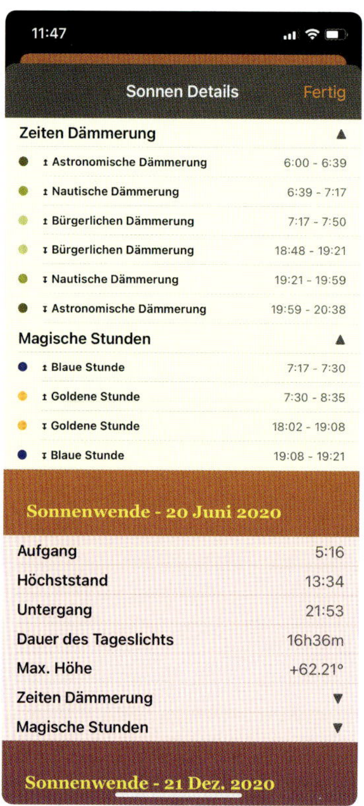

Sun Seeker zeigt neben vielen anderen Informationen im Register Magische Stunden die exakten Zeiten der Goldenen und der Blauen Stunde an.

Belichtungsreihe aufnehmen

Eine Belichtungsreihe sollte, um optimale Ergebnisse zu erzielen, den tatsächlichen Kontrastumfang einer Szene komplett abdecken. Das bedeutet, auf den hellsten Bildern sollten die Details in den tiefen Schatten erkennbar sein; die Lichter fressen hierbei natürlich komplett aus. Auf den dunkelsten Bildern der Reihe sind dagegen die Details in den Lichtern perfekt erfasst. Drei Faktoren sind für die professionelle Erzeugung eines HDR-Bildes wichtig:

- Jedes Einzelbild der Belichtungsreihe muss deutlich unterschiedlich belichtet sein, um den tatsächlichen Dynamikumfang eines Motivs komplett zu erfassen.
- Für die exakte Übereinstimmung der Einzelbilder sollten Sie auf jeden Fall mit einem Stativ arbeiten.
- Die Blende darf bei einer Belichtungsreihe nicht geändert werden; sie muss immer gleich bleiben, während die Belichtungszeit variiert wird.

Blende und Belichtungszeit

Fotografieren Sie am besten im manuellen Aufnahmemodus M und stellen Sie die für die gewünschte Schärfentiefe notwendige Blende ein. Wählen Sie den Blendenwert idealerweise möglichst groß. Achten Sie darauf, dass der Blendenwert nun nicht mehr verändert wird. Wählen Sie entsprechend der Belichtungsstufenanzeige eine passende Belichtungszeit. Machen Sie eine Testaufnahme und kontrollieren Sie die Aufnahme auf dem Kameradisplay.

Starten der Belichtungsreihe

Haben Sie die Blende-Zeit-Kombination gefunden, die die mittleren Tonwerte perfekt erfasst, starten Sie nun die Belichtungsreihe. Je nach Tonwertumfang des Motivs sind ca. drei bis sechs Einzelbilder mit unterschiedlichen Belichtungszeiten nötig, um das gesamte Tonwertspektrum von den dunkelsten bis zu den hellsten Bereichen zu erfassen. Fotografieren Sie in Intervallen von jeweils zwei Belichtungsschritten (2 EV). Beginnen Sie also z. B. mit 1/2 Sekunde und erhöhen Sie die Verschlusszeit dann auf 1/8 Sekunde, 1/30 Sekunde, 1/125 Sekunde etc.

HDR-NACHTPANORAMA

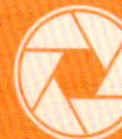

- Stativ
- Taschenlampe
- Panoramaadapter
- Fernbedienung
- 20-mm- oder 35-mm-Weitwinkelobjektiv

Tonemapping mit HDR Efex Pro 2

Die so erstellte Belichtungsreihe ist das Fundament „echter" HDR-Bilder. Sie besteht meist aus drei und mehr Einzelbildern mit unterschiedlichen Belichtungszeiten, die dann mit einer speziellen Software, wie HDR Efex Pro 2, zusammengeführt werden. Als Ergebnis erhalten Sie beeindruckende HDR-Bilder mit erweitertem Dynamikbereich, teils atemberaubend aber auch mit natürlichen Ergebnissen. Wie das geht, erfahren Sie jetzt am Beispiel von HDR Efex Pro 2, eine App aus der Nik Collection 3 von DxO. Übrigens, HDR Efex Pro 2 beherrscht die exklusive U-Point-Technologie, mit der Sie überaus präzise lokale Anpassungen an besonderen Bildbereichen vornehmen können.

Bilder der Belichtungsreihe laden

1. Die erstellten Einzelbilder werden zunächst in HDR Efex Pro 2 geladen. Innerhalb dieses Fensters nehmen Sie dann folgende Einstellungen vor.

2. Aktivieren Sie die Option *Ausrichtung*. Damit werden Bilddetails automatisch ausgerichtet. Das ist immer dann von Nutzen, wenn die Bildreihen ohne Stativ aufgenommen wurden. Wählen Sie diese Option grundsätzlich an, unabhängig davon, ob Sie mit einem Stativ oder aus der Hand fotografiert haben.

3. Jetzt aktivieren Sie die Option *Ghosting-Effekt-Reduzierung*. Damit werden entstandene Artefakte durch das Zusammenführen der Einzelbilder, in denen Objekte zwischen den verschiedenen Belichtungen bewegt wurden, entfernt.

4. Nun klicken Sie im Vorschaufenster auf die Lupe unten rechts. Wählen Sie innerhalb der vergrößerten Darstellung die Option *Ghosting-Effekt-Reduzierung* aus. Schieben Sie die Lupenansicht auf eine Position im Bild, auf der Sie Bewegung festgehalten haben. Passen Sie die Stärke in % an.

5. Auch die *Chromatische Aberration* aktivieren Sie mit einem Häkchen. Um sie über die Regler zu beseitigen, klicken Sie in der Vorschaulupe auf *Chromatische Aberration*. Schieben Sie die Lupe auf die Kanten innerhalb Ihres Bilds. Sollten dort unerwünschte Farbsäume zu sehen sein, können Sie sie mit den Reglern in Abhängigkeit von der Farbe einstellen.

CHROMATISCHE ABERRATION

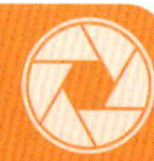

Unter dem Begriff „Chromatische Aberration" versteht man Abbildungsfehler von optischen Linsen. Sie entstehen dadurch, dass Licht unterschiedlicher Wellenlänge verschieden stark gebrochen wird. Auf dem Bild erkennen Sie solche Farbfehler an den Kanten bzw. Bildrändern. Dort entstehen grüne, rote bzw. blaue und gelbe Farbsäume.

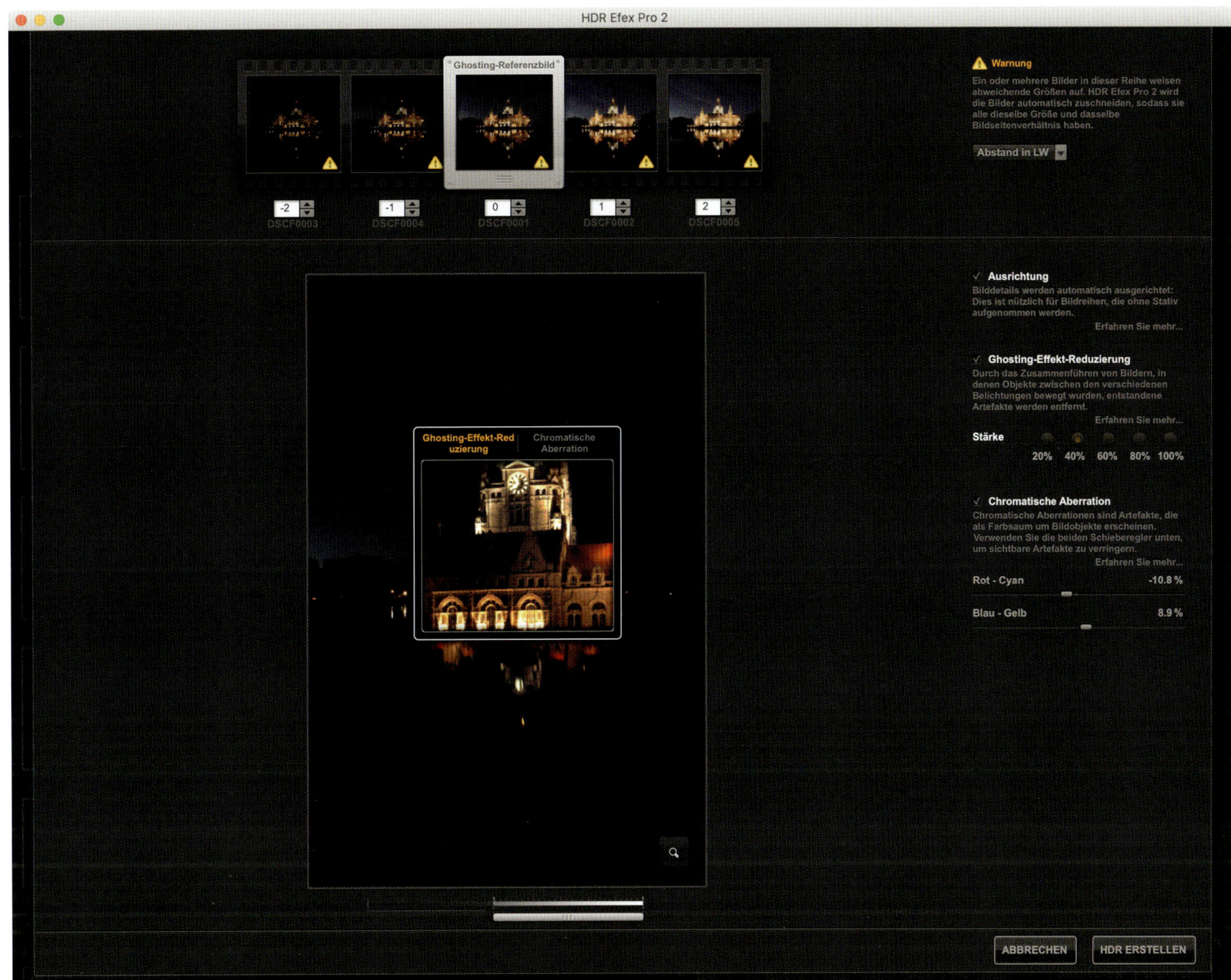

Die Einzelbilder der Belichtungsreihe in HDR Efex Pro 2.

Ghosting-Artefakte reduzieren

Weiterführende Informationen zum Ghosting-Effekt erhalten Sie auf der DxO Support Website, indem Sie auf den Textlink *Erfahren Sie mehr…* klicken.

Starten der HDR-Konvertierung

Um die Bilder mit den Einstellungen zusammenzuführen, starten Sie den Konvertierungsprozess mit einem Klick auf die Schaltfläche *HDR ERSTELLEN*.

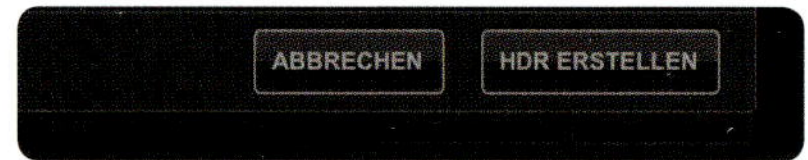

Die Einzelbilder zusammenführen.

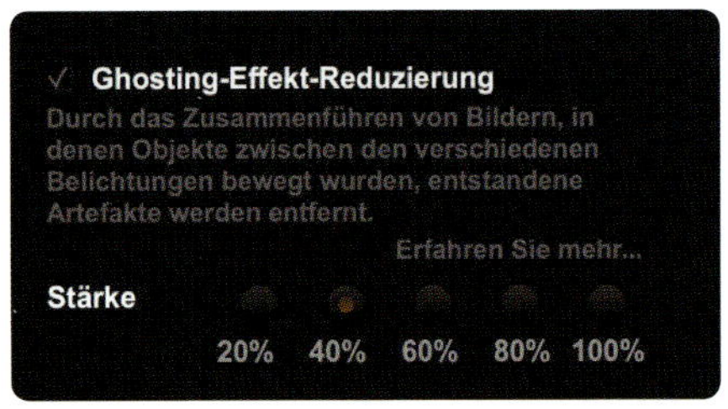

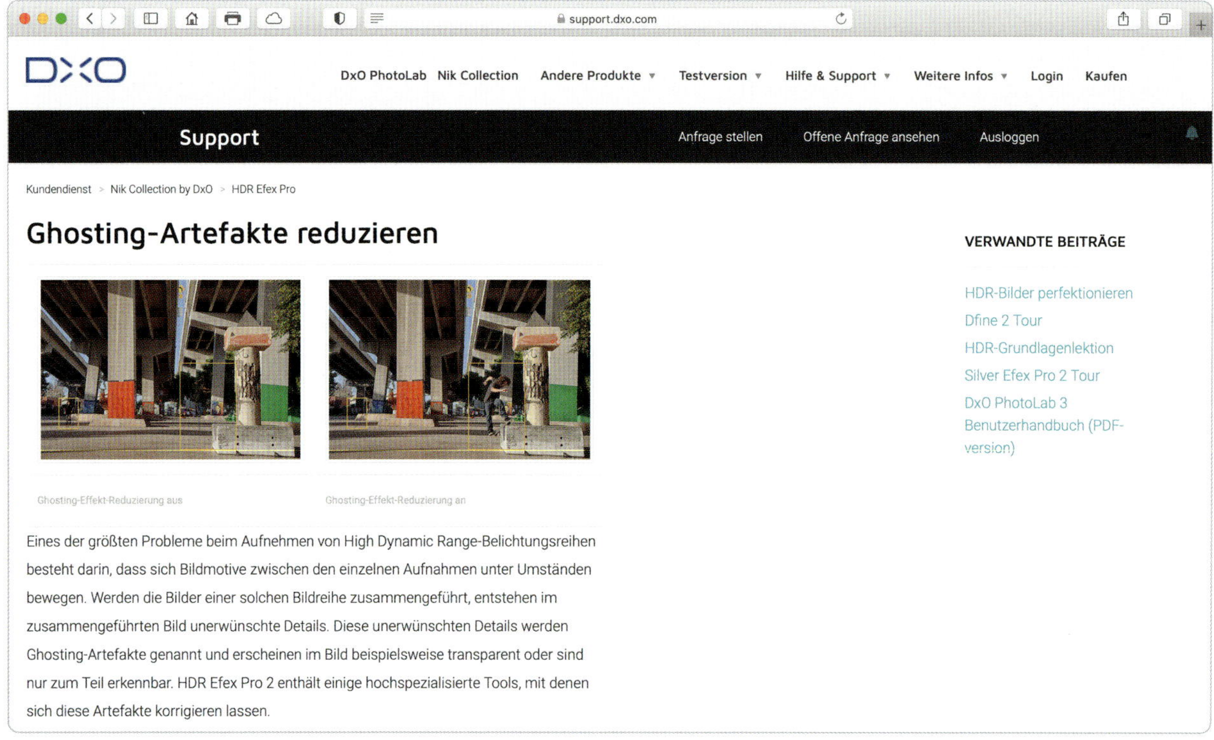

Weiterführende Informationen auf der DxO Support Website: Support.dxo.com

Tone-Mapping-Einstellungen

Wählen Sie dann aus den zahlreichen Voreinstellungen die aus, die Ihnen zusagt. Um eine bessere Kontrolle zu haben, können Sie am oberen Bildrand die Zoomstufe einstellen und in das Bild hineinzoomen. Die rote Linie in der Hauptansicht können Sie mit dem Mauspfeil hin- und herschieben. So sehen Sie das Bild in einer Vorher-Nachher-Ansicht. Wenn Sie eine ansprechende Voreinstellung gefunden haben, führen Sie über die Funktionen auf der rechten Seite des Arbeitsfensters die Feineinstellungen durch.

1. Experimentieren Sie mit den Reglern im Einstellungsbereich und entscheiden Sie sich für den besten optischen Effekt. Dabei kann man es sehr schnell übertreiben. Ich wähle meistens in der Palette *HDR-Verfahren* eine hohe *Tiefe*, *Detail Akzentuiert* und die Darstellung eher in Richtung *Trüb*.

2. Die Tonwerte regulieren Sie in der Palette *Tonwert*. Mit dem Regler *Schatten* können Sie schattige Bereiche (zum Beispiel dunkle Bäume) aufhellen, um diesen so mehr Zeichnung zu geben. Mit dem Regler *Spitzlichter* können Sie sehr helle Bildbereiche etwas reduzieren. Direkte Reflexionen der Sonne, von Blitzlicht oder anderen Lichtquellen, können so partiell reduziert werden.

3. Je nach Aufnahme erhöhen Sie noch etwas die Farbsättigung oder führen selektive Anpassungen durch – jedoch nur im Bild, niemals am Rand, da Sie die Einzelbilder noch zu einem Panorama zusammenstitchen müssen.

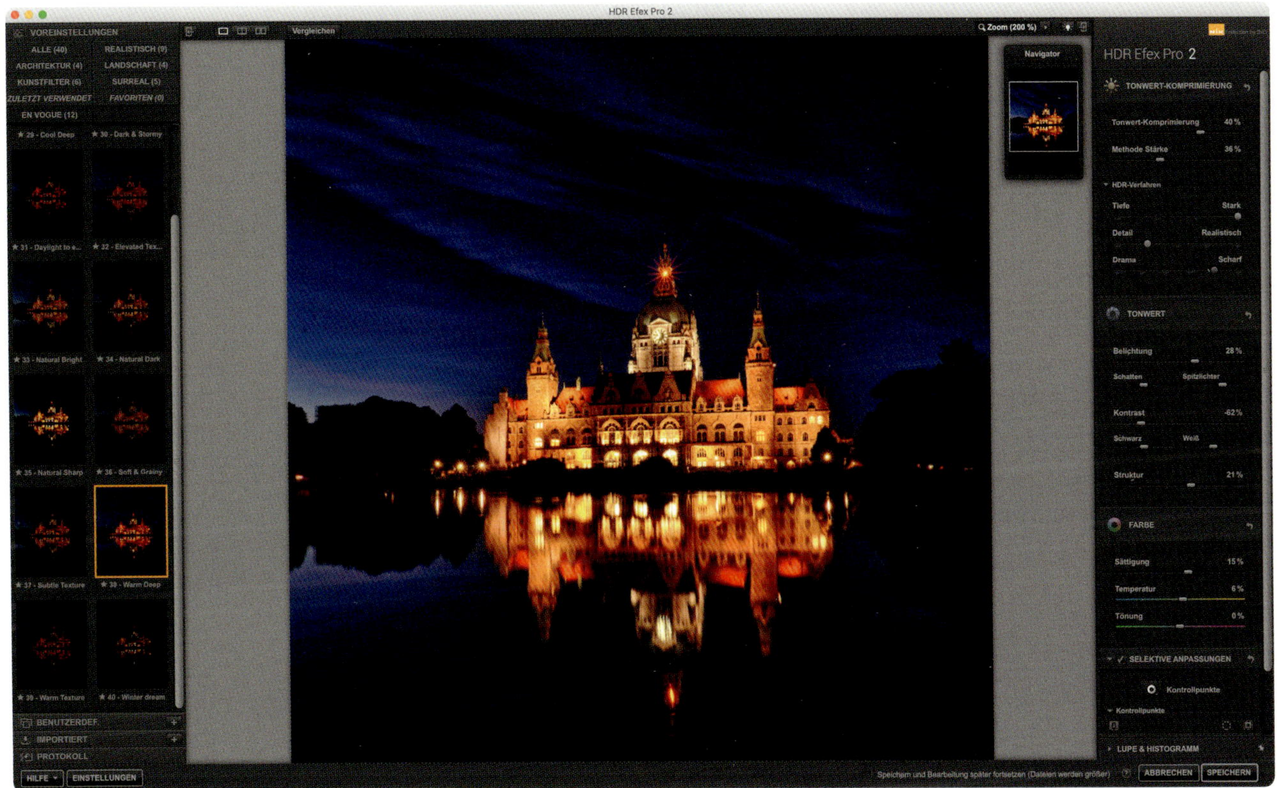

*Nach der Zusammenführung der Einzelbilder und der Auswahl einer Voreinstellung (hier *36 • Warm Deep), nehmen Sie die Tone-Mapping-Einstellungen vor.*

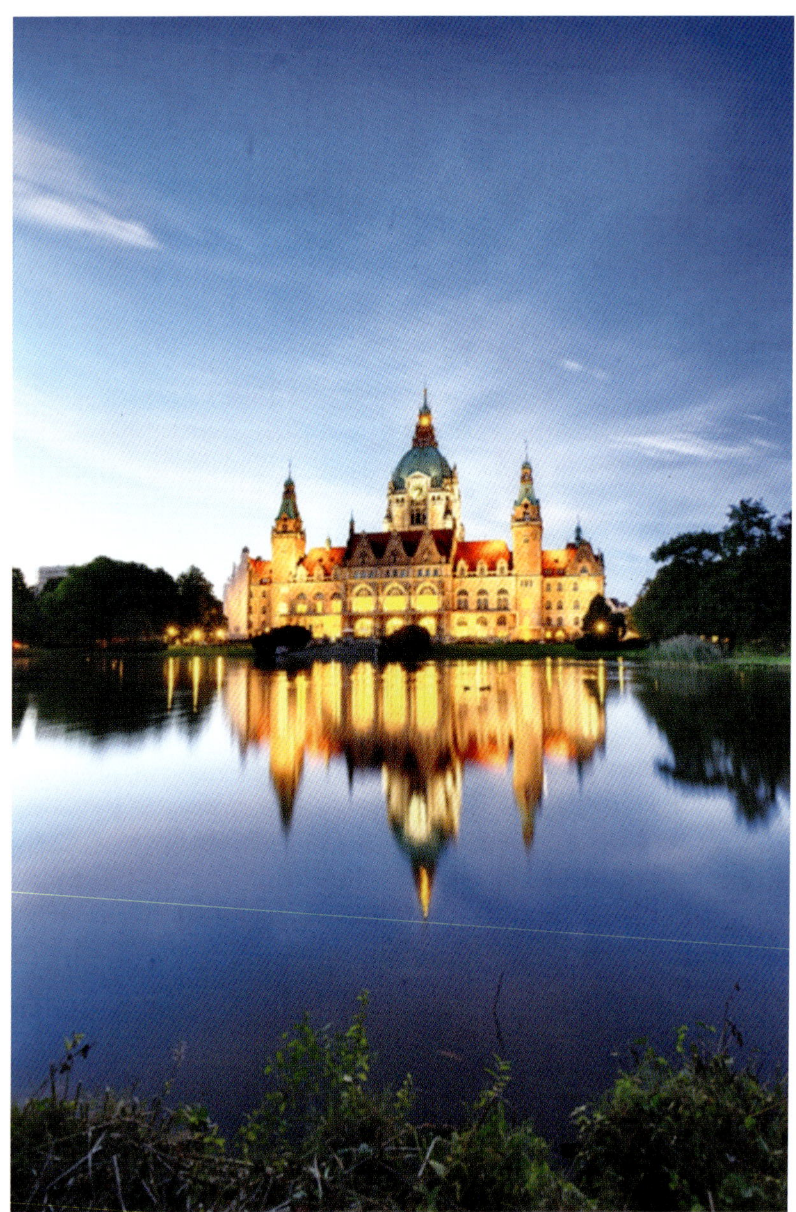

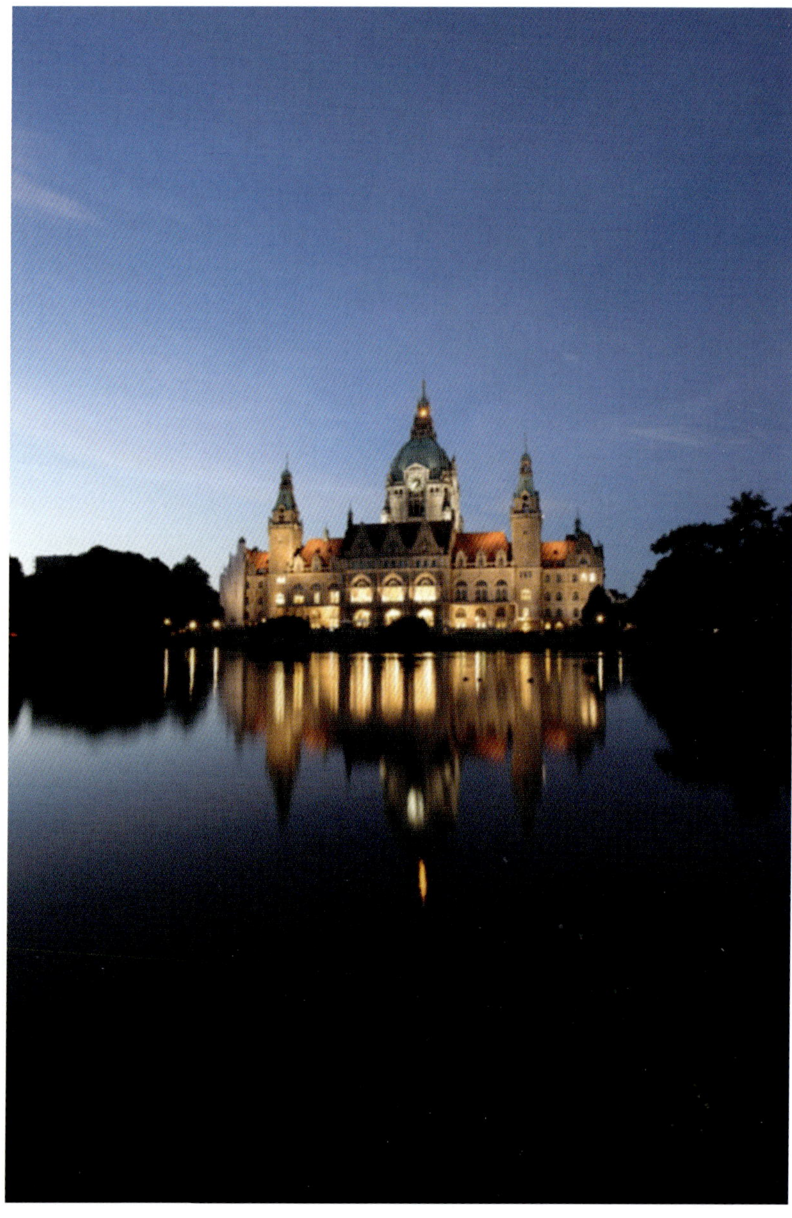

In diesem Beispiel habe ich mich für helle, leuchtende Farben entschieden. Das linke Bild zeigt das Ergebnis. Das ist die Entscheidung des Künstlers. Sie müssen selbst festlegen, ob Sie den Park um das Rathaus herum noch mit Zeichnung versehen wollen oder ob das Rathaus eher aus dem Dunkeln herausstechen soll wie bei der alternativen rechten Variante. Beide Varianten haben ihre Reize.

Stitchen mit PanoramaStudio 3

Starten Sie PanoramaStudio und legen Sie ein neues Projekt an – *Einreihiges Panorama erstellen*. Dann laden Sie die fertig bearbeiteten Einzelbilder, die dann von der Software gestitcht, sprich zusammengenäht werden. In der Regel muss das neue Panorama zugeschnitten werden, was auch PanoramaStudio übernimmt.

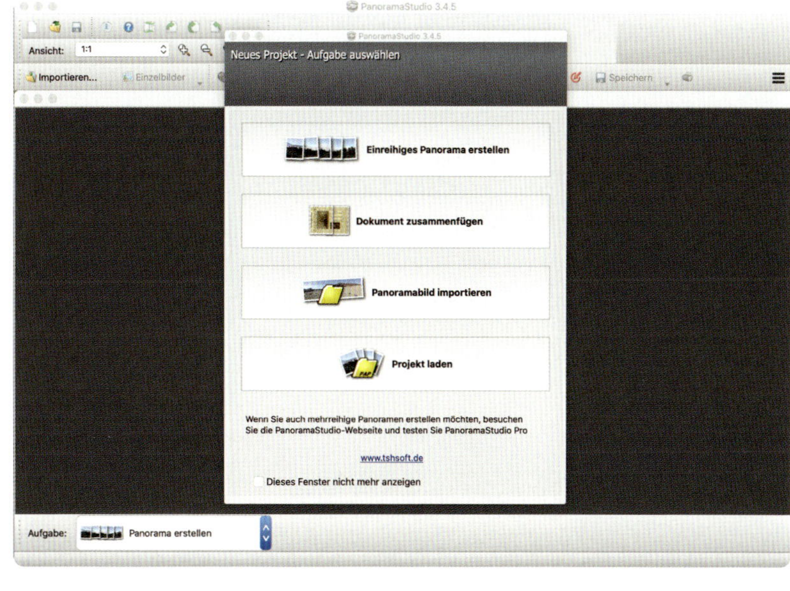

Es muss nicht sein, aber es kann sein, und es ist bei dieser Location sehr wahrscheinlich, dass sich die ein oder andere Mücke im Bild verirrt hat. Wenn das so ist, muss das Bild entfleckt werden. Das geht am besten mit Affinity Photo und dem Werkzeug *Restaurieren*. Dazu stellen Sie die Breite des Werkzeugs entsprechend der Größe des Flecks ein, und die Mücke ist mit einem Klick erledigt.

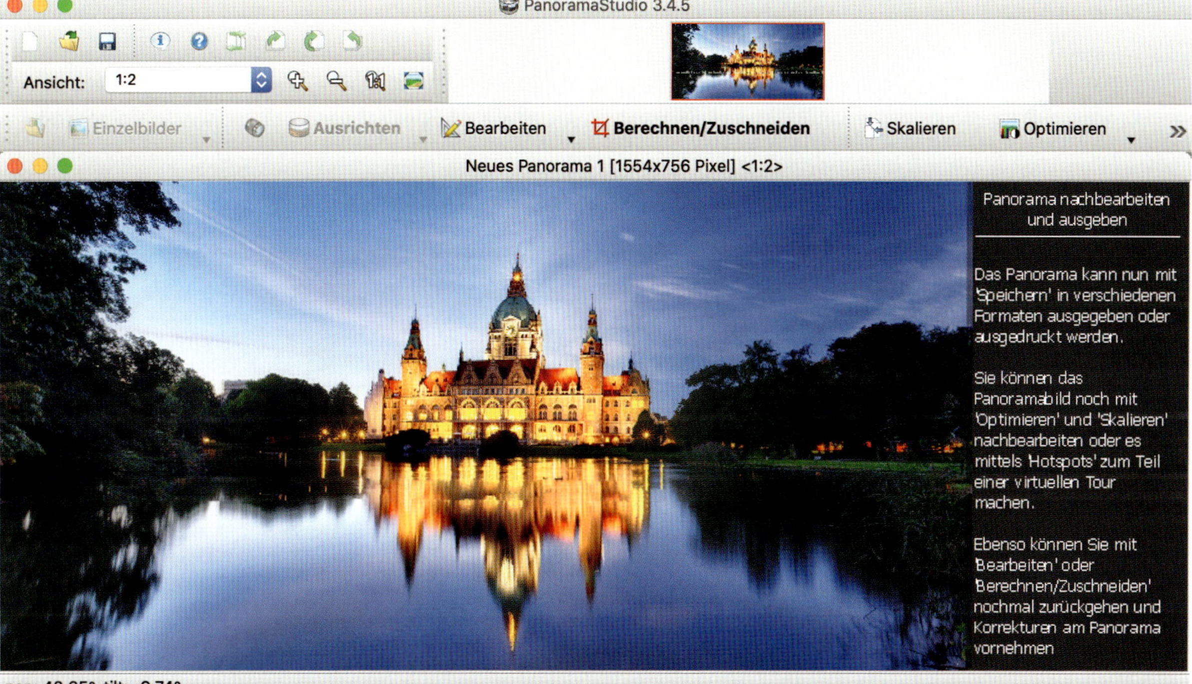

Die Einzelbilder werden in PanoramaStudio 3.4.5 zu einem einreihigen Panorama gestitcht.

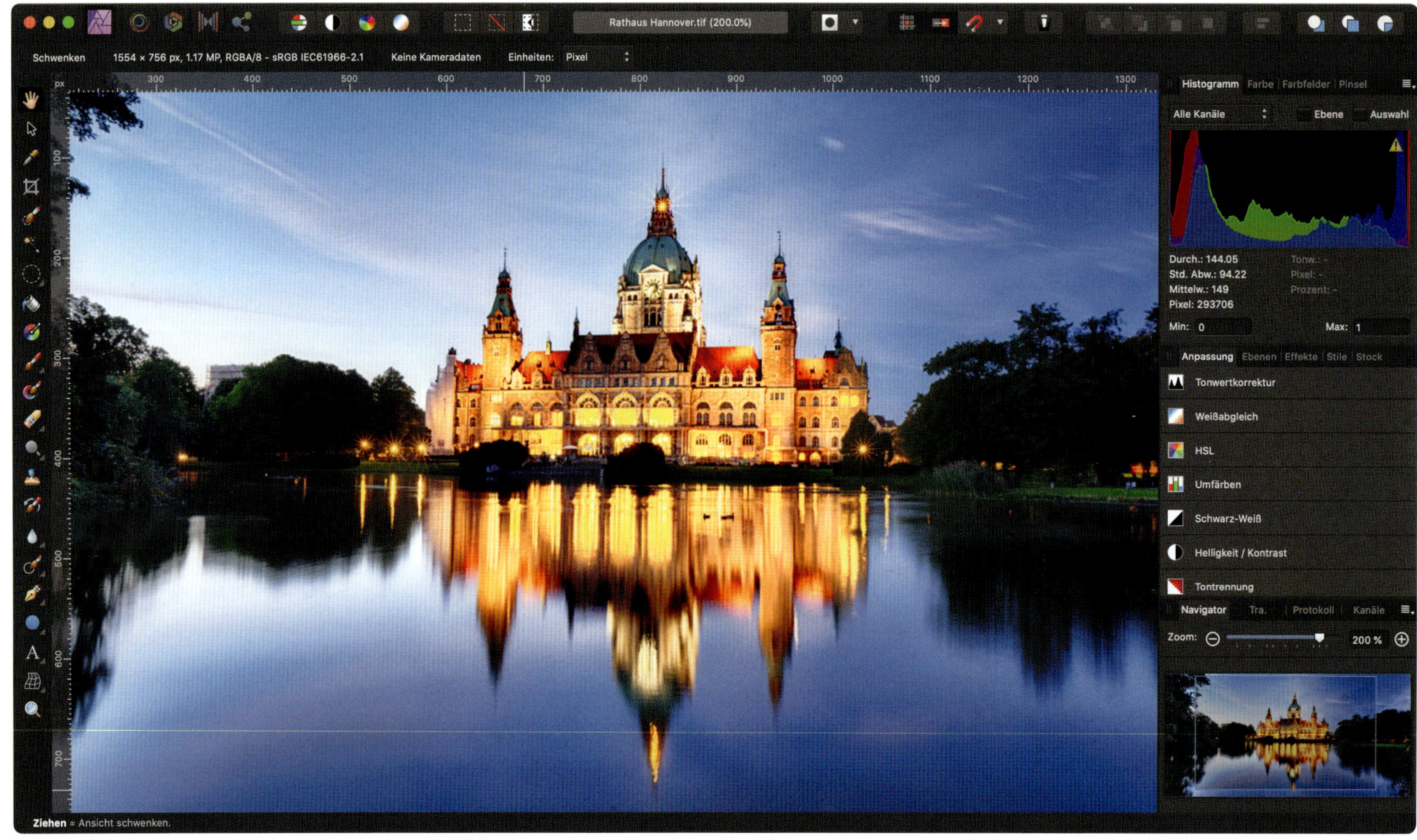

Letzte Retuschearbeiten in der Affinity Photo-App.

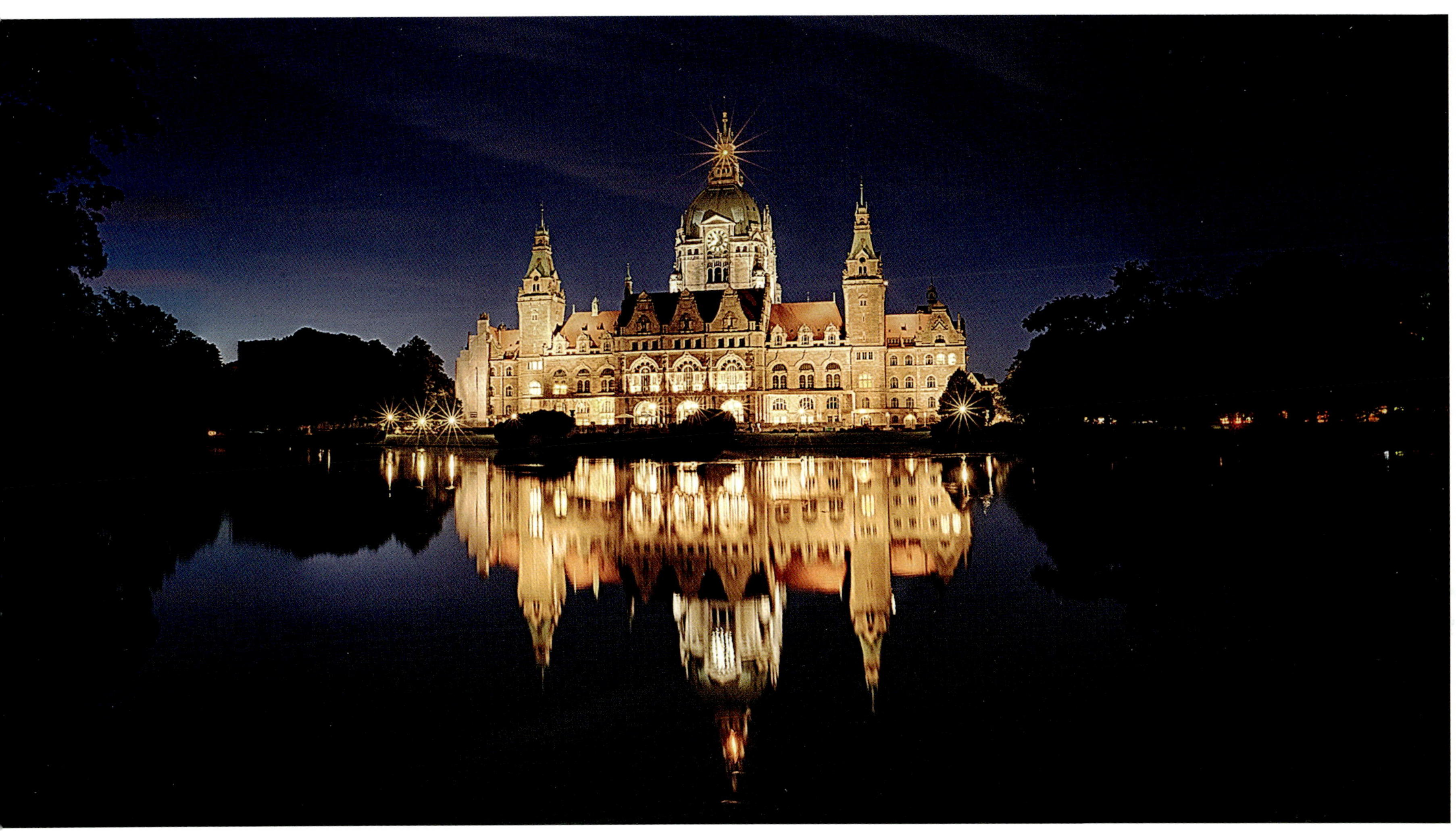

Bei dieser Variante wurde das Gebäude mit einer Prise Klarheit belegt. Der Himmel sowie der linke und rechte Bildbereich wurden noch weiter abgedunkelt.

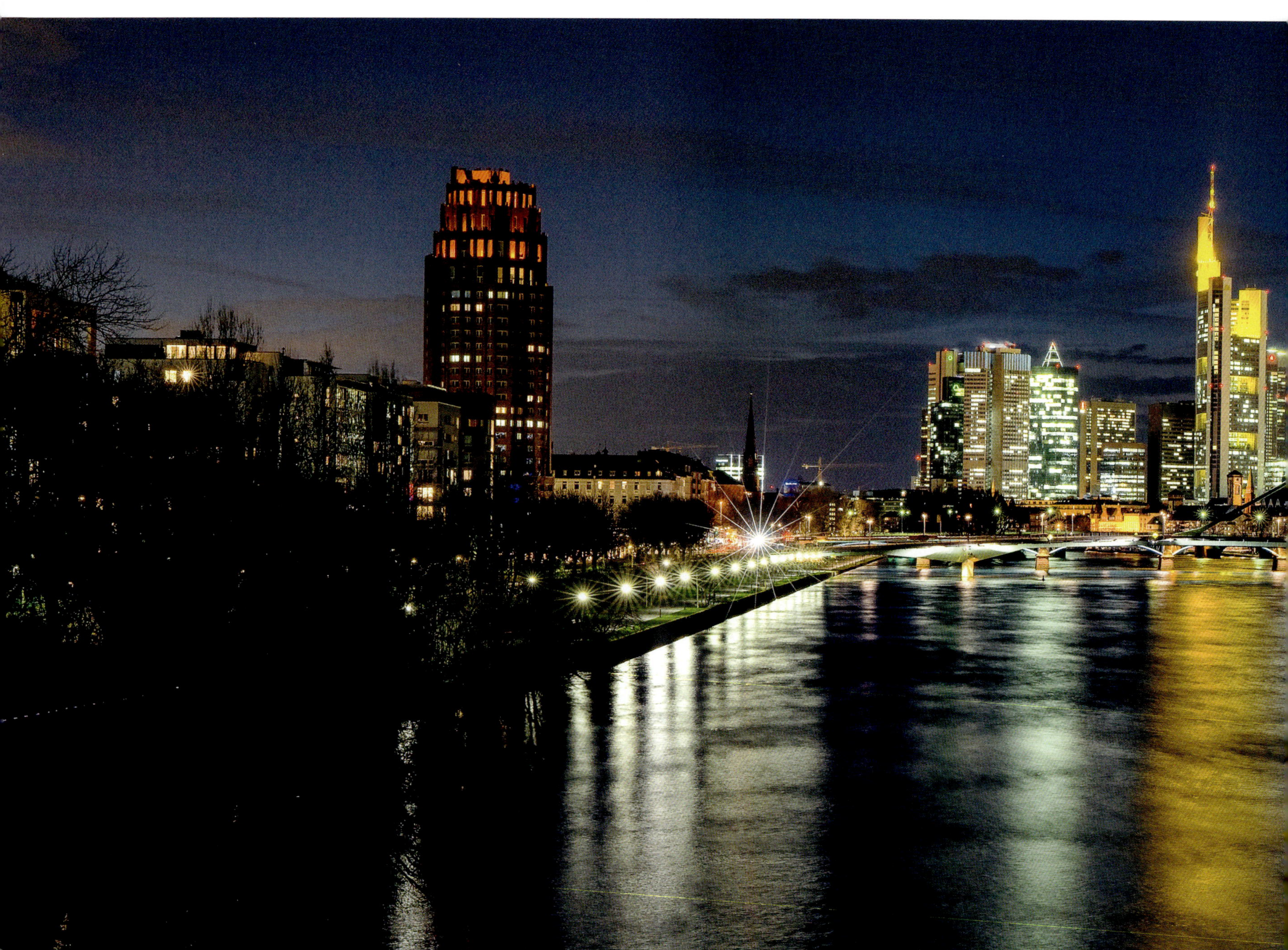

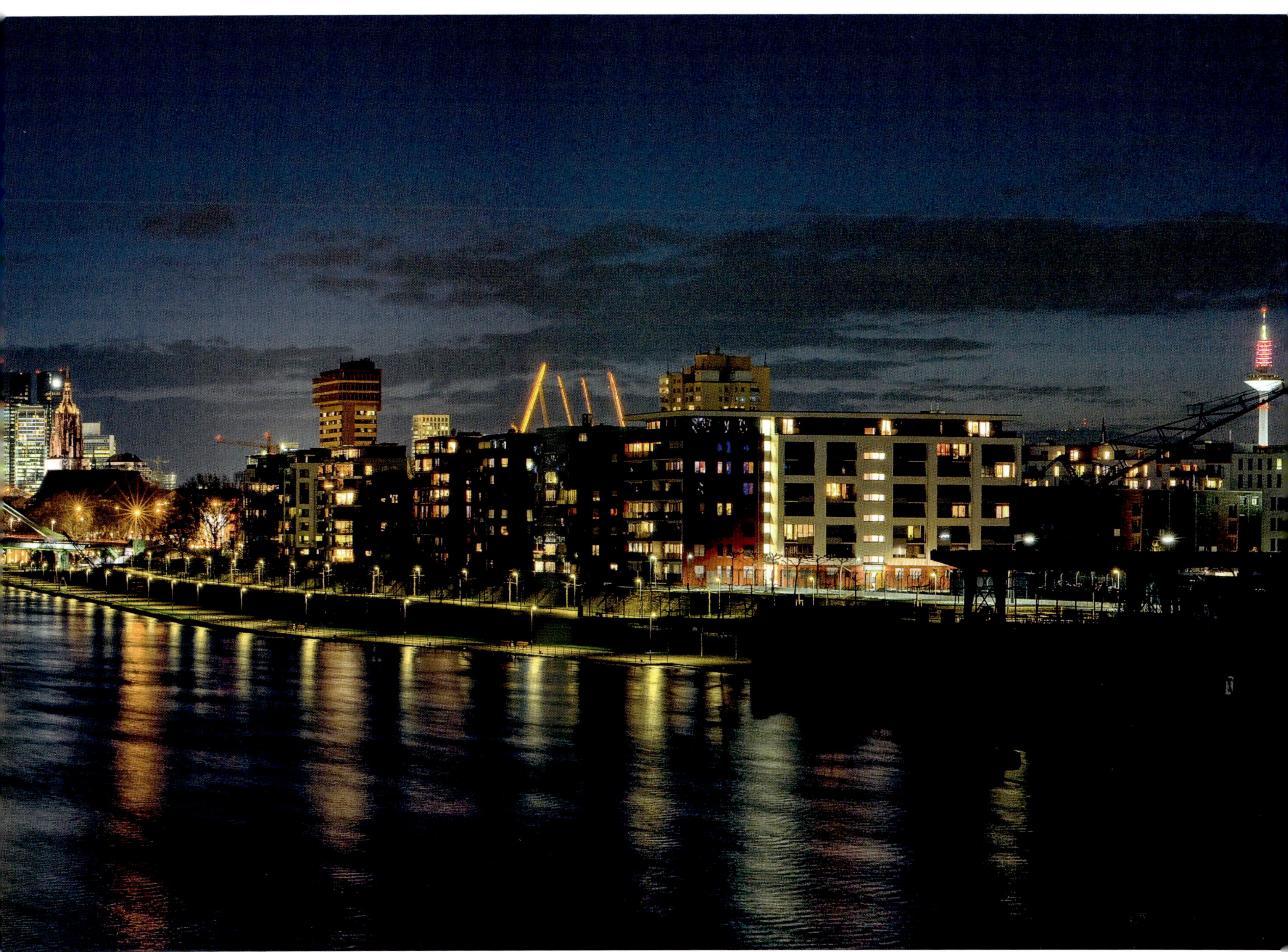

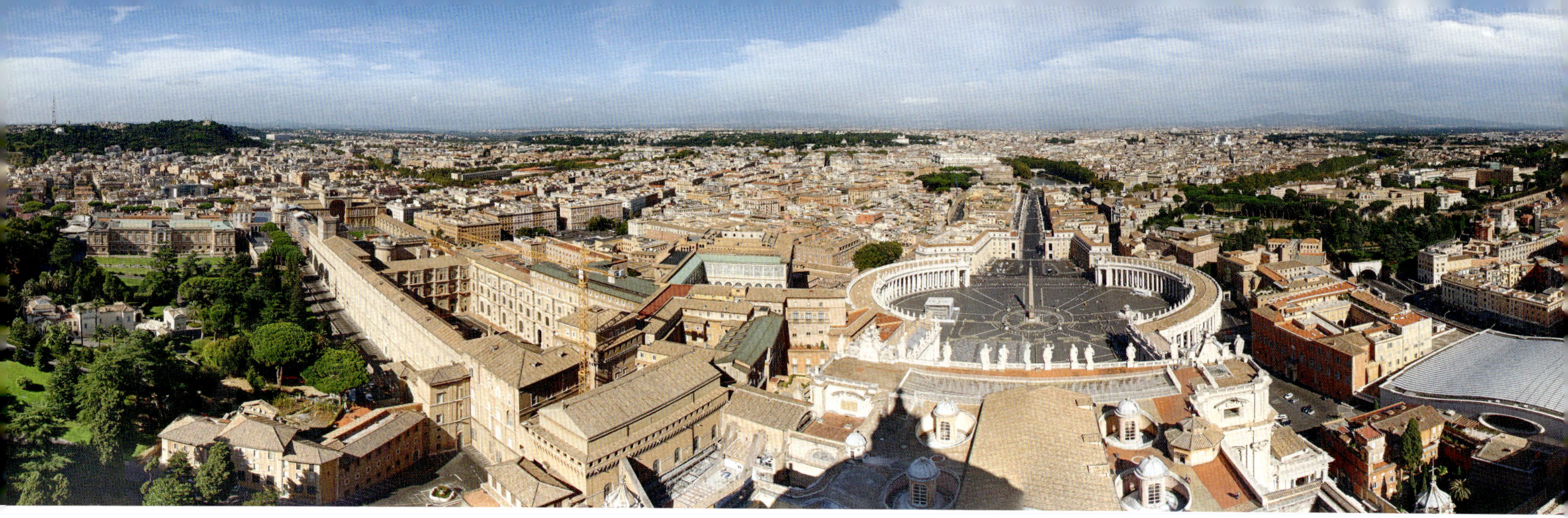

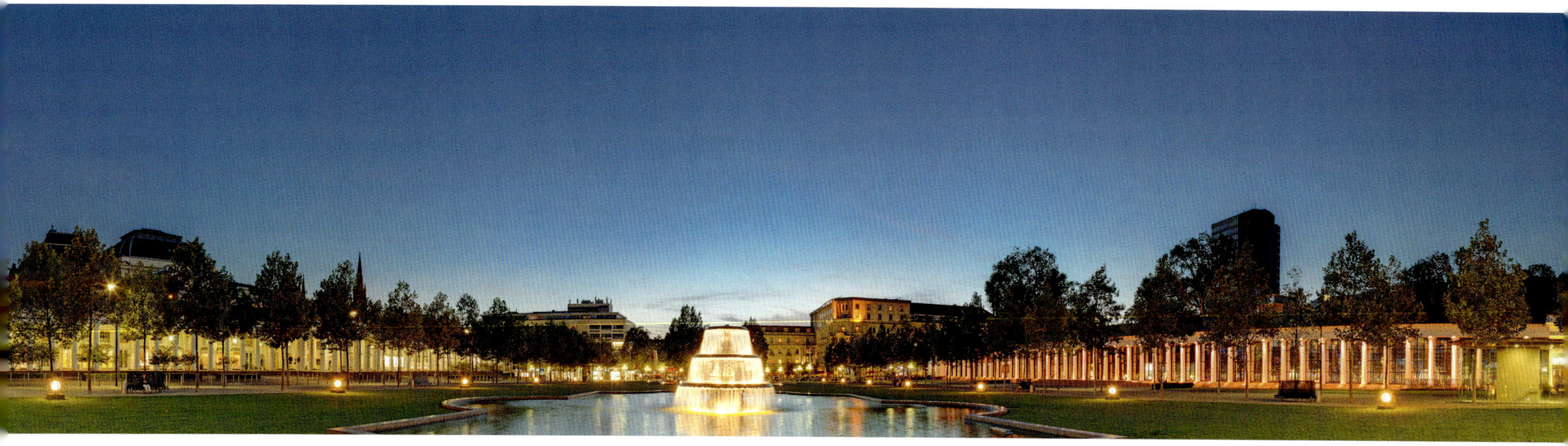

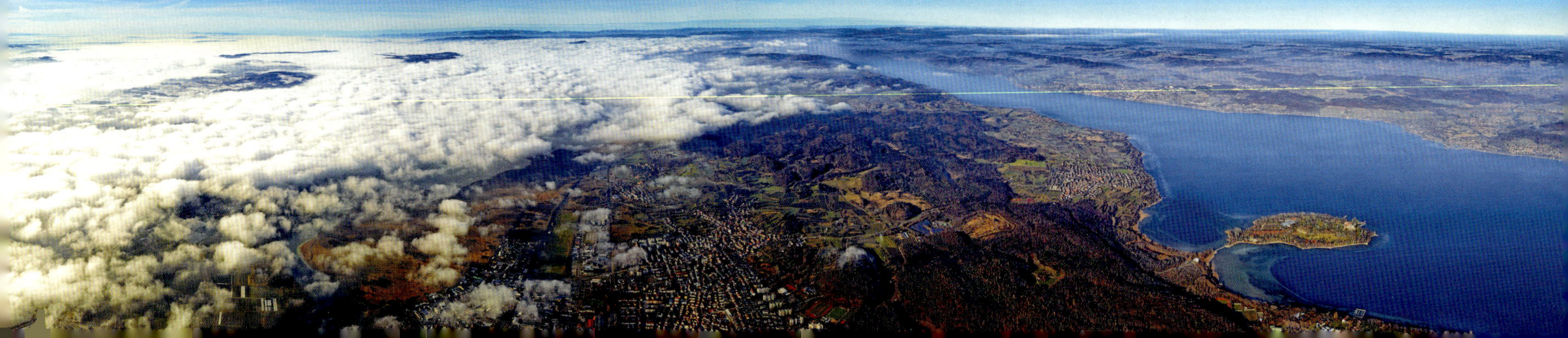

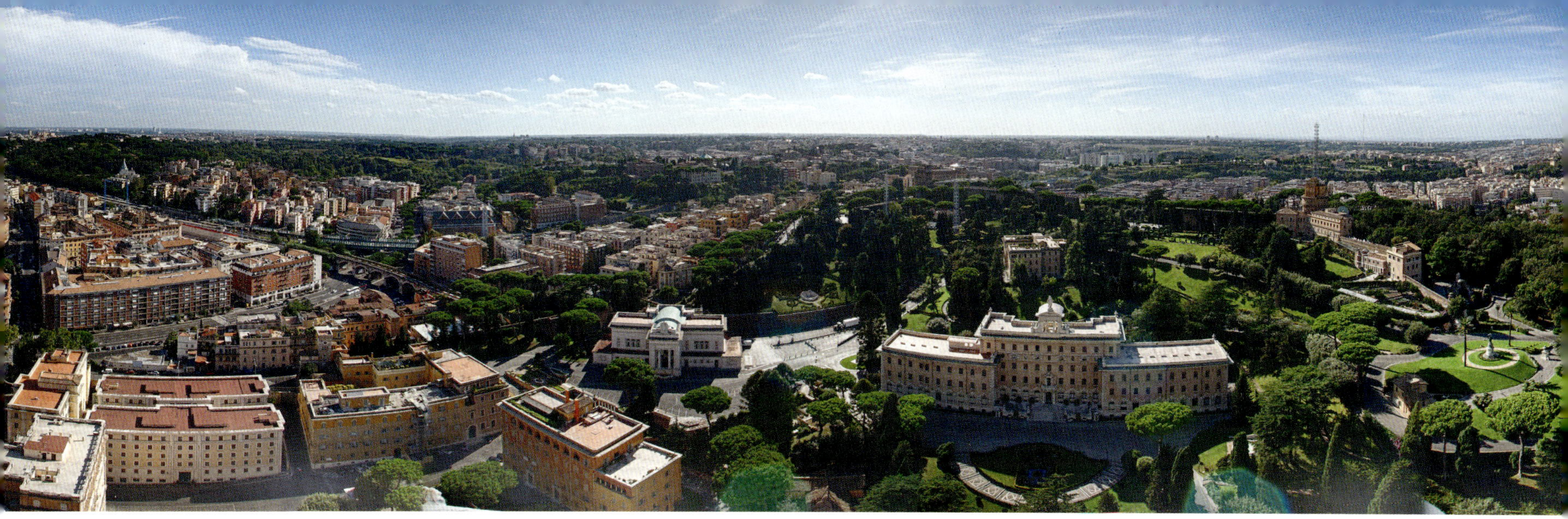

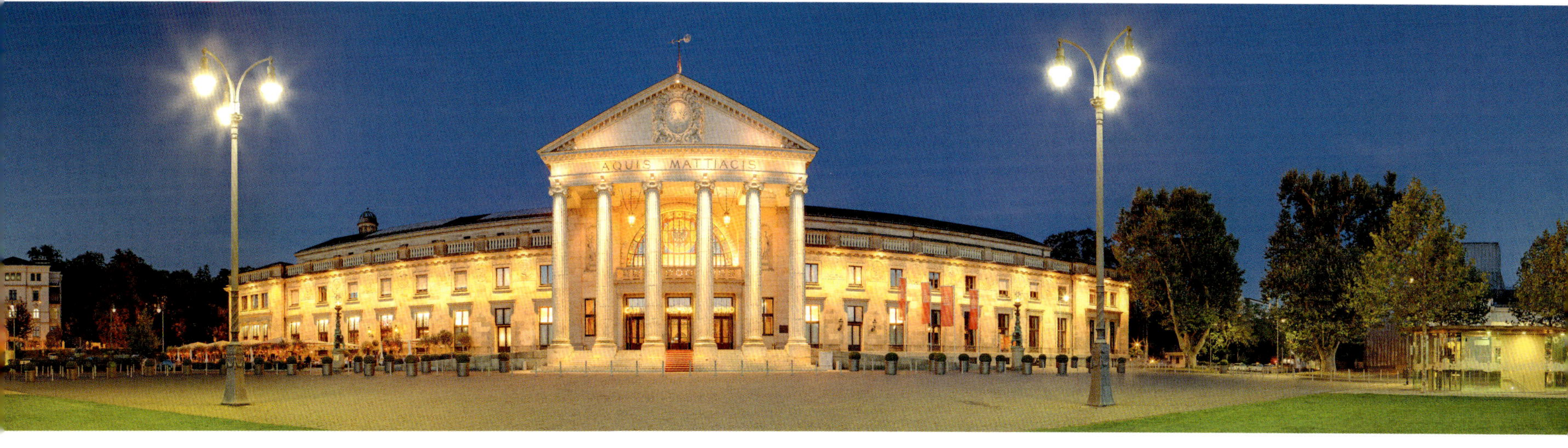
AQUIS MATTIACIS

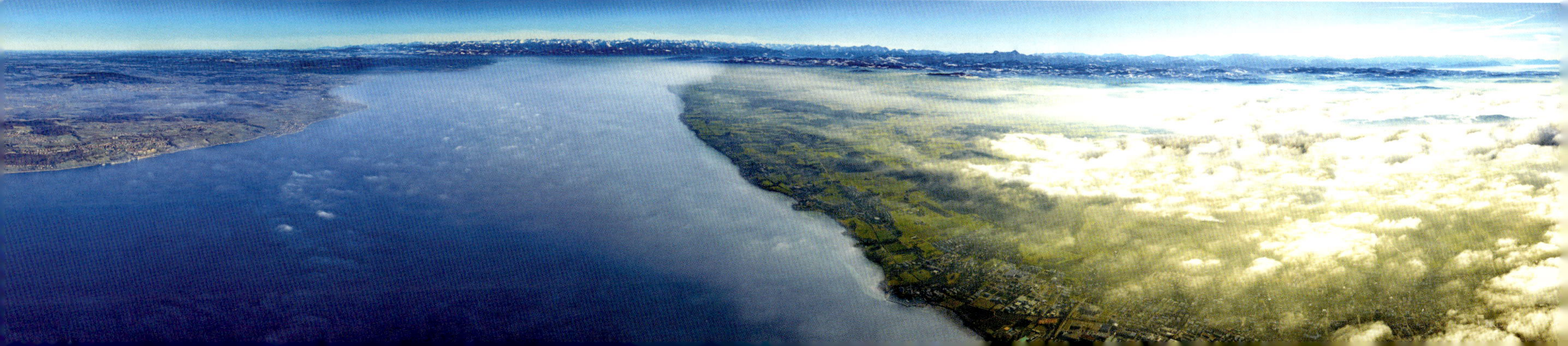

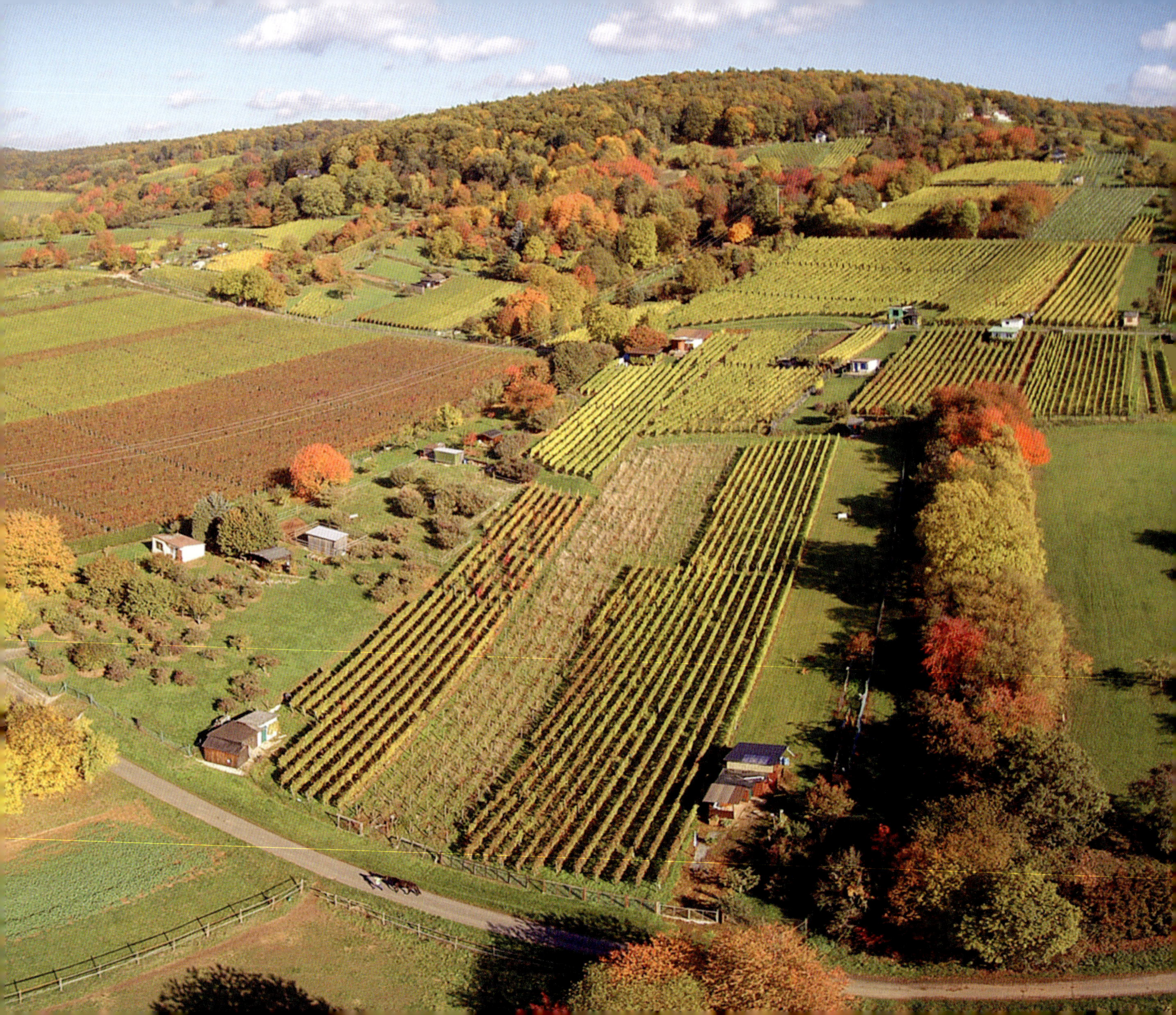

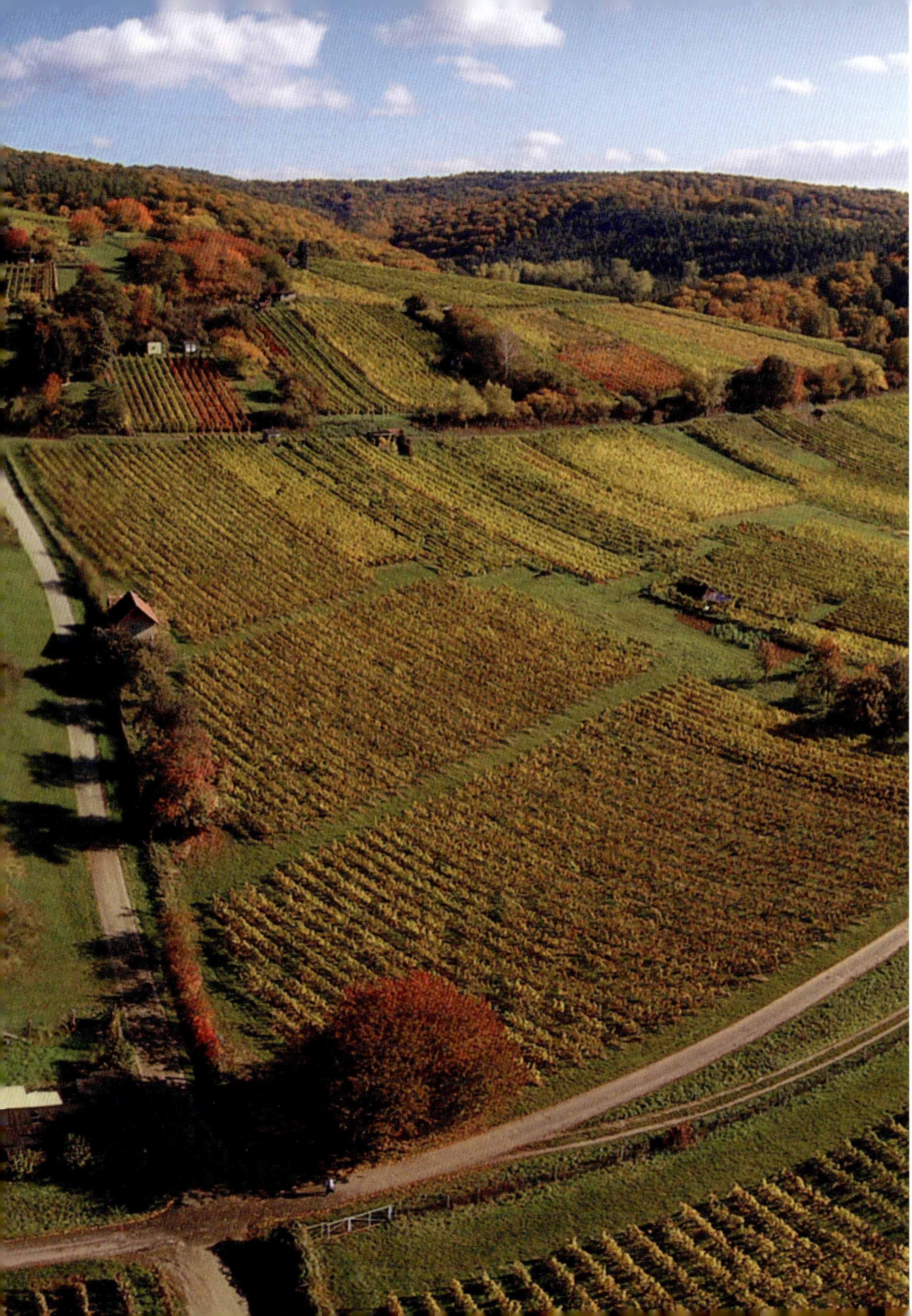

KAPITEL 9

Drohnenpanorama

Je länger ich mich mit der Panoramafotografie beschäftigte, desto mehr Ideen der klassischen Fotografie verknüpfte ich mit ihr. Irgendwann kam auch das Thema, neue Perspektiven zu suchen, an die Reihe. So begann ich, mich mit der Drohnenfotografie zu beschäftigen. Die ersten Versuche und Systeme waren sehr teuer, und die Ergebnisse waren im Verhältnis zu den Kosten nicht zufriedenstellend. Drei Jahre später entdeckte ich auf der Luftfahrtmesse in Friedrichshafen eine neue Fotodrohne, die mich dazu brachte, das Thema noch einmal anzugehen – dieses Mal mit sehr guten Ergebnissen.

Mein erstes Panorama mit einer Drohne

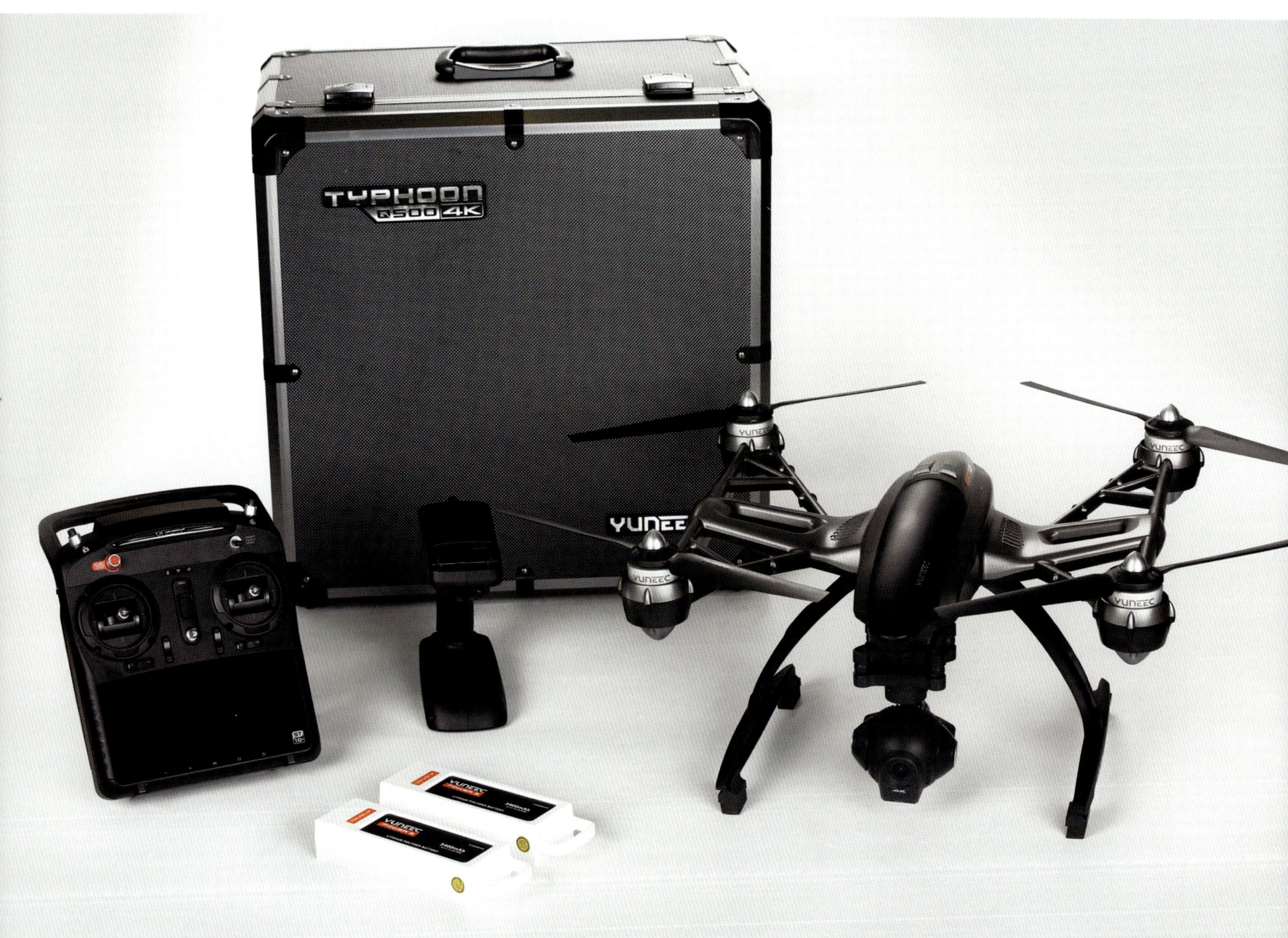
TYPHOON
Q500 4K
YUNEEC

Der ganz große Durchbruch

Die fernsteuerbare Drohne Typhoon Q500+ mit 4K-Kamera der Firma Yuneec, mit der Sie Fotos und Filme, seit Neuestem sogar in 4K-Qualität, anfertigen können, erlebt gerade ihren ganz großen Durchbruch. Immer mehr Profis sowie Hobbyfilmer und Hobbyfotografen heben mit diesen kompakten Fluggeräten ab, um aus schwindelerregender Höhe völlig neue Perspektiven auf diese Welt festzuhalten. Die Einsatzgebiete der Kameradrohnen sind vielfältig: auf freiem Feld, rund um ein Volksfest oder zum Ablichten der zum Verkauf stehenden Immobilie aus der Luft, gewerblich oder privat – vieles ist möglich.

Das Bild der fliegenden Kamera wird live und in Echtzeit auf dem Monitor der Fernsteuerung anzeigt. Dadurch ist diese Drohne optimal für die Panoramafotografie geeignet.

Einfach nur ein bisschen herumzufliegen ist aber in Deutschland nicht möglich. Sie müssen sehr viel beachten, wenn Sie die Bilder gewerblich nutzen wollen. Das hat mich bewogen, diese Art der Panoramafotografie in dieses Buch mit aufzunehmen.

Links: Das System ist von Grund auf wohldurchdacht. Es beginnt mit der einfachen Bedienung, bei der der Pilot fast keine Fehler machen kann, auch wenn er sich damit auf Neuland begibt, und reicht bis zum Transportkoffer. Die Drohne entspricht der deutschen Gesetzgebung bzw. den Bestimmungen des deutschen Luftraums, auf die ich später noch genauer eingehen werde. Unabhängig vom System, mit dem Sie fliegen wollen, habe ich Ihnen hier alle wichtigen Infos und Tipps zusammengefasst, damit Sie mit Spaß richtig durchstarten können.

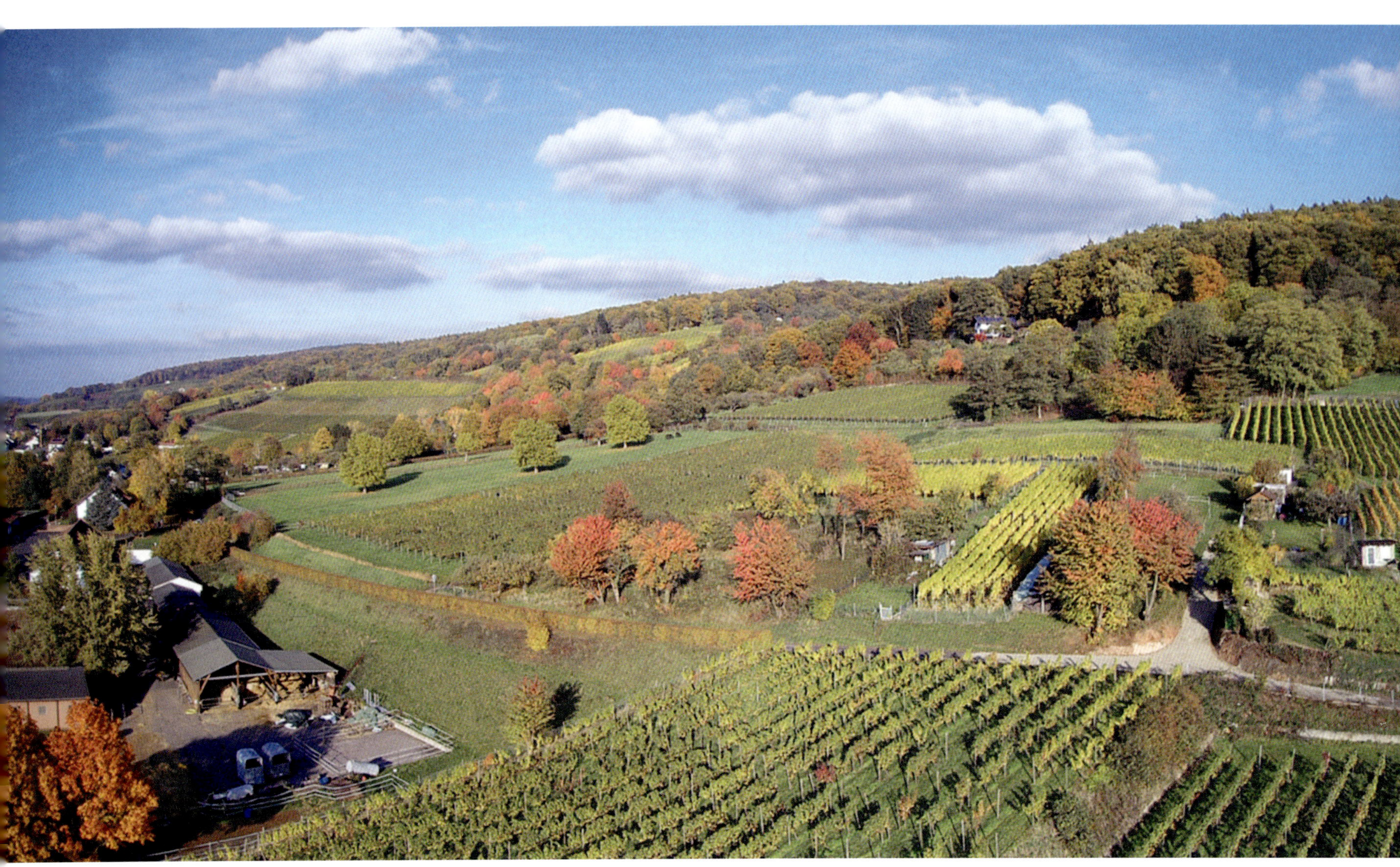

Die Fotoqualität der neuen Systeme ist mittlerweile wirklich gut und somit tauglich für atemberaubende Panoramafotografie.

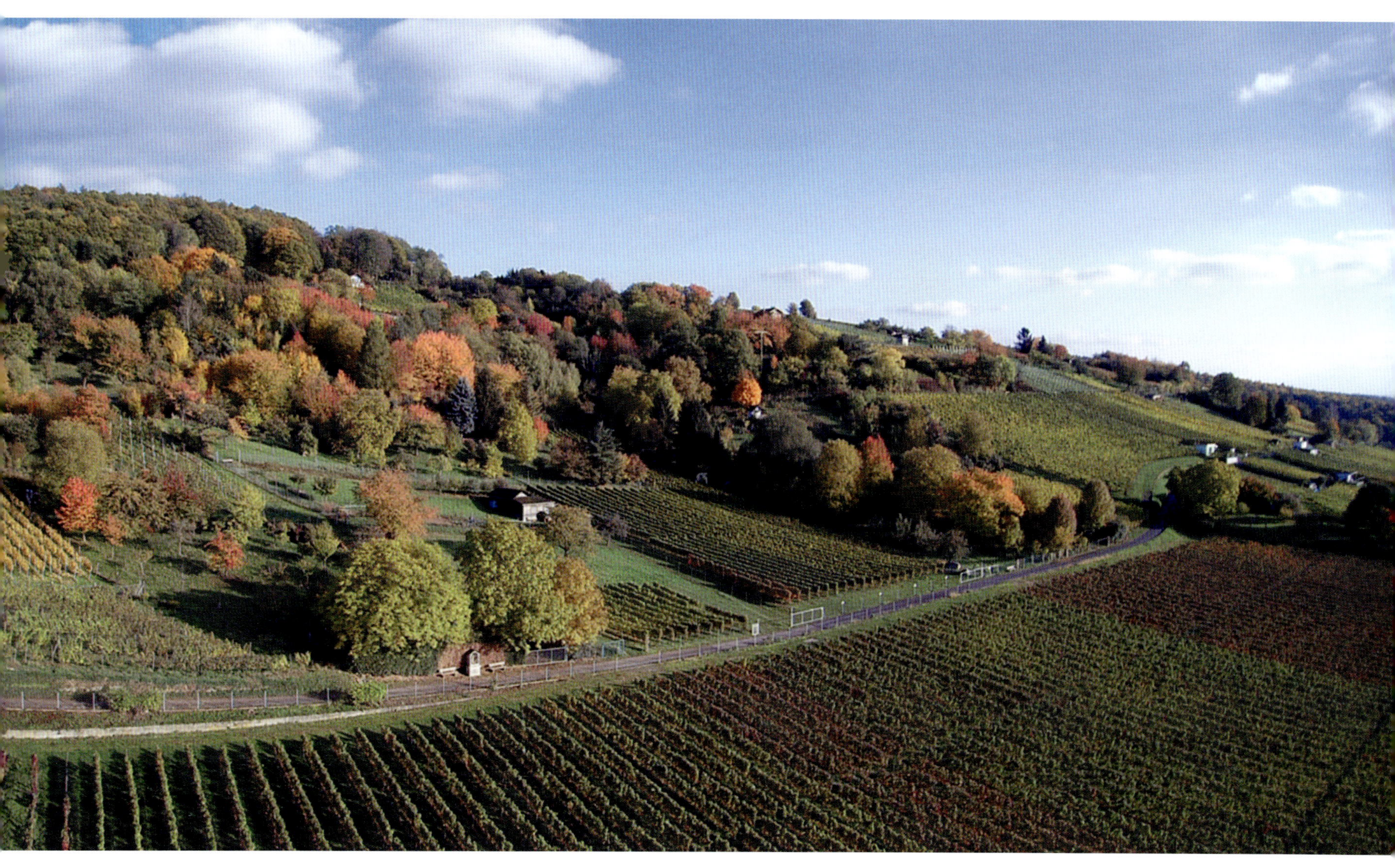

Scharf oder knackscharf?

Bisherige Flugdrohnen waren bestenfalls mit HD- oder Full-HD-Kameras ausgestattet. Das HD-Format (*High Definition*) bietet eine Auflösung von 1.080 × 1.920 Pixeln und entspricht dem, was die meisten von uns von ihrem heimischen Fernseher her kennen. Die Filmergebnisse waren mit diesen Systemen ganz passabel, die Fotoauflösung ließ aber erheblich zu wünschen übrig. Im Laufe der Entwicklung hat sich das mit der Markteinführung der 4K-Drohne allerdings geändert.

Was bedeutet 4K?

Die Abkürzung 4K steht für 4.000. Damit ist die Anzahl der horizontalen Bildpunkte gemeint. Die Auflösung ist also etwa vier Mal so groß wie die der Full-HD-Systeme - ein wirklich großer Schritt. Derzeit gibt es aber noch unterschiedliche 4K-Standards:

- Der QFHD-Standard, das steht für *Quad Full High Definition*, 4K2K, hat ein Bildformat von 3.840 × 2.160 Pixeln.
- Der Ultra-HD-Standard hat eine Auflösung von 4.096 Pixeln in der Horizontalen und 2.160 Pixeln in der Vertikalen.
- Der UHD-TV-Standard steht derzeit an der Spitze. Diese Abkürzung steht für *Ultra High Definition Television* und bietet eine Auflösung von 7.680 × 4.320 Pixeln, das ist fast das 8-Fache der Full-HD-Auflösung. Hier reden wir also schon von 8K.

Natürlich konnten Sie bislang auch schon hochauflösende Drohnen mit Spiegelreflexkameras bestücken, der Preis für solch ein System lag allerdings in Regionen, die es für den Hobbyfotografen uninteressant machten. Das ist jetzt anders.

Was ist ein Gimbal?

Die Kameras sind mit dem sogenannten Gimbal an den Drohnen befestigt. Das Gimbal ist im Prinzip eine kardanische Aufhängung, die alle Bewegungen der Drohne, sei es durch Flugmanöver oder Windstöße, exakt ausgleicht. Die Kamera wird durch eine Elektronik völlig stabil in der Luft gehalten. Das sind optimale Voraussetzungen für die Luftbildpanoramafotografie. Achten Sie beim Kauf einer Drohne auf ein gutes Gimbalsystem. Nur dann werden Sie Freude daran haben. Die Kamera hat einen IMU-Prozessor, der Beschleunigung, Gierrate und Drehrichtung misst. Innerhalb dieses Prozessors ist die Nullposition gespeichert. Die Elektronik der Kameraservos hält die Kamera permanent in dieser Nullposition.

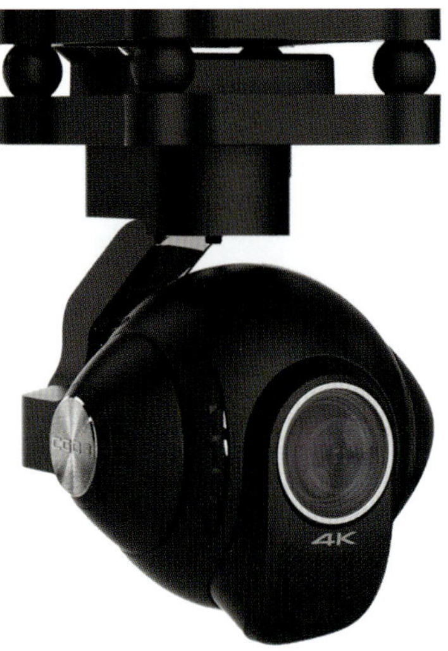

Manueller Weißabgleich

Analysieren Sie die folgenden Bilder. Sie sehen eine kleine Bilderserie, die ich mit meiner Drohne fotografiert habe. Bei dieser Serie habe ich bewusst den automatischen Weißabgleich eingeschaltet. Es war etwa 17:00 Uhr am Nachmittag bei tief stehender Sonne, als ich diese Aufnahmen machte. Das erste Bild unterscheidet sich deutlich vom zweiten, was die Farbgebung angeht. Das letzte Bild ist dunkler und wärmer. Die Kamera hat durch den automatischen Weißabgleich die Farben angepasst. Durch das Gieren der Drohne hat die Automatik der Kamera neue Parameter für den Weißabgleich gesetzt.

Diese Bilder können Sie so nicht zu einem Panorama zusammenstitchen. Wenn die Kamera der Drohne die Möglichkeit hat, Einzelbilder im RAW- oder DNG-Format zu speichern, können Sie den Weißabgleich auch hinterher noch anpassen und das Panorama anschließend stitchen. Aber das ist ehrlich gesagt viel zu aufwendig. Besser ist es, wenn Sie bei der Drohnenkamera den Weißabgleich und die Belichtung manuell steuern. Das Geniale daran ist, dass das sogar während des Flugs über den Touchscreen-Monitor möglich ist.

Es gibt drei Möglichkeiten, den Weißabgleich an Ihrer Kamera einzustellen: den vollautomatischen Weißabgleich, den halbautomatischen Weißabgleich und den Weißabgleich über die Farbtemperatur.

WARUM GPS?

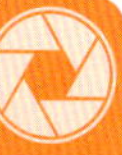

Um ein professionelles Luftbildpanorama zu fotografieren, muss die Drohne exakt an einem Punkt in der Luft stehen. Das ist ein Muss für die Panoramafotografie. Um das zu gewährleisten, benötigen Sie ein System mit GPS-Steuerung. Sobald der Pilot die Steuerknüppel der Fernbedienung loslässt, können Drohnen mit GPS-System an der gleichen Stelle in der Luft stehen bleiben. Der große Vorteil von selbststabilisierenden Systemen ist, dass sich der Pilot gar nicht um das eigentliche Fliegen und Stabilisieren der Drohne kümmern muss, sondern nur die Flugrichtung und Höhe vorgibt. Er kann sich also wirklich auf das Fotografieren konzentrieren.

Ein weiteres absolutes Muss für erfolgreiche Panoramen aus der Luft ist die Möglichkeit, den Weißabgleich von der Automatik auf manuell oder halbautomatisch einstellen zu können. Das Gleiche gilt für die Belichtung. Verwenden Sie ein Flugsystem, bei dem diese wichtige Einstellung nur automatisch funktioniert, werden Sie keinen großen Erfolg haben, aus den Einzelbildern Panoramen zu erstellen.

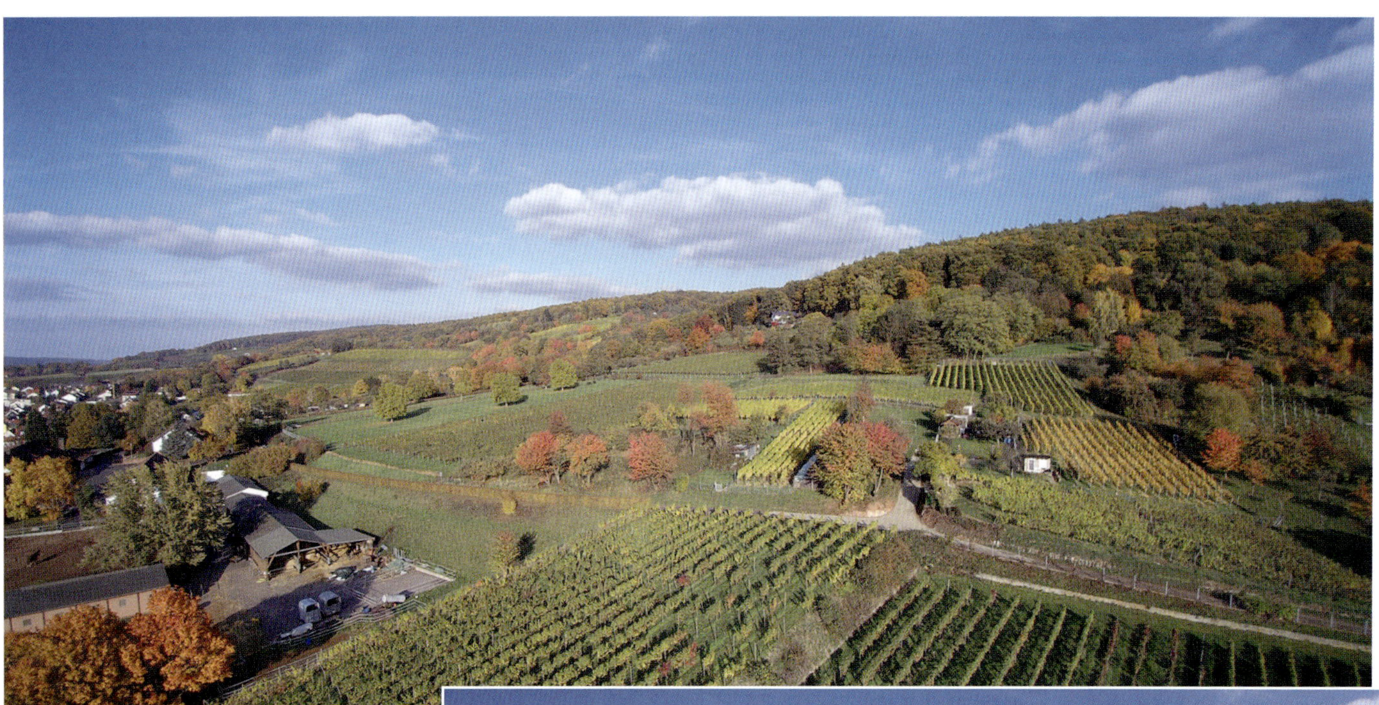

Bild 2.

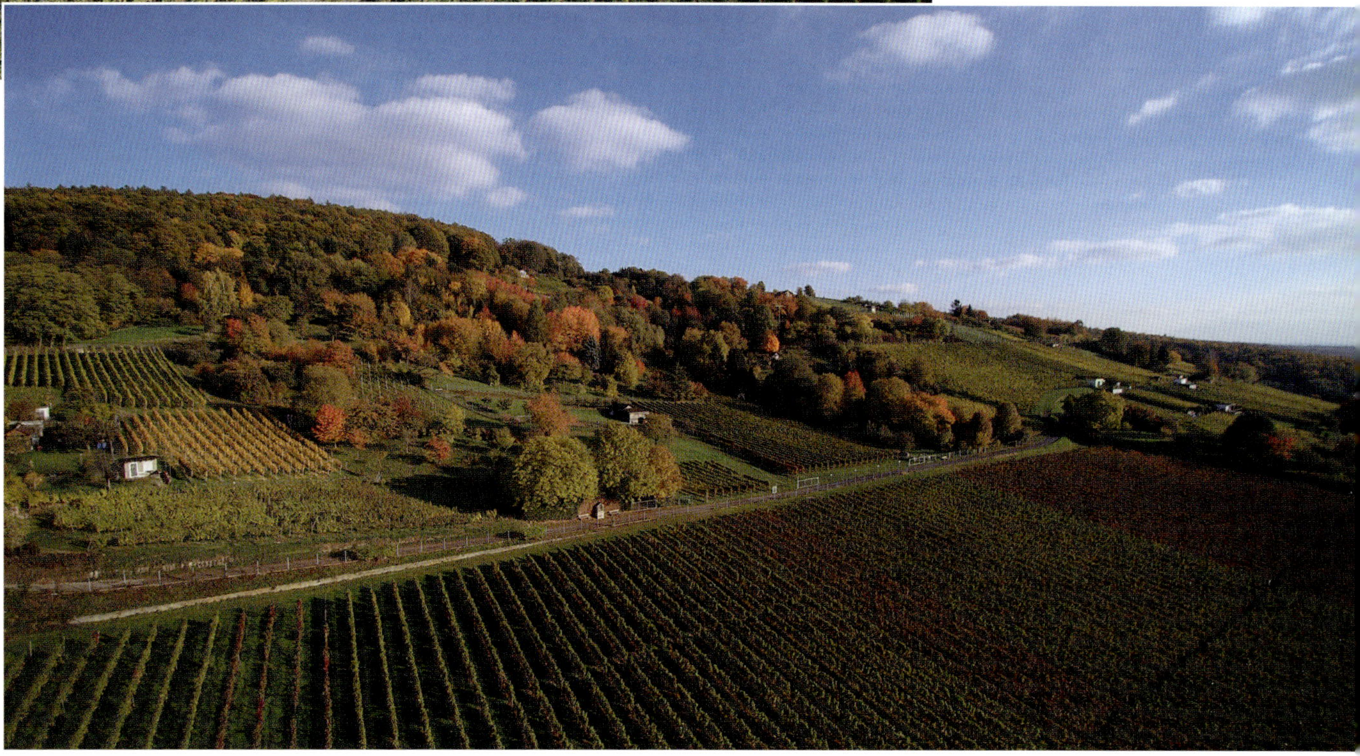

Bild 1.

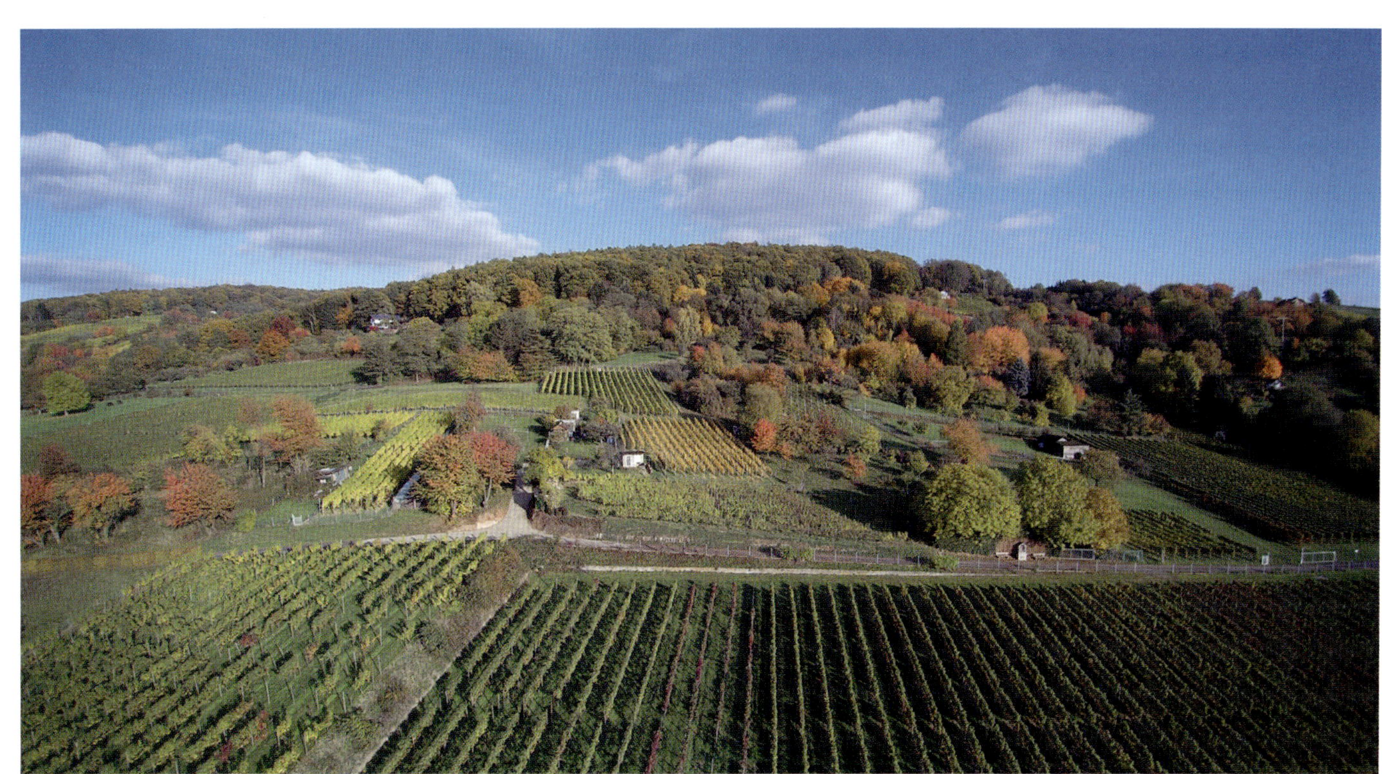

Bild 3.

Vollautomatischer Weißabgleich

Der vollautomatische Weißabgleich ist ungeeignet für die Panoramafotografie. Bei ihm sucht die Kamera nach der hellsten Stelle auf dem Bild. Dann stellt sie den gemessenen Farbwert automatisch auf diese Stelle ein und passt den übrigen Farbraum entsprechend an. Ist die hellste Stelle innerhalb des Bilds keine weiße Fläche, sondern nur eine hellgelbe Fläche, wird Ihre Kamera trotzdem diese helle Fläche als Weißpunkt setzen und den Farbaufbau entsprechend durchführen. Folglich ist die falsche Farbe als Weiß eingestellt, und das ganze Bild erhält einen rötlichen oder bläulichen Farbstich, je nachdem, ob das falsche Weiß warme oder kalte Farbtöne enthält.

Halbautomatischer Weißabgleich

Beim halbautomatischen Weißabgleich wählen Sie eine der im Kameramenü angebotenen Weißabgleichsvorgaben. Das sind gespeicherte Lichtsituationen, wie z. B. Tageslicht, Schatten oder Kunstlicht. Wählt man eine Vorgabe aus, passt die Kamera die Aufnahme an die vorhandene Lichtsituation an. Sie zwingen quasi die Kamera in diesen Farbaufbau. Diese Methode kann man für die Panoramafotografie anwenden, denn so ist gewährleistet, dass bei allen Einzelbildern der gleiche Weißpunkt gesetzt wird. Auch dabei sollten Sie im RAW-Format arbeiten, um hinterher noch Anpassungen vornehmen zu können. Ein Nachteil kann sein, dass man die vorgegebene Einstellung mal vergisst und später feststellt, dass alle Bilder einen Blaustich haben, weil der Weißabgleich z. B. noch auf Leuchtstoffröhren stand.

AWB	Automatisch
	Tageslicht
	Schatten
	Wolkig
	Kunstlicht
	Leuchtstoff
	Blitz
	Manuell
K	Farbtemperatur

Beispiel von Weißabgleichsvorgaben.

Weißabgleich über Farbtemperatur

Alternativ können Sie den Weißabgleich über die Farbtemperatur einstellen. Die Farbtemperatur ist das Maß für die Farbwirkung einer Lichtquelle und wird in K (Kelvin) angegeben. Haben Sie eine falsche Einstellung, erscheinen Ihre Bilder zu rot, zu blau oder zu gelb. Je nach Tageszeit bzw. Lichtquelle verändert sich auch das Verhältnis der Farbanteile Rot, Grün und Blau in der Beleuchtung. Die physikalische Erklärung hat Max Planck mithilfe eines schwarzen Körpers geliefert. Ein schwarzer Körper absorbiert sämtliche auf ihn wirkende Strahlung. Unabhängig von deren Wellenlänge werden keinerlei Farben bzw. Lichtstrahlen reflektiert.

Die Farbtemperatur ist die Temperatur, die man benötigt, um einen schwarzen Körper, der erhitzt wird, auf die gleiche Lichtfarbe zu bekommen. Wenn Ihre Kamera über diese Funktion verfügt, stellen Sie den Weißabgleich mithilfe der folgenden Tabelle auf die vorhandene Lichtsituation ein.

LICHTQUELLE	FARBTEMPERATUR
Kerze	1.500 K
Glühlampe 40 W	2.200 K
Glühlampe 100 W	2.800 K
Leuchtstoffröhre, warmweiß	3.000 K
Fotolampe Halogen, Typ B	3.200 K
Fotolampe, Typ A bzw. S	3.400 K
Leuchtstofflampe (kaltweiß)	4.000 K
Vormittagssonne, Nachmittagssonne	4.900-5.500 K
Morgensonne, Abendsonne	5.000 K
Elektronenblitzgerät	5.500-5.600 K
Mittagssonne, bewölkt	5.500-5.800 K
Bedeckter Himmel	6.500-7.500 K
Nebel, starker Dunst	7.500-8.500 K
Blauer Himmel im Schatten	9.000-12.000 K
Kurz nach Sonnenuntergang, blaue Stunde	9.000-12.000 K
Kurz vor Sonnenaufgang, blaue Stunde	9.000-12.000 K
Klares blaues nördliches Himmelslicht	15.000-27.000 K

Dazu stellen Sie Ihre Kamera im Weißabgleichsmenü auf K (Kelvin) und geben den passenden Kelvinwert ein. Vergessen Sie nie, ein Kontrollbild zu machen, bei richtiger Einstellung muss Ihr aufgenommenes Bild farbecht zum Original sein. Besonders in Mischlichtsituationen ist es wichtig, die Fotos im RAW-Format aufzunehmen.

Farbtemperatur und Wirkung

Eine zu niedrige Farbtemperatur entspricht einer bläulichen Farbwirkung, eine zu hohe Farbtemperatur führt zu gelblich rötlichen Verfärbungen. Die folgende Bilderserie verdeutlicht die Wirkung des Weißabgleichs über die Farbtemperatur. Vergleichen Sie diese Bilder und versuchen sie, die Serie auszuwerten. Welches Bild ist nach Ihrem Empfinden optimal? Als kleine Übung empfehle ich meinen Workshop-Teilnehmern immer, eine solche Serie mit unterschiedlichen Farbtemperaturen zu fotografieren. So lernen sie ihr System am besten kennen. Das Gleiche gilt natürlich auch für Blende, ISO und Brennweiten. Nur durch Vergleiche und Übungen können Sie Ihr System perfekt in den Griff bekommen. Es ist das Wichtigste überhaupt, dass der Fotograf sein Werkzeug beherrscht.

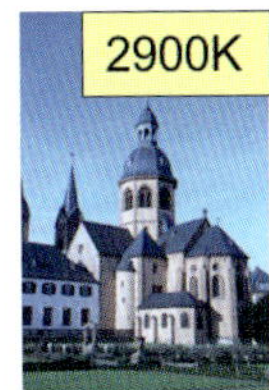

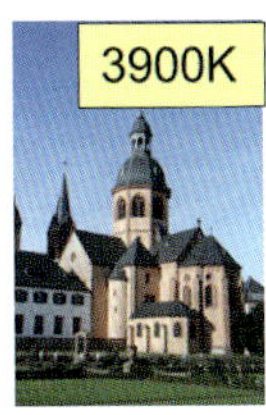

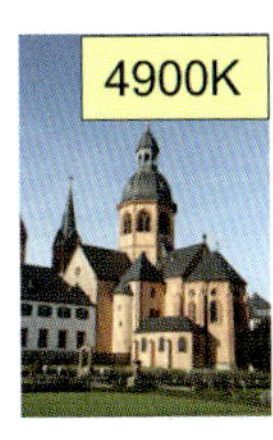

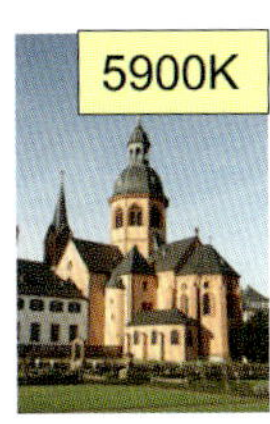

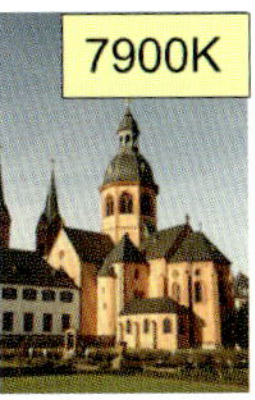

Sie können auch über die Live-View-Anzeige Ihrer Kamera den Weißabgleich kontrollieren. Vergleichen Sie diese mit den Farben am Aufnahmeort. Dabei kommt es darauf an, wie gut der Vorschaumonitor der Kamera ist. Auch da gibt es große Toleranzen.

Laut Farbtemperaturtabelle hat Sonnenlicht um die Mittagszeit ganz andere Farbeigenschaften hat als am späten Nachmittag. Beim manuellen Weißabgleich verlassen Sie sich nicht auf fest gespeicherte Profile Ihrer Kamera, sondern arbeiten mit einem weißen Blatt Papier oder mit einer Graukarte, die Sie formatfüllend bei gegebener Lichtsituation abfotografieren. Der Kamera teilen Sie dann im Einstellungsmenü mit, dass diese Aufnahme zum Weißabgleich verwendet werden soll. Die Farbe Weiß oder Grau wird dann entsprechend dieser Vorlage eingestellt und der übrige Farbraum von Ihrer Kamera angepasst. Der Vorteil des manuellen Weißabgleichs ist, dass das Motiv keine weißen Elemente enthalten muss, die Farben aber trotzdem originalgetreu wiedergegeben werden.

Fehler erkennen und verstehen

Das folgende Panorama ist ein typisches Fehlerbild, das entsteht, wenn Sie Einzelbilder mit automatischem Weißabgleich fotografiert haben und sie dann zu einem Panorama stitchen. Führen wir eine Bildanalyse durch.

Was genau ist hier passiert?

Im linken Bereich des Panoramas erkennen Sie kaltes Licht, das durch den Schatten erzeugt wird. Der automatische Weißabgleich führt dazu, dass ein starkes Blau im Himmel zu sehen ist. Auf der rechten Seite des Panoramas wird die Felswand komplett von Sonnenlicht bestrahlt. Dadurch legt der automatische Weißabgleich andere Farben fest. Das wiederum führt dazu, dass das Blau im Himmel eher ein seichtes, wärmeres Blau ist. Das sind typische Farbveränderungen durch den automatischen Weißabgleich. Das fertige Bild weist damit klare Fehler auf, und Sie können diese Übergangsfehler deutlich sehen und jetzt auch analysieren.

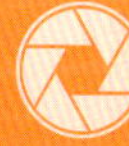

GRUNDSATZ DER PANORAMAFOTOGRAFIE

- Weißabgleich und Belichtung immer manuell.
- Jegliche Automatik ist auszuschalten.

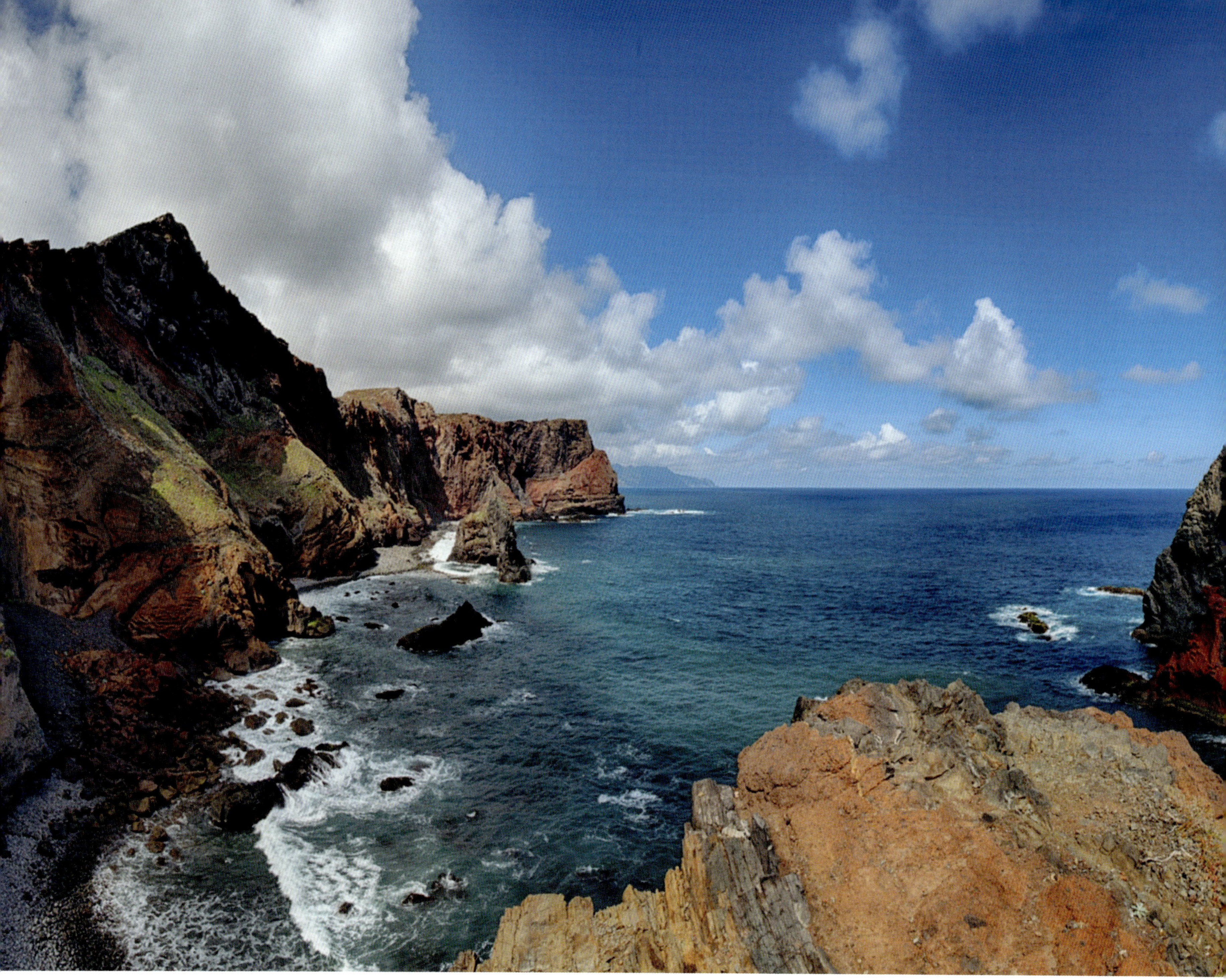

Wenn der automatische Weißabgleich versagt.

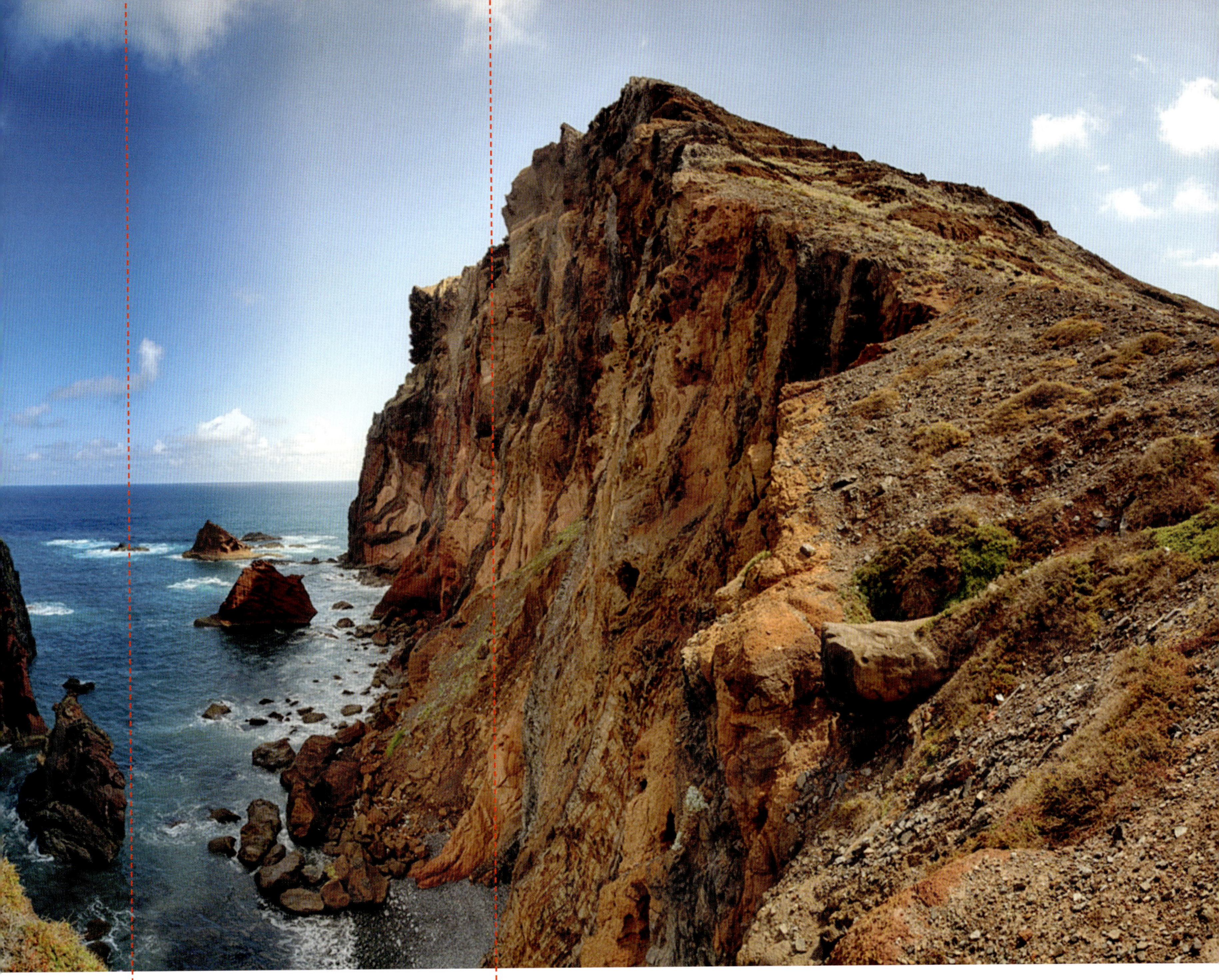

Drohnenfotografie Basics

Kommen wir wieder zurück zum eigentlichen Thema. Was müssen Sie sonst noch alles beachten, wenn Sie sich an das Thema Panoramafotografie mit Drohnen heranwagen? Fangen wir mit den Vorschriften an. Unbemannte Flugsysteme dürfen in Deutschland nur in Sichtweite geflogen werden. Derzeit kreisen 24 GPS-Satelliten um unseren Erdball, die für Standortbestimmung und Navigationssysteme die entsprechenden Informationen zur Verfügung stellen. Die Abstrahlleistung dieser Satelliten beträgt zwar jeweils 50 Watt, aufgrund der hohen Frequenzen können diese Signale aber Metall, Stein oder Wasser nicht durchdringen. Selbst sehr dichte Wälder können dazu führen, dass Sie keinen Satellitenempfang mehr haben. In diesen Fällen können Sie keine Panoramen mehr fotografieren.

Die Aufgabe des Piloten ist es zunächst, einen Ort mit einer guten Perspektive zu finden, an dem die Drohne verbleiben soll. Steht die Perspektive fest, wird nur noch ein einziger Flugregler bedient. Das ist die Funktion *Gieren*.

Was versteht man unter Gieren?

Unter Gieren versteht man die Drehung der Drohne über die Hochachse. Sie gieren nach links, wo das Panorama starten soll, machen die erste Aufnahme und gieren dann weiter nach rechts. Achten Sie darauf, etwas mehr Überlappung als bei der Freihandfotografie einzuplanen. Ich arbeite mit 35 bis 40 % Überlappung, das ist etwa das Doppelte der Überlappung in der Standardpanoramafotografie. Das mache ich deshalb, weil die Drohne sich nicht exakt im Nodalpunkt drehen kann. Die Kamera ist schließlich weiter vorne vor dem Drehpunkt angebracht.

Herausforderung großer Datenmengen

Durch die großen Datenmengen beim 4K-Filmen oder -Fotografieren ist die Datenverarbeitung eine große Herausforderung für das Film- und Fototeam und das nicht nur direkt in der Luft, sondern auch am Computer beim Schnitt sowie bei der Verwaltung und Archivierung der Daten. Die meisten Kamerasysteme für die Drohnentechnik, aber auch für die Fotografie, arbeiten mit SD- oder Mini-SD-Karten. Um einen 4K-Film aufzeichnen zu können, bedarf es aber geeigneter Speicherkarten. Mit dem SDHC-Standard bei SD-Speicherkarten wurde auch die Unterscheidung zwischen verschiedenen Geschwindigkeitsklassen eingeführt. Jede Klasse garantiert dem User eine entsprechende Mindestgeschwindigkeit. Es gibt Class 2-, Class 4-, Class 6- und Class 10-Karten. Diese Zahlen stehen für die Mindestgeschwindigkeit der Datenübertragung in MByte/s.

Für Full-HD-Kameras benötigen Sie mindestens eine Class-6-SD-Karte. Bricht der Datenstrom auf die Karte ab, weil die Datenmenge größer ist, wird der Film beendet. Für 4K-Videoaufnahmen benötigen Sie SD-Karten mit dem neueren SDXC-Standard. Dieser Standard erlaubt Speicherkapazitäten von 64 GByte bis hin zu 2 TByte.

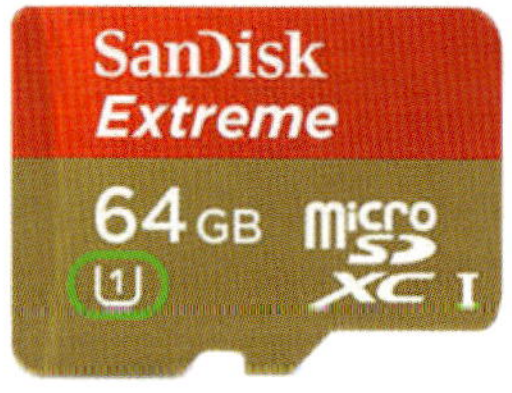

Beachten Sie, dass diese Karten auch neue Geschwindigkeitskürzel haben. Die neuen Geschwindigkeitsklassen lauten UHS Class 1 und UHS Class 3. UHS Class 1 steht für 10 MByte/s, UHS Class 3 für 30 MByte/s. Beachten Sie beim Kauf immer, welchen Standard Ihr System verwalten kann.

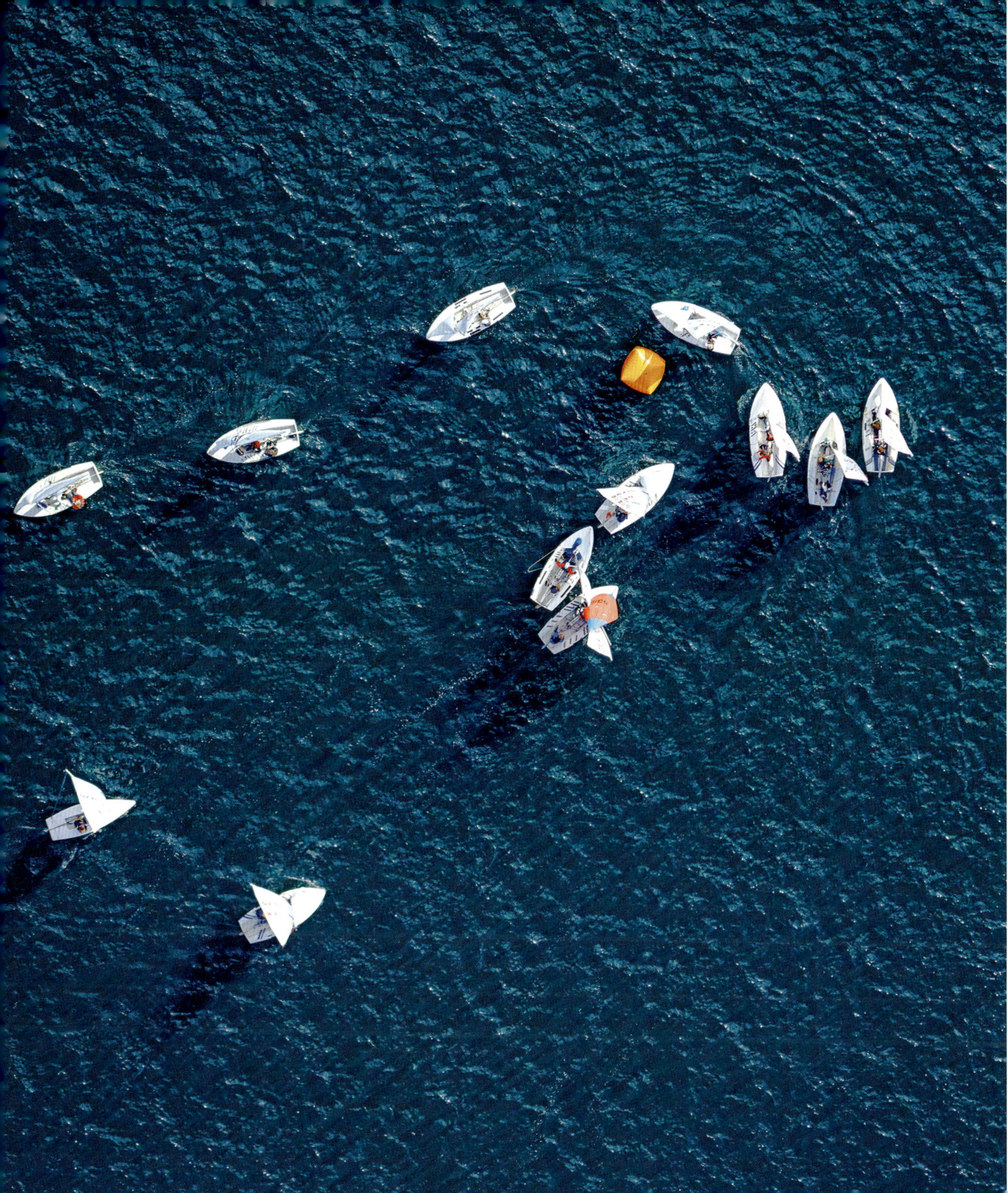

Während des Drohnenflugs müssen mindestens drei Satelliten empfangen werden. In der Regel sind es aber weit mehr Satelliten, was die Positionierungsgenauigkeit deutlich erhöht. Ein großer praktischer Vorteil der GPS-Steuerung einer Drohne ist die Home-Taste. Sobald der Pilot in Schwierigkeiten gerät oder den Überblick verliert, kann er durch Einschalten der Home-Funktion veranlassen, dass die Drohne vollautomatisch an den Startpunkt zurückfliegt. Aber Vorsicht: Befindet sich auf dem Weg zwischen Startpunkt und Drohne ein Gegenstand oder ein Baum, fliegt die Drohne hinein, und es kommt zum Crash.

Wenn Sie sich weitere Informationen dazu ansehen wollen, empfehle ich Ihnen die Website www.kowoma.de/gps/Satelliten.htm.

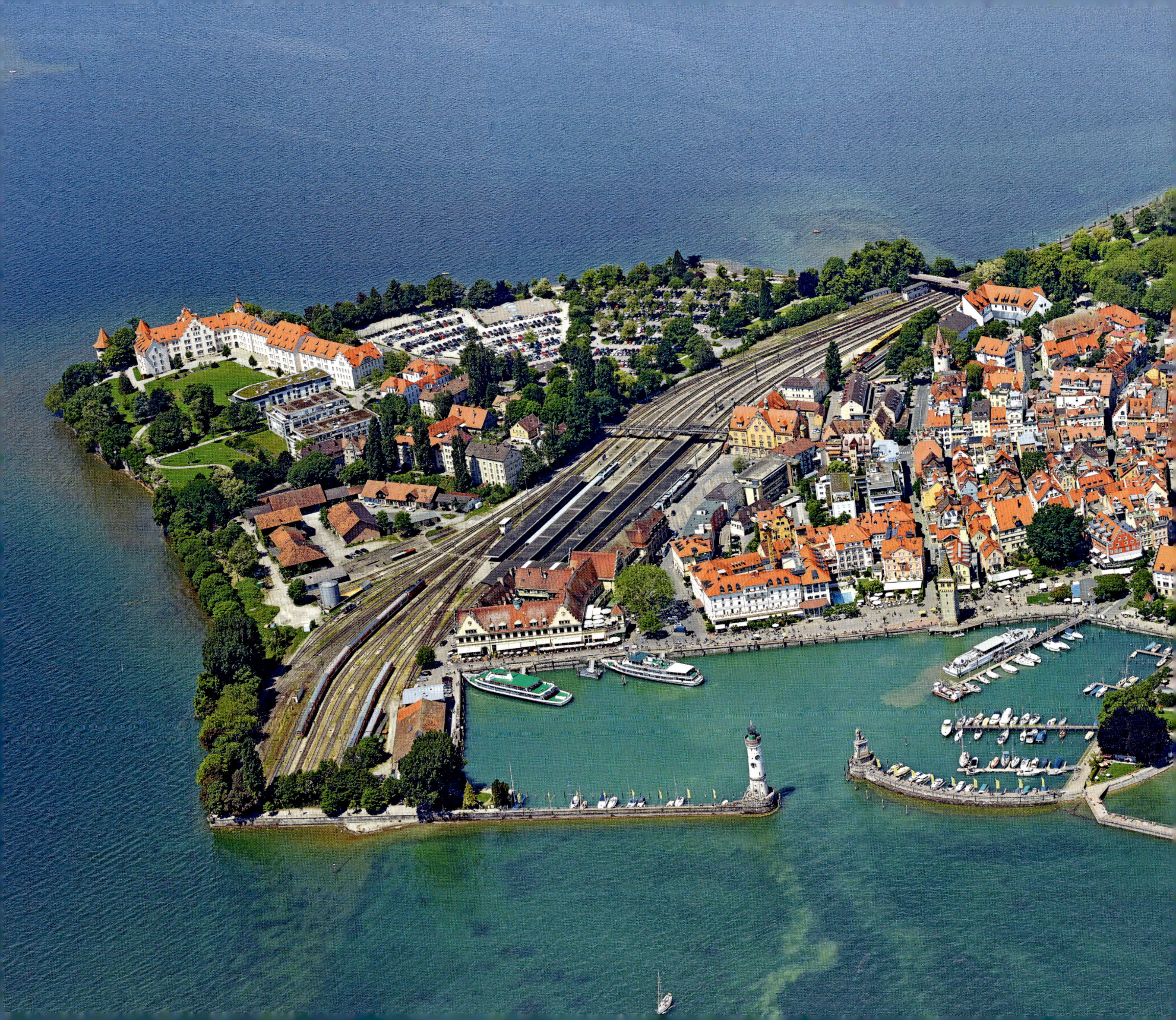

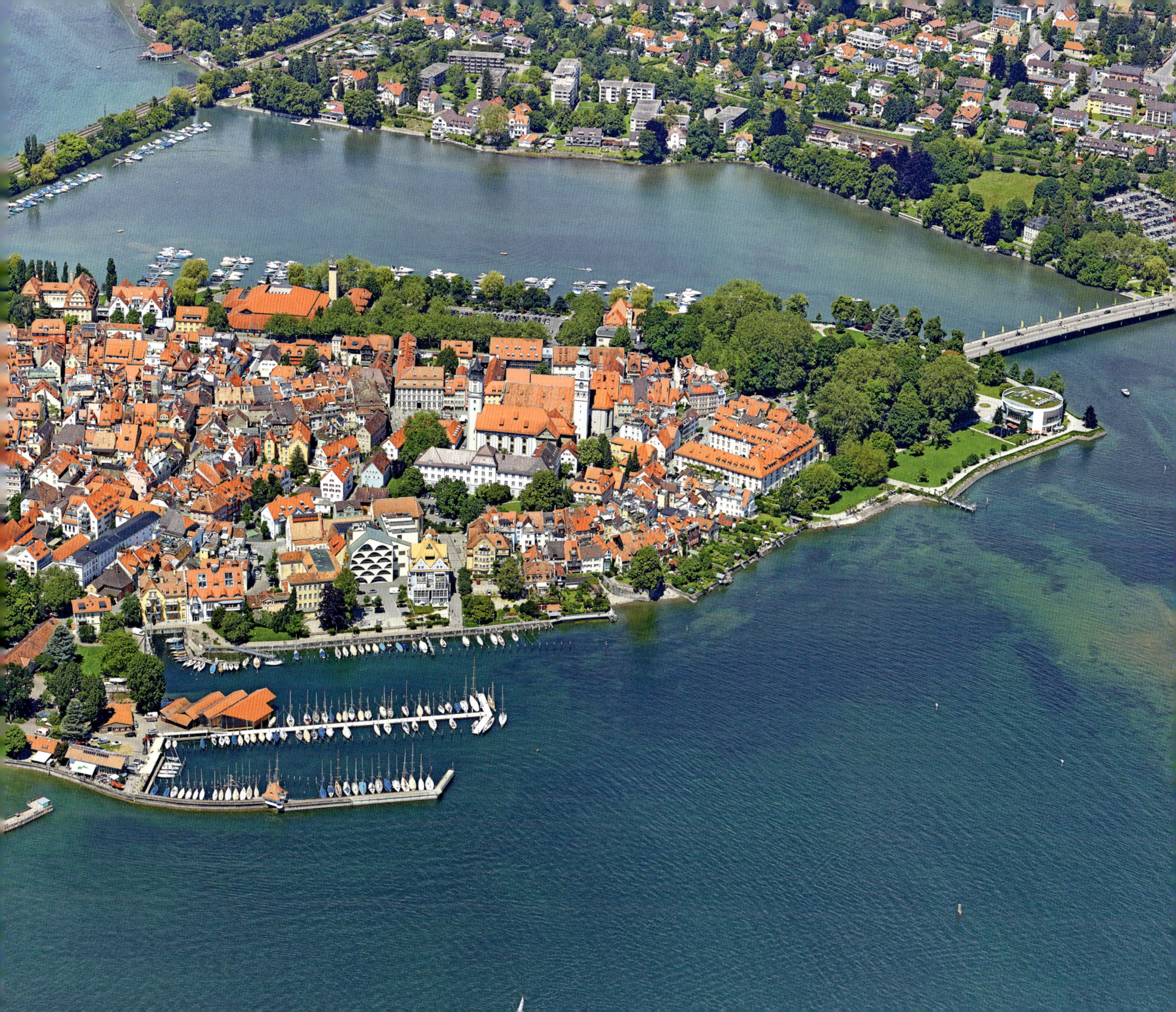

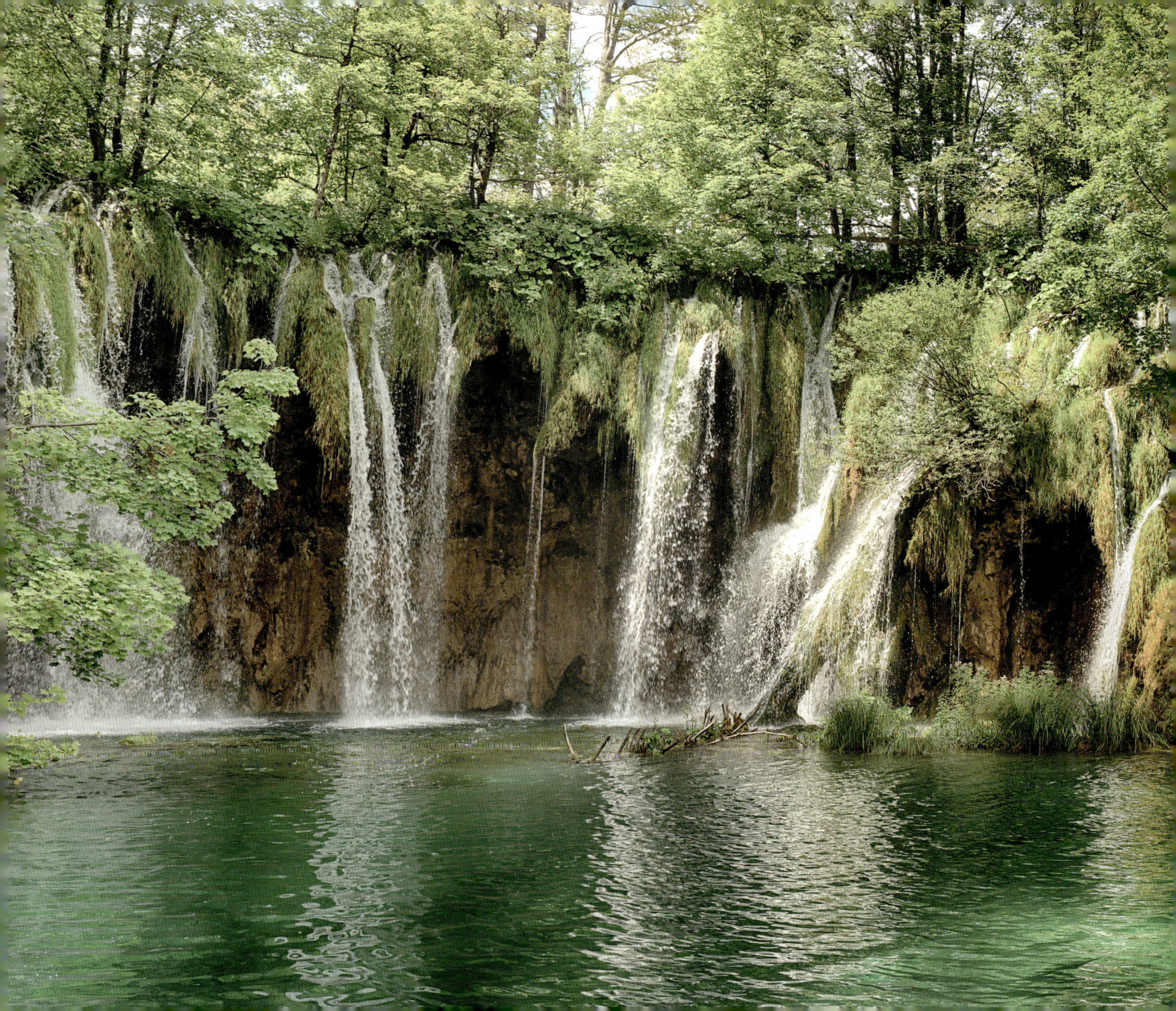

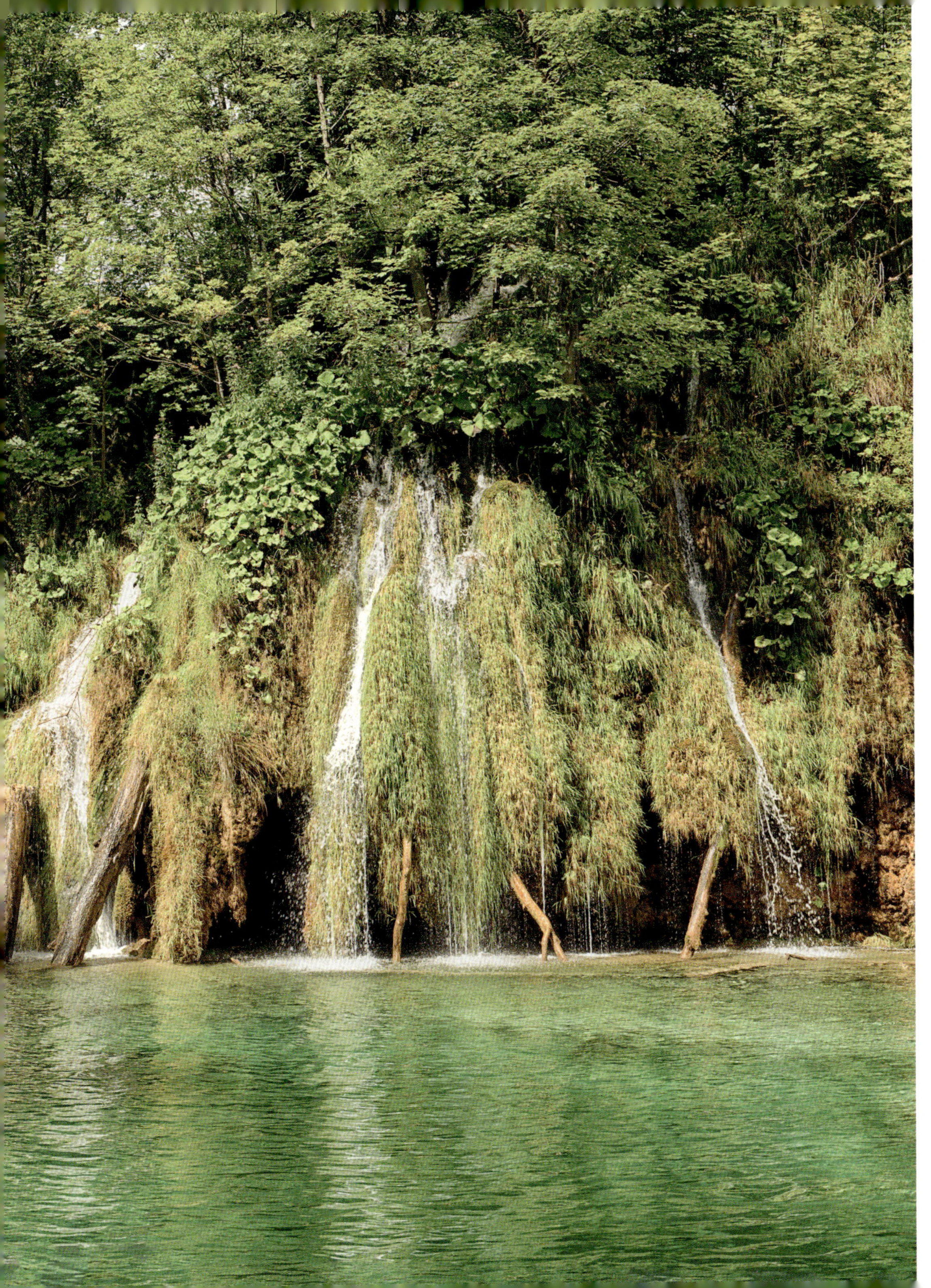

KAPITEL 10

Kreative Effekte

Wieder zurück auf dem Boden, erfahren Sie jetzt, wie Sie Ihre Panoramafotografie noch kreativer gestalten. Mit dem Einsatz eines ND-Filters, auch Graufilter genannt, erzielen Sie tolle Effekte, die Ihre Panoramen weiter aufwerten. Egal ob Sie Orte fotografieren möchten, die mit sehr vielen Menschen überfüllt sind, oder beeindruckende Panoramen mit fließendem Wasser – bei der richtigen Anwendung eines ND-Filters können Sie mit den Verschlusszeiten und der Blende spielen und so einiges dabei herausholen.

ND-Filter einsetzen

ND-Filter (ND steht für *Neutraldichte*) setzen Sie ein, wenn Sie zu viel Licht am Aufnahmeort haben oder wenn Sie Ihre Verschlusszeiten verlängern wollen, um diverse Effekte zu erzielen. Durch den Einsatz eines ND-Filters können Sie Ihre Panoramen kreativ aufwerten. Je größer die Dichte, desto länger können Sie belichten, bzw. desto weiter können Sie die Blende öffnen, je nach Anwendung.

ND-Filter gibt es mit Festwerten oder auch variabel einstellbar. Der Vorteil der variablen Einstellung ist die schnelle Anpassung an Lichtbalancen. In der Fotografie bietet sich dieser Filter an, weil Sie die Möglichkeit haben, mit Ihrer Kreativität zu spielen. Das heißt, Sie können sich an die optimale Einstellung am Aufnahmeort in Abhängigkeit von den Lichtbedingungen Stück für Stück herantasten. Es ist immer ein Kompromiss zwischen Blende und Zeiteinstellung, den Sie dann über das entstehende Bild sofort beurteilen können.

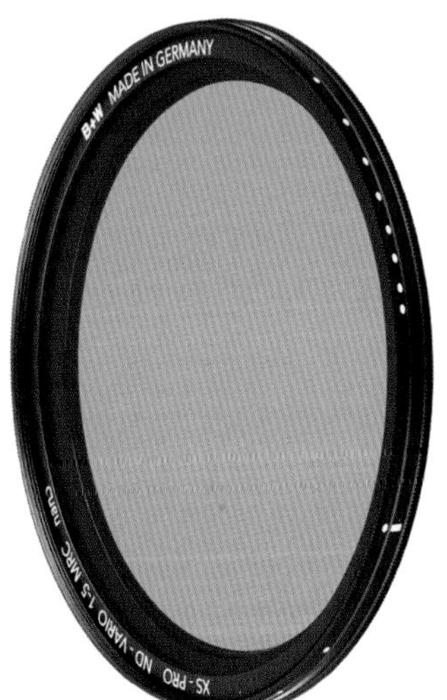

Der variable B+W-ND-Vario-Filter von Schneider Kreuznach – www.schneiderkreuznach.com. Dieser Filter erlaubt es, die Dichte zwischen +1 und +5 Blendenstufen zu variieren.

Alternativ können Sie Filter mit festen Werten einsetzen oder diese miteinander kombinieren, indem Sie sie zusammenschrauben. Beachten Sie dazu die Tabellen mit den technischen Daten, die Sie weiter vorne in diesem Kapitel finden.

Effekte und Einsatzmöglichkeiten

Einsetzen können Sie ND-Filter, wenn Sie z. B. bei Sonnenlicht im Schnee eine offene Blende verwenden wollen, um eine geringe Schärfentiefe zu erzielen. Mit dem ND-Filter können Sie dann die Blende weiter öffnen. Weiterhin kommen ND-Filter dann zum Einsatz, wenn Sie einen Wasserfall nicht knackscharf einfrieren wollen, sondern eine Art seidig fließende Wasseroberfläche darstellen möchten. Raffinierte Effekte können Sie mit dem ND-Filter auch in der Städtefotografie erzielen. Bei langen Belichtungszeiten von vielen Sekunden werden Menschen, die sich bewegen, verwischt oder gar nicht mehr vom Sensor erfasst. Je länger die Belichtungszeit, desto besser.

Durch unterschiedliche Lichteinfallsrichtungen, das heißt, dass die Lichtstrahlen in der Bildmitte anders verlaufen als am Bildrand, können bei der Aufnahme Abbildungsfehler entstehen. Diese werden zuerst in den Ecken sichtbar und können sich im Extremfall kreuzförmig abbilden. Auffällig wird das bei Weitwinkelobjektiven mit einer Brennweite von 28 mm und kürzer. Auch bei zu starker Abdunklung können diese Unregelmäßigkeiten auftreten.

Um gleichmäßige Bildresultate zu erzielen, sollten Sie die Brennweite von 28 mm bzw. 35 mm beim Vollformatsensor nicht unterschreiten. Vergleichen Sie die beiden Bilder mit dem Wasserfall auf der übernächsten Seite. Das rechte Bild wurde ohne Filter aufgenommen. Sie sehen, das Wasser wirkt wie eingefroren. Das linke Bild wurde mit einem ND-Filter bei Blende f/14 und 6 Sekunden Belichtungszeit aufgenommen. Sie erkennen die seidig weiche Darstellung des Wassers.

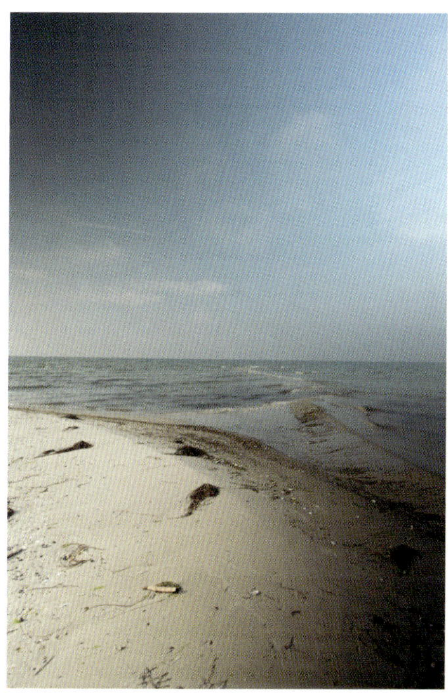

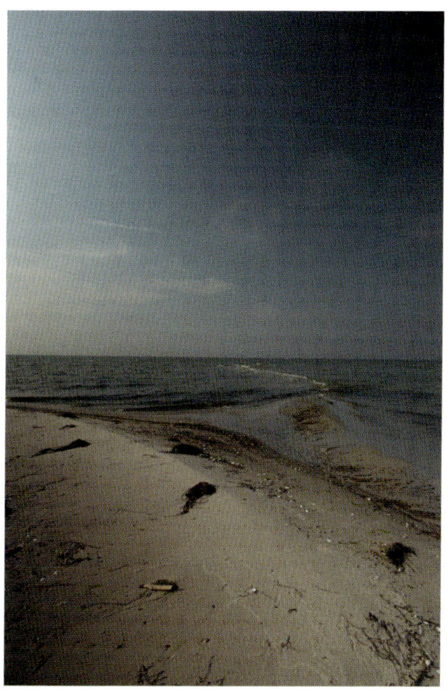

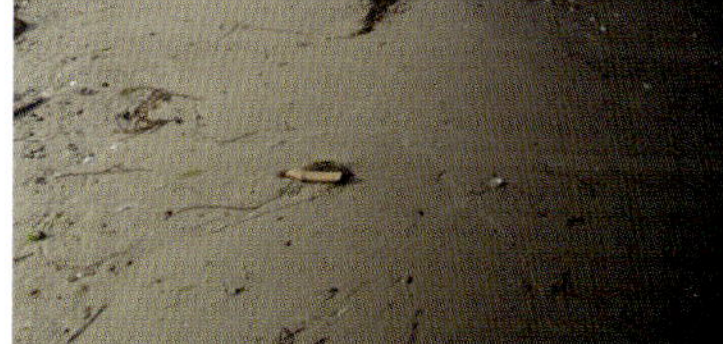

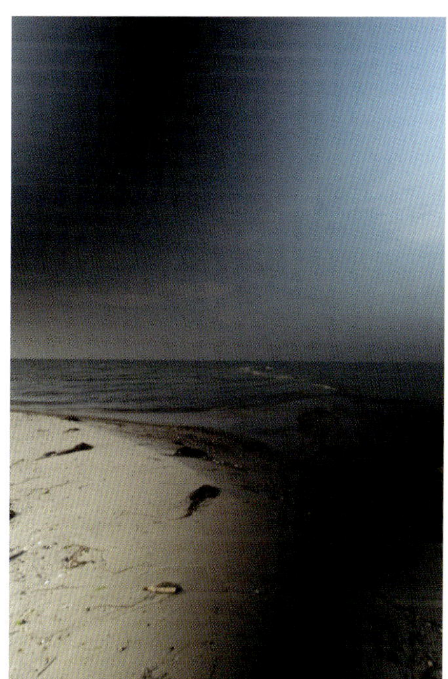

In dieser Bilderserie sehen Sie durch verschiedene Drehpositionen eines Filters verursachte Fehler (Abschaltungen). Dieser kreuzförmige Verlauf verändert sich beim Drehen des Filters. Der B+W ND Vario hat für die hellste und dunkelste Position je einen Anschlag, was diesen Effekt verhindert.

ACHTUNG!

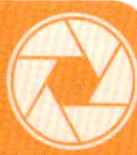

ND-Filter dürfen nicht zur direkten visuellen Sonnenbeobachtung eingesetzt werden. Optisch erscheint es als guter Schutz, die Realität, die unsichtbar abläuft, birgt eine große Gefahr. Diese Filter lassen die für das Auge schädliche UV- und IR-Strahlung passieren.

ND-FILTER

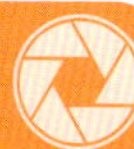

- Je länger die Belichtungszeit, desto weicher die Darstellung der sich bewegenden Bildelemente.
- Je länger Sie belichten, desto weniger Menschen in Bewegung sind zu sehen.
- Je weiter Sie die Blende bei hellen Lichtverhältnissen öffnen wollen, desto dichter muss der Filter sein.
- Ohne Stativ geht bei diesen Verschlusszeiten gar nichts. Ab einer Verschlusszeit von 1/60 Sekunde droht Verwacklungsgefahr.
- Alle Einzelbilder für ein Panorama müssen mit exakt den gleichen Einstellungen fotografiert werden. Der Filter und der Standpunkt dürfen nicht mehr verändert werden.

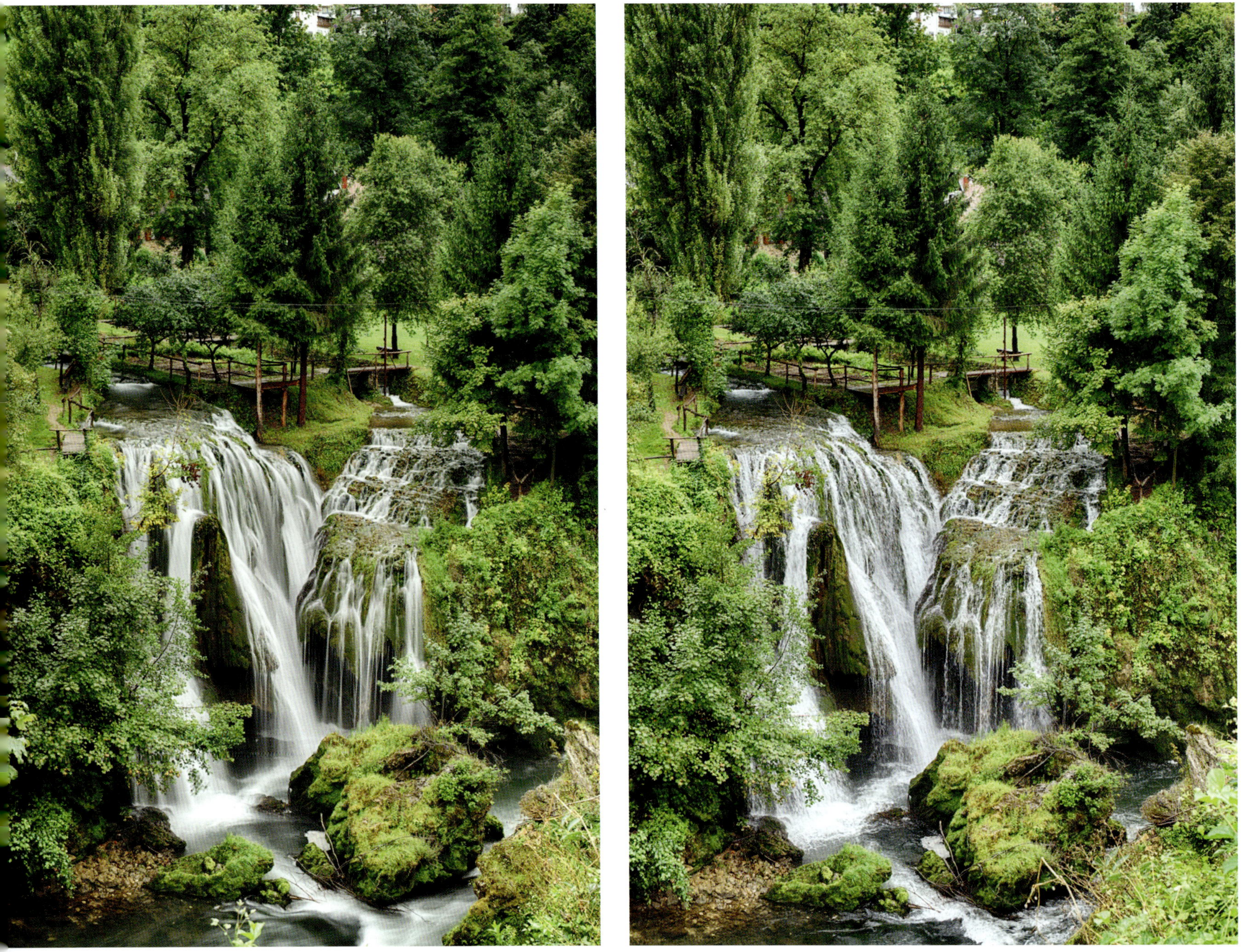

Linkes Bild mit ND-Filter, rechtes Bild ohne ND-Filter.

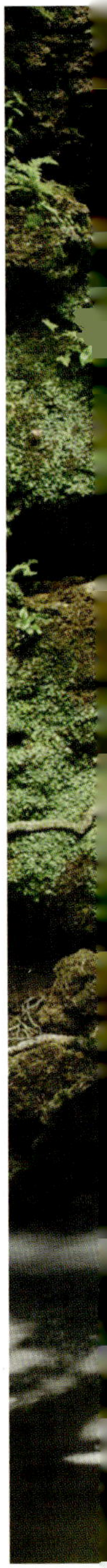

Nikon D800E | 50 mm | f/14 | 6 s | Modus M | ND-Filter | WB bewölkt

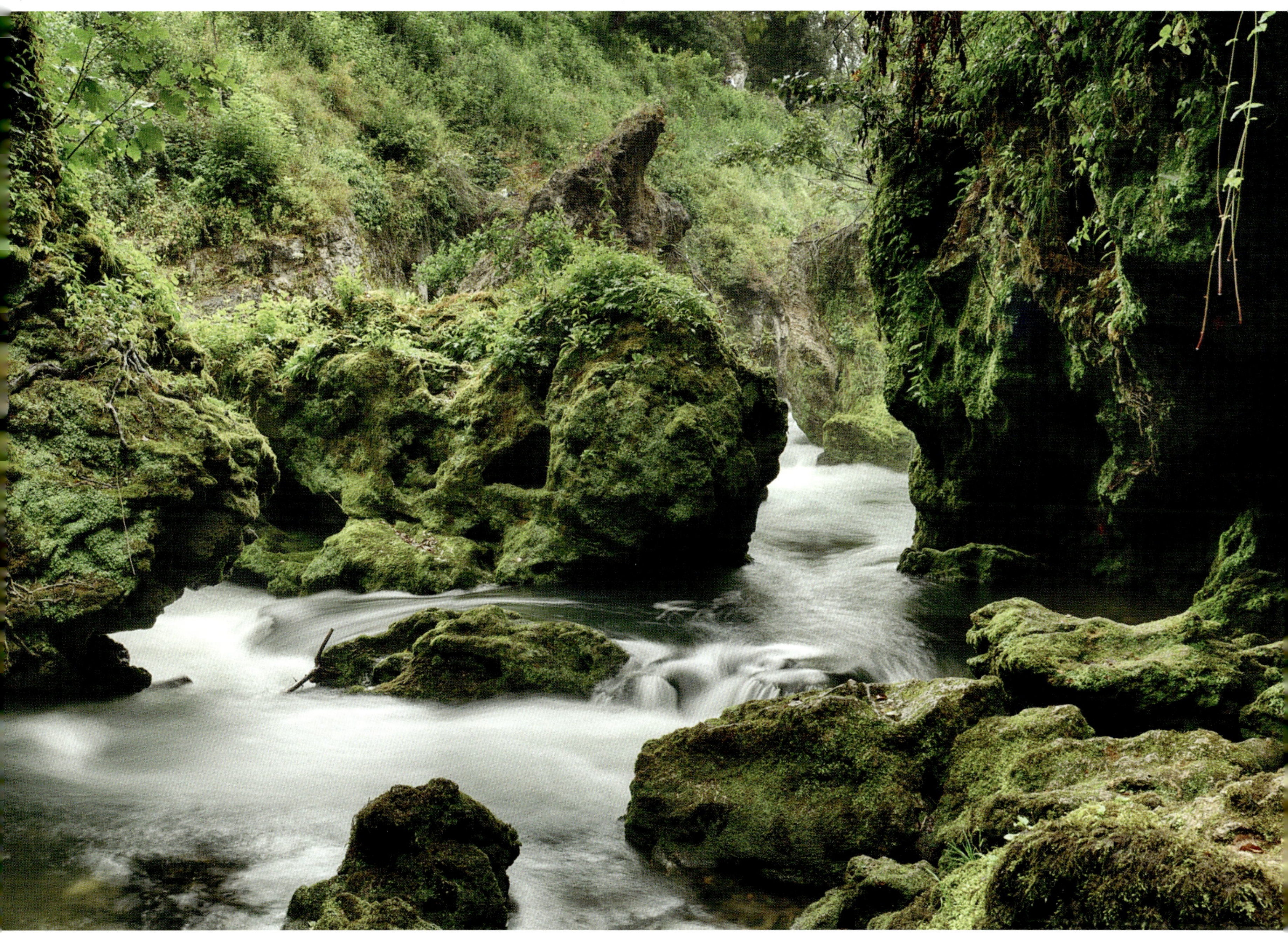

Ein Flusslauf in Kroatien. Panorama aus drei Einzelbildern.

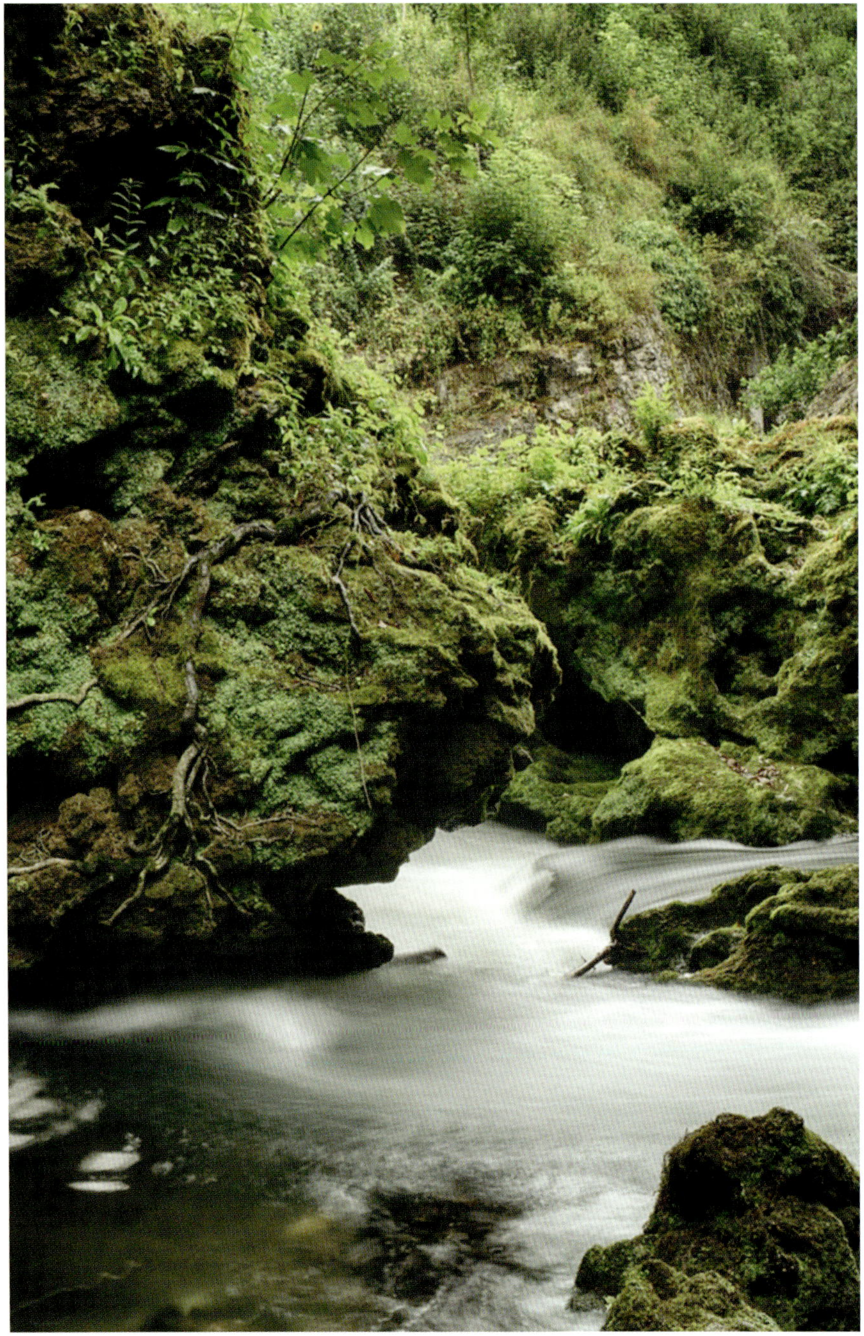

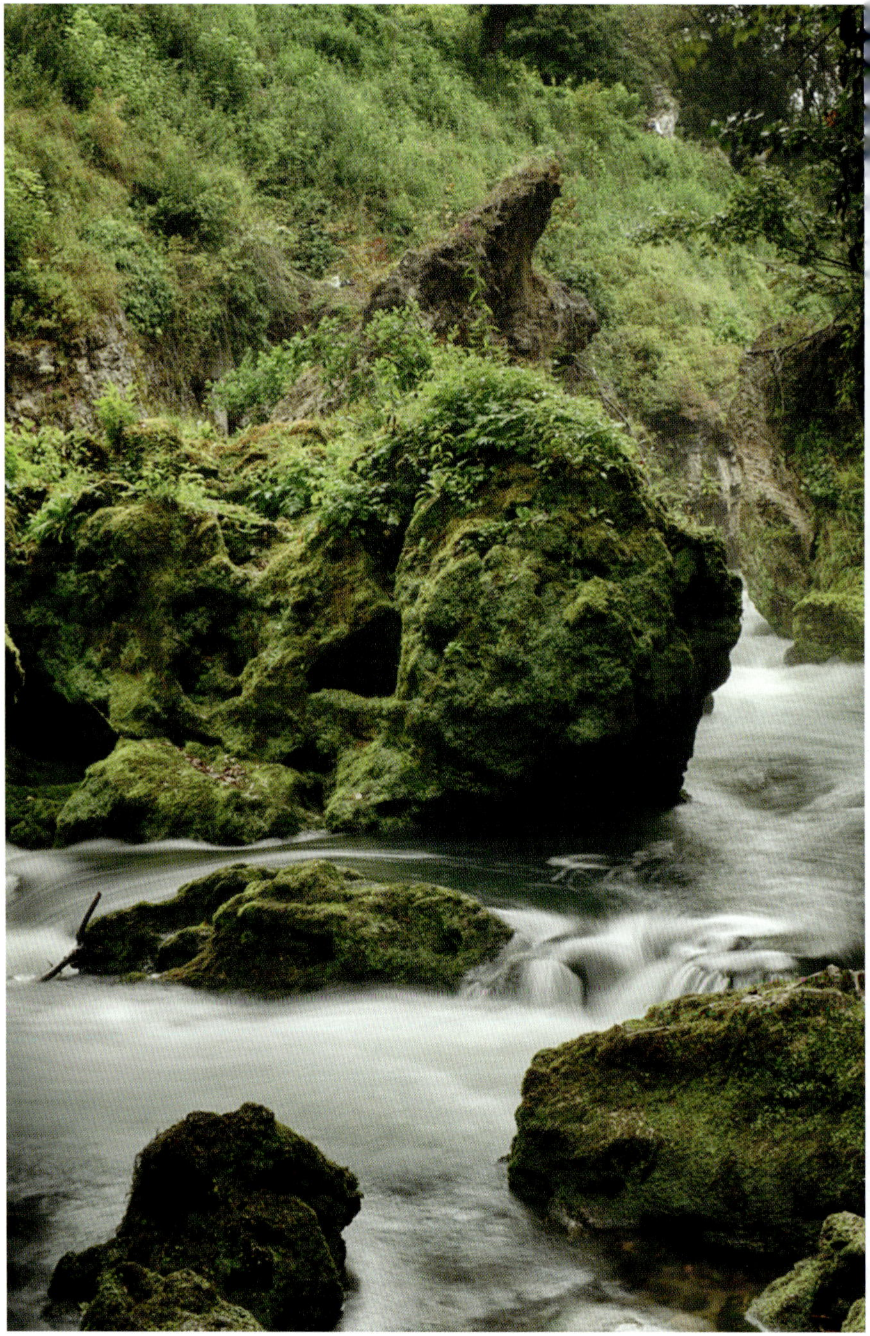

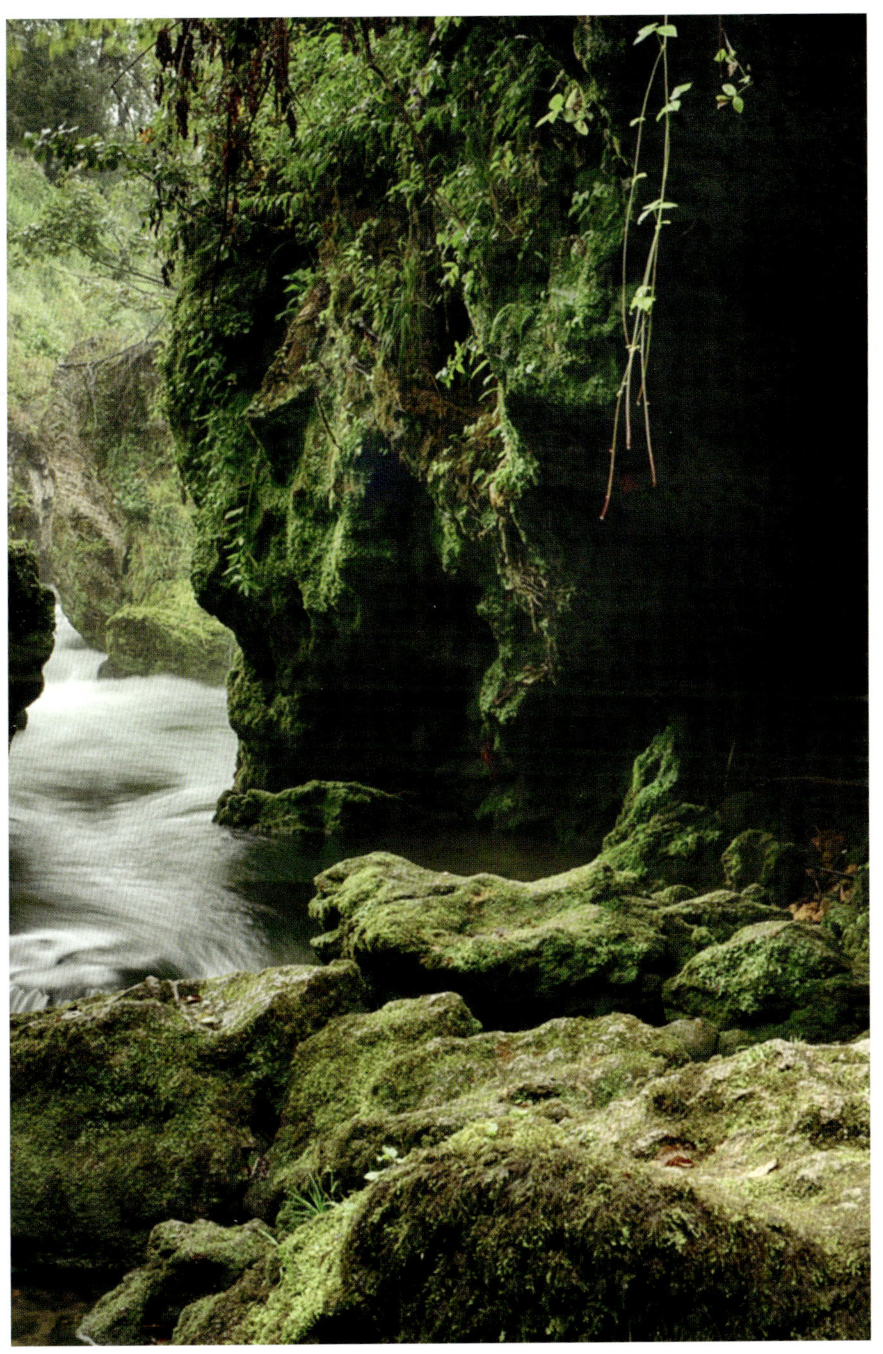

Fotografieren mit ND-Filter

Beim Fotografieren mit einem ND-Filter erreichen Sie Verschlusszeiten, bei denen Sie um den Einsatz eines Stativs nicht mehr herumkommen. DSLR-Fotografen sollten bei langen Belichtungszeiten den optischen Sucher abdecken oder verschließen, um Fehlmessungen der Belichtungsmessung zu vermeiden. Physikalisch bedingt, kann es zu leichten Farbabweichungen kommen. In den meisten Fällen werden sie durch den automatischen Weißabgleich der Kamera korrigiert. Sollte das nicht der Fall sein, wird ein manueller Abgleich empfohlen. Eine weitere Möglichkeit wäre, im RAW-Format zu fotografieren, um den Weißabgleich nachträglich anzupassen.

Technische Daten verstehen

Für alle ND-Filter gibt es technische Daten in Form von Tabellen. Für den Fotografen sind die Werte der Blende, der Belichtungszeit und der Dichte überaus interessant.

Die Dichte wird in einem speziellen Messverfahren ermittelt. Man schickt eine festgelegte Menge Licht durch den Filter und überprüft, was hindurchkommt. So wird der Faktor der Dichte bestimmt. Die Zahl der Blende bedeutet bei der jeweiligen Dichteeinstellung die Anzahl der Blendenschritte, die Sie weiter öffnen könnten, bzw. im umgekehrten Fall die Belichtung, die Sie bei gleichbleibender Blende verlängern können.

Das vorige Panorama besteht aus diesen drei Bildern, von links nach rechts fotografiert.

TECHNISCHE DATEN						
Typ	**Dichte ND**	**DIN**	**Blenden**	**Filterfaktor**	**LW**	**%**
101	0,3	3	+1	2x	-1	50
102	0,6	6	+2	4x	-2	25
103	0,9	9	+3	8x	-3	12,5
106	1,8	18	+6	64x	-6	1,6
110	3,0	30	+10	1.000x	-10	0,1

Dieser Tabelle können Sie die technischen Eigenschaften unterschiedlicher ND-Filter entnehmen. (Quelle: Schneider Kreuznach)

BLENDE >	8	11	16	22	32
Zeit >	**1/500 s**	**1/250 s**	**1/25 s**	**1/60 s**	**1/30 s**
101	1/250 s	1/125 s	1/60 s	1/30 s	1/15 s
102	1/125 s	1/60 s	1/30 s	1/15 s	1/8 s
103	1/60 s	1/30 s	1/15 s	1/8 s	1/4 s
106	1/8 s	1/4 s	0,5 s	1 s	2 s
110	2 s	4 s	8 s	15 s	30 s

Dieser Tabelle können Sie entnehmen, wie sich die optimale Belichtungszeit bei gleichbleibender Blende mit dem Einsatz unterschiedlicher ND-Filter verändert. Je länger Ihre Belichtungszeit ist, desto stärker sind die Effekte. (Quelle: Schneider Kreuznach)

Panorama wie gemalt

Jetzt zeige ich Ihnen, wie Sie mit nur wenigen Klicks aus einem Panorama eine eindrucksvolle Strichzeichnung oder ein Gemälde erzeugen können. Die App Sketch Version 23.5 aus dem Franzis Verlag verfügt über unzählige Einstellungsmöglichkeiten, mit denen Sie in den Modi *Express* und *Erweitert* beeindruckende Kunsteffekte schaffen.

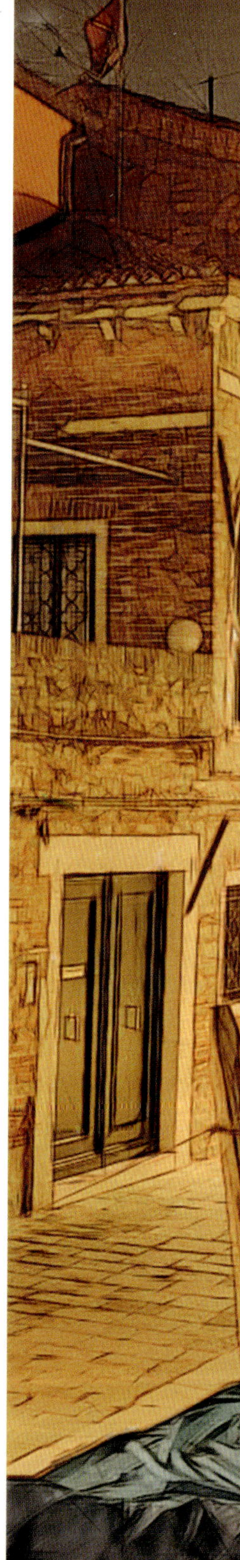

Sketch wandelt Fotos in Zeichnungen oder Aquarelle um.

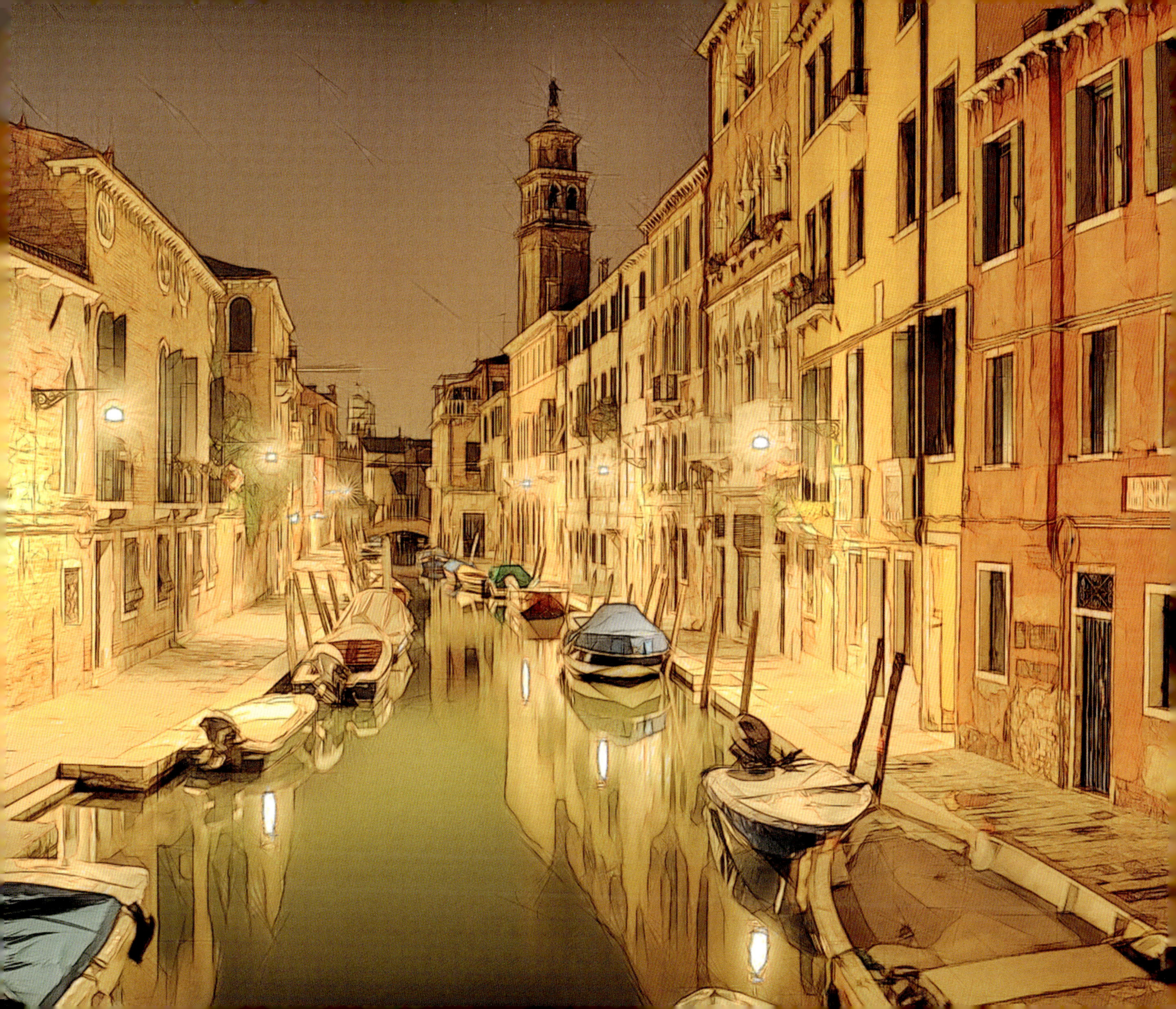

Grundlegendes zu Sketch

Sketch wandelt Ihre Panoramen in Bleistiftzeichnungen, Aquarellbilder, Schwarz-Weiß- und farbige Zeichnungen, Kohlezeichnungen etc. um. Man kann sogar eine Leinwandoptik erzeugen, das Originalbild transparent mit in den Hintergrund bringen oder ein Wasserzeichen einfügen. Auch die Unterschrift des Künstlers darf natürlich nicht fehlen.

Wenn Sie ein Bild in Sketch öffnen, sehen Sie bereits eine Vorschau, die das Bild mit dem Effekt der derzeitigen Einstellungen darstellt. Die Vorschau können Sie im Arbeitsfenster beliebig verschieben.

Die Arbeitsumgebung von Sketch.

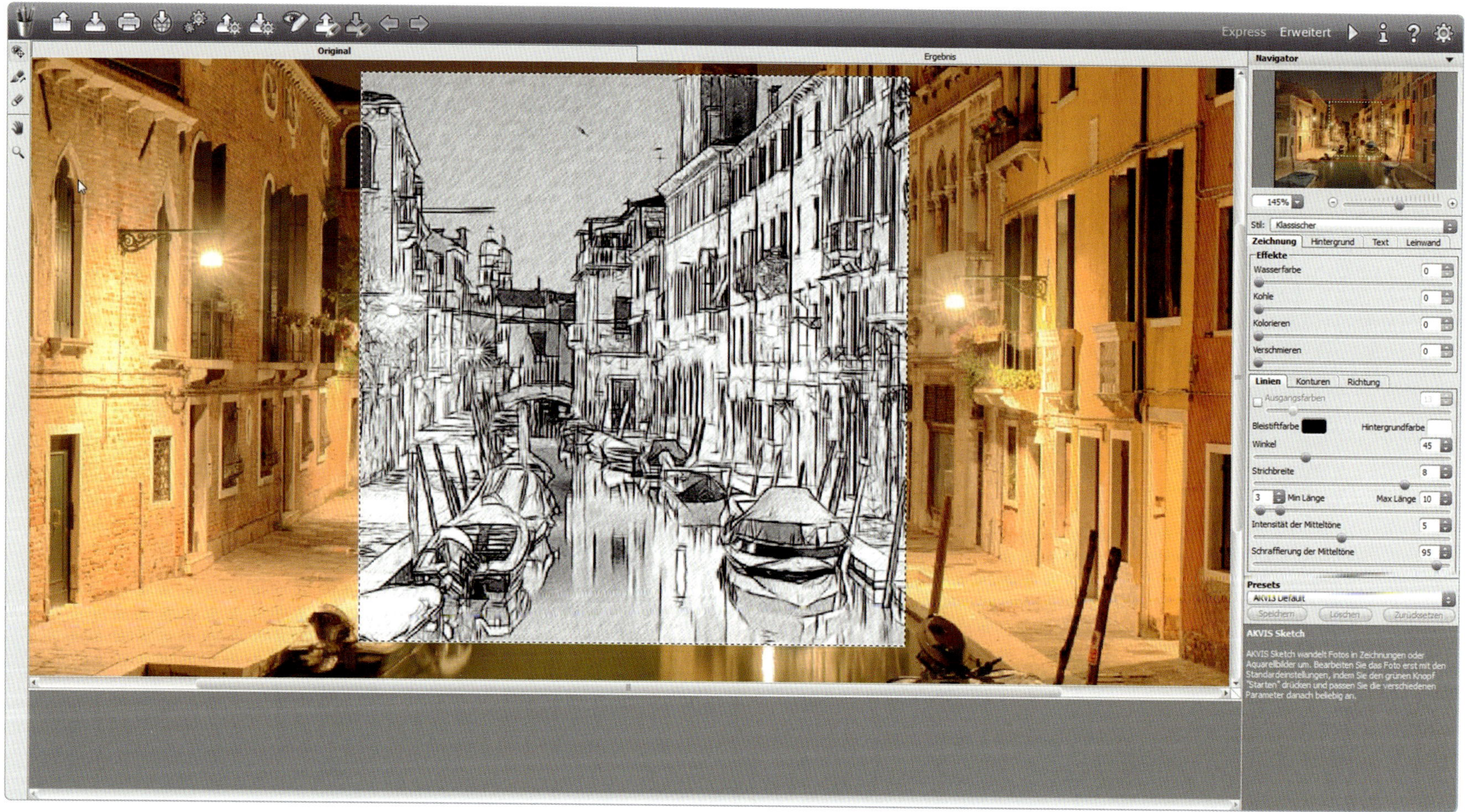

Mit einem Zoomregler in der Palette *Navigator* stellen Sie die optimale Bildgröße ein. Achten Sie darauf, dass man die wesentlichen Details erkennen kann. Über das Fragezeichen oben rechts gelangen Sie zur Onlinehilfe des Programms.

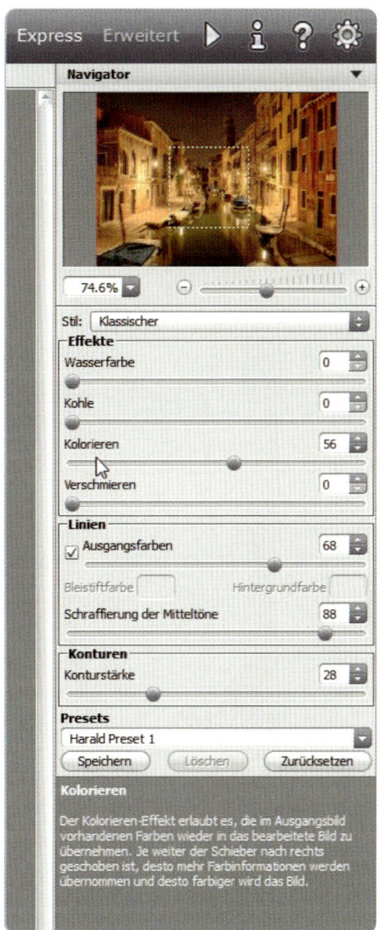

Das Schöne an Sketch ist, dass Sie ohne Bedenken loslegen und die Schieberegler nach Belieben verändern können. Die Größe der Vorschau verändern Sie in den Programmeinstellungen. Dazu klicken Sie oben rechts auf das Zahnradsymbol.

Die Vorschau zeigt Ihnen die Veränderung in Echtzeit an. Mit einem Klick auf die Schaltfläche *Zurücksetzen* ist wieder die Ursprungsdarstellung zu sehen. Wenn Sie Ihre gewünschte Einstellung gefunden haben, können Sie sie über die Schaltfläche *Speichern* als Preset abspeichern. Den Verarbeitungsprozess für das Gesamtbild starten Sie mit der Tastenkombination `Strg` + `R` oder dem kleinen Pfeil oben rechts in der Symbolleiste.

Wer sich nicht mit den Schiebereglern auseinandersetzen möchte, der kann auf zahlreiche voreingestellte Presets zugreifen. Wenn Sie einmal nicht genau erkennen können, was ein Schieberegler verändert, müssen Sie ihn nur hovern. Sofort wird Ihnen unter dem Einstellfenster genau angezeigt, welche Anpassungen Sie mit dem Regler durchführen können.

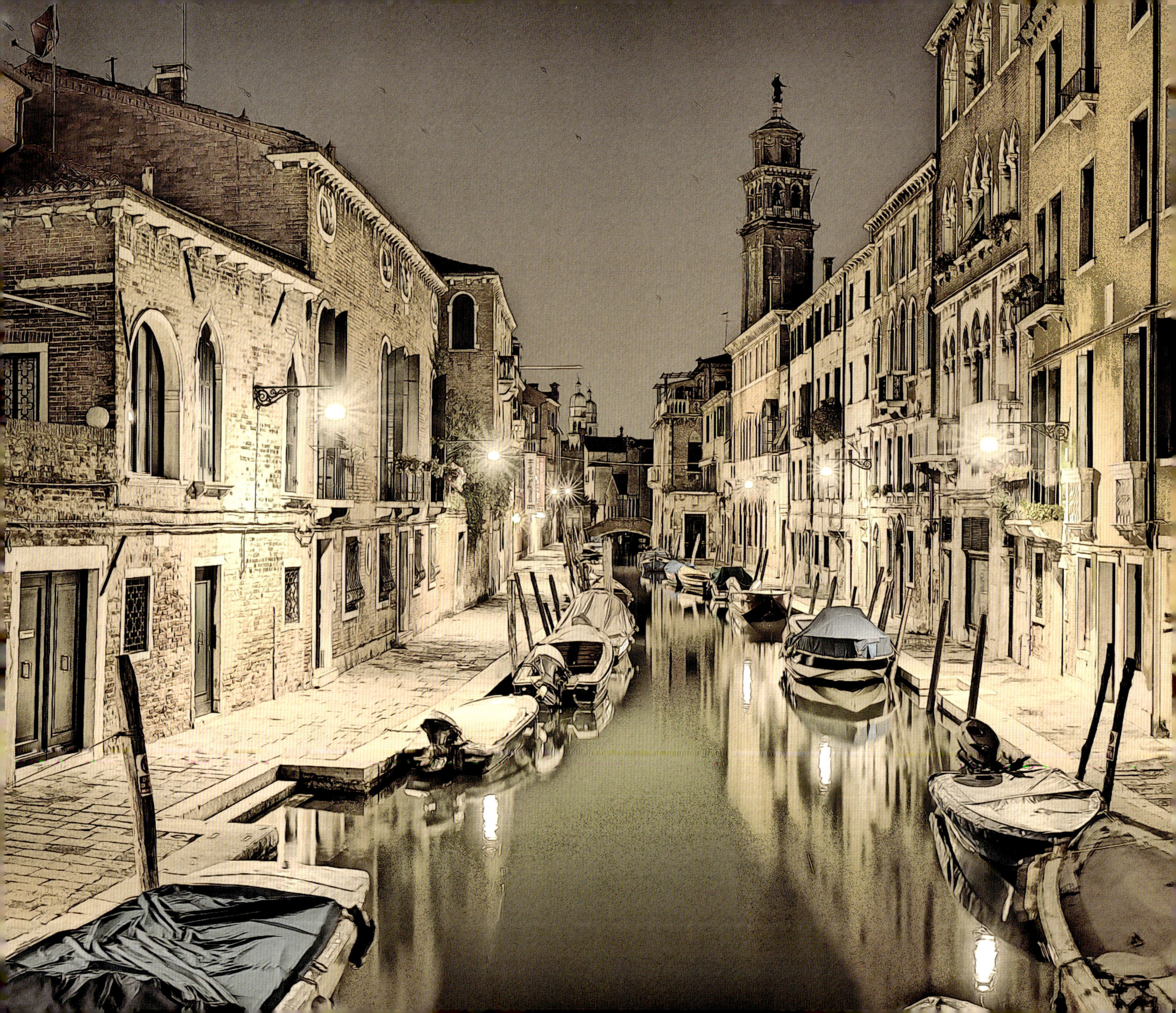

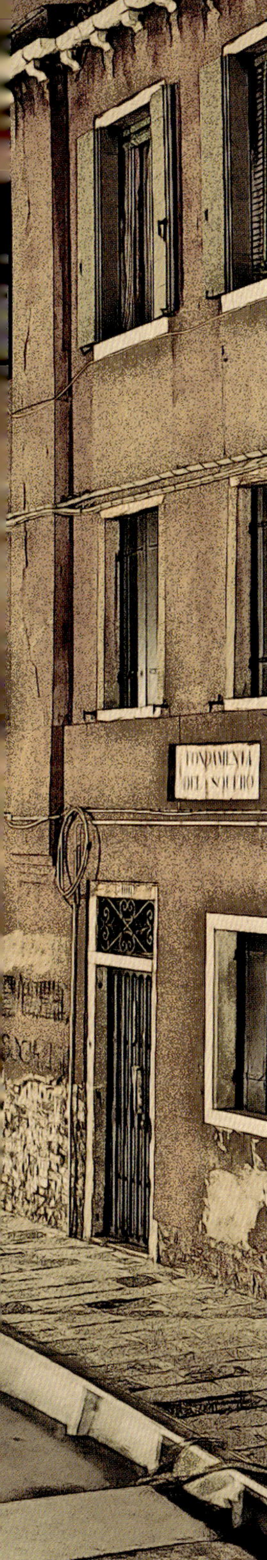

Pastellbild im Express-Modus

Der *Express*-Modus ist ein vereinfacht dargestellter Arbeitsbereich. Es werden nur die wichtigsten Einstellungen angezeigt. So gelangen Sie mit wenigen Arbeitsschritten zu einem kleinen Kunstwerk. Ich habe für Sie die Einstellparameter des Bilds mit abgebildet. Bewusst habe ich die Funktion *Ausgangsfarben* abgeschaltet und den Regler *Wasserfarbe* auf *24* erhöht. Durch die Kombination von *Verschmieren* und *Konturstärke* wird der Eindruck erweckt, es handele sich um ein Pastellgemälde.

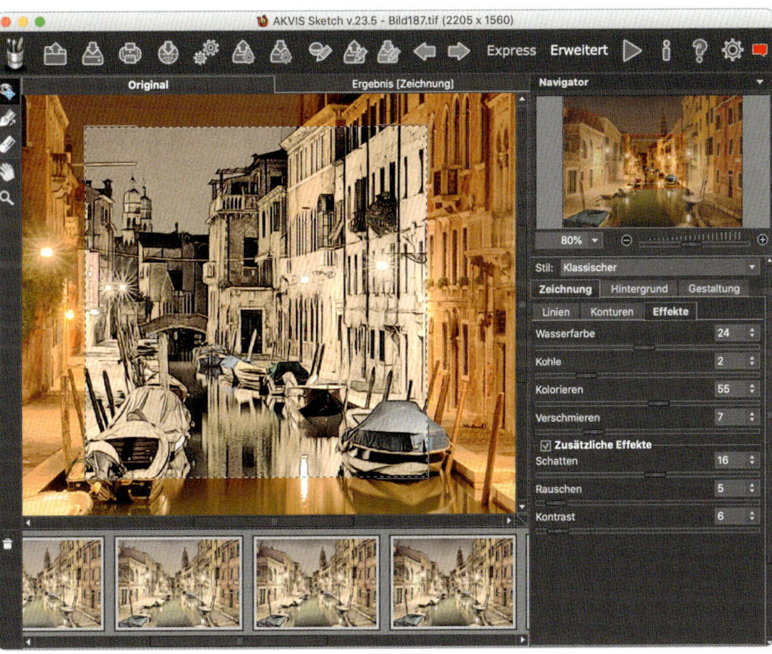

Pastellbild im Express-*Modus.*

SKETCH TRIAL

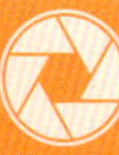

Trial-Version für Windows und für macOS stehen auf der AKVIS-Website zu Verfügung. Sketch gibt es als eigenständige App und als Plug-in.

https://akvis.com/de/sketch/download-pencil-drawing.php#dnlurl

Bild auf Leinwand mit Signatur

Der *Erweitert*-Modus bietet weit mehr Möglichkeiten zur Bearbeitung an. So können Sie eine Leinwandoptik simulieren und gezielt einstellen. Sie haben die Möglichkeit, eine Unterschrift oder eine andere Beschriftung für das Bild zu kreieren. Sie können im Modus *Zeichnung & Foto* Ihr Originalbild in den Hintergrund legen.

Sehen Sie sich die Einstellparameter für dieses Beispiel an.

Die erste Abbildung links zeigt Ihnen die Einstellungen für die *Zeichnung*. Spielen Sie mit der Kombination der vier Effektregler oder übertragen Sie die Werte der Abbildung auf Ihr Bild. Bei diesem Bild habe ich bewusst die Ausgangsfarben angewählt, weil ich als Hauptmerkmal die Leinwandoptik erzielen wollte.

Im Register *Text* geben Sie Ihren Namen an, der z. B. als Bildunterschrift ausgegeben werden soll. Danach wählen Sie die *Schrift* und die *Größe* aus. Über den Regler *Ausdehnung* legen Sie den Zeichenabstand fest. Dann positionieren Sie Ihre Unterschrift mit den Pfeilen unten rechts an der gewünschten Position.

Im Register *Leinwand* setzen Sie ein Häkchen bei *Textur anwenden*. Mit einem Doppelklick auf die Textur können Sie unter zahlreichen Voreinstellungen Ihre Textur wählen. Über den Regler *Maßstab* legen Sie fest, wie groß die Textur dargestellt werden soll. Wenn Sie das Kreuz auf der Kugel verschieben, können Sie die Lichtquelle und somit die Deformierung der Textur anpassen. Spielen Sie mit diesem Regler etwas herum. Über *Relief* können Sie die Textur mehr oder weniger hervorheben.

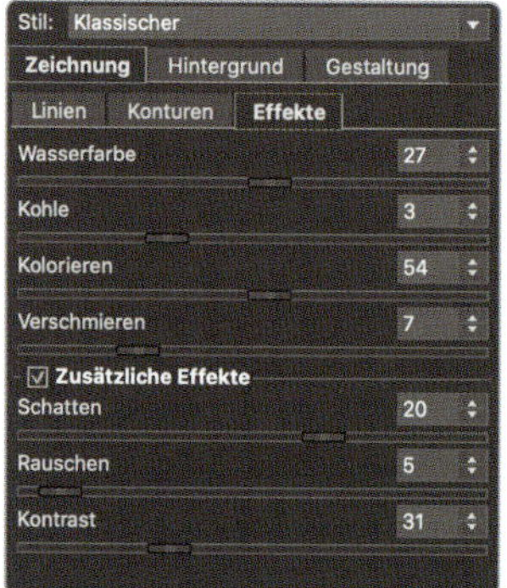

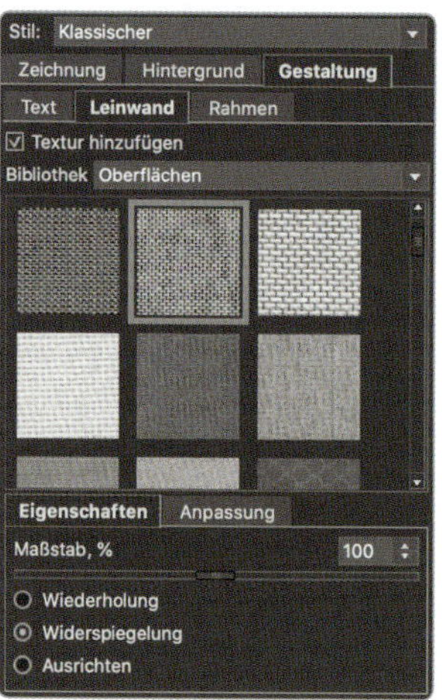

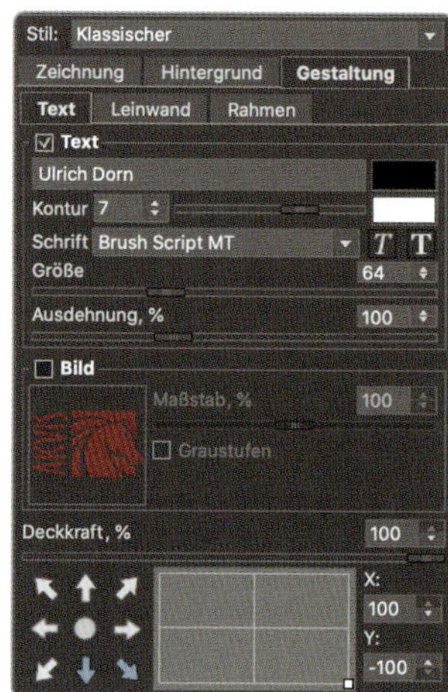

Einstellung für Zeichnung, Text und Leinwand.

Bild auf Leinwand mit Signatur des Künstlers.

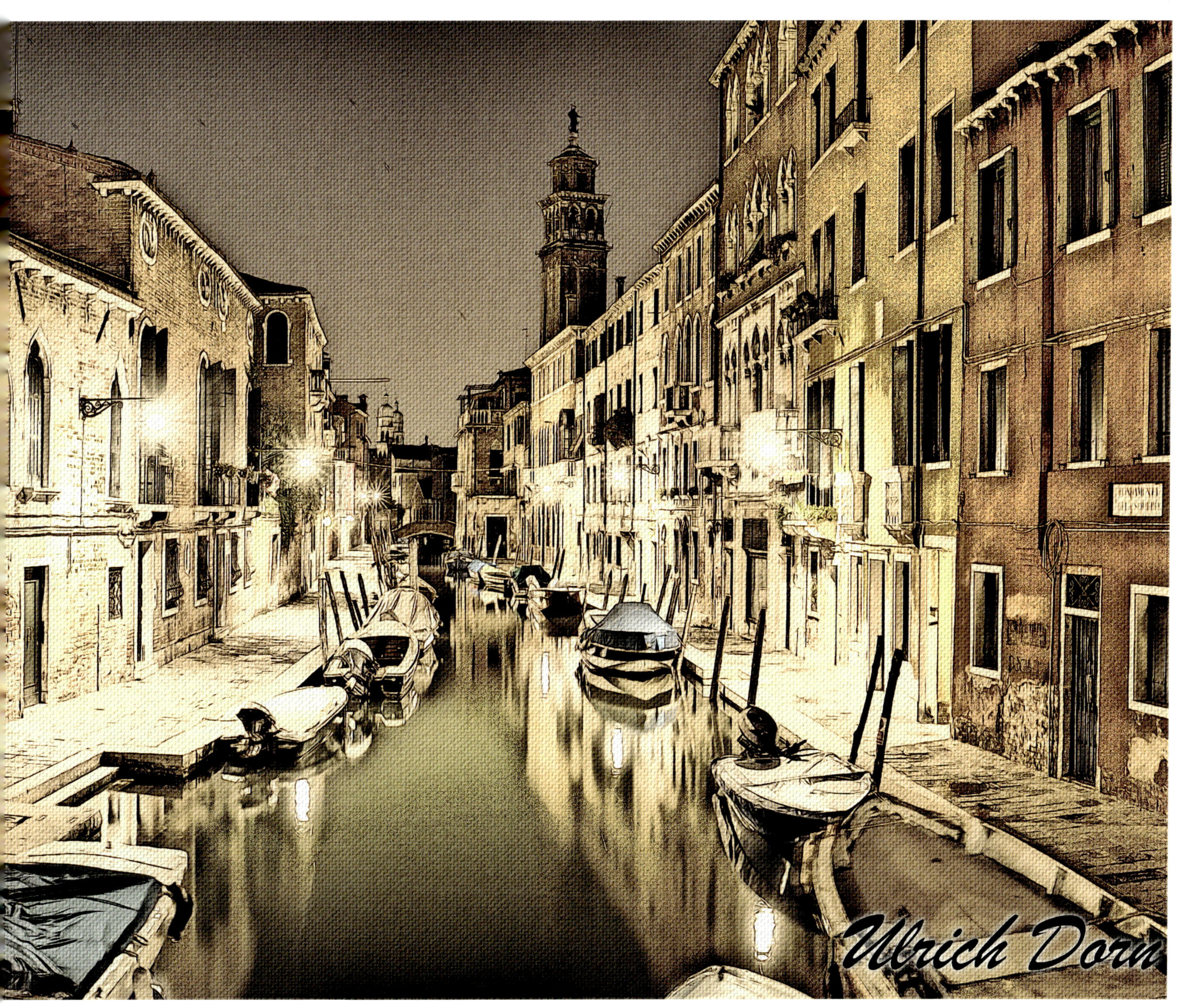
Ulrich Dorn

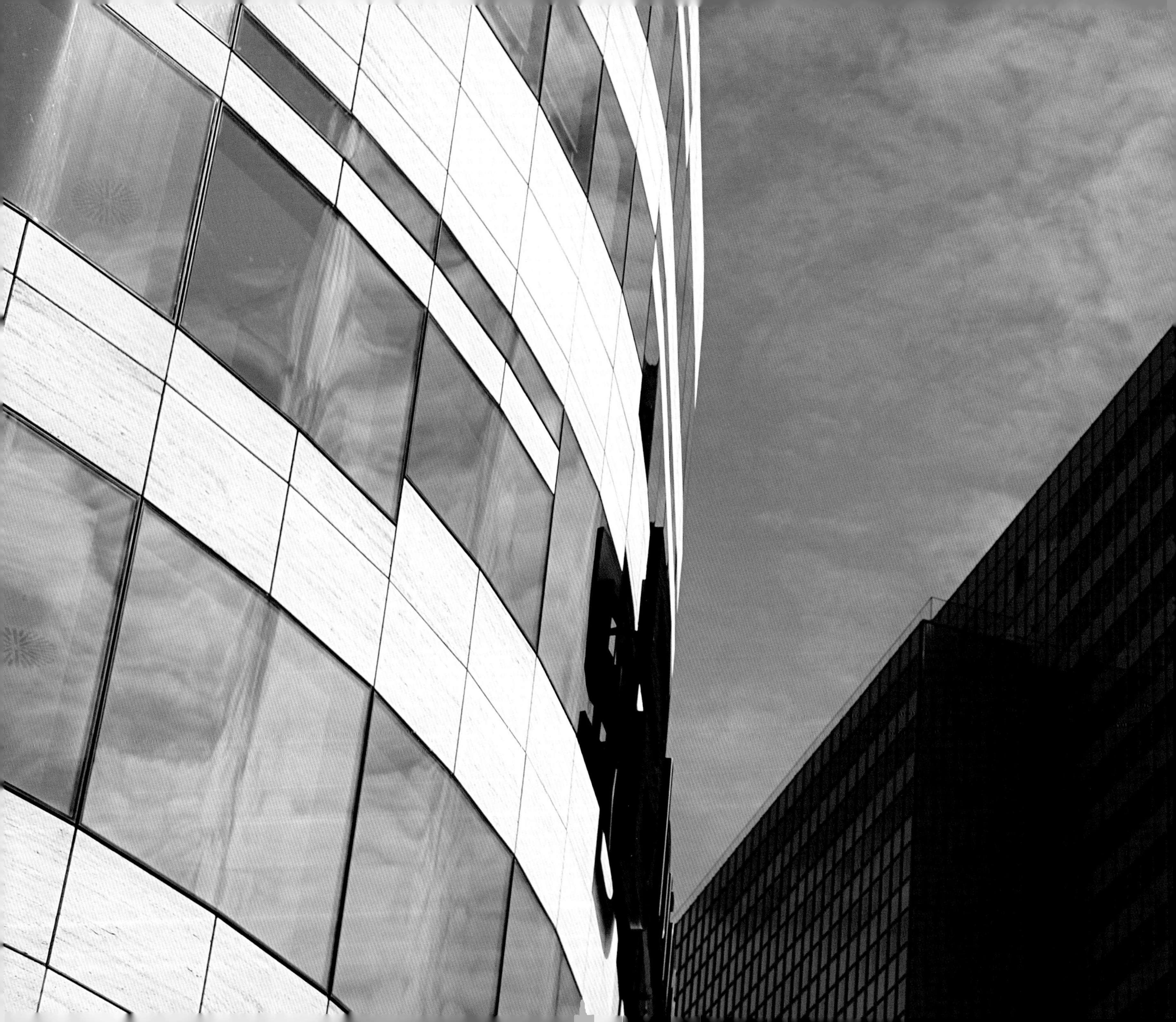

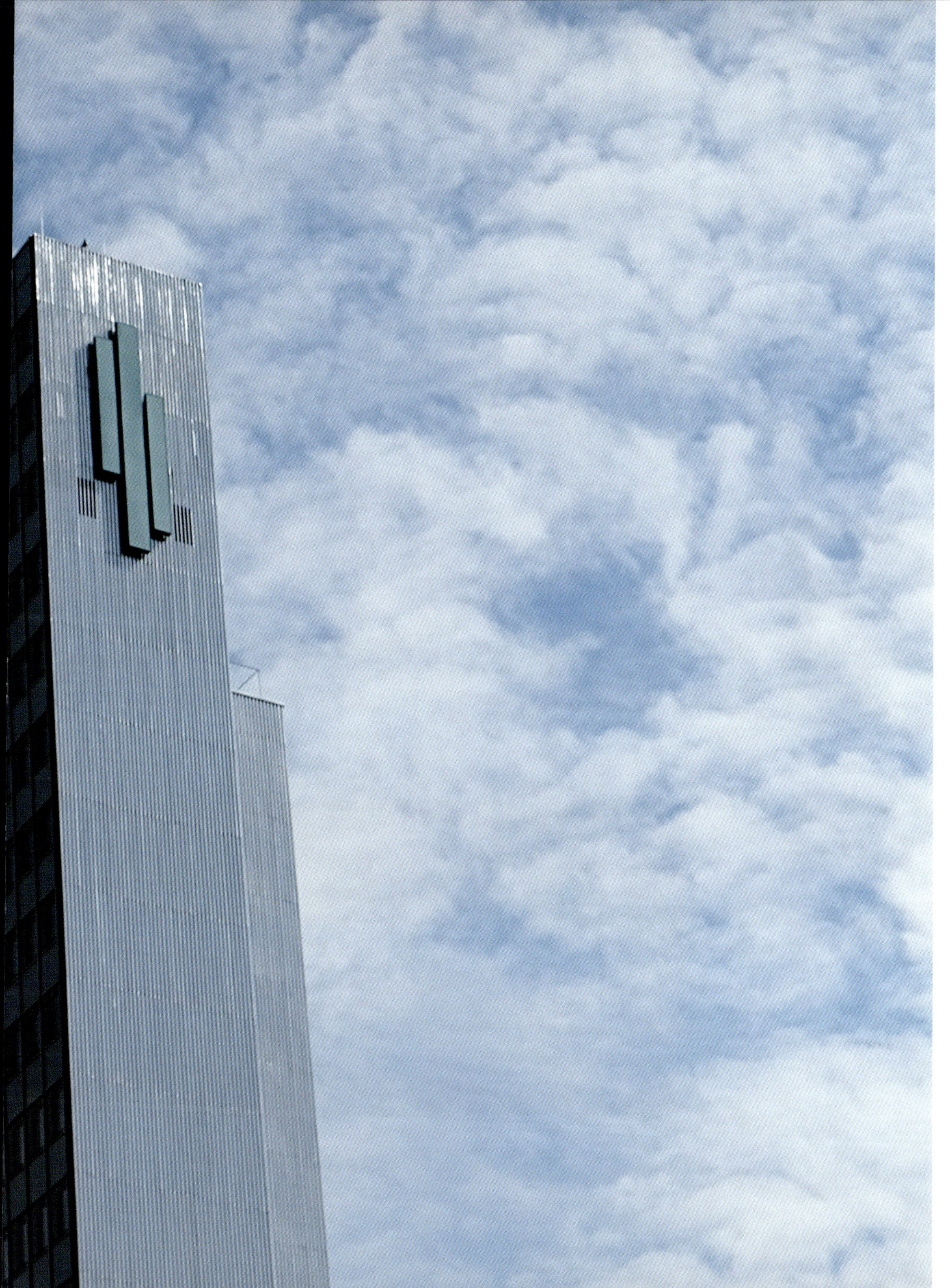

KAPITEL 11

RAW-Konvertierung

Erfahren Sie in diesem Kapitel, wie Sie Ihre im RAW-Format aufgenommenen Bilder für den Stitching-Prozess entwickeln. Die RAW-Konvertierung wird mit dem neuen Exposure X6 durchgeführt – einem der besten Bildeditoren für die kreative Bildbearbeitung. Die Vorgehensweise und die Einstellungen können Sie aber auf jede aktuelle RAW-Konverter-Software anwenden. In diesem Kontext erfahren Sie auch, wie Sie Ihre Bilder richtig schärfen.

Mit Exposure X6

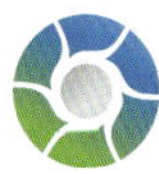

Die Arbeit mit Kamerarohdaten ist nicht einfach nur das Entwickeln einer RAW-Datei in ein anderes Dateiformat. Vielmehr ist die RAW-Konvertierung vergleichbar mit dem Entwickeln eines Films in der analogen Dunkelkammer. Bei der Aufzeichnung von RAW-Daten werden – anders als bei JPEG-Bildern – alle bei der Aufnahme vorherrschenden Helligkeitsstufen unkomprimiert und unbearbeitet im Speicher des Smartphones abgelegt. Das bietet dem Fotografen, insbesondere bei der Arbeit unter schwierigen Lichtbedingungen, ein Vielfaches an Möglichkeiten für das Entwickeln der RAW-Daten mit einer dafür geeigneten App. Ich nutze für die Entwicklung meiner RAW-Daten Exposure X6.

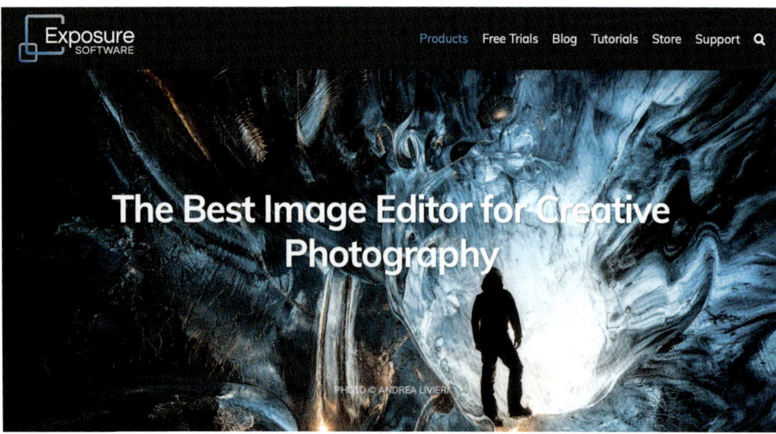

Detaillierte Infos zu Exposure X6 finden Sie hier: https://exposure.software.

Vor dem Stitchen

Im Allgemeinen erfolgt die Bildbearbeitung am Ende des Stitching-Prozesses oder im Rahmen der HDR-Konvertierung. Hin und wieder kann es aber auch ganz hilfreich sein, die RAW-Daten vor dem Stitchen zu entwickeln. Abhängig davon, welche Aufnahmen Sie zu einem Panorama stitchen wollen, ist es manchmal besser, diverse Entwicklungsschritte vor dem Stitchen durchzuführen. Wichtig für das erfolgreiche Stitchen sind gute Kontraste und scharfe Kanten. So können Sie Ihre Stitching-Software etwas unterstützen. Je brillanter die Einzelbilder, desto leichter können die Kontrollpunkte gesetzt werden, mit denen die Stitching-Software die Bilder zusammenbaut. Schärfen bedeutet eine gezielte Kontrasterhöhung an den Kanten.

Das Bild zeigt die Vorderseite des Düsseldorfer Kö-Bogens. Ein Bauwerk, das polarisiert. Zum einen kalkulierter Luxuseinkaufstempel, zum anderen ein wundersamer Ort der Entschleunigung. Es ist schwer zu beschreiben, aber die geschwungenen Fassaden mit ihren immergrünen schwebenden Gärten legen sich beim Vorbeigehen wie eine warme Decke um einen. Cafés und Sitzgelegenheiten entlang der nördlichen Düssel laden zum Verweilen ein. Und das, obwohl sich im Inneren der Gebäude alles nur um Lifestyle und die Trends internationaler TopBrands dreht.

„Nicht das Objekt KöBogen steht im Mittelpunkt der Planung, sondern der Mensch.“ Daniel Libeskind, Architekt

DOWNLOAD EINER 30-TAGE-TRIAL

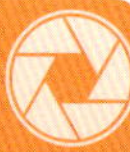

Gehen Sie auf die Website von Exposure Software und laden Sie dort eine voll funktionsfähige 30-Tage-Trial von Exposure X6 herunter. Siehe *https://exposure.software/exposure-trial/*.

Exposure X6 arbeitet als eigenständige Anwendung, die den gesamten Fotografie-Workflow abwickelt, oder als Plug-in für Lightroom und Photoshop.

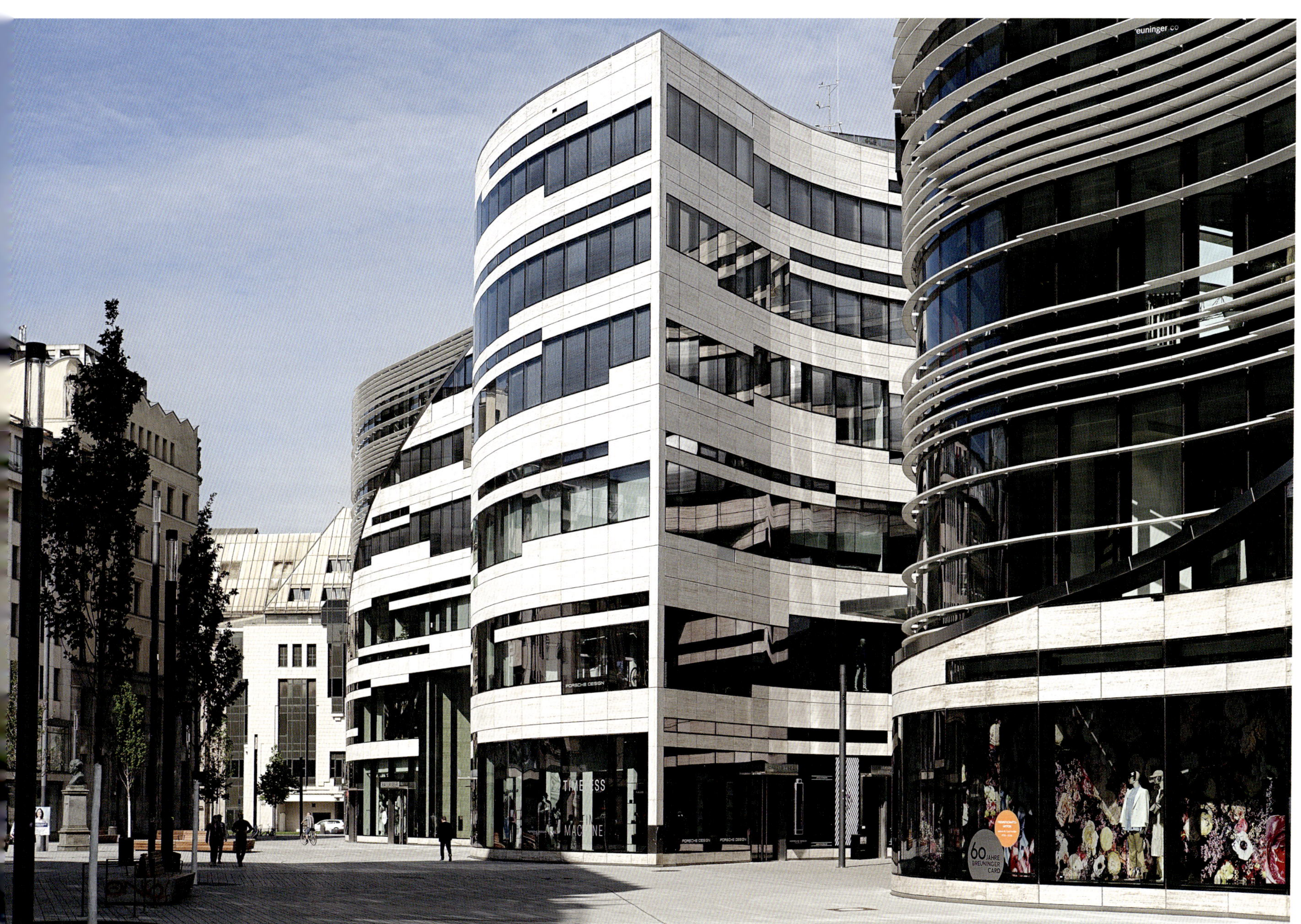

Das finale, mit Exposure X6 entwickelte, Bild.

RAW-Entwicklung

Das originale Rohdatenbild aus der Kamera ist flau, ohne Dynamik und an den Seiten perspektivisch verzerrt, die Gebäude kippen zur Bildmitte hin. Im jetzt folgenden Entwicklungsprozess werden zuerst die grundlegenden RAW-Parameter bearbeitet. Danach übergibt Exposure X6 das entwickelte Bild im TIFF-Format an Perspective Efex, eine App aus der Nik Collection 3 von DxO. Hier werden die Gebäude wieder gerade ausgerichtet und anschließend an Exposure zurückgegeben, wo die finale Bearbeitung mittels einer der Voreinstellungen abgeschlossen wird.

Ordner in Exposure laden

Im ersten Schritt öffnen Sie in Exposure X6 den Ordner mit allen Bildern des Shootings. Die Bilder werden dann als Vorschaubilder in einer *Raster*-Ansicht angezeigt. Mit einem Doppelklick auf das markierte Bild öffnen Sie es in der Vollbildansicht.

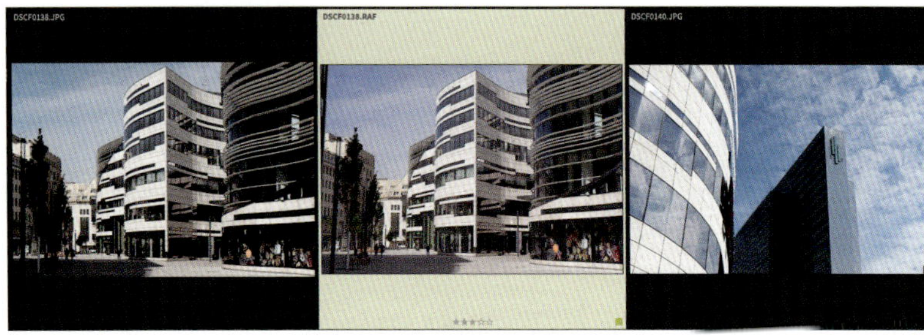

Das markierte Bild in der Raster-Ansicht.

Die Anwendung passt die Darstellungsgröße entsprechend der Größe des Arbeitsfensters an. Mit vier kleinen Pfeilen oben, unten, links und rechts am Rand des Arbeitsfensters können Sie Bildbereiche je nach Anforderung ein- oder ausblenden.

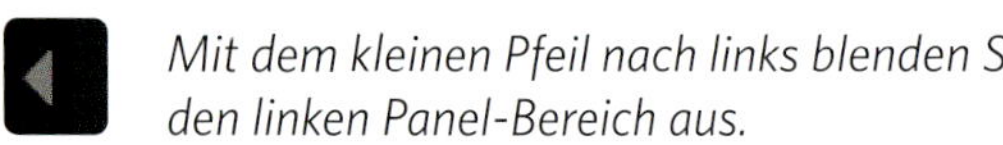

Mit dem kleinen Pfeil nach links blenden Sie den linken Panel-Bereich aus.

Belichtung kontrollieren

Im ersten Schritt prüfen Sie mit Hilfe des Histogramms die Belichtung. Um Fehler zu vermeiden, empfehle ich, im *Histogramm* die beiden Dreiecke oben links und rechts zu aktivieren. Wenn Sie auf das linke Dreieck klicken, werden alle Bildbereiche angezeigt, in denen Tiefen abgeschnitten werden. Das rechte Dreieck zeigt alle Bereiche an, in denen Lichter abgeschnitten werden. Ziel ist es, Bildbereiche ohne Zeichnung zu minimieren oder ganz zu eliminieren. Daher ist es wichtig, diese Kontrollmöglichkeit zu kennen und permanent einzusetzen. Unser Bild vom Kö-Bogen ist ausgewogen belichtet, bis auf wenige abgeschnittene Lichter.

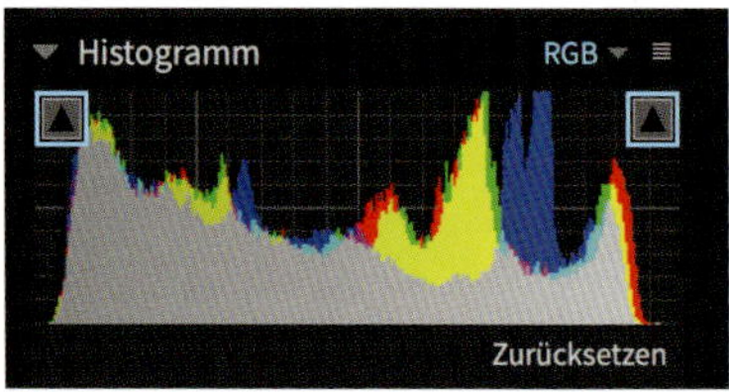

Prüfen der Belichtung mit dem Histogramm.

Das Schöne am Fotografieren im Rohdatenformat ist, dass Sie bis zu zwei Lichtwerte dieser falsch belichteten Stellen zurückholen können. Richten Sie also Ihre gesamte Rohdatenentwicklung danach aus. Passen Sie mit den Reglern *Belichtung*, *Lichter*, *Tiefen*, *Weißtöne* und *Schwarztöne* das Bild so an, dass die markierten Flächen (sofern angezeigt) ganz verschwinden oder aber so klein wie möglich sind. Die Veränderungen sehen Sie live in Ihrem großen Vorschaubild.

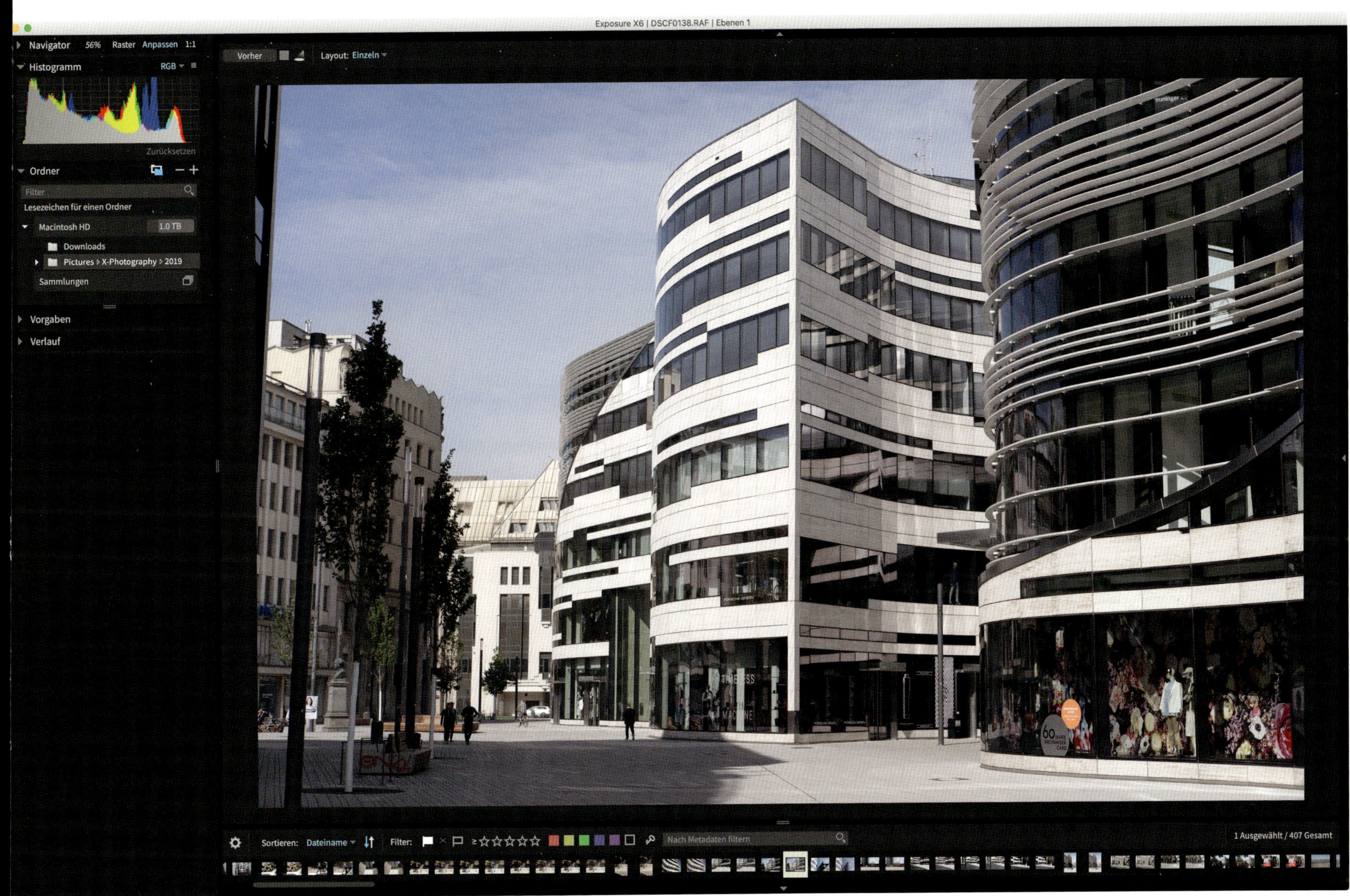

RAW-Konvertierung mit Exposure X6. In diesem Kapitel lernen Sie den Entwicklungsprozess am Beispiel einer Architekturaufnahme kennen.

Basiswerte einstellen

Die *Grundeinstellungen* sind der wahrscheinlich wichtigste Bereich der RAW-Entwicklung. Hier retten Sie über- und unterbelichtete Bilder und optimieren die Brillanz Ihrer Bilder.

Die Regler im Panel *Grundeinstellungen* sind überaus fein justiert, sodass nur geringe Verschiebungen sich sofort auf das Bild auswirken. Aber die Exposure-Entwickler haben mitgedacht. Sobald Sie mit dem Mauszeiger den Regler berühren, erscheint ein Pop-up, das die der Funktion zugeordneten Funktionstasten einblendet. Ein klasse Feature, mit dem man exakte Regler-Einstellungen per `Taste` vornehmen kann.

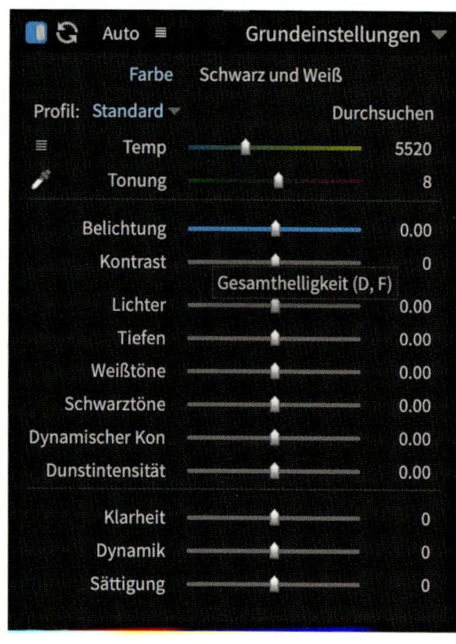

Berührt der Mauszeiger den Regler Belichtung, wird dieser blau dargestellt und das Pop-up Gesamthelligkeit (D, F) eingeblendet.

- *Belichtung* – Entspricht am ehesten der Belichtungszeit beim Fotografieren. Versuchen Sie hier, eine möglichst ausgeglichene Belichtung zu erzielen.
- *Kontrast* – Damit gestalten Sie dunkle Bildbereiche noch dunkler und hellen helle Bereiche noch weiter auf. Somit erhöhen Sie den Kontrast des gesamten Bilds.
- *Lichter* – Im Fall einer farbigen Warnmarkierung sollten Sie beschnittene (zu helle) Lichter abdunkeln. Verschieben Sie den Regler so weit, bis die Markierung fast oder vollständig verschwunden ist.
- *Tiefen* – Dieser Regler hat die gegenteilige Wirkung von *Lichter*. Schieben Sie den Regler so weit, bis eine eventuell vorhandene Warnmarkierung verschwindet.
- *Weißtöne* – Dieser Regler hat Auswirkungen auf die ganz hellen Spitzlichter, falls sie zu hell oder zu dunkel erscheinen.
- *Schwarztöne* – Verwenden Sie diesen Regler, wenn die sehr dunklen Tiefen noch nicht perfekt eingestellt sind.
- *Dynamischer Kontrast* – Passt den Kontrast dynamisch an, ohne dabei Farbton oder Sättigung zu verändern.
- *Dunstintensität* – Wirkt durch atmosphärischen Dunst verursachter Kontrastverringerung entgegen.
- *Klarheit* – Dieser Regler gehört zu den interessantesten im Panel. Damit erhöhen Sie die Schärfe und Plastizität, ohne dabei das Bild zu überschärfen. Mehr *Klarheit* sorgt für mehr Kontrast in den Mitteltönen.
- *Dynamik* – Ändert die Farbintensität, ohne dabei die Sättigung zu beeinflussen. Er wird häufig als der sanftere Sättigungsregler bezeichnet.
- *Sättigung* – Erhöht die Intensität der Farben. Sie erhalten sehr reine Farben ohne Grauanteile. Wenn Sie den Regler aber nach links schieben, werden die Farben entsättigt und erscheinen flauer.

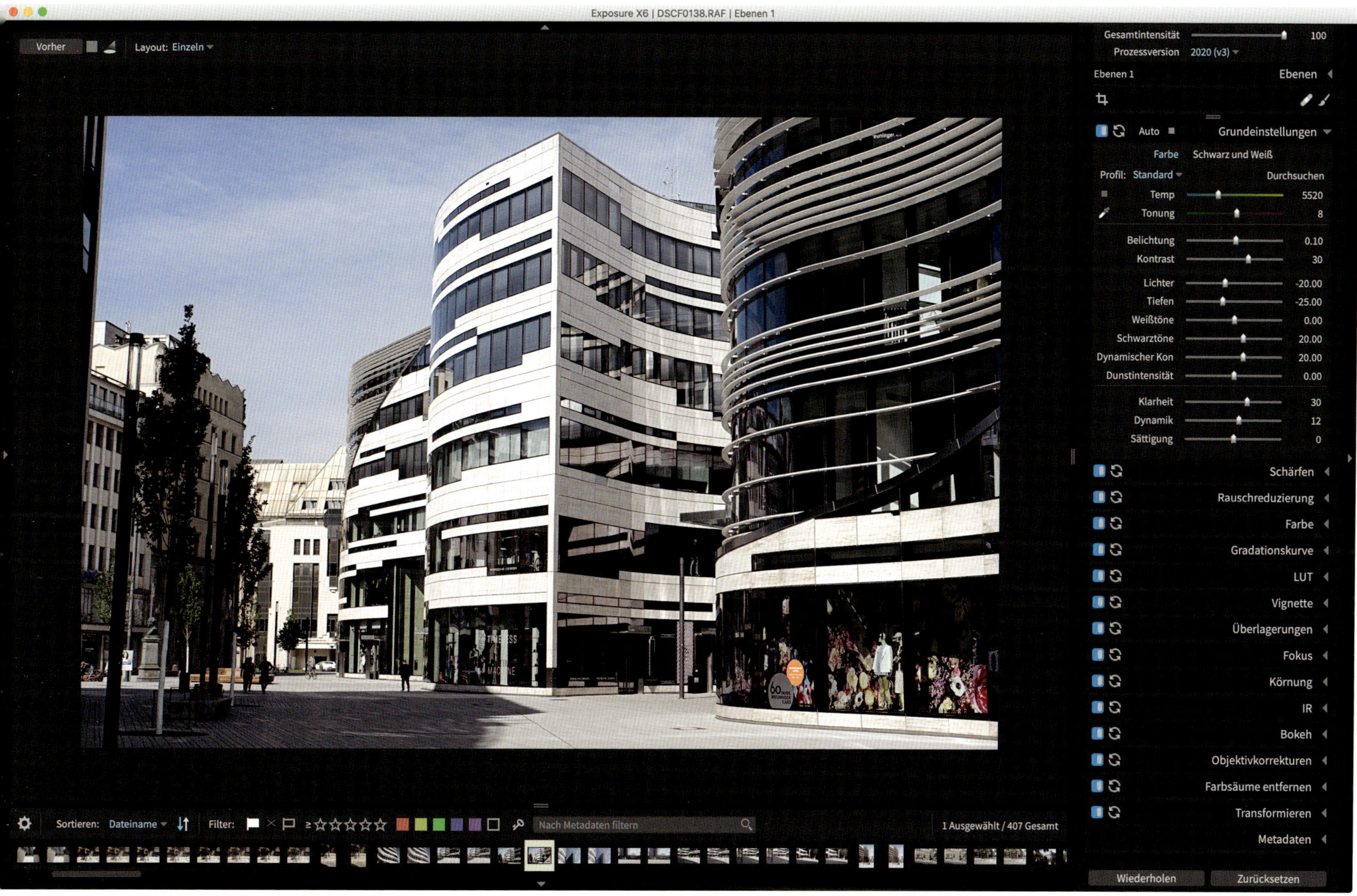

Die Grundeinstellungen der RAW-Entwicklung: Farbtemperatur, Farbton, Belichtung, Wiederherstellung, Aufhelllicht, Schwarz, Helligkeit, Kontrast, Klarheit, Dynamik und Sättigung.

Schärfen für das Stitching

Grundsätzlich schärft man Panoramen immer am Ende des gestitchten und fertig bearbeiteten Bilds. Das Schärfen ist auch abhängig davon, für welches Medium das Bild verwendet wird und wie groß die Ausgabe sein soll. Bei der RAW-Entwicklung sollten Sie vor dem Stitchen nicht zu viel schärfen. Man spricht von Vorschärfung und Ausgabeschärfung. Die Vorschärfung sollten Sie nicht übertreiben, sie ist aber nützlich für einen erfolgreichen Stitching-Prozess.

Geschärft wird immer in der 100 %-Ansicht. Nur so kann man die Details erkennen, die bewertet werden müssen, um ein Bild richtig zu schärfen. Stellen Sie also im *Navigator* die *100%*-Ansicht mit Klick auf *1:1* ein.

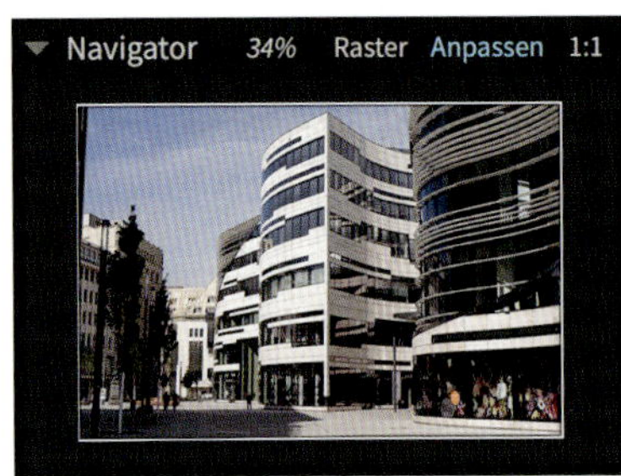

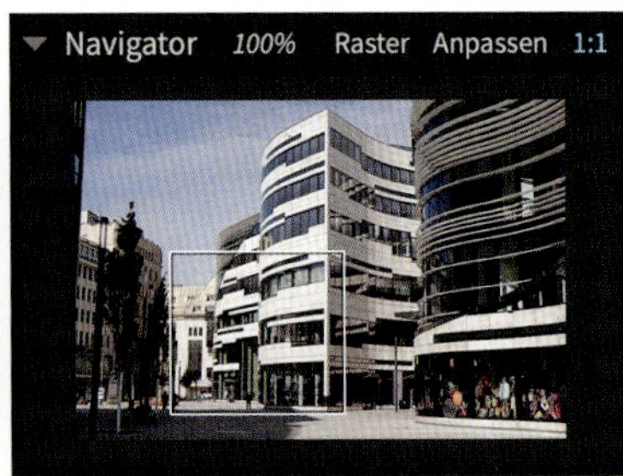

Sobald das Bild im Arbeitsfenster nicht mehr komplett dargestellt werden kann, blendet der Navigator die Lupe (weißes Quadrat) ein.

Schärfe-Einstellungen

Schärfen Sie Bilder erst, nachdem Sie alle anderen Bearbeitungsschritte der eigentlichen RAW-Konvertierung durchgeführt haben, denn Helligkeits- und Kontraständerungen sowie das Verändern der Bildgröße haben Einfluss auf die Schärfe.

- *Betrag* – Regelt die Scharfstellungsintensität. Zoomen Sie auf 1:1, wenn Sie schärfen oder Rauschen reduzieren.
- *Radius* – Bestimmt die Dicke des Schärfebereichs um jede Kante. Halten Sie den Wert für gewöhnlich unter 2.
- *Detail* – Damit steigern Sie die feine Textur. Halten Sie den Wert niedrig, um einen körnigen Look zu vermeiden.
- *Maskieren* – Höhere Werte beschränken das Schärfen nur auf scharfe Kanten.

FÜR DIE AUSGABE SCHÄRFEN

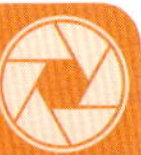

Schärfe zieht das Auge magisch an. Beim Entwickeln von RAW-Daten lässt sich die reale Schärfe eines Bilds nur bedingt bzw. gar nicht mehr ändern. Das heißt, Bilddetails, die bei der Aufnahme verloren gingen, können auch mit einer Software nicht zurückgeholt werden. Was man aber im Rahmen der RAW-Entwicklung tun kann, ist, die Wahrnehmung der Schärfe gezielt zu steuern und leichte Unschärfen zu beheben.

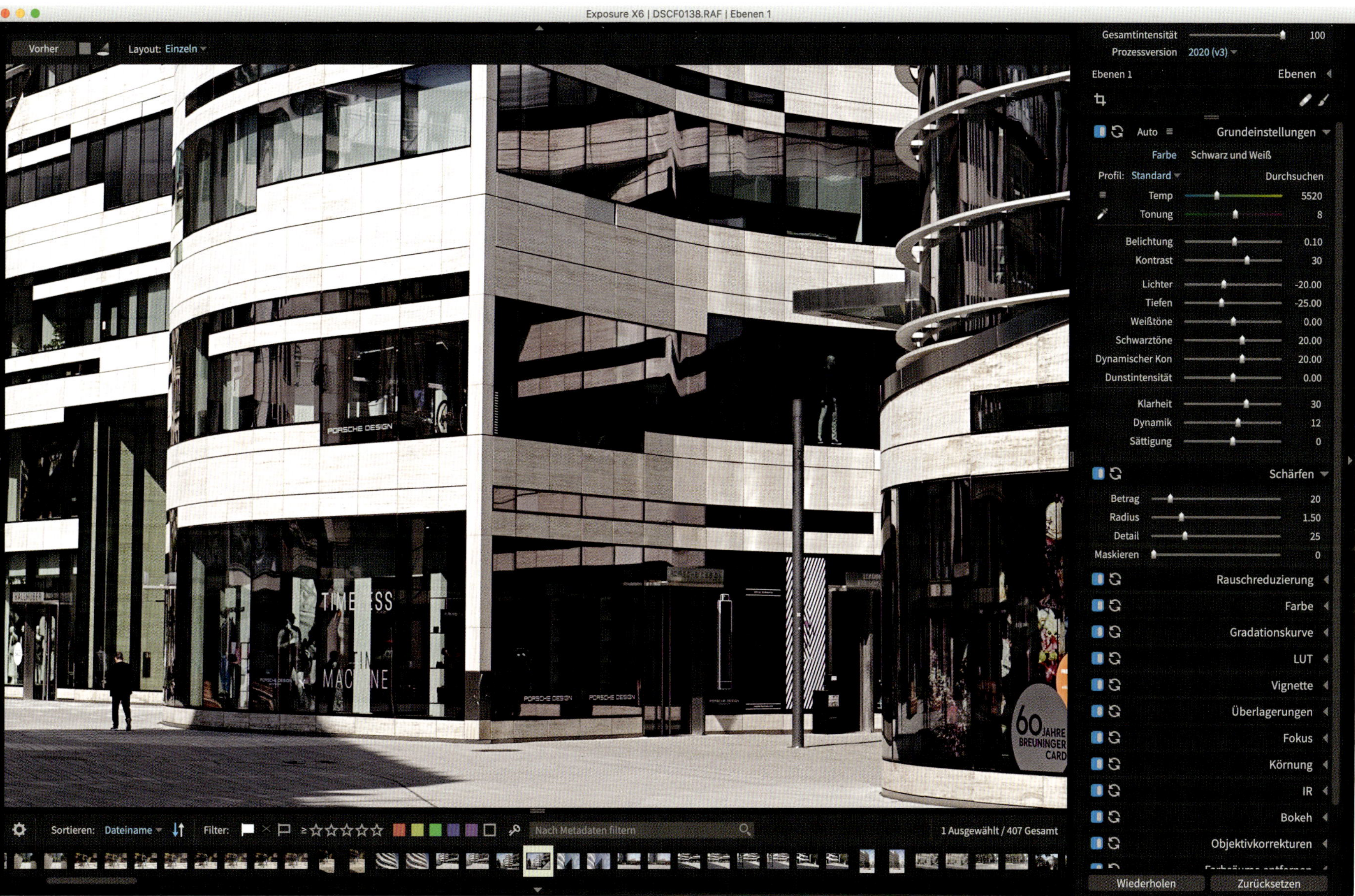

Das vorgeschärfte Bild in der 1:1-Ansicht.

Exportieren nach TIFF

Damit ist die eigentliche RAW-Entwicklung abgeschlossen und das Bild kann für die Korrektur der perspektivischen Verzerrung an die Nik-App Perspective Efex übergeben werden. Vorher aber wird das Bild im TIFF-Format exportiert. Als *Standardzielordner* bietet sich der Ordner *Downloads* an. Dem von der Kamera vergebenen Dateinamen *DSCF0138* wird der Zusatz *-Exposure* hinzugefügt.

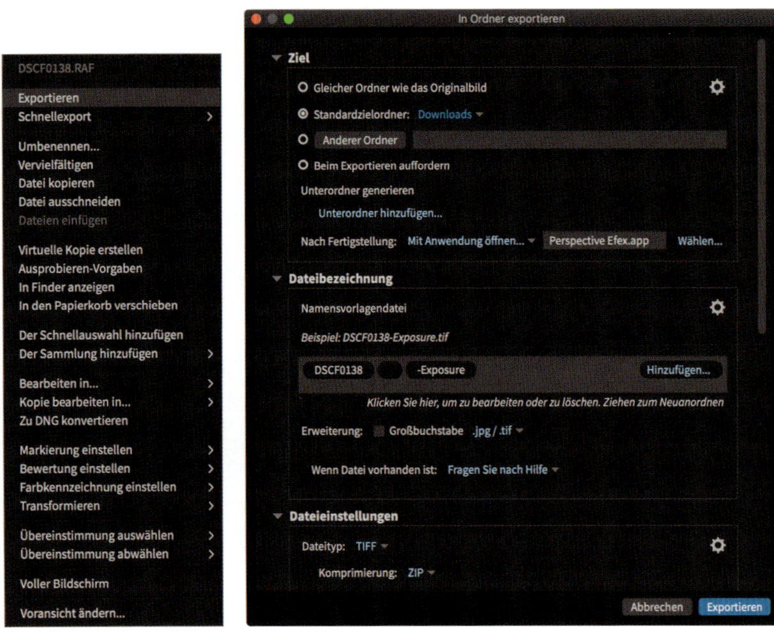

Exporteinstellungen vornehmen.

Perspektivkorrektur

Die App Perspective Efex ist eines der Highlights bei der Nik Collection 3 von Dxo. Mit der App können Sie optische Verzeichnungen mit nur einem Klick korrigieren. Meist sind es Verzerrungen, die bei Weitwinkelaufnahmen entstehen, welche bei Gebäuden als stürzende Linien auffällig werden. Perspective Efex kann aber noch viel mehr, nur würde das den Rahmen dieses Kapitels sprengen.

Vertikale Parallele erzwingen

Mit der Funktion *Vertikale Parallele erzwingen* werden die zur Bildmitte hin kippenden Gebäude wieder gerade ausgerichtet. Klicken Sie im Bereich *Perspektive* auf die zweite Schaltfläche von links. Über dem Bild werden jetzt zwei vertikale Linien mit je zwei Markierungspunkten eingeblendet. Markieren Sie zuerst mit der rechten Linie eine vertikale Gebäudelinie im rechten Bildbereich, indem Sie die Markierungspunkte oben und unten an der Gebäudelinie platzieren. Dasselbe machen Sie mit der linken Linie im linken Bildbereich. Danach klicken Sie auf die Schaltfläche *Anwenden*, und die Gebäude stehen wieder gerade. Speichern Sie dann das Bild ab und öffnen es anschließend erneut in Exposure.

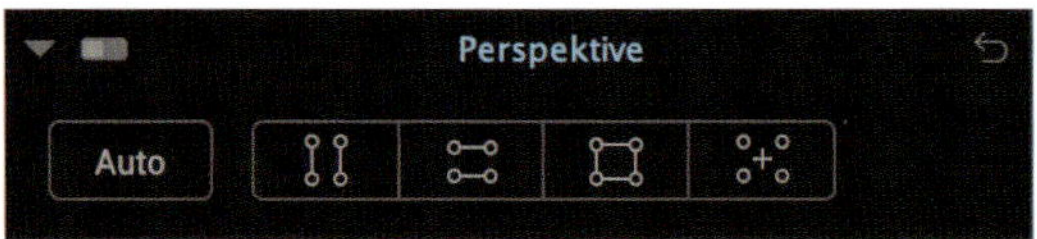

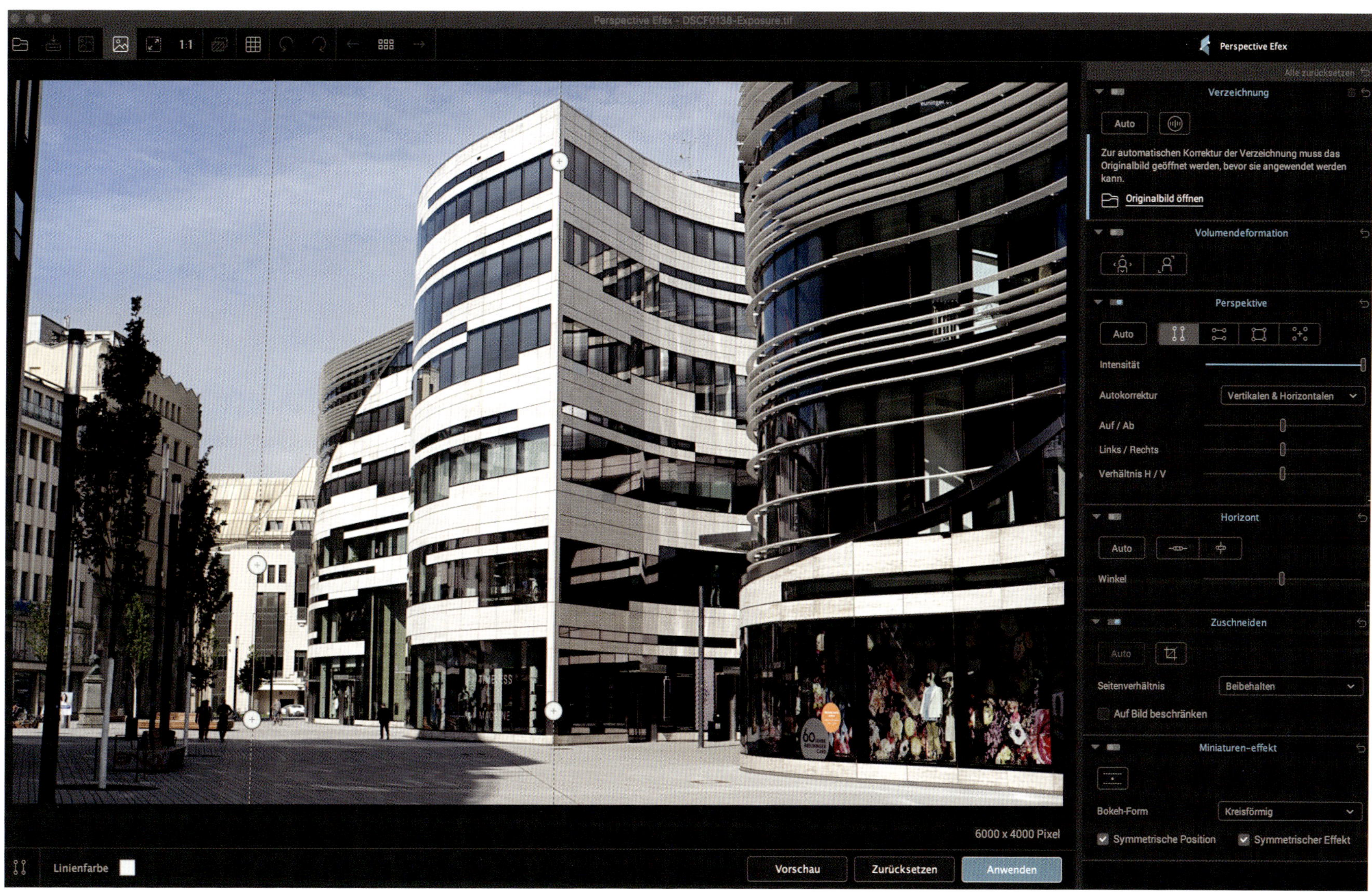

Durchführen einer Perspektivkorrektur in Nik Perspective Efex.

Exposure Vorgaben

Das mit Perspective Efex korrigierte Bild liegt noch im *Downloads*-Order. Um es wieder in Exposure zu laden, klicken Sie im Panel *Ordner* auf das *Plus*-Zeichen und fügen den Ordner *Downloads* als zusätzlichen Ordner hinzu, und das bearbeitete Bild wird im Arbeitsfenster angezeigt.

Cinema Summer Blockbuster

Eigentlich ist das Bild vom Kö-Bogen fertig bearbeitet, aber es bietet sich an, eine der vielen *Vorgaben* auszuprobieren. Die Wahl fällt auf die Vorgabe *Summer Blockbuster (+saturation)* aus der Gruppe *Cinema*.

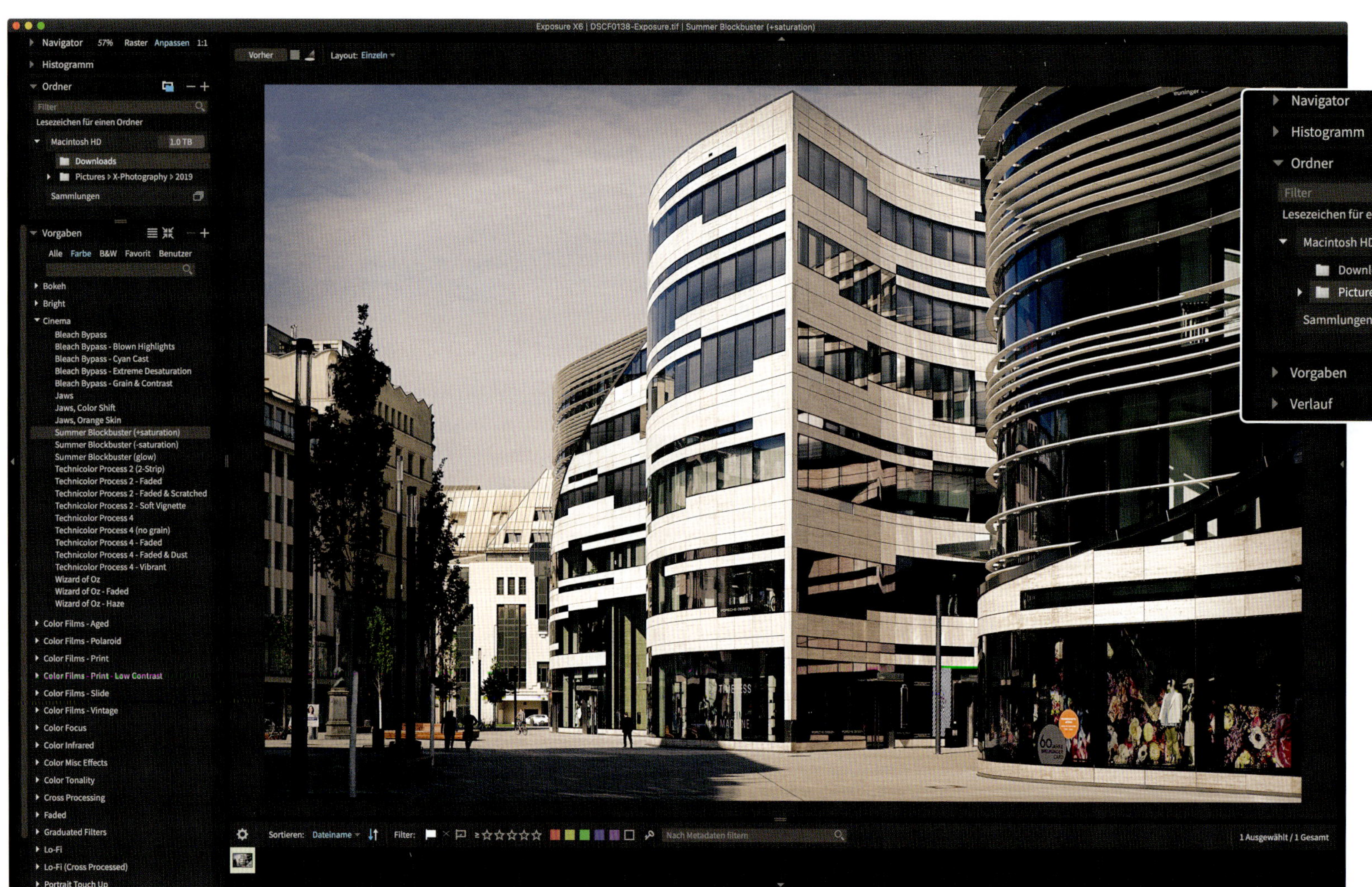

Einen neuen Ordner mit Exposure verknüpfen.

Weiterführende Bildbearbeitung mit Vorgaben.

Tonwertkurve nutzen

Mit der *Gradationskurve*, sprich Tonwertkurve, können Sie die Helligkeit der Farben anpassen und die Kontraste gezielt beeinflussen. Mit einem Klick auf die Kurvenlinie können Sie diese gezielt einstellen. Die Tonwertkurve ist das perfekte Werkzeug, um die Gesamtwirkung des Bildes schnell zu verändern.

Für kräftige Kontraste

Die Werkzeuge umfassen den Kurveneditor und eine Reihe von Reglern. Die Tonkurve selbst repräsentiert alle im Bild vorhandenen Farbwerte. Mit Anpassungen der Kurve steuern Sie gezielt die Helligkeit und Dunkelheit der verschiedenen Bildbereiche. Mit den Reglern unterhalb der Kurve können Sie die Kurve anpassen, ohne Kontrollpunkte anpassen zu müssen.

Die Funktionen im Panel *Gradationskurve* eignen sich hervorragend, um Bildern einen kräftigen Kontrast und mehr Lebendigkeit zu geben. Natürlich kann auch der gegenteilige Effekt erreicht werden – probieren Sie es aus.

Nehmen Sie eine Entwicklung nach der anderen vor und lassen Sie sich Zeit damit. Verlieren Sie nie den Blick für die Gesamtwirkung des Bilds.

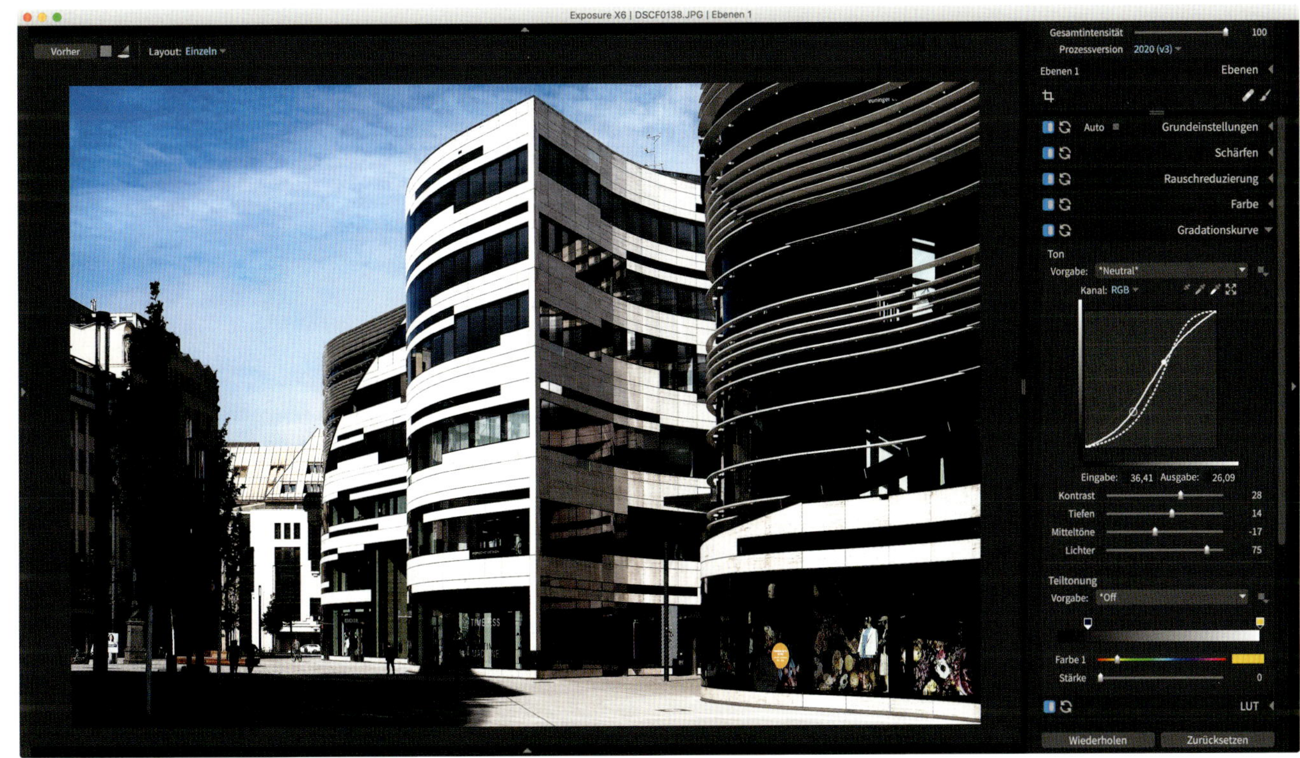

Die Regler steuern die Kurve unabhängig von den Kontrollpunkten im Kurveneditor. Anpassungen erscheinen als gestrichelte Linien in der Tonwertkurve.

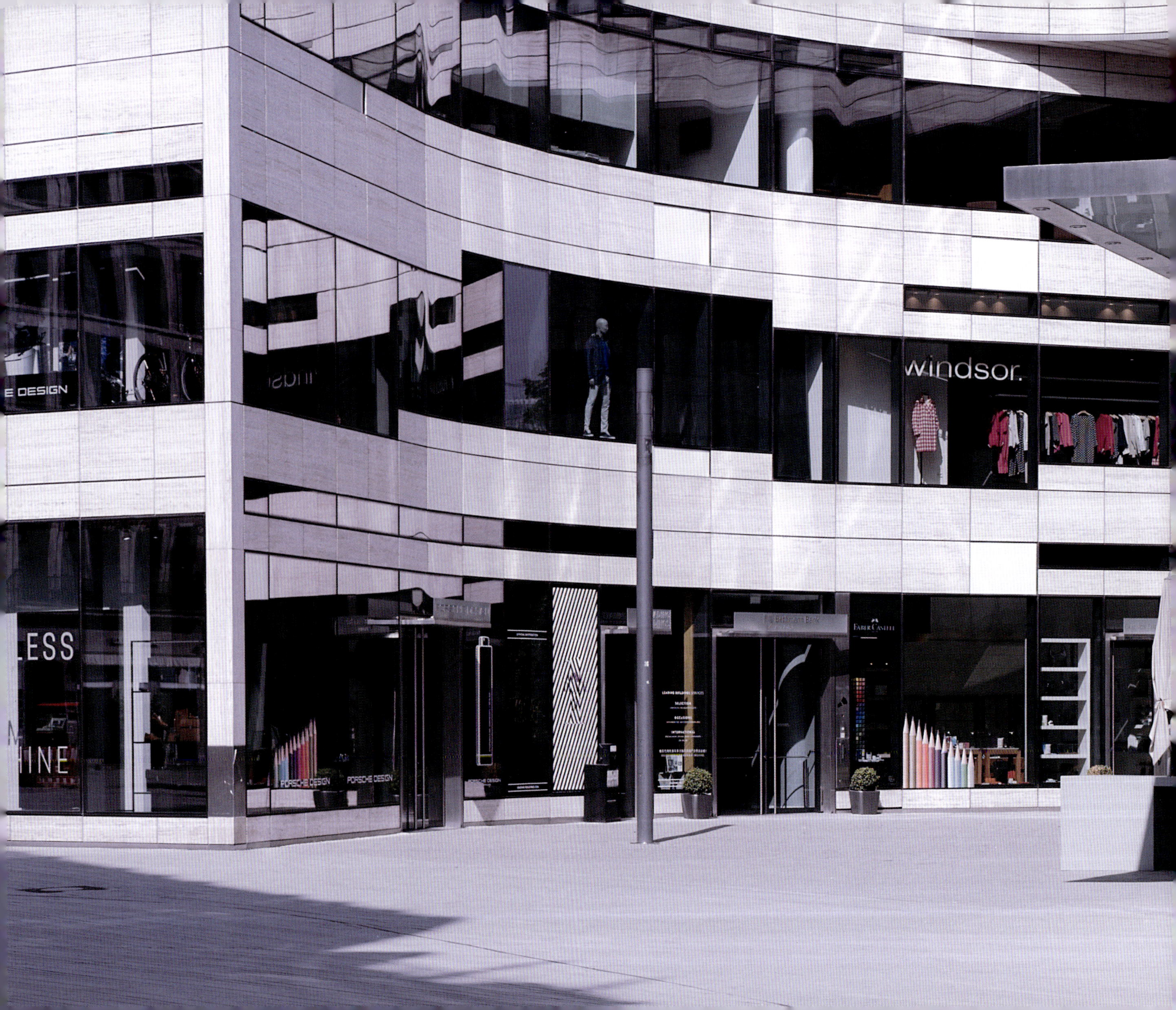
E DESIGN
windsor.
LESS
HINE
PORSCHE DESIGN
PORSCHE DESIGN
Bethmann Bank
FABER CASTELL

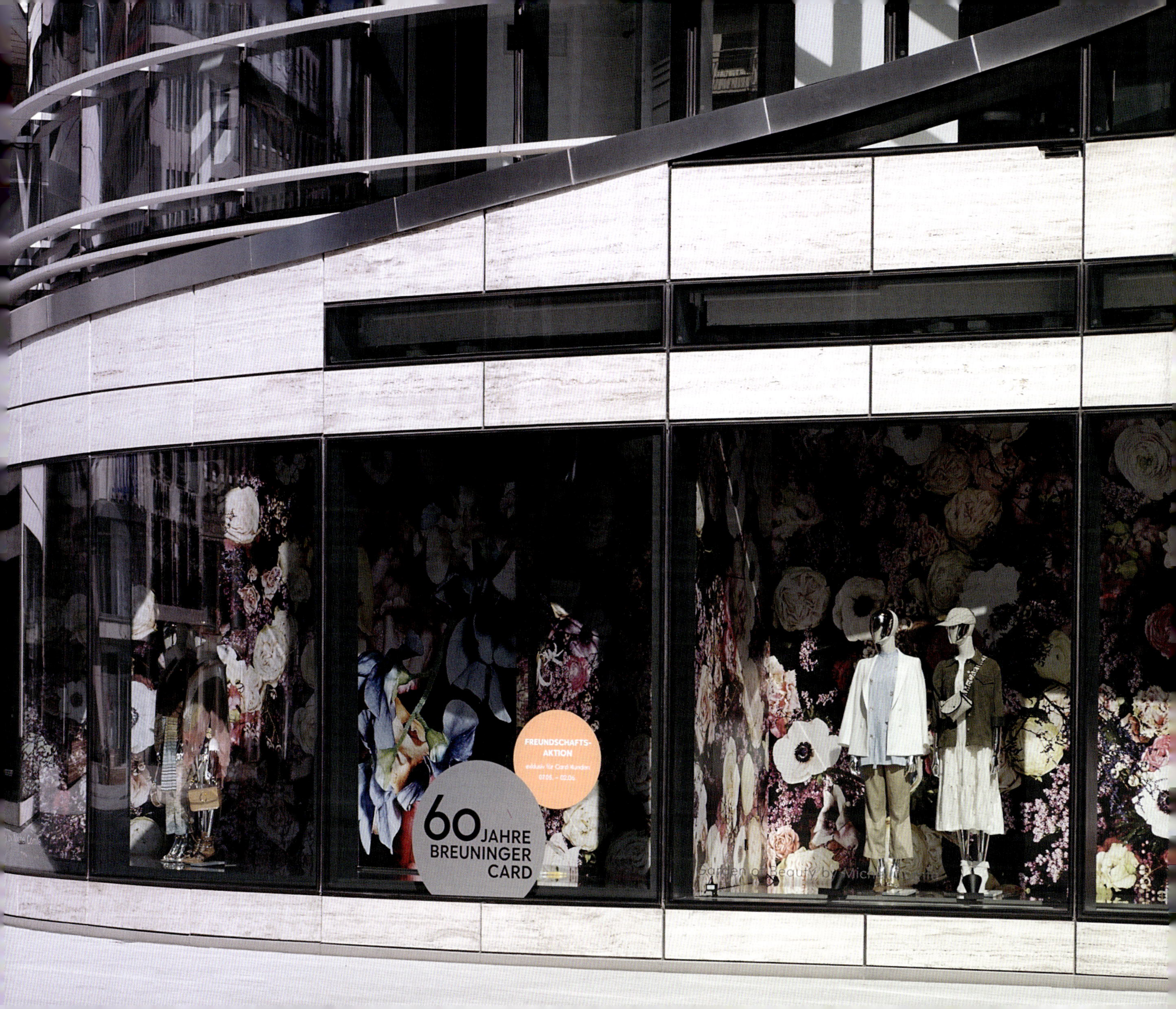
FREUNDSCHAFTS-
AKTION
60 JAHRE
BREUNINGER
CARD

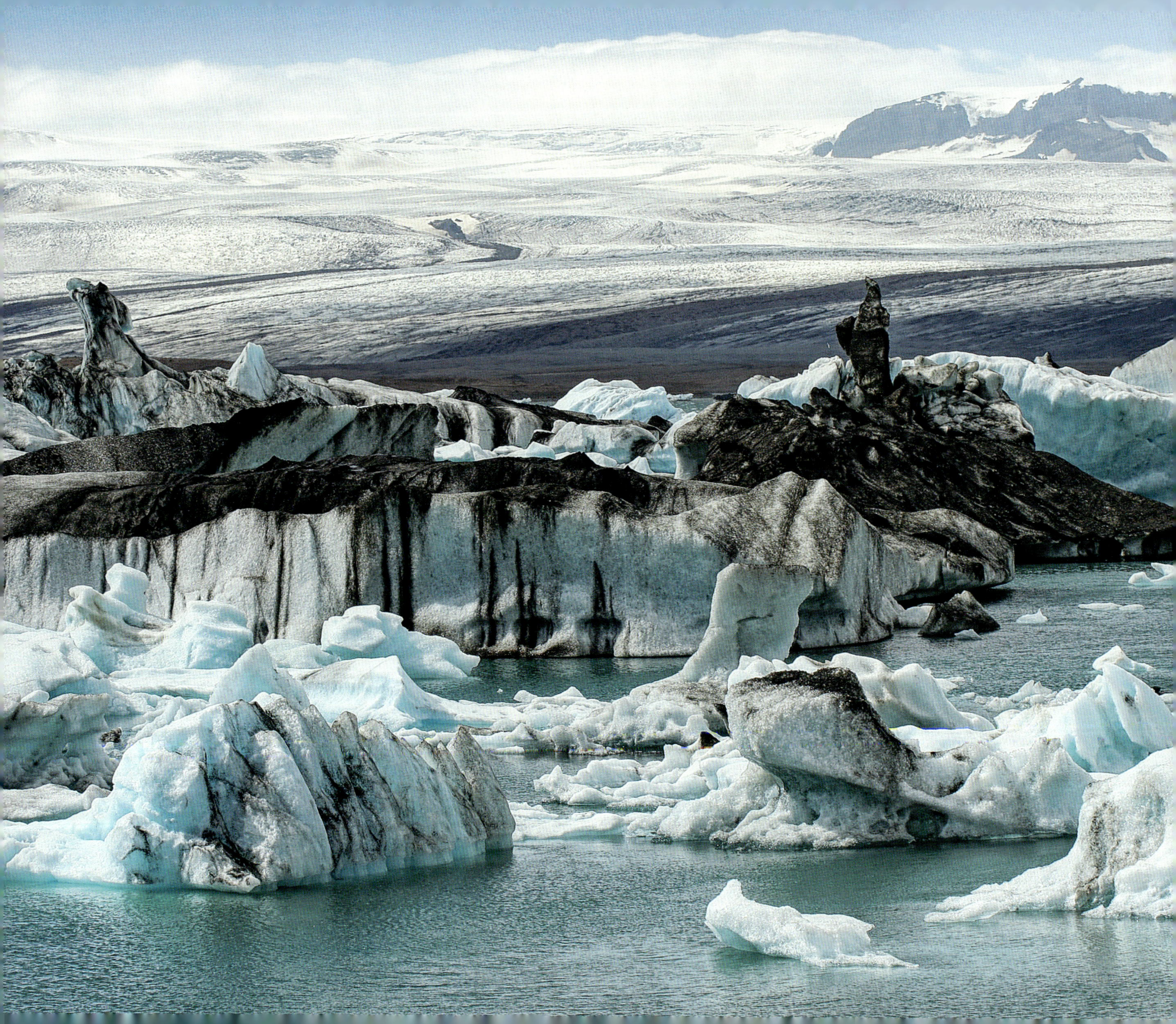

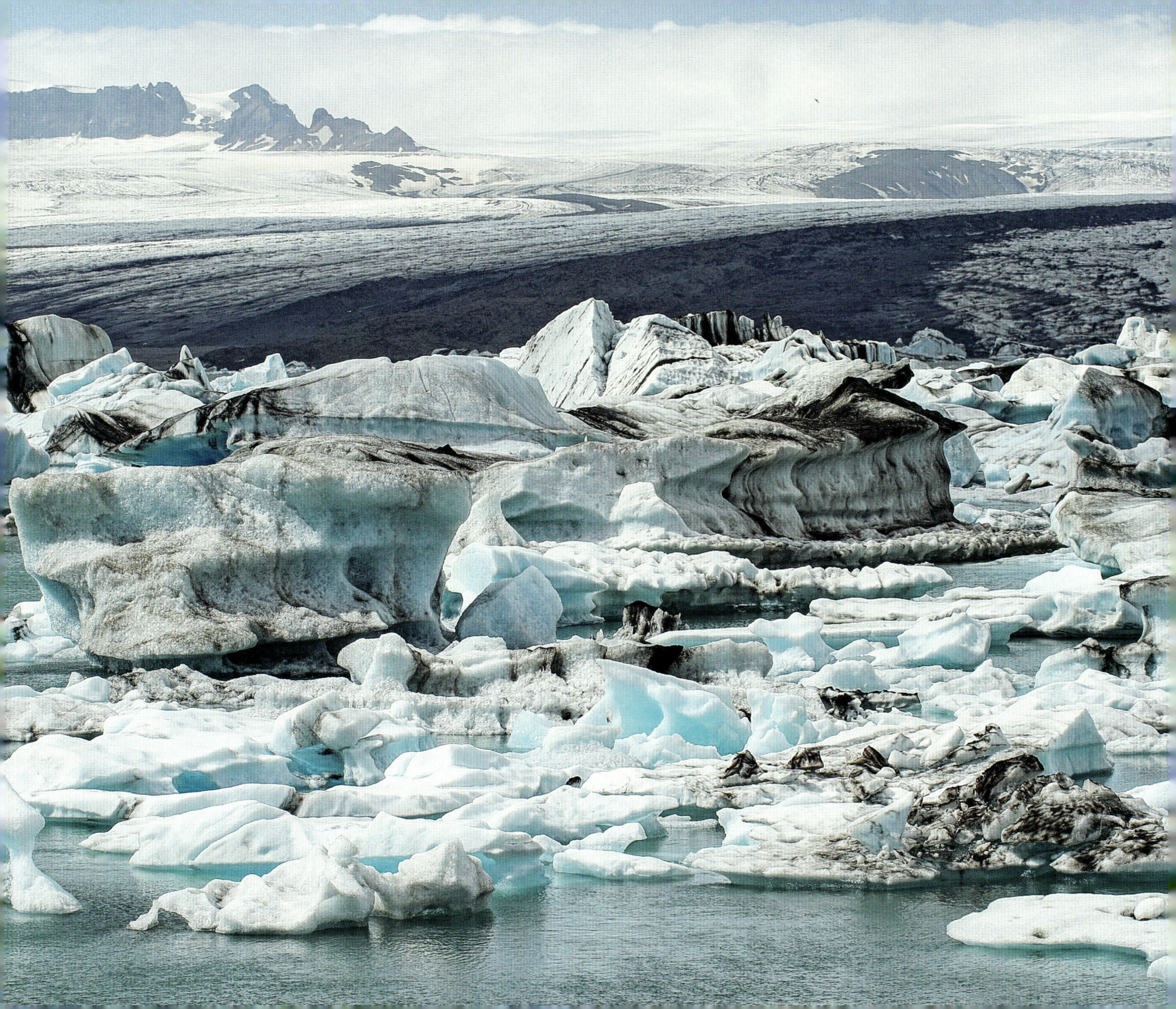

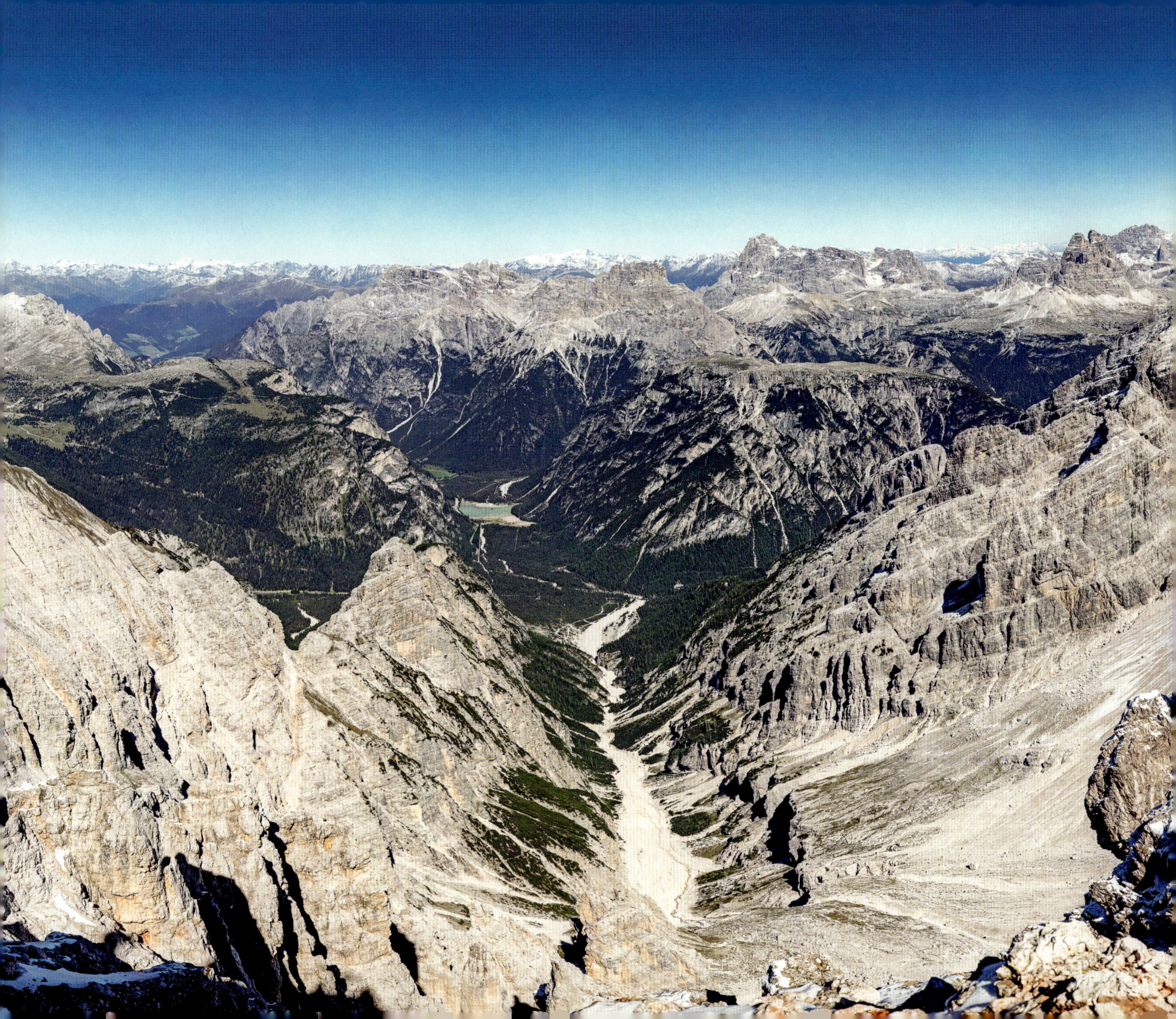

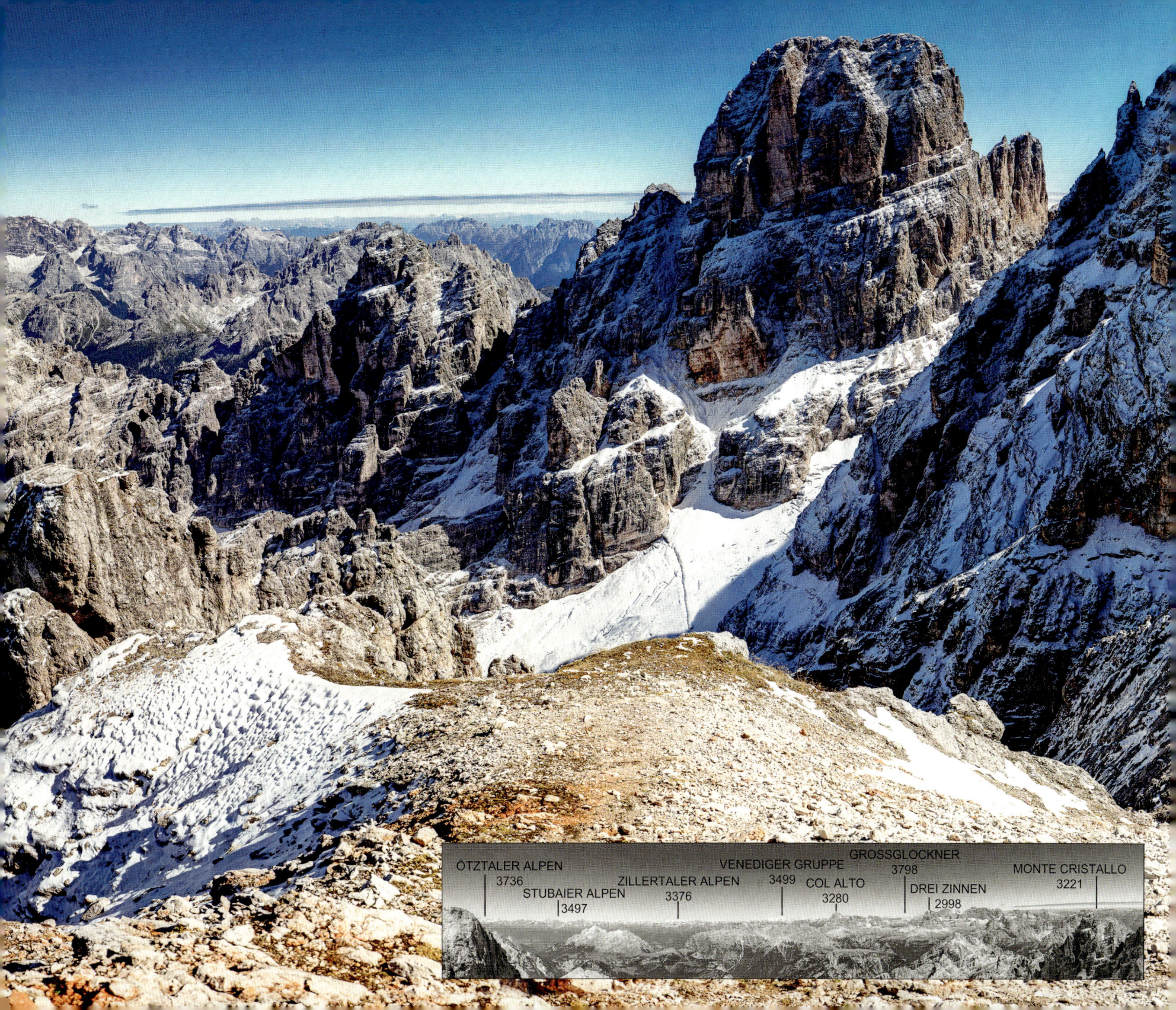
ÖTZTALER ALPEN
3736
STUBAIER ALPEN
3497
ZILLERTALER ALPEN
3376
VENEDIGER GRUPPE
3499
COL ALTO
3280
GROSSGLOCKNER
3798
DREI ZINNEN
2998
MONTE CRISTALLO
3221

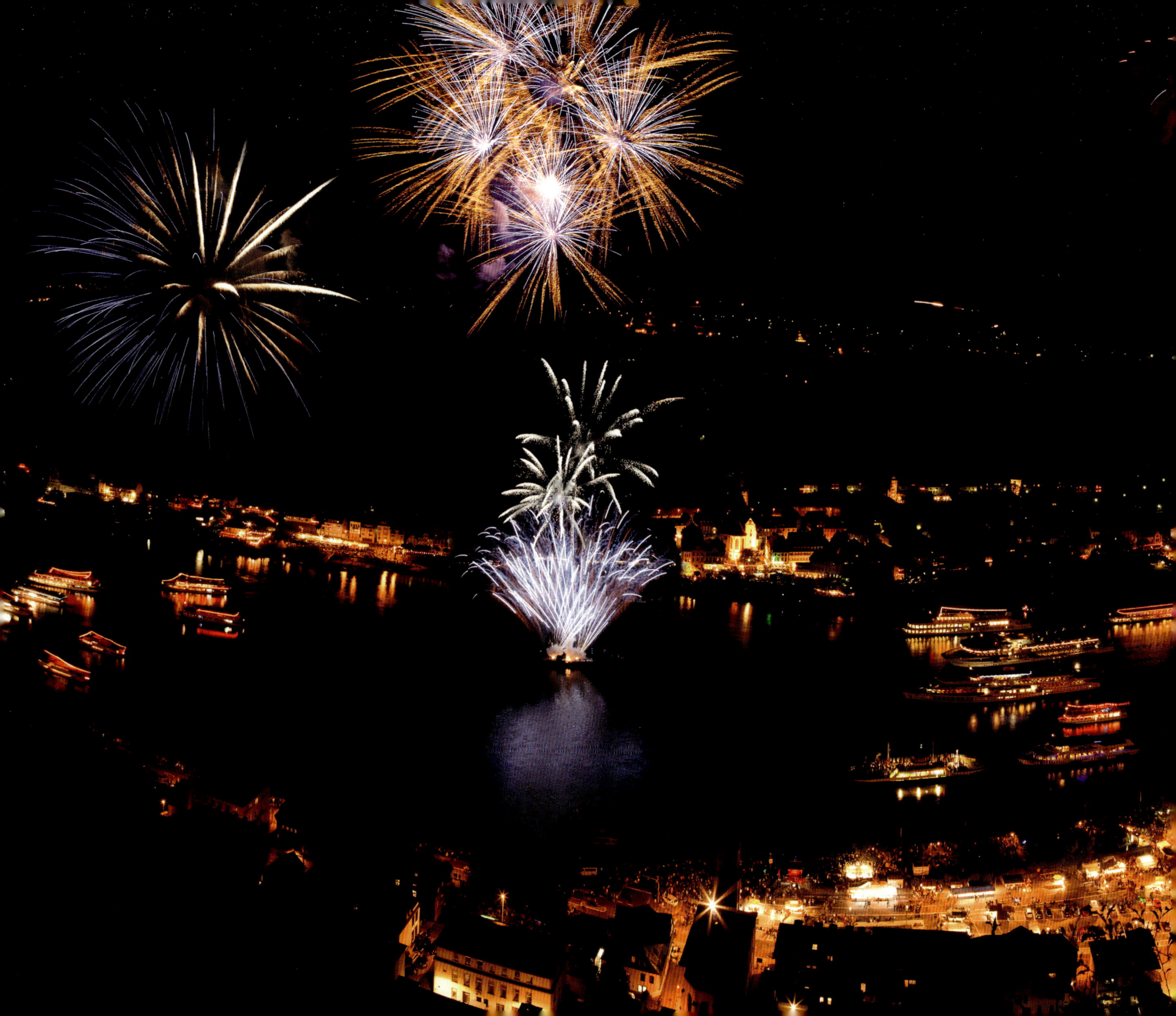

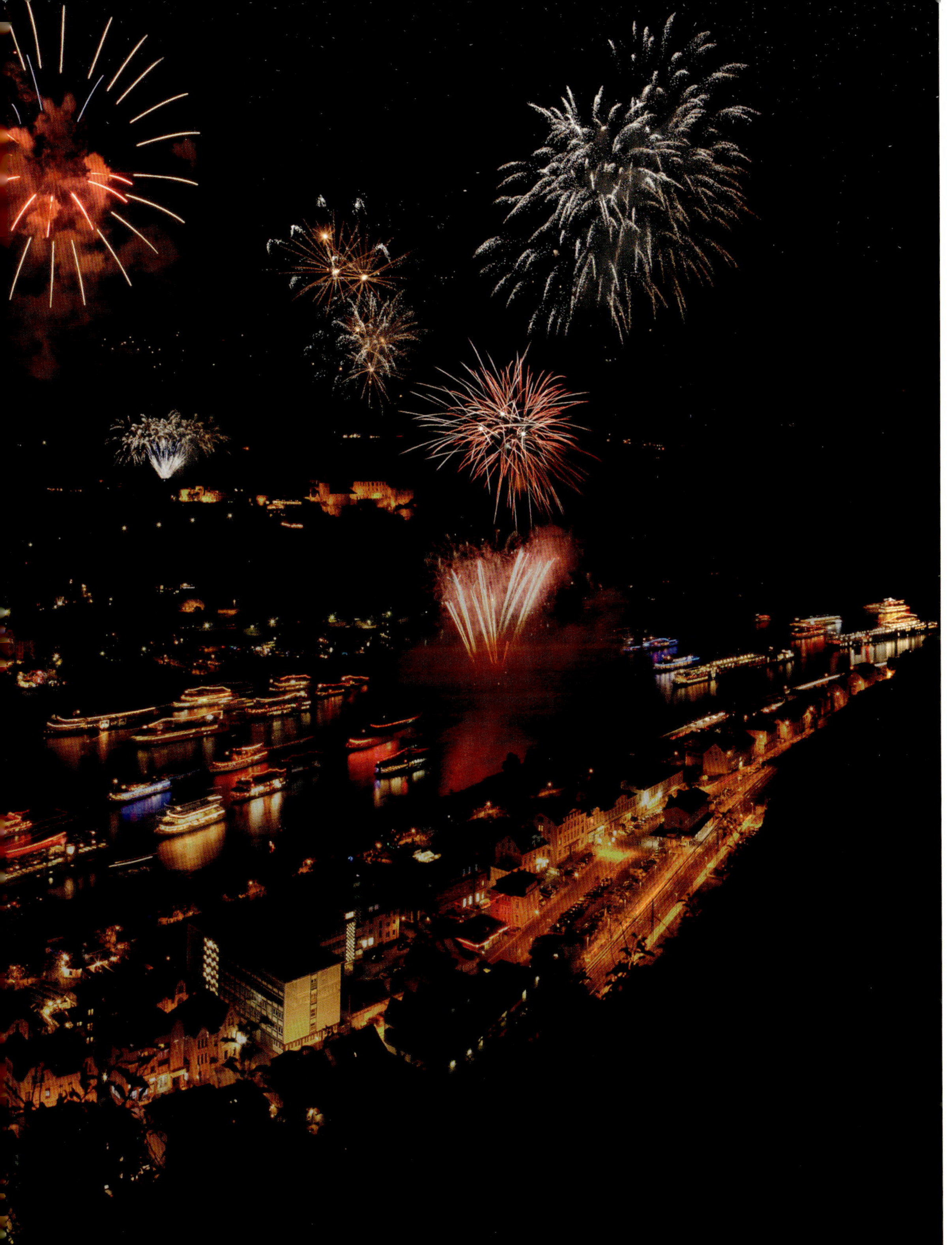

KAPITEL 12

Feuerwerks-panorama

In diesem Kapitel zeige ich Ihnen, wie Sie erfolgreich ein Feuerwerkspanorama fotografieren und worauf Sie dabei besonders achten müssen. Weiterhin erlernen Sie die Grundlagen der ISO-Einstellung. Wie so oft kommt es auch hier auf die Vorbereitung an. Wenn Sie erfolgreich sein wollen, müssen einige Dinge vorab beachtet werden.

Standort ermitteln

Die Herausforderung bei der Feuerwerksfotografie ist die Dunkelheit und die Tatsache, dass Sie nicht wissen, wo welches Motiv entsteht. Somit ist es mit das Schwierigste, einen optimalen Kamerastandort zu finden. Ich verwende dazu gern die Satellitenansicht von Google. Das heißt, bevor ich auf ein Feuerwerksevent fahre, betrachte ich die Gegend aus der Vogelperspektive, um einen optimalen Standort zu ermitteln. Wie aber können Sie vorab wissen, wo die Feuerwerkskörper am Himmel erscheinen werden? Googeln Sie die Bilder vom letzten Event im Internet. So können Sie sehr schnell herausfinden, wo die Raketen gezündet werden. Alternativ können Sie beim Veranstalter nachfragen. Sehen Sie sich den folgenden Google-Maps-Auszug an.

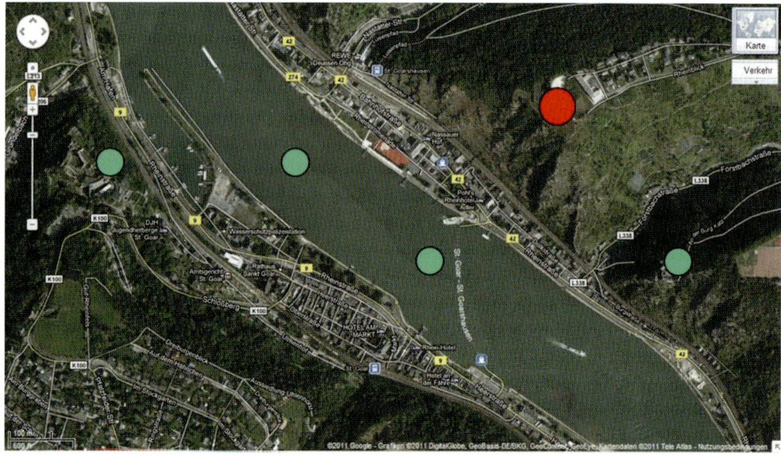

Standortermittlung mit Google Maps. (Quelle: Google)

Durch meine Bildrecherchen im Netz wusste ich, wo die Feuerwerkskörper exakt gezündet werden. Um das Ganze besser zu verdeutlichen, habe ich über Google Maps eine Karte angefertigt und die Positionen der Feuerwerker mit grünen Punkten markiert. So konnte ich den optimalen Standpunkt ermitteln (roter Punkt), von dem ich alles gut mit einem Schwenk von links nach rechts fotografieren bzw. sehen konnte. Ebenfalls über Google Maps konnte ich die nächstgelegene Straße für die Anfahrt ablesen. Diese gab ich in mein Navigationssystem ein, und los ging es. Wie Sie am fertigen Panorama erkennen können, erwies sich diese Art der Recherche als goldrichtig.

Feuerwerk fotografieren

Um ein Feuerwerk zu fotografieren, benötigen Sie ein Stativ, einen Fernauslöser und am besten ein Weitwinkelobjektiv. Wer diese Art der Fotografie mit einem Panorama verbinden möchte, benötigt zusätzlich einen Panoramakopf und eine Wasserwaage. Darüber hinaus empfehle ich, wegen der Dunkelheit eine Taschenlampe mit einzupacken. Ein Ersatzakku und genügend Speicherkarten sollten in Reichweite deponiert werden. Wegen der langen Wartezeiten sind hin und wieder auch eine Sitzgelegenheit und etwas Verpflegung nicht verkehrt.

Kameraeinstellungen festlegen

Ihre Kamera stellen Sie wie folgt ein: Wählen Sie eine geschlossene Blende, damit Sie eine große Schärfentiefe haben. Wir wissen nicht, wo sich die einzelnen Motive im Himmel befinden werden. Damit meine ich Abstand und Höhe zur Kamera. Das wirkt sich auf die Schärfe aus, darum empfehle ich Blende 14 und höher. Je weiter wir die Blendenzahl erhöhen, desto weniger Licht gelangt durch das Objektiv.

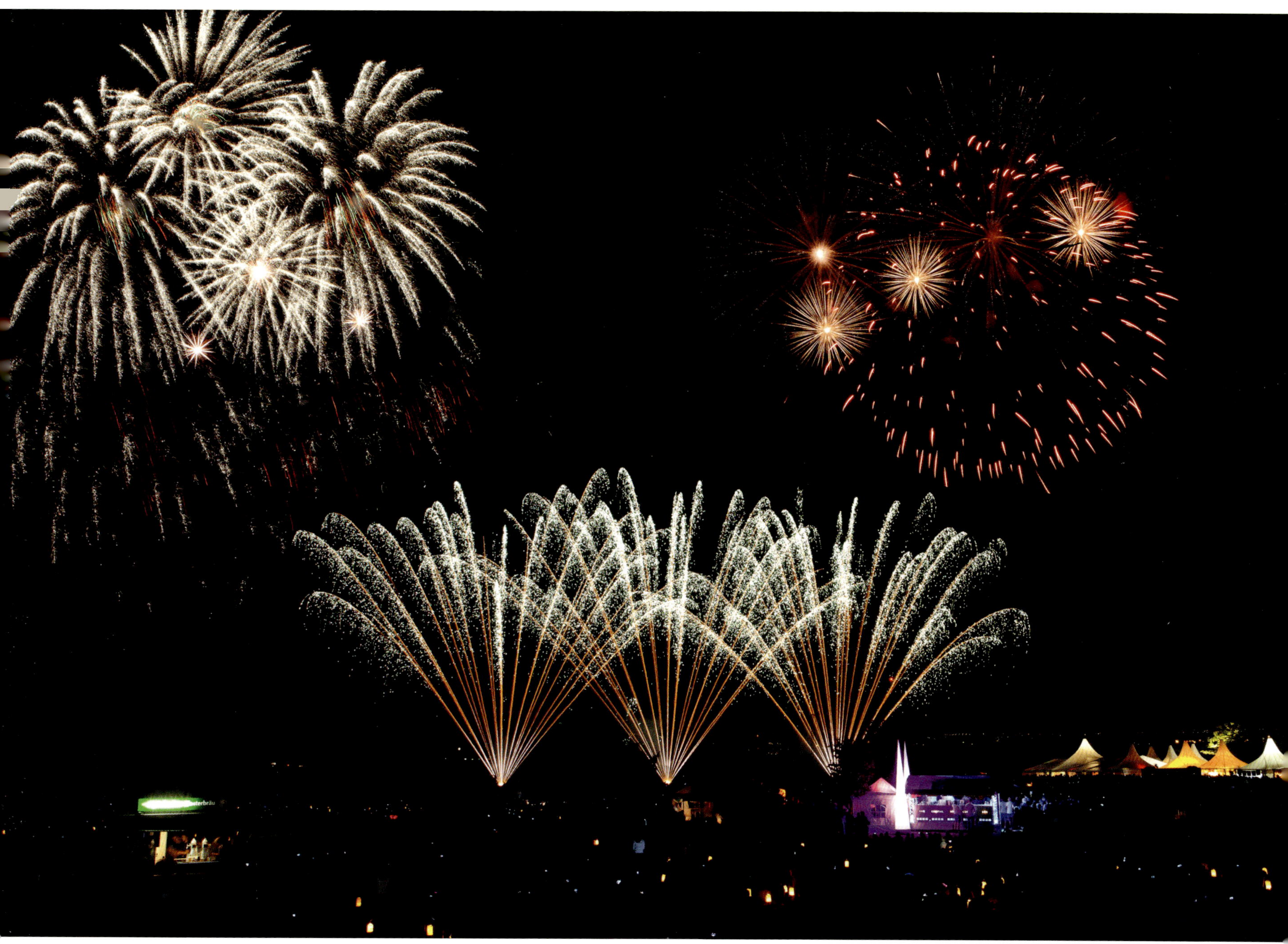

Flammende Sterne Ostfildern.

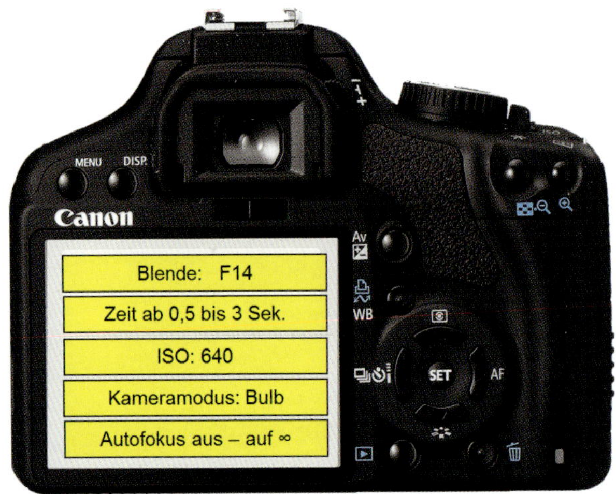

Empfohlene Kameraeinstellungen, um ein Feuerwerk zu fotografieren.

Die Sache mit dem ISO-Wert

Stellen Sie den ISO-Wert auf ISO 640 oder maximal ISO 800 ein. Dadurch erhöhen Sie die Sensorempfindlichkeit. Je höher Sie die ISO-Empfindlichkeit an Ihrer Kamera einstellen, desto stärker rauscht Ihr Sensor allerdings.

Was genau passiert bei der Einstellung der ISO-Werte?

Durch die ISO-Einstellung können Sie die Lichtempfindlichkeit Ihres Sensors an die Lichtsituationen Ihres Motivs anpassen. Das wird dadurch erreicht, dass der Strom, der über den Sensor fließt, erhöht wird. Je höher Sie die ISO-Werte einstellen, desto lichtempfindlicher wird der Sensor. Diese Einstellungsmöglichkeit bringt Ihnen den Vorteil, auch bei schlechten Lichtverhältnissen noch fotografieren zu können.

Die beste Schärfe erreichen Sie mit der kleinsten ISO-Empfindlichkeit. In der Regel liegt diese liegt bei ISO 100 oder ISO 200, je nach Kamera. Je höher Sie mit dem ISO-Wert gehen, desto grobkörniger wird Ihre Aufnahme.

Schauen Sie sich die beiden Grafiken an.

Bildrauschen – die linke Grafik wurde mit ISO 100 fotografiert. Sie sehen einen gleichmäßigen Farbverlauf. Die rechte Grafik wurde mit ISO 3200 fotografiert. Sie erkennen deutlich, wie grobkörnig das Bild aufgebaut ist. Diese Grobkörnigkeit wird als Bildrauschen bezeichnet.

Eine niedrige ISO-Empfindlichkeit stellen Sie ein:

- Wenn Sie helles Umgebungslicht vorfinden und vor allem wenn Sie höchste Ansprüche an die Bildqualität stellen, fotografieren Sie mit niedriger ISO.
- Wenn Sie mit längeren Verschlusszeiten eine verwischte Bewegungswiedergabe erreichen wollen, geht das am besten mit niedriger ISO
- Wenn Sie Belichtungsreihen für HDR-Panoramen erstellen wollen – sofern es die Lichtverhältnisse am Aufnahmeort zulassen –, arbeiten Sie mit niedriger ISO-Einstellung.

Eine hohe ISO-Empfindlichkeit stellen Sie ein:

- Wenn Sie schwierige Lichtbedingungen vorfinden, fotografieren Sie mit hoher ISO.
- Wenn kurze Verschlusszeiten erforderlich sind, um einen Bewegungsablauf einzufrieren, geht das ebenfalls mit einem höheren ISO-Wert.
- Wenn Sie mit Teleobjektiven fotografieren, um die brennweitenbedingte Verwacklungsgefahr durch kurze Verschlusszeiten zu minimieren, fotografieren Sie mit hoher ISO. Je höher die ISO-Empfindlichkeit, desto kürzere Verschlusszeiten bei gleicher Blende sind möglich.
- Wenn Sie die Blitzreichweite mit einer hohen ISO vergrößern wollen, erhöhen Sie die ISO-Empfindlichkeit.

Optimale ISO-Einstellung

Bei einem Feuerwerkspanorama benötigen Sie einen Sensor, der die oft sehr kurzen Sterne gut aufzeichnen kann. Daher empfehle ich, je nach Kamera die ISO-Werte zu erhöhen. Wie weit Sie mit Ihrem System jeweils gehen können, ohne zu starkes Rauschen zu produzieren, ist grundsätzlich nicht festzulegen. Nach meiner Erfahrung können Sie mit guten Kameras auf ISO 800 hochgehen, ohne dass es zu Bildrauschen kommt.

Um das aber genau herauszubekommen, sollten Sie eine individuelle Testserie mit Ihrem Kamerasystem erstellen. Dazu fotografieren Sie dasselbe Bild mit allen ISO-Schritten, die Ihr System zulässt. Diese Testbilder legen Sie nebeneinander und analysieren sie. Beachten Sie besonders das Rauschverhalten. So finden Sie gezielt heraus, was Ihr System leisten kann und welche ISO-Einstellung Sie nicht überschreiten sollten.

Auslösetechnik beherrschen

Als Aufnahmemodus für die Feuerwerksfotografie stellen Sie mit dem Programmwahlrad den Bulb-Modus ein. In diesem Modus belichtet die Kamera so lange, wie Sie den Auslöser gedrückt halten. Die Zeit können Sie in diesem Modus nicht mehr vorwählen. So haben Sie die Möglichkeit, die Verschlusszeit je nach Wahrnehmung individuell an das Motiv anzupassen. Das macht die Feuerwerksfotografie äußerst spannend und interessant.

Schalten Sie den Autofokus aus. Fokussieren Sie manuell über den Sucher, über das vergrößerte Live-View-Bild oder durch die Einstellung des Fokussierungsrings am Objektiv, indem Sie diesen auf unendlich (die quer liegende 8) einstellen.

Die Auslösung erfolgt über einen Fernauslöser in Abhängigkeit von den Motiven, die sich auf dem Himmel abzeichnen. Bevor das Feuerwerk losgeht, vergewissern Sie sich, dass Sie einen ausreichenden Bildwinkel bzw. Bildausschnitt gewählt haben. Denken Sie immer daran, ein Testbild zu machen, bevor es losgeht. Ein Feuerwerk ist meist sehr kurz, und die Motive kommen auch nicht wieder. Umso wichtiger ist es, dass alles perfekt steht, bevor es losgeht.

Da Sie durch das Betätigen der Fernbedienung die Verschlusszeit bestimmen müssen, empfehle ich folgende Technik: Wenn Sie zum ersten Mal ein Feuerwerk fotografieren, wenden Sie eine simple Zähltechnik an. Zählen Sie 21, 22 oder 21, 22, 23 ..., je nachdem, wie lang die Lichtsterne zu sehen sind, und solange Sie zählen, drücken Sie auch auf den Auslöser. Beobachten Sie immer die Bildergebnisse im Kameradisplay. Ist das Bildergebnis zu hell, drücken Sie zu lange. Mit der Zeit bekommen Sie das in den Griff.

Und so sieht das Ganze im Bild aus:

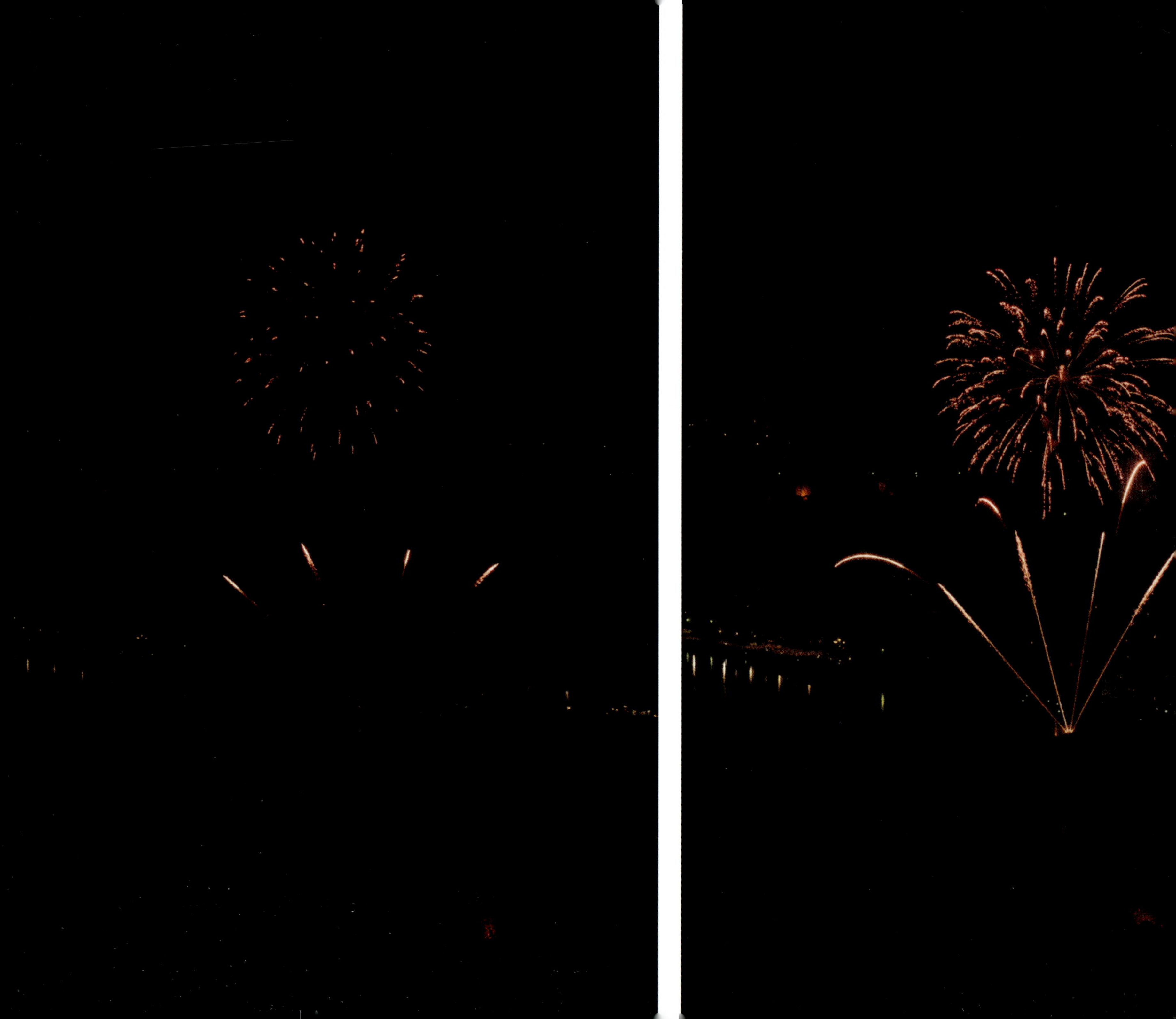

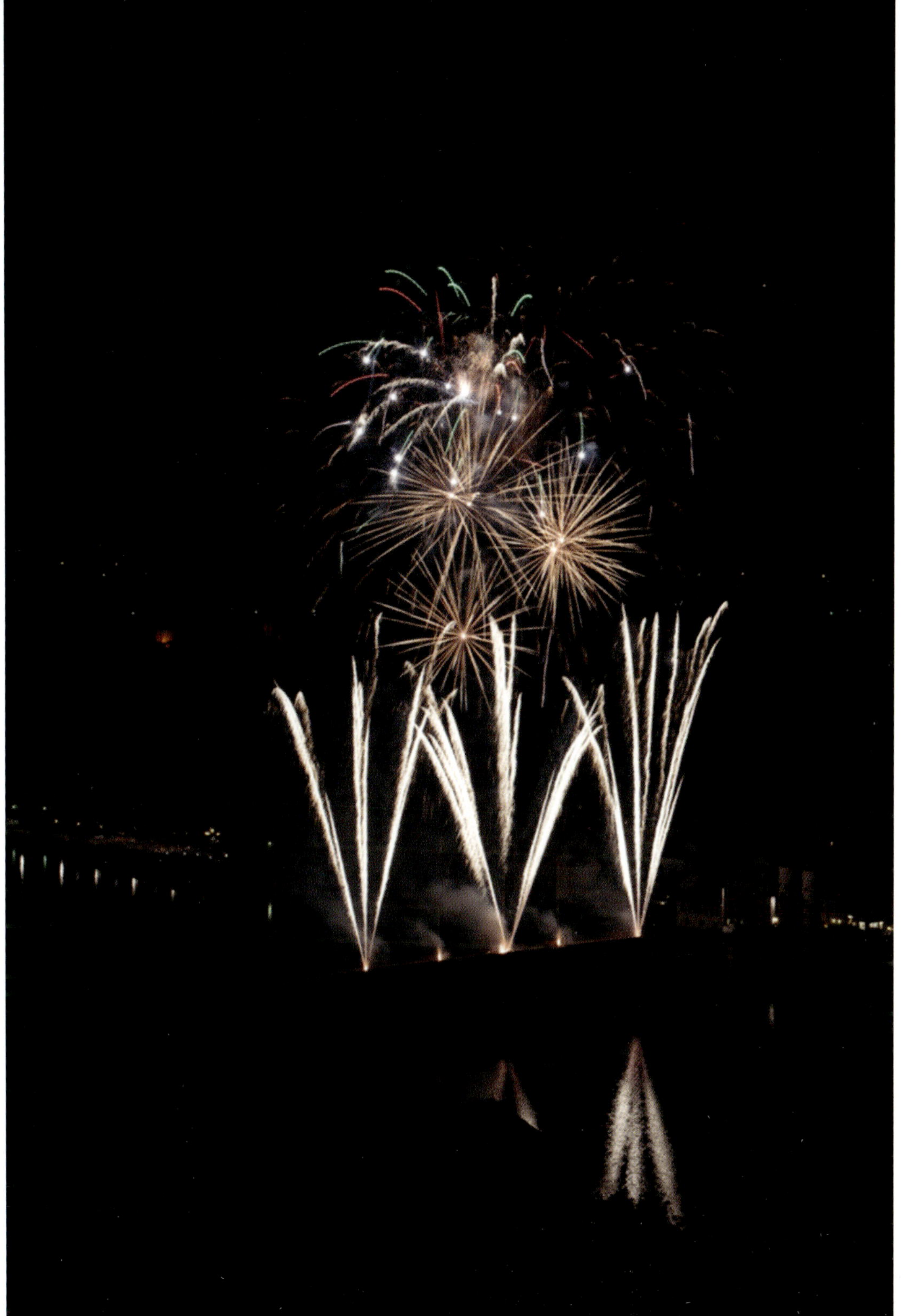

Links: Drücken Sie den Auslöser 0,5 Sekunden lang. Das entspricht der gesprochenen Zahl 1. Dann sehen Sie auf Ihrem Foto nur Lichtpunkte.

Mitte: Drücken Sie den Auslöser 1 Sekunde durch, entspricht das der gesprochenen Zahl 21. Dann sehen Sie auf Ihrem Foto einen kleinen Strahlenverlauf.

Rechts: Drücken Sie den Auslöser 2 Sekunden lang durch, entspricht das den gesprochenen Zahlen 21, 22. Dann sehen Sie auf Ihrem Foto einen kräftigen längeren Strahlenverlauf.

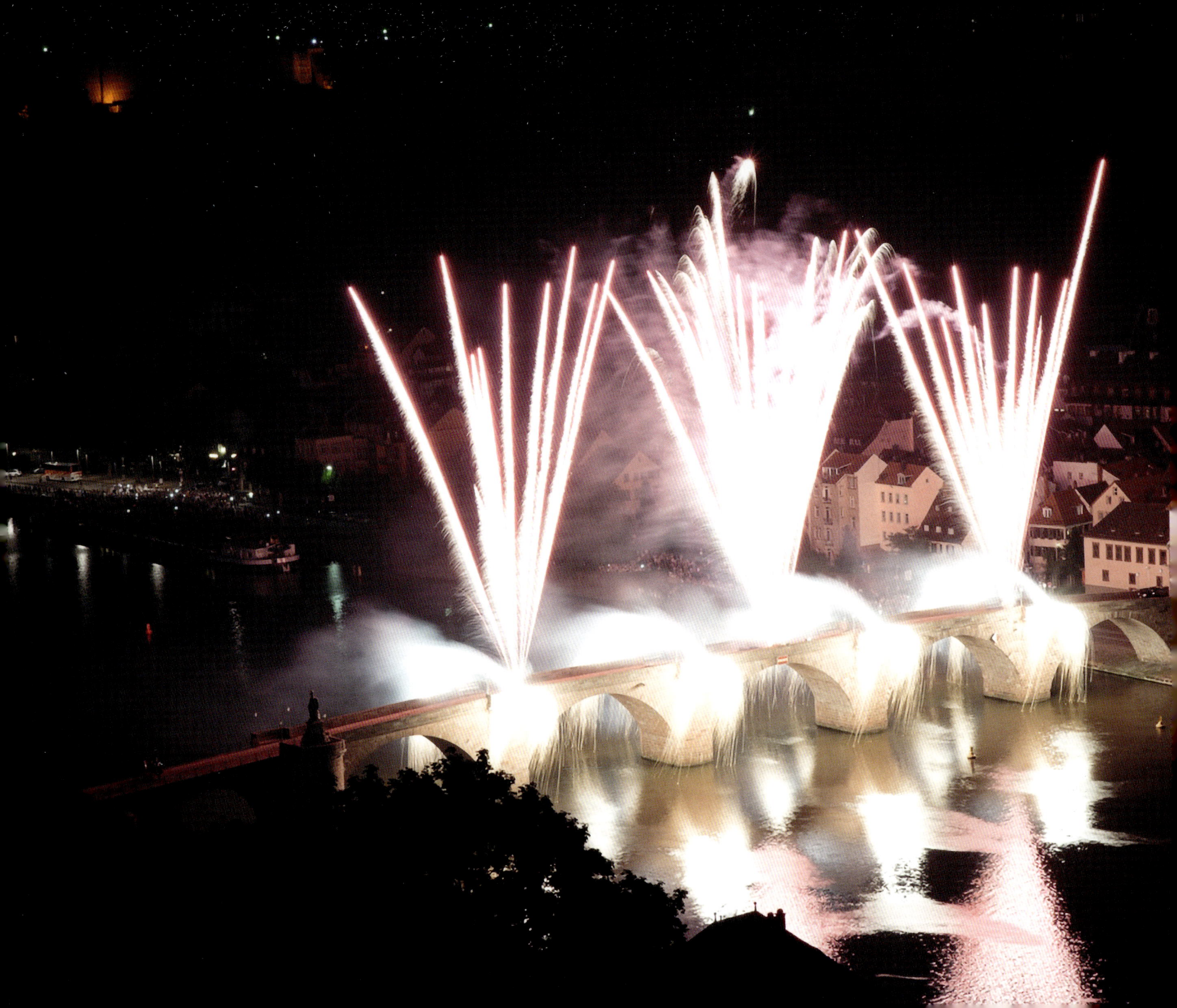

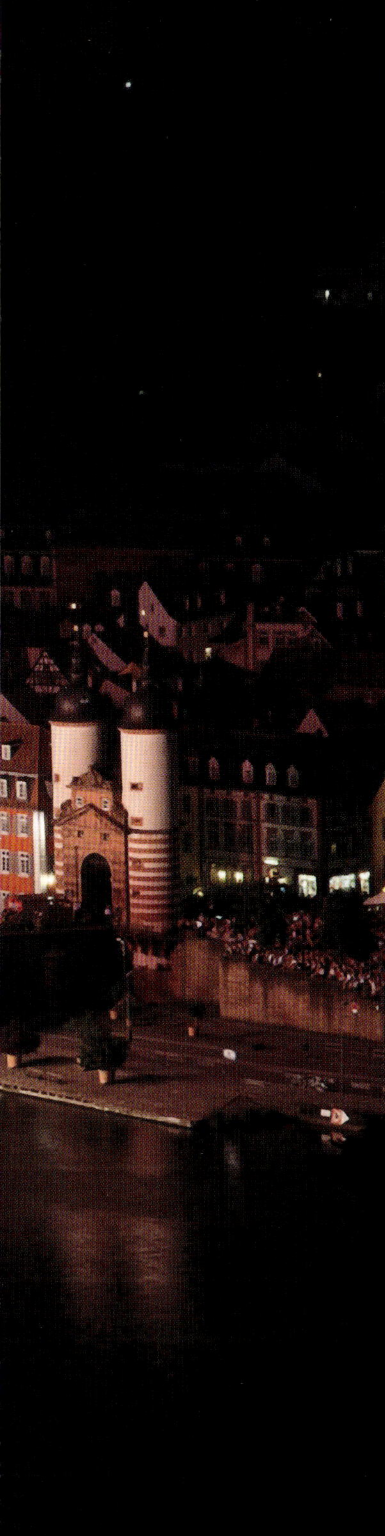

Bei diesem Bild wurde der Auslöser etwas zu lange betätigt. Sie sehen deutliche Überstrahlungen. Um solche Überraschungen zu vermeiden, kontrollieren Sie hin und wieder die Ergebnisse Ihrer Arbeit auf Ihrem Kameramonitor.

Der richtige Moment

Die größten Erfolge erzielen Sie, wenn Sie sich ganz auf das Feuerwerk konzentrieren und Ihre optischen Eindrücke mit Ihrem Auslösen verschmelzen.

Wenn Ihr System richtig steht und die Einstellungen gemacht sind, können Sie sich bequem in einen Campingstuhl setzen und das Feuerwerk selbst genießen. Lösen Sie ganz nach Ihrem Empfinden aus. Ihre optimal vorbereitete Kamera macht den Rest von ganz allein. Beobachten Sie die Raketen und Effekte und lösen Sie so lange aus, wie Sie den Stern aufzeichnen wollen.

In etwa vergleichen können Sie das mit einer Tonbandaufnahme von früher. Das, was Sie sehen wollen, lösen Sie aus bzw. schneiden Sie mit. Vergessen Sie nicht, hin und wieder Ihre Ergebnisse auf dem Kameramonitor zu kontrollieren.

Die Kamera und das Stativ verbleiben während des ganzen Events am selben Ort. Sie schwenken nur den Panoramaadapter in die jeweils richtige Richtung. Fotografieren Sie alle Einzelbilder noch einmal ohne Feuerwerk als Basispanorama. Es ist wichtig, dass die Perspektiven automatisch der Wirklichkeit entsprechen.

Der Vorteil ist, dass Sie danach aus vielen bzw. den besten Bildern sehr einfach eine Collage bzw. ein Panorama erstellen können. Durch die Verwendung des Nodalpunktadapters haben Sie keinerlei perspektivische Verschiebung, und alles passt zusammen. Durch eine einfache Maskier- und Kopiertechnik können Sie mit dem entstehenden Material beeindruckende Feuerwerkspanoramen erstellen.

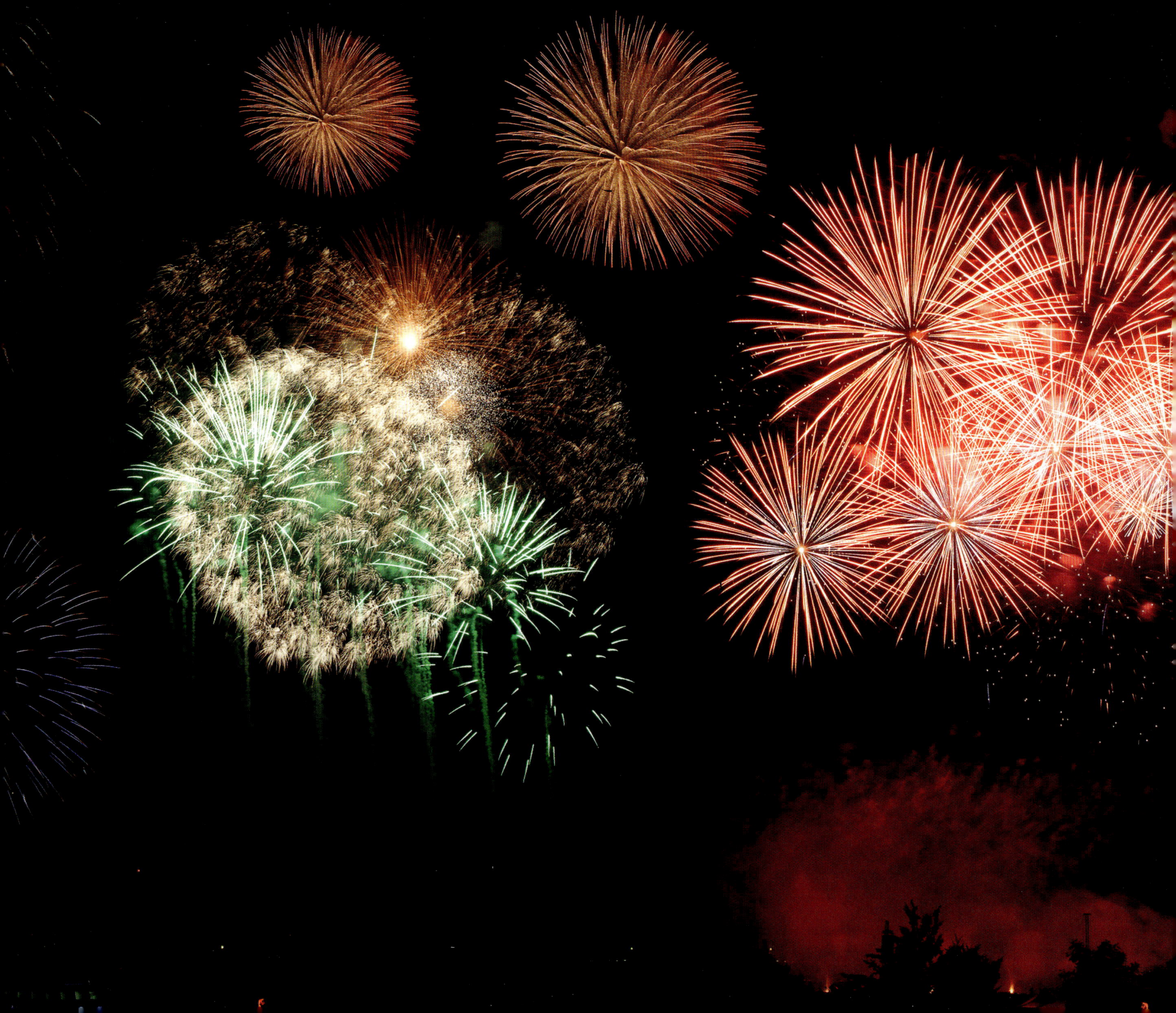

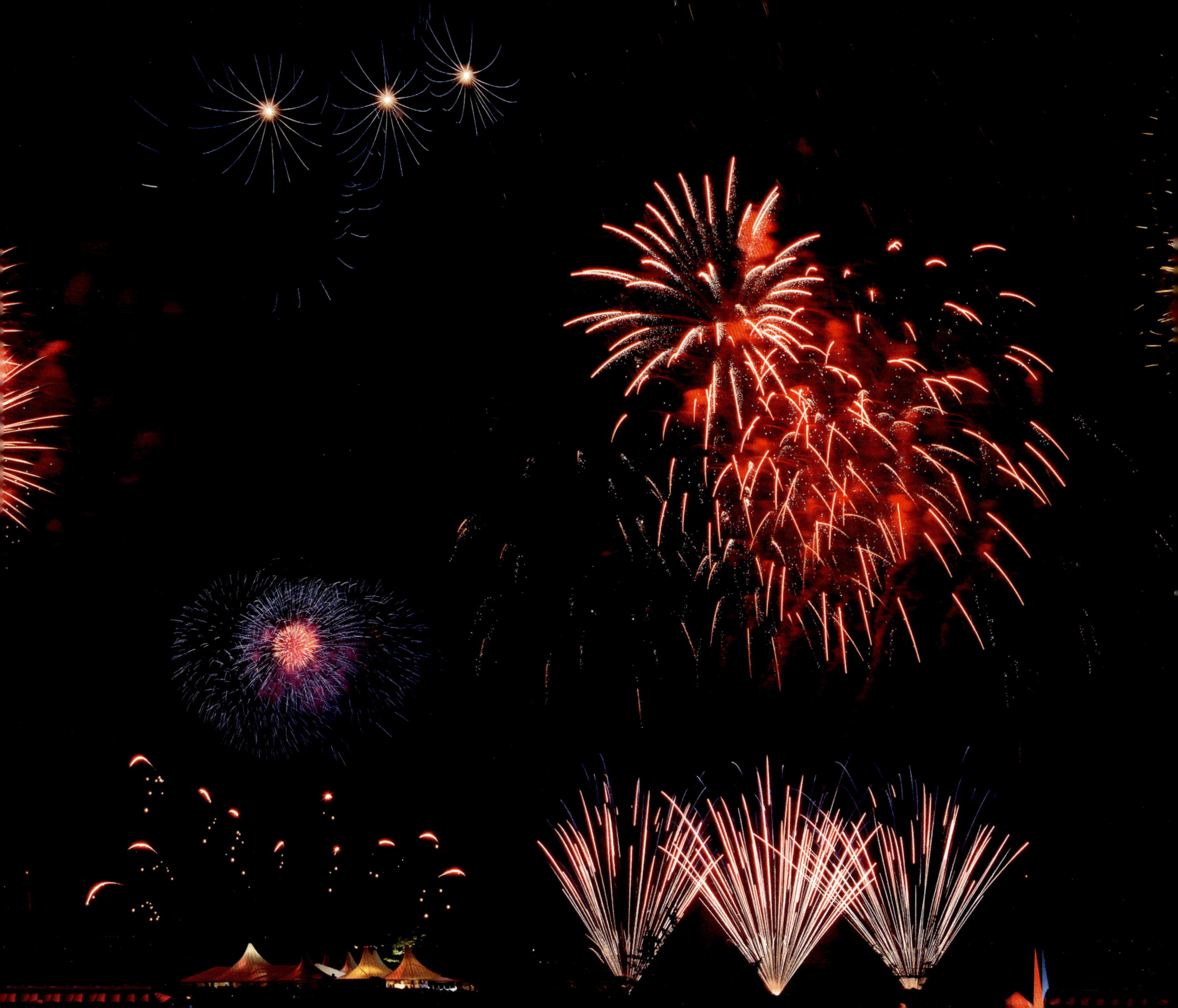

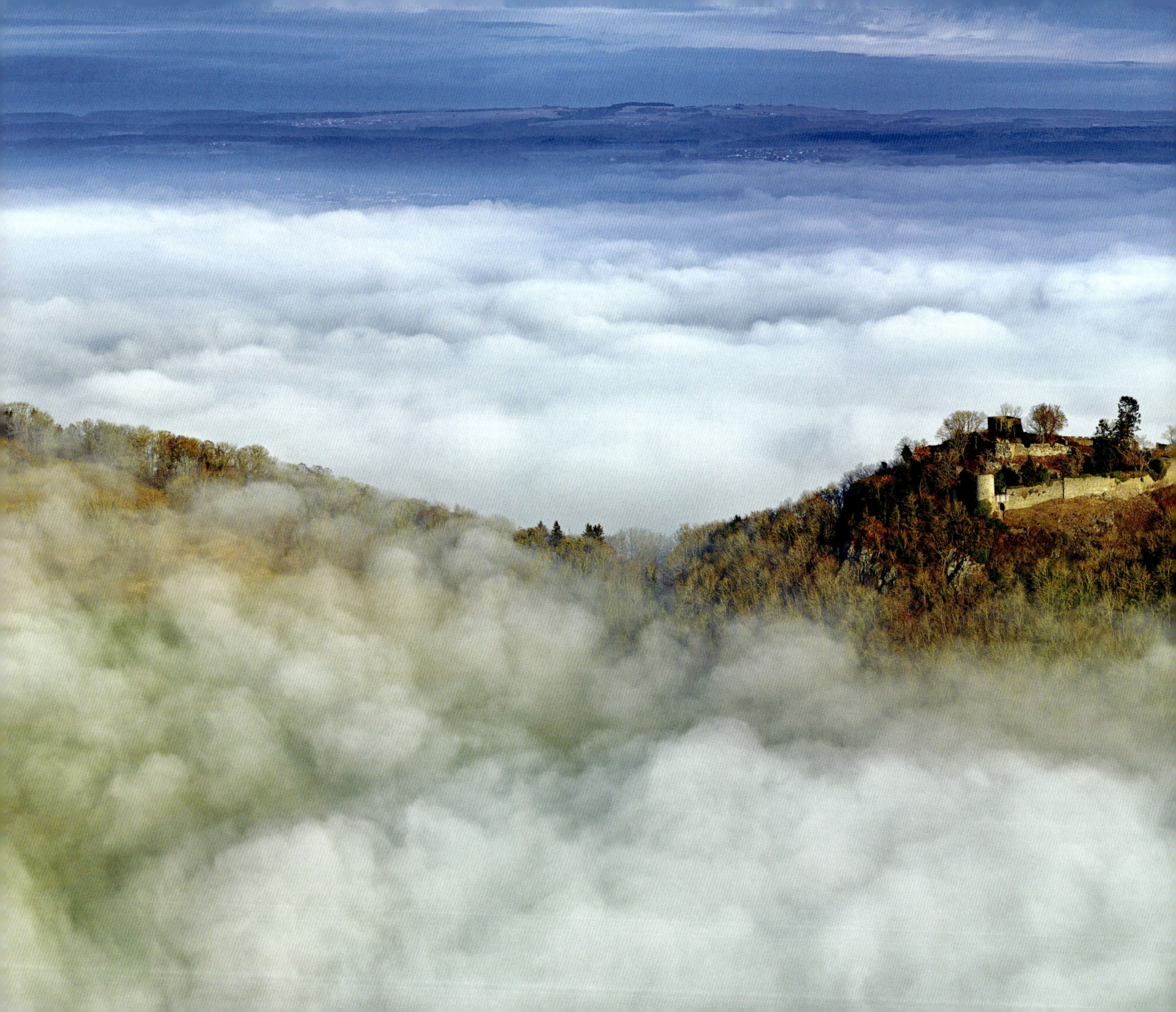

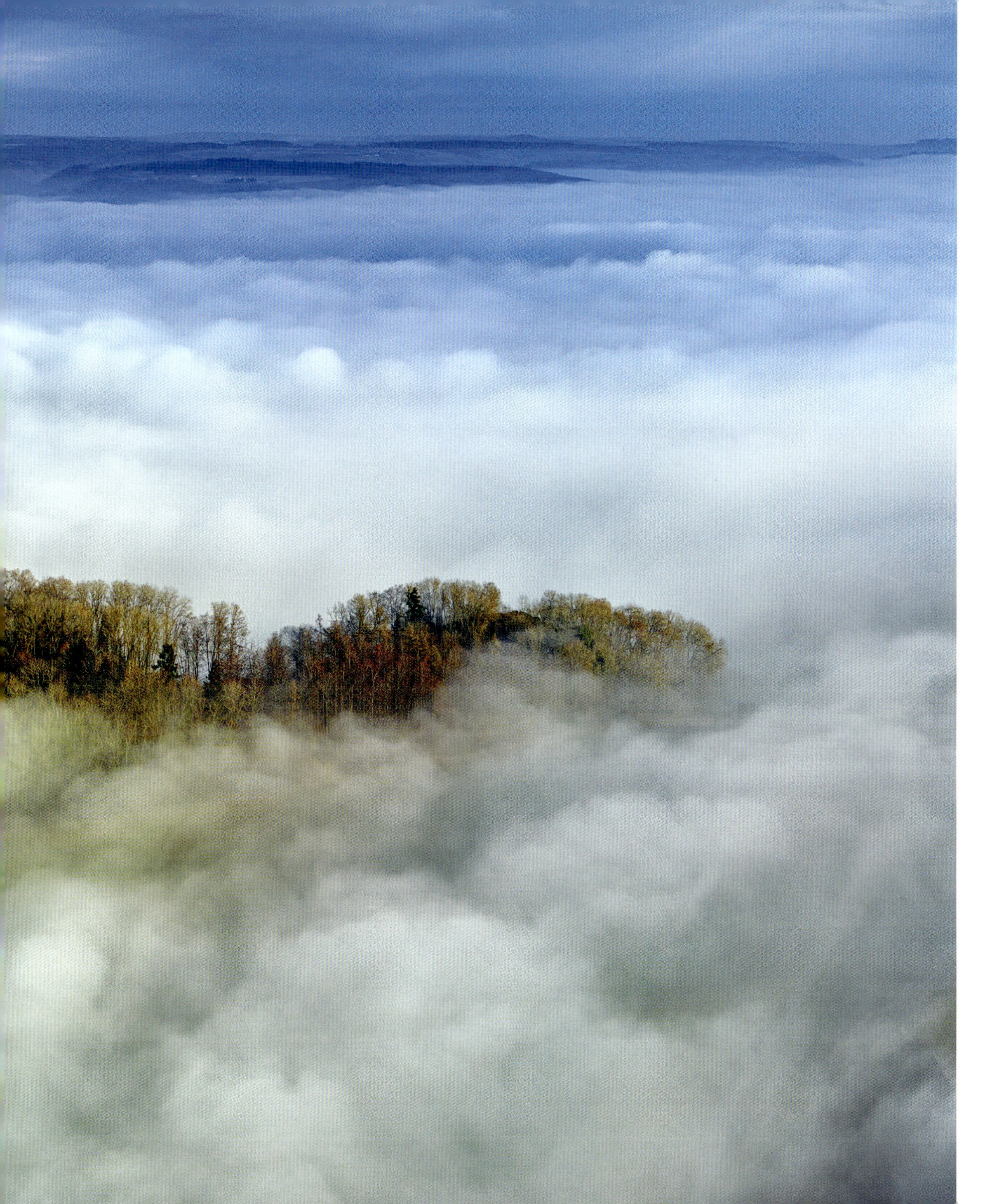

KAPITEL 13

Schwarz-Weiß-Panorama

Wenn ein Panorama durch alle Arbeitsschritte gelaufen ist, ist noch lange nicht Schluss. Manchen Panoramen können Sie durch eine Konvertierung in Schwarz-Weiß oder Sepia einen individuellen Ausdruck verleihen.

Dieses PROJECTS 6 Panaroma wird mit BLACK & WHITE in ein Monochrom-Panorama konvertiert.

BLACK & WHITE PROJECTS

Die Bedienung von BLACK & WHITE PROJECTS ist einfach und übersichtlich. Wenn Sie mit der Maus eine Funktion hovern, wird auch immer die Kurzanleitung dazu eingeblendet. Aufgrund des intuitiven Bedienkonzepts werden Sie sich schnell mit der Arbeitsweise von BLACK & WHITE PROJECTS auskennen.

Schwarz-Weiß-Konvertierung

1. Öffnen Sie Ihr Panorama über das Menü *Datei* und den Befehl *Bild einladen*. Sie können das Bild, das bearbeitet werden soll, auch einfach per Drag-and-drop in das BLACK & WHITE-Arbeitsfenster ziehen.

2. Auf der linken Seite des Arbeitsfensters befinden sich die *Voreinstellungen*, man könnte auch Filter sagen. Hier wählen Sie eine für das Panorama passende Voreinstellung aus.

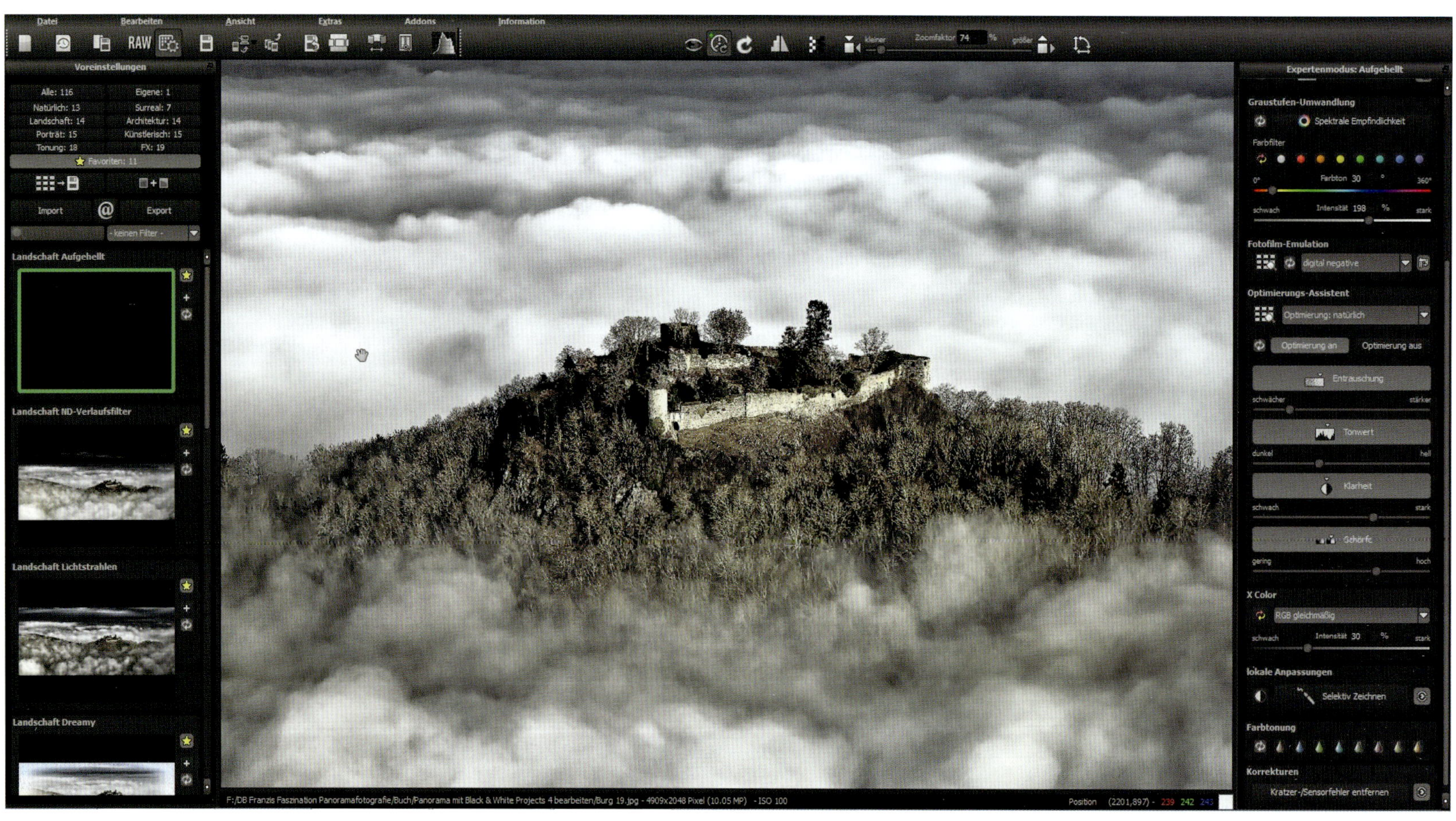

3 Jede Voreinstellung, die Ihnen besonders zusagt, speichern Sie als Favoriten ab, indem Sie auf den gelben Stern klicken. Achten Sie dabei immer darauf, dass der Eyecatcher des Motivs gut ausbelichtet und dargestellt wird. Sie finden nicht nur professionelle Schwarz-Weiß-Konvertierungen, sondern auch einige künstlerische Effekte in den zahlreichen Voreinstellungen. Wenn Sie für Ihr Panorama alle Voreinstellungen gesehen haben, werden Sie wahrscheinlich so viele Favoriten haben, dass Sie nicht entscheiden können, welcher Ihre Nummer eins ist.

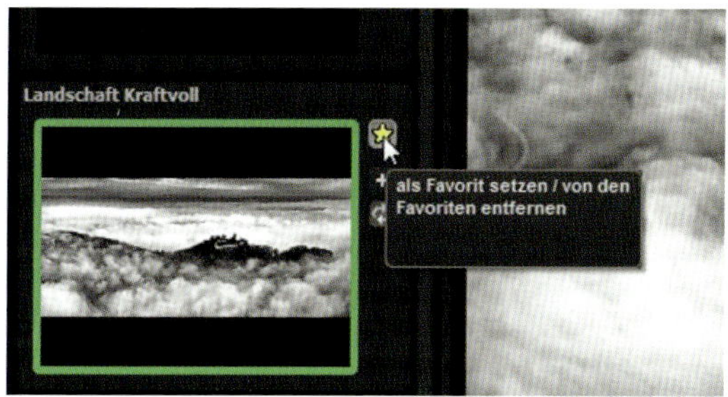

Voreinstellung als Favorit setzen.

4 Sie können auch zwei Voreinstellungen miteinander verbinden. Klicken Sie dazu auf die Schaltfläche *Öffnet den Dialog zur Kombination von Voreinstellungen*. Diese Kombination können Sie dann im Fenster *Voreinstellungen kombinieren* in der Rubrik *Eigene* unter einem neuen Namen abspeichern, indem Sie auf *Kombinieren* klicken. Wählen Sie nun aus den Favoriten Ihre Voreinstellung aus, mit der Sie weiterarbeiten wollen.

Das BLACK & WHITE PROJECTS-Arbeitsfenster. Links finden Sie die Voreinstellungen und rechts neben der Bildvorschau die Funktionen des Programms.

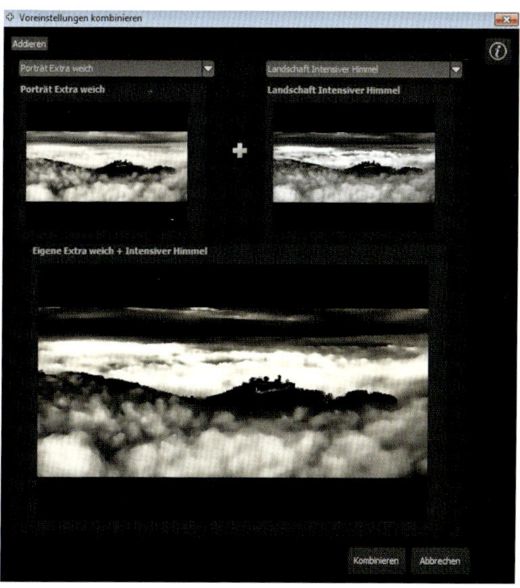

Zwei Voreinstellungen kombinieren.

5 Schalten Sie in der Symbolleiste die Optionen *Histogramm* und *Vergleichsansicht* ein. Über die Vergleichsansicht können Sie die Veränderung perfekt beurteilen.

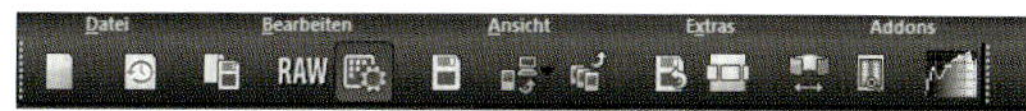

BLACK & WHITE PROJECTS-Symbolleiste.

6 Jetzt können Sie die Linie mit dem Mauspfeil hin- und herschieben, ein perfekter Vorher-Nachher-Vergleich. Das Vorschaufenster können Sie beliebig groß ziehen. Über die oberen fünf Symbolschaltflächen können Sie die Linie von vertikal auf horizontal und diagonal verändern. Über die Luminanzanzeige unterhalb der Vorschau können Sie die Helligkeitswerte genau überprüfen und feststellen, wo Zeichnung fehlt.

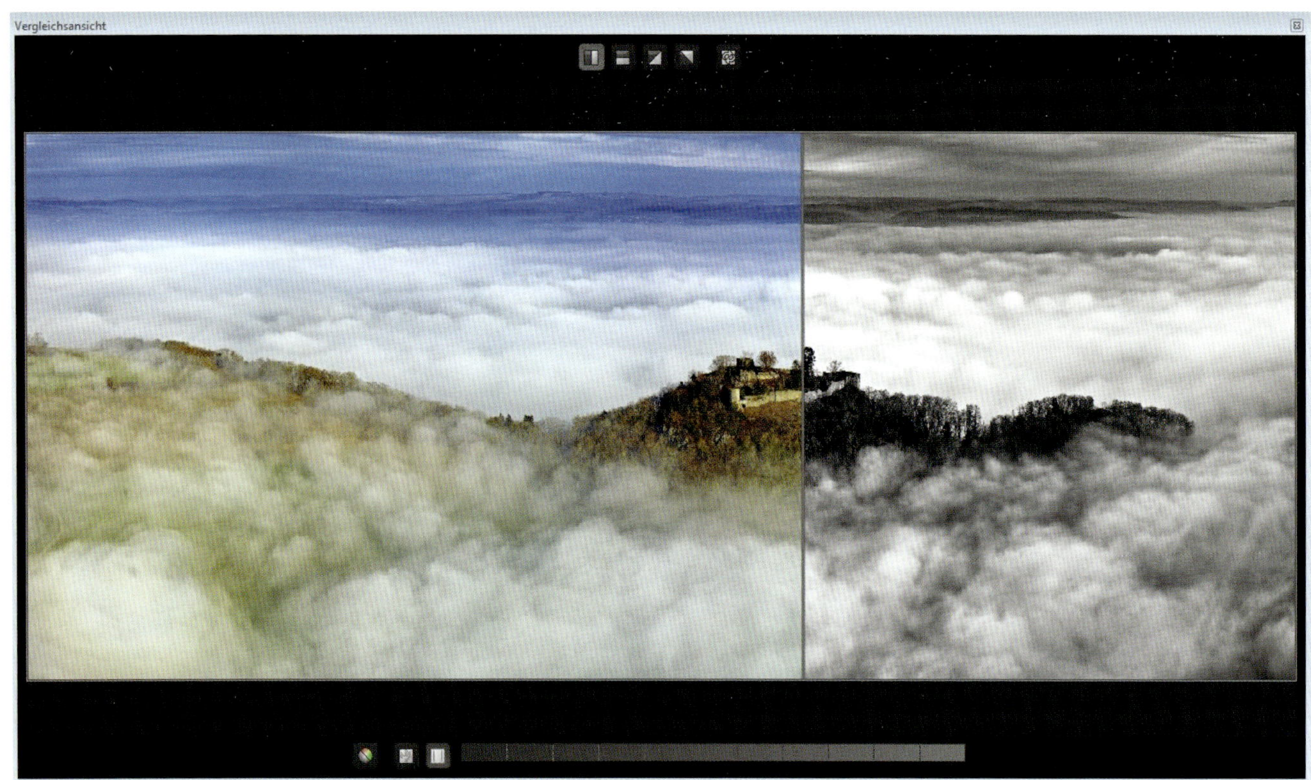

Vorher-Nachher-Vergleich.

7 Bevor Sie an die Feineinstellung gehen, stellen Sie Ihr Bild vom Vorschaumodus auf das Originalbild um. Weiterhin empfehle ich, die Echtzeitberechnung und die hochwertige Darstellung einzuschalten. Probieren Sie die umfangreichen Zoommöglichkeiten aus und stellen Sie sie so ein, dass Sie gut weiterarbeiten können.

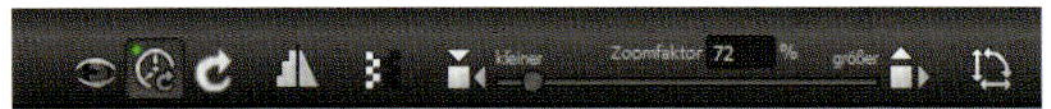

Echtzeitberechnung einschalten und zoomen.

8 Für die gezielte Weiterbearbeitung der gewählten Voreinstellung konzentriere ich mich auf die Burg. Schließlich ist sie der Eyecatcher in diesem Panorama. Wenn Sie mit der Maus in das Bild klicken, können Sie sich im Panorama bewegen. Unter den vielen Feineinstellungen der rechten Seite können Sie z. B. mit den Farbfiltern arbeiten. Mit dem Klick auf die jeweiligen Farbpunkte aktivieren Sie den dazu passenden Filter. Klicken Sie die Möglichkeiten durch und wählen Sie den Farbfilter aus, mit dem z. B. die Mauern am besten dargestellt werden. Die Einstellungen, die Sie so vornehmen, sind natürlich immer passend zum Bild anzuwenden.

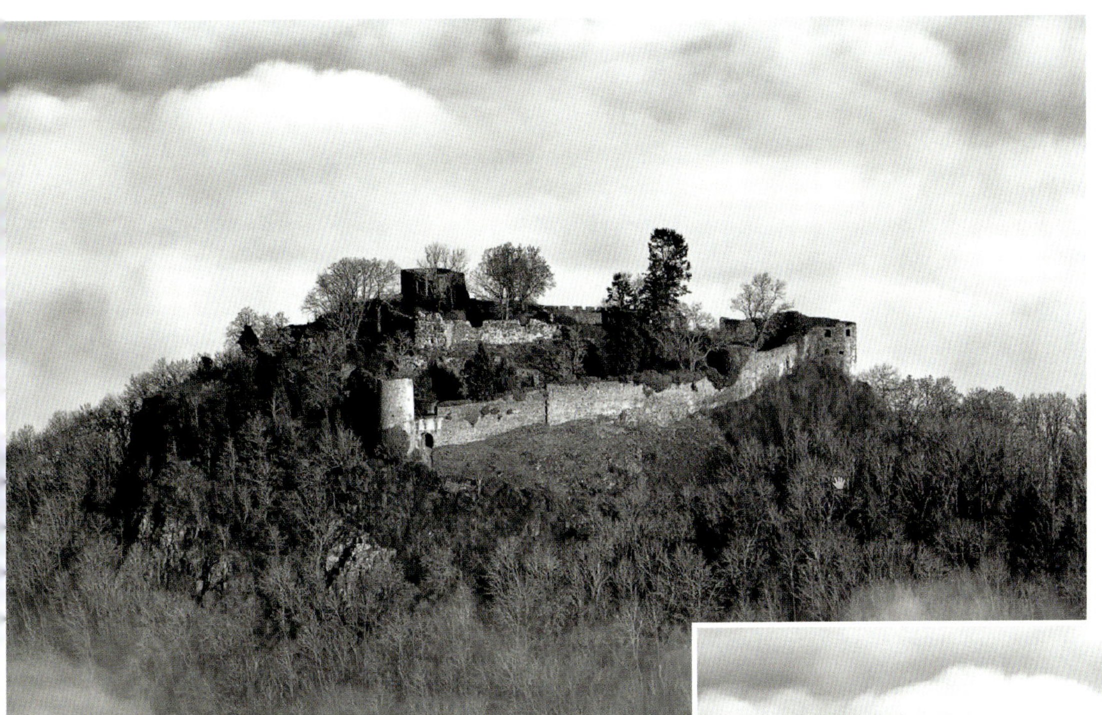

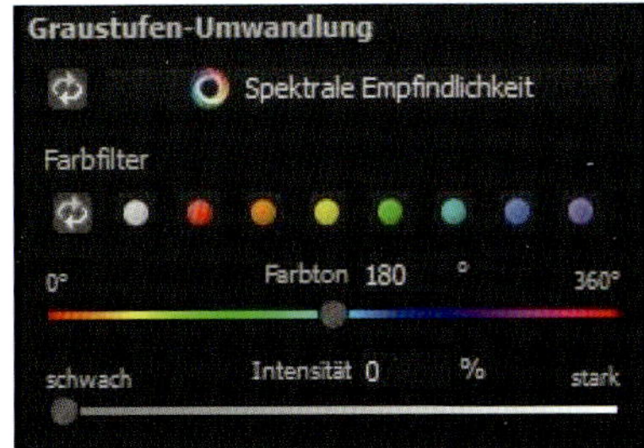

Farbfilter dem Bild entsprechend wählen.

Vergleichen Sie die beiden Bilder. Wenn Sie den richtigen Farbfilter gefunden haben, können Sie die Burg richtig leuchten lassen bzw. hervorheben.

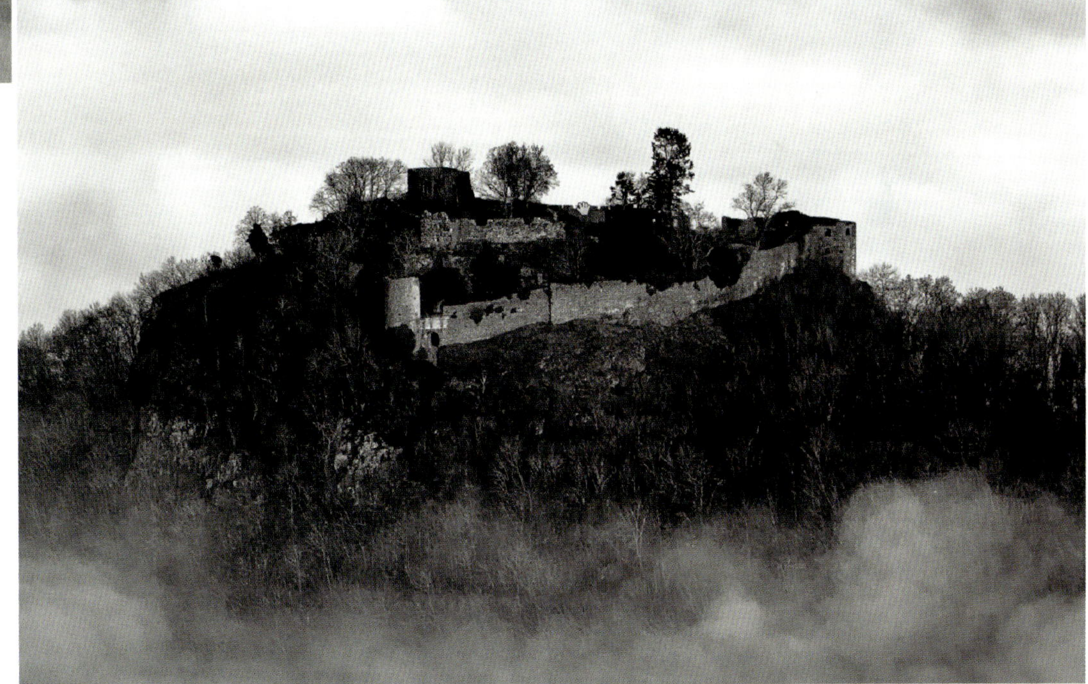

Die Intensität des jeweiligen Farbfilters können Sie über den Schieberegler noch exakter einstellen. Mit einem Klick auf die Voreinstellung oder auf *Zurücksetzen* kehren Sie immer wieder zum Ausgangsbild zurück. Sie können nichts verkehrt machen, nur lernen. Ziel sollte es immer sein, den Eyecatcher des Panoramas hervorzuheben. Bei Aktivieren der Automatik klappt der Schieberegler nach unten auf. Gehen Sie mit diesem Regler vorsichtig um. Sehr schnell haben Sie ein Bild überschärft oder zu sehr bearbeitet. Mit einem Klick auf *Zurücksetzen* können Sie die Einstellungen wieder auf das Ursprungsbild zurücksetzen.

9 Starten Sie den Fotofilm-Emulator. Er erzeugt aus allen Vorlagen eine Vorschauansicht. Das dauert einen Moment, danach werden Ihnen aber alle Möglichkeiten als Vorschau angezeigt. Alternativ können Sie einen Film als Vorauswahl anklicken und dann mit der Pfeiltaste die verschiedenen Filmvarianten durchklicken. Der Vorteil ist, dass Sie die Veränderungen direkt im großen Vorschaubild angezeigt bekommen. Wenn Sie Ihren Film gefunden haben, stellen Sie Intensität und Körnung ein. Ich empfehle Ihnen, die Körnung gering zu halten.

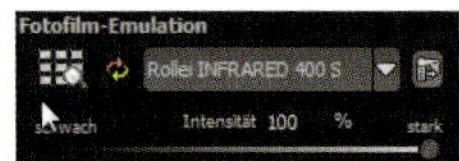

Wahl einer Fotofilm-Emulation.

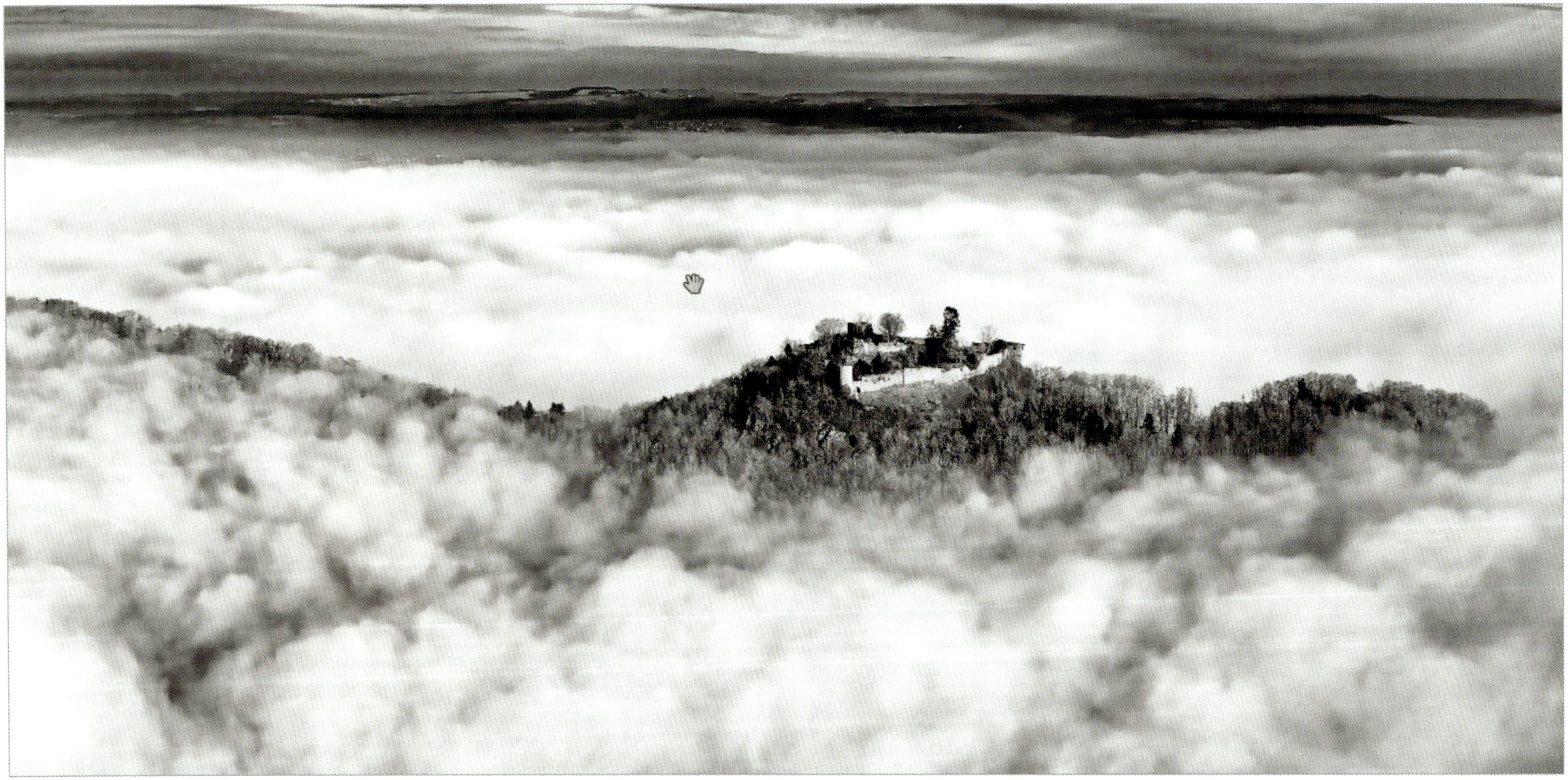

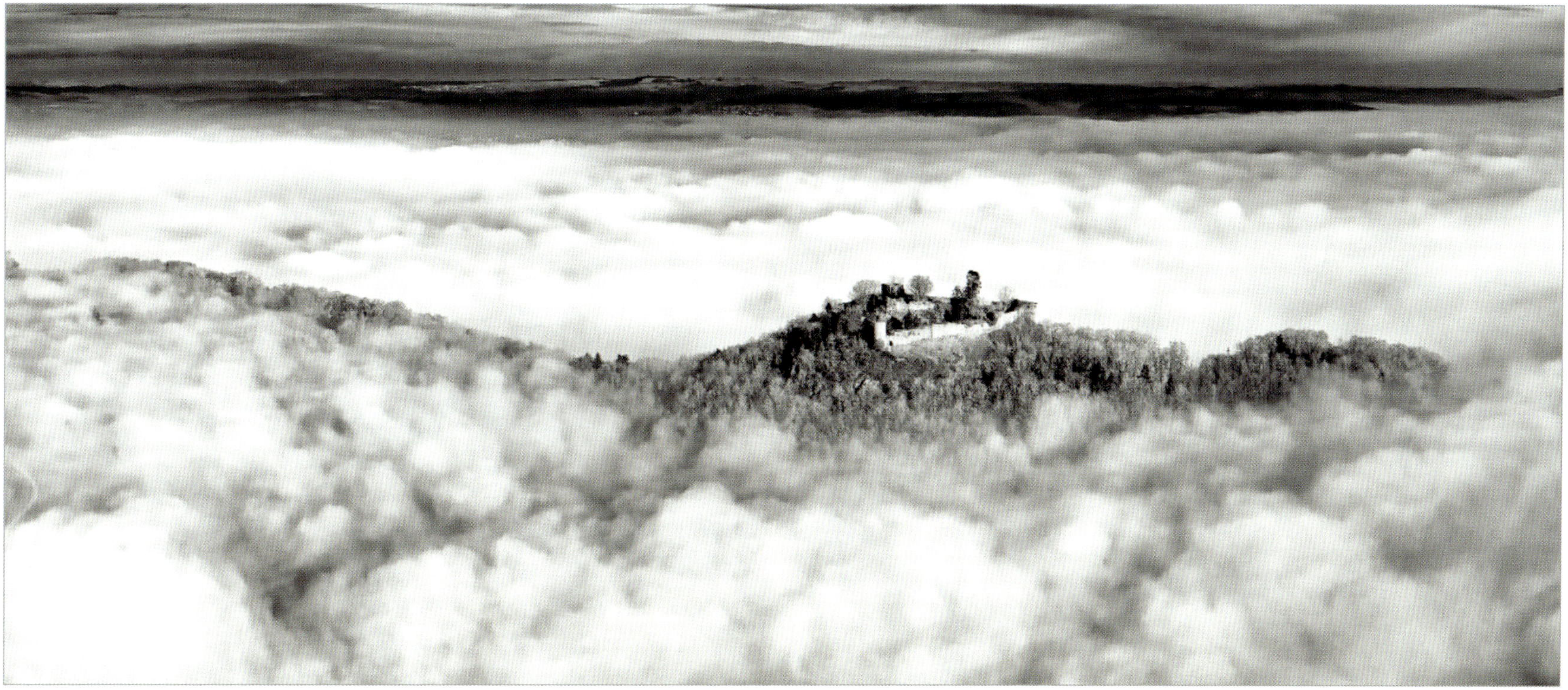

Vergleichen Sie diesen mit dem vorigen Bearbeitungsschritt. Sie können erkennen, dass die Bäume um die Burg herum jetzt besser herauskommen.

Links: Probieren Sie auch die Automatikfunktionen für Entrauschung, Tonwerte, Klarheit und Schärfe aus. Die Intensität der einzelnen Einstellungen legen Sie über den jeweiligen Schieberegler darunter exakt fest.

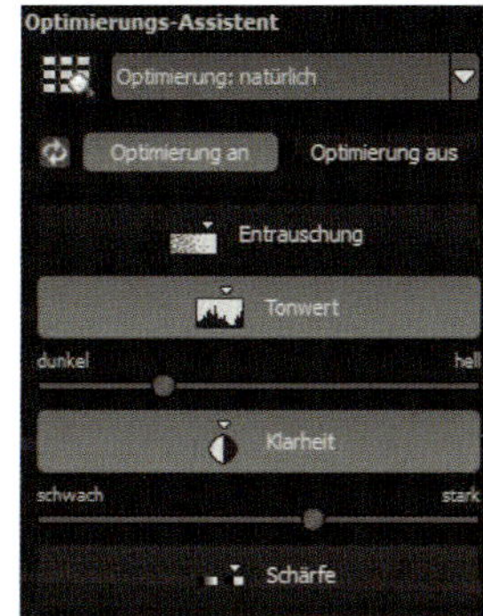

Einstellungen im Optimierungs-Assistent.

10 Als Nächstes beschäftigen wir uns mit dem *Optimierungs-Assistenten*. Dieser Assistent ist für die Tonwerte, für das Entrauschen, die Dynamik, den Kontrast und die Schärfe zuständig. Auch hier werden Ihnen wieder Vorschaufenster angezeigt. Bedienung und Auswahl funktionieren analog zur *Fotofilm-Emulation*. Klicken Sie das Feld *Optimierung* an und klicken Sie diese mit der Pfeiltaste nach unten durch. Suchen Sie sich das beste Bild heraus. Über die Schieberegler führen Sie dann die Feinseinstellung durch.

11 Wenn Sie aus dem fertigen Panorama eine Sepiaausgabe erzeugen wollen, können Sie das über die Funktion *Farbtonung* anstoßen. Klicken Sie einfach die gewünschte Farbe an und stellen Sie die Intensität ein. In diesem Beispiel habe ich den Regler *Farbton* auf Orange eingestellt und die *Sättigung* auf *79%* erhöht. Die *Deckkraft* verbleibt auf *50%*, um das folgende Ergebnis zu bekommen.

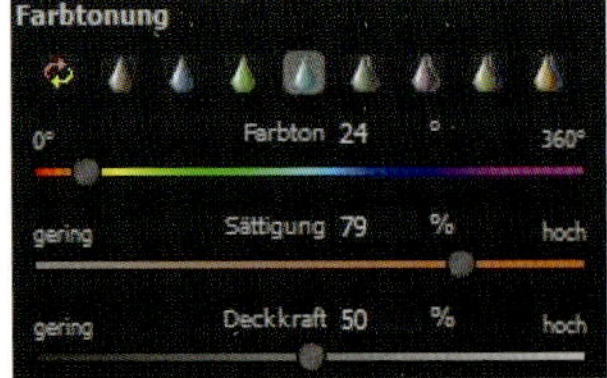

Farbtonung festlegen.

12 Die Funktion *X Color* erlaubt es, Farben aus dem Ursprungspanorama in das Schwarz-Weiß-Panorama zu übernehmen. Wählen Sie das Luminanzverfahren aus und stellen Sie die *Intensität* nach Ihrem Geschmack ein. Auf diese Weise können Sie mit wenig Aufwand erfrischende Effekte in Ihr Schwarz-Weiß-Panorama einbinden. In diesem Beispiel habe ich die Luminanzeinstellung *Farblänge* bei einer *Intensität* von *54%* ausgewählt, um den Effekt zu erhalten, den Sie unten im Bild sehen.

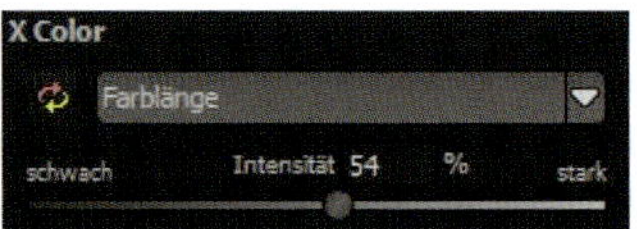

X Color-Einstellungen.

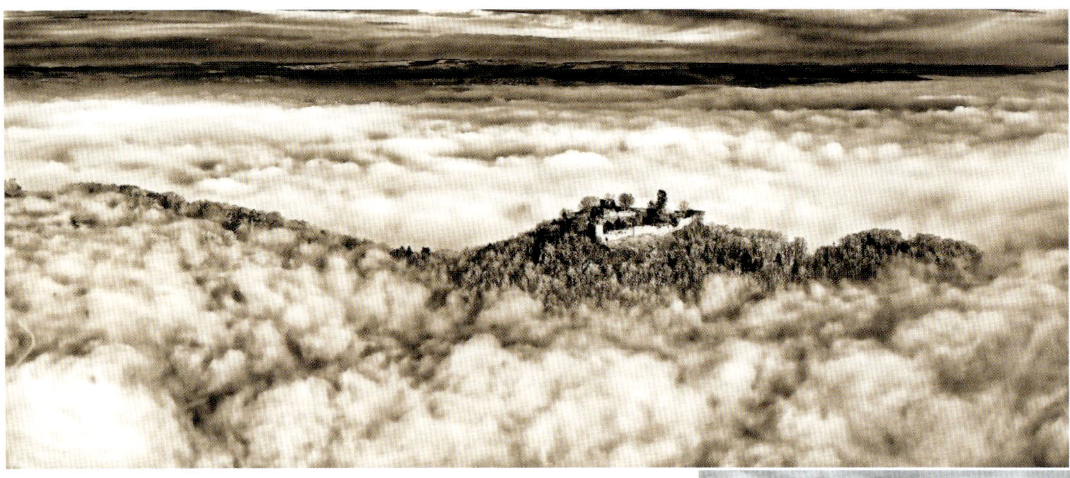

Das Panorama in einer feinen Sepiatonung.

Das Ergebnis nach den Luminanzeinstellungen.

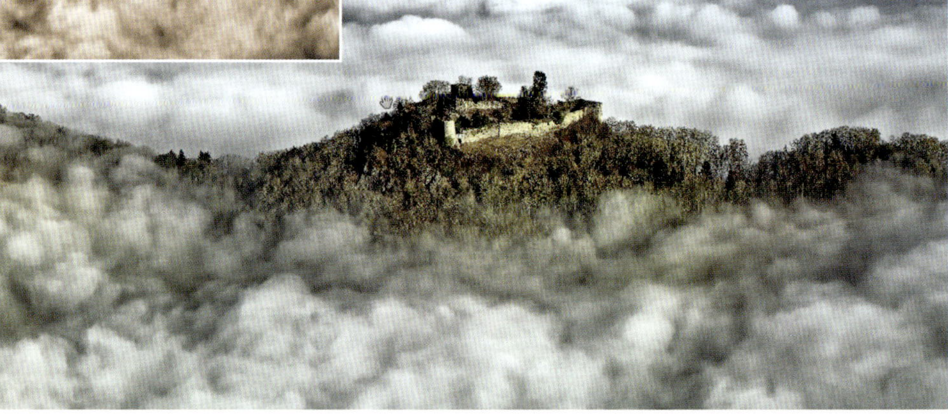

⑬ Über *Datei/Ergebnisbild speichern* gelangen Sie in das Optionsmenü zum Abspeichern der fertigen Panoramen. Legen Sie zuerst ein Gittermuster über Ihr Panorama. Sie können zwischen drei Gitterarten wählen. Klicken Sie auf die Randmarkierungen und ziehen Sie sie zur Schnittposition. Als Unterstützung für die richtige Bildkomposition können Sie sich Hilfslinien einblenden lassen. In diesem Beispiel habe ich die Hilflinien des Goldenen Schnitts eingeblendet und die Burg genau in den Schnittpunkt gelegt. Alternativ können Sie auch die Drittelregel oder die Goldene Spirale als Hilfsgitter dazuschalten.

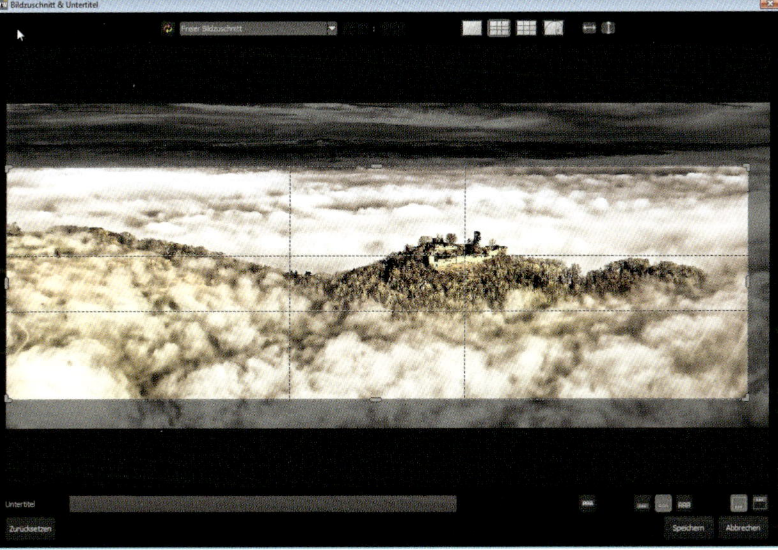

Das Panorama nach der Regel des Goldenen Schnitts zuschneiden.

⑭ Danach speichern Sie Ihr Bild im gewünschten Format ab. Sie haben dazu mehrere Möglichkeiten. Wenn Sie die bestmögliche Darstellung wollen, wählen Sie das Format TIFF 16 Bit. Weitere Bildformate wären TIFF 8 Bit, PNG 16 Bit, JPEG 8 Bit und JPEG 16 Bit.

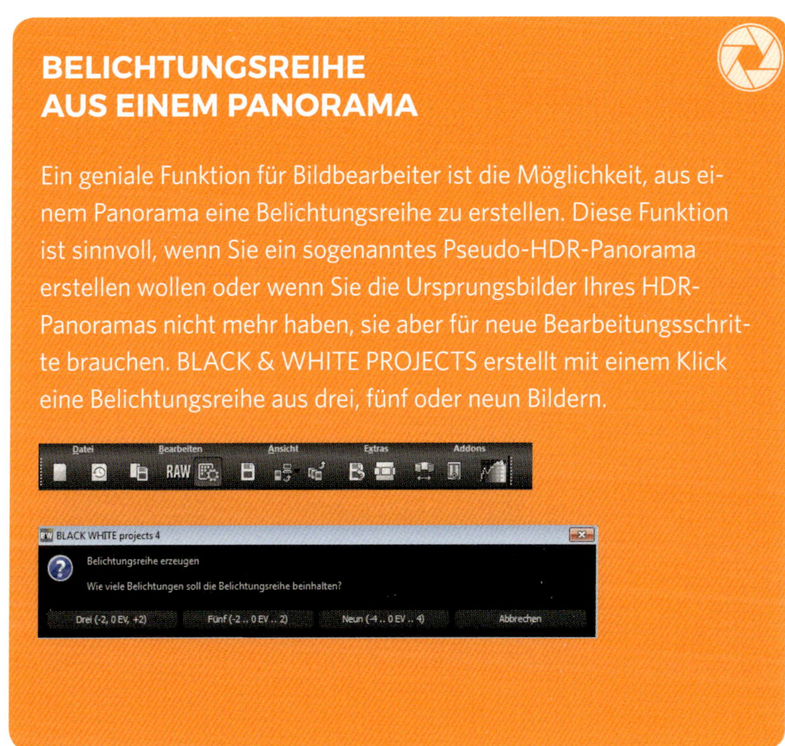

BELICHTUNGSREIHE AUS EINEM PANORAMA

Ein geniale Funktion für Bildbearbeiter ist die Möglichkeit, aus einem Panorama eine Belichtungsreihe zu erstellen. Diese Funktion ist sinnvoll, wenn Sie ein sogenanntes Pseudo-HDR-Panorama erstellen wollen oder wenn Sie die Ursprungsbilder Ihres HDR-Panoramas nicht mehr haben, sie aber für neue Bearbeitungsschritte brauchen. BLACK & WHITE PROJECTS erstellt mit einem Klick eine Belichtungsreihe aus drei, fünf oder neun Bildern.

Seite 278–279: Mit BLACK & WHITE PROJECTS können Sie aus Ihren Panoramen schöne Schwarz-Weiß-Kompositionen machen.

Index

V

W

Z

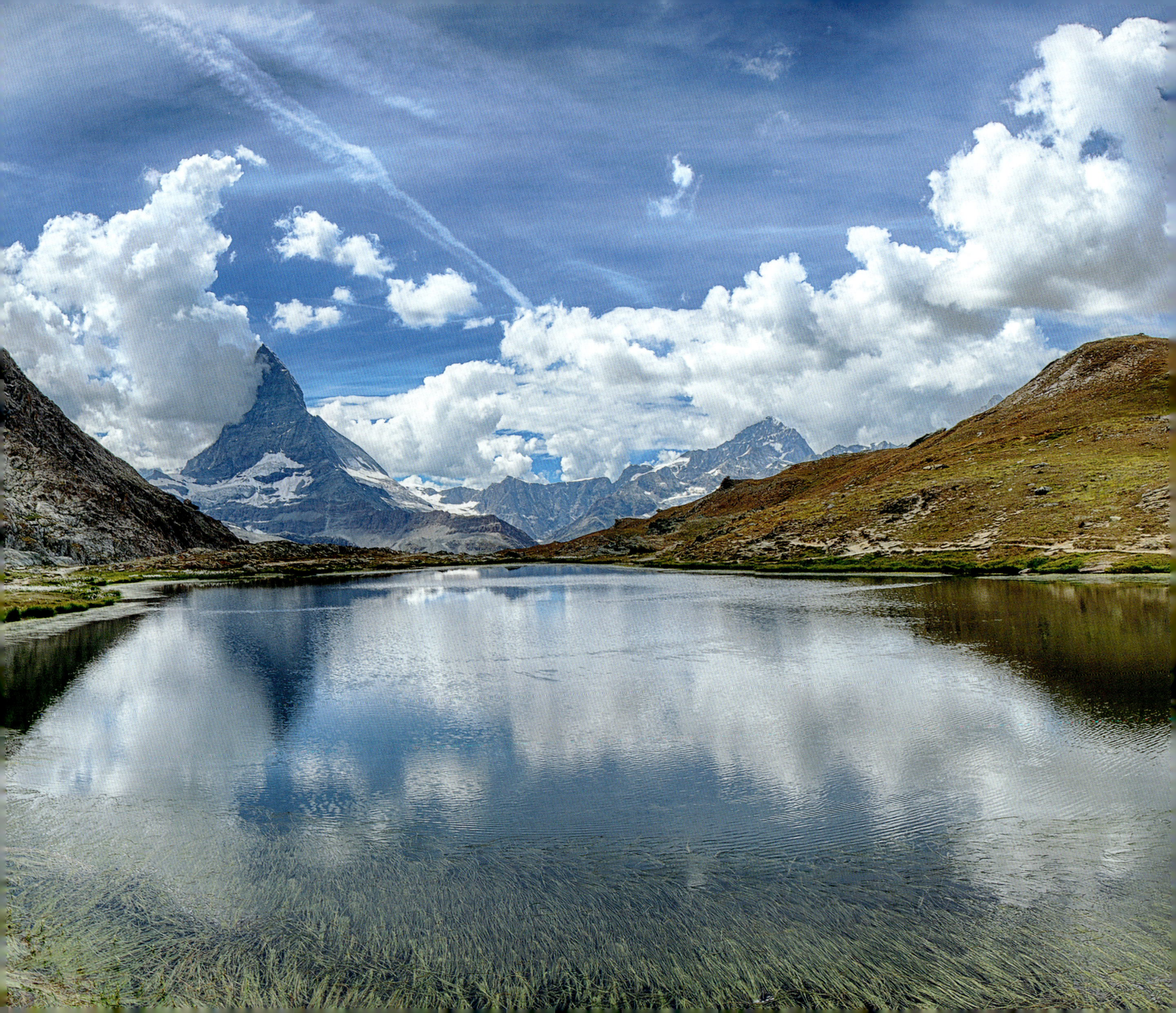